監査報告の変革

欧州企業のKAM事例分析

林 隆敏 ［編著］
Hayashi Takatoshi

日本公認会計士協会近畿会
監査会計委員会
（編集協力）

中央経済社

本書の刊行にあたって

　元号が「平成」から「令和」に変わり，この書籍が令和の時代に日本公認会計士協会近畿会として最初に出版する書籍となったことを，心よりうれしく思います。

　今回の出版にあたり，中心となって研究活動を行ってきた日本公認会計士協会近畿会監査会計委員会（以下，監査会計委員会）では，2017年1月頃から精力的に「監査上の主要な検討事項（KAM）」に関する研究活動を始めていました。これは金融庁に設置された「会計監査の在り方に関する懇談会」の提言（2016年3月8日公表）が発出され，わが国にもKAMを導入すべきかどうかの議論が聞かれ始めた時期であったと記憶しています。

　現在，わが国においては，企業会計審議会より2018年7月5日付で「監査基準の改訂に関する意見書」が公表され，それを受けて2019年2月27日に日本公認会計士協会の監査基準委員会より関連する監査基準委員会報告書が公表されたところであり，KAMに関する実務上の課題等について，ようやく議論が始まろうとしているところであると理解しています。そのようななかで，先行する欧州企業の事例を集めて分析ないし紹介した本書は，今後わが国のKAMの実務を形成していく上で，大いに参考になるものと期待しています。

　本書は2018年7月から12月にかけて『企業会計』誌において連載された「監査上の主要な検討事項—欧州の記載事例分析」を出発点としていますが，分析対象会社を拡げ，かつ2017年12月期決算以降の事例に更新するとともに，分析項目も追加されています。このように多数のKAMの事例を収載・分析した書籍は他になく，これからKAMに関する監査実務に携わる公認会計士はもちろんのこと，監査人がKAMを記載するにあたって綿密なコミュニケーションが求められる監査役や監査委員などを務める方々，会計・監査を学ぶ学生や研究者の方々など，さまざまな方に十分ご活用いただけるものと信じています。

　この書籍の刊行にあたり，編著をご担当くださった関西学院大学商学部の林隆敏教授には，2017年2月に講師としてお招きした会員向けセミナーの開催を契機に，その後2年間にわたり監査会計委員会のアドバイザーとして，多大な

ご指導とご支援を賜りました。その間，企業会計審議会監査部会の臨時委員や商学部長を務められるなど多忙ななか，引き続きサポートをいただき，前出の『企業会計』誌での連載ならびに本書の刊行も無事に終えることができました。この場を借りて心より感謝申し上げます。

　最後に，長期間にわたって委員会活動にご尽力いただいた監査会計委員会メンバーと，本書の出版をお引き受けいただいた㈱中央経済社代表取締役社長の山本継氏に厚くお礼申し上げます。

　2019年5月

日本公認会計士協会近畿会

会長　髙田　篤

はしがき

　2018年7月に『監査基準』（とくに報告基準）が改訂され，監査人の意見および意見の根拠を冒頭に記載する新しい様式の監査報告書が，2020年3月決算に係る財務諸表の監査から発行されることとなった。また，今般の改訂内容のなかでももっとも影響が大きいと考えられる「監査上の主要な検討事項」は，2021年3月決算に係る財務諸表の監査から適用される（早期適用可）。これは2006年頃から国際的に展開されてきた監査報告書改革の流れを汲むものであり，今般の改訂により，日本の監査報告書も欧州やアメリカを含めて多くの国で採用されている拡張された監査報告書と肩を並べることになる。

　本書は，このような時期にあって，日本公認会計士協会近畿会の編集協力を得て，イギリス（ロンドン証券取引所），フランス（パリ証券取引所），ドイツ（フランクフルト証券取引所），およびオランダ（アムステルダム証券取引所）の代表的な株価指数を対象とし，その構成銘柄発行会社の監査報告書，とりわけ“Key Audit Matters”（KAM）の分析と紹介を試みるものである。

　なお，本書の書名は，あえて「監査報告書の変革」ではなく「監査報告の変革」とした。国内外の法令・基準ベースでとらえれば，監査報告書の記載区分・記載順序の変更と記載内容の拡充が柱であり，その意味では「監査報告書の変革」といえる。しかし，少し大きな視点でこれをみれば，監査報告書という媒体の見直しを行うことによる利用者への伝達内容の変更のみならず，監査役等とのコミュニケーションのよりいっそうの充実など，監査報告という行為そのものの大きな見直しととらえることができる。このような意味あいで，「監査報告の変革」という書名にした次第である。

　本書出版のきっかけは，日本公認会計士協会近畿会の常設委員会である「監査会計委員会」の2017年度および2018年度の研究テーマとしてKAMが選ばれ，編著者である林がアドバイザーとして同委員会に参加したことにある。この委員会では，個別の打ち合わせを除いて，2017年4月2日に第1回研究会が開催され，2018年12月9日まで，計16回の研究会を開催した。2017年度は，イギリ

スとドイツの会社を対象として，拡張された監査報告書の早期適用事例を収集，分析し，その成果を日本公認会計士協会中日本五会の研究大会で発表した。2018年度は，2017年度の研究成果を『企業会計』誌の2018年7月号から12月号にかけて公表するとともに，出版原稿の執筆作業に取り組んだ。さらに，2019年1月以降は，原稿の編集作業のために何度も休日に集まっていただいた。委員会メンバーには相当の負担であったと思われる。委員会活動への精力的な取り組みと熱意に敬意を表したい。また，この間，事例の収集や研究会の開催にあたり，日本公認会計士協会近畿会にはさまざまなご助力をいただいた。髙田篤会長をはじめ，近畿会の皆様に厚く御礼申し上げる。

　なお，本書の内容は執筆者個人の責任に基づいて執筆されたものであり，日本公認会計士協会近畿会や各執筆者が所属する組織・機関とは一切関係ないことを申し添える。

　さて，上述のような経緯で出版を企画したものの，「監査会計委員会」メンバーで取り組んだ欧州企業の監査報告書の事例分析だけでは，体系的な書物としては物足りない。やはり，事例分析の前提となる各国基準の理解が必要である。そこで，事例分析に先立って第Ⅰ部「制度編」を置くこととし，イギリス，フランス，ドイツ，オランダ，アメリカの原稿執筆を，それぞれ堀古秀徳講師（大阪産業大学），蟹江章教授（北海道大学大学院），小松義明教授（大東文化大学），宮本京子教授（関西大学），および松尾慎太郎講師（東北公益文科大学）にお願いし，お引き受けいただいた。さらに，蟹江教授，小松教授および宮本教授には，『企業会計』誌への連載にあたってもご協力いただいた。ここに記して感謝申し上げる。

　本書は，序章と終章を含めて18章で構成されており，本編を第Ⅰ部「制度編」と第Ⅱ部「事例分析編」に区分している。

　序章では，議論の背景と監査報告書をめぐるこれまでの議論を簡潔に整理し，検討すべき課題を述べている。また，日本の研究に限定しているものの，本書のテーマに関連する先行研究にできる限り言及するとともに，言及しきれなかった研究も併せて参考文献リストに掲載している。

　第Ⅰ部「制度編」（第1章から第6章）では，国際監査基準（第1章），イギリス（第2章），フランス（第3章），ドイツ（第4章），オランダ（第5章），およ

びアメリカ（第6章）における，拡張された監査報告書に関する法令・基準等の規定内容や特徴を紹介している。ただし，第Ⅱ部の事例分析に直接関連するのは欧州4ヵ国であり，国際監査基準はそれらに共通の基礎として位置づけられる。また，アメリカについては，監査報告書は拡張されたものの，国際監査基準および欧州4ヵ国とは異なる側面を有しているので，比較のために取り上げている。また，日本の改訂された『監査基準』は単独章としては取り上げず，序章において簡潔に規定内容を紹介している。

第Ⅱ部では，欧州企業187社の監査報告書に記載されたKAMの事例を分析または紹介している。まず，第7章では，187社の監査報告書の分析結果として，監査報告書の長さ，記載されたKAMの個数，記載されたKAMの性質など，全般的な傾向や特徴を提示している。第8章から第16章では，187社の監査報告書に記載された760個のKAMのなかから，棚卸資産，金融商品・投資，資産の減損，引当金・退職給付債務，税金・税効果，収益認識，訴訟・法令違反等に関する偶発債務，過年度修正，およびその他の特徴的な事例という章立てのもとで特徴的な事例を選び，事例の分析と紹介を行っている。

終章では，公認会計士の立場または観点から，KAM導入の目的と意義，および実務上の課題を整理したうえで，より良い実務慣行の確立を志向した姿勢や考え方が述べられている。

また，巻末には，付録1として「分析対象会社一覧」（市場，会社名，参照した年次報告書等の名称，業種，監査事務所，および監査報告書に記載されたKAMの個数），付録2として「KAM一覧」（個々のKAMのタイトル，および個々のKAMの内容や性質を示すキーワード）を収録している。付録1と付録2は，会社番号によって相互参照できるようにしている。さらに，分析対象として事例を取り上げた会社については，本文中に会社番号を示している。これら2つの付録が読者の参考資料として役立つことを願っている。

なお，事例分析にあたっては，分析対象会社が公表している英文の年次報告書を利用した。つまり，法定開示書類をフランス語，ドイツ語またはオランダ語で作成・公表している会社については，当該会社による英語翻訳版を利用しており，この点は，本書における事例分析の限界である。

今般の監査報告書の拡張は，財務諸表利用者にとっての監査報告書の情報価

値を高めることを主たる目的とするものであるが，KAMの記載は監査実務に相当の影響を及ぼすと考えられる。また，監査報告理論の観点からも，大きな転換点である。本書が，この新しい監査実務の適切な定着と発展に少しでも貢献できれば幸甚である。

最後に，出版状況の厳しい折り，このような大部の書籍の出版を引き受けてくださった㈱中央経済社代表取締役社長の山本継氏と取締役専務の小坂井和重氏，そして，編集作業に多大なるご尽力をいただいた学術書編集部の田邉一正氏に御礼申し上げる。

2019年5月

執筆者を代表して

林　隆敏

目　次

序　章
監査報告の変革 ―意義と課題― ———————— 1
1　議論の背景 ……………………………………………………… 1
2　監査報告書の意義，機能および様式 ……………………… 2
3　標準監査報告書に対する批判 ……………………………… 4
　3.1　国際監査・保証基準審議会による指摘・4
　3.2　証券監督者国際機構による指摘・5
4　『監査基準』の改訂 ………………………………………… 7
　4.1　記載区分・記載順序の見直し，記載内容の拡充・7
　4.2　「監査上の主要な検討事項」の導入・8
　4.3　適用の時期および範囲・11
　4.4　国際監査基準との関係・11
5　監査報告書における情報提供をめぐる議論 ………………… 11
6　検討すべき課題 ……………………………………………… 13

第 I 部

制　度　編

第 1 章
国際監査基準による監査報告書 ———————— 18
1　はじめに ……………………………………………………… 18
2　監査報告書改革に関する議論の経緯 ……………………… 19
3　新しい監査報告書の構造と内容 …………………………… 21
　3.1　構造の変更・21

3.2　記載内容の拡充・22
　　4　KAMに関する規定と特徴 ………………………………………………… 24
　　　4.1　KAMの意義と性質・25
　　　4.2　KAMの決定・26
　　　4.3　KAMの伝達・27
　　5　実務の動向 …………………………………………………………………… 30
　　6　む す び …………………………………………………………………… 30

第2章
イギリスの監査報告書 ——————————————————— 32
　　1　はじめに ……………………………………………………………………… 32
　　2　監査報告書改革に関する議論の経緯 ………………………………… 32
　　3　新しい監査報告書の構造と内容 ……………………………………… 33
　　4　KAMに関する規定と特徴 …………………………………………………… 35
　　　4.1　ISA（UK）701の適用範囲・35
　　　4.2　KAMの定義と監査人の目的・36
　　　4.3　KAMの決定・37
　　　4.4　KAMの伝達・38
　　　4.5　KAMならびに監査の計画および範囲に関するその他の事項の伝達・
　　　　　41
　　　4.6　その他の要求事項・42
　　5　監査報告書の開示情報を対象とした実態調査 ………………… 42
　　　5.1　FRC［2015］・43
　　　5.2　林［2016a］および林［2016b］・44
　　　5.3　FRC［2016a］・45
　　6　む す び …………………………………………………………………… 46

第3章
フランスの監査報告書 ——————————————————— 47
　　1　はじめに ……………………………………………………………………… 47

目　次　◆iii

　　2　監査報告書改革に関する議論の経緯 ……………………………… 49

　　　2.1　監査報告書様式改訂の経緯・49

　　　2.2　NEP 700の改訂とNEP 701設定の経緯・49

　　3　新しい監査報告書の構造と内容 …………………………………… 50

　　4　PCAに関する規定と特徴 …………………………………………… 55

　　5　PCA記載の実態調査 ………………………………………………… 58

　　6　む　す　び ……………………………………………………………… 60

第4章

ドイツの監査報告書 ———————————————— 61

　　1　はじめに ………………………………………………………………… 61

　　　1.1　決算監査制度の概要・61

　　　1.2　ドイツにおける監査報告制度・62

　　2　監査報告書改革に関する議論の経緯 ……………………………… 63

　　　2.1　監査報告書改革の背景事情・63

　　　2.2　IDW PS 400番台シリーズによる新しい確認の付記の枠組の構想・
　　　　　64

　　3　新しい確認の付記の構造と内容 …………………………………… 65

　　　3.1　新しい確認の付記の構造・65

　　　3.2　確認の付記の事例紹介・66

　　　3.3　小　　　括・72

　　4　KAMに関する規定と特徴 ………………………………………… 72

　　　4.1　IDW PS 401の規定内容・72

　　　4.2　KAMの事例紹介・74

　　5　KAM報告の実態に関する研究動向 ……………………………… 77

　　6　む　す　び ……………………………………………………………… 78

第5章

オランダの監査報告書 —————————— 80

1 はじめに ……………………………………………………… 80
2 監査報告書改革に関する議論の経緯 ……………………… 81
　2.1 民法の規定・81
　2.2 監査基準NV COS 702N・83
　2.3 現行の監査基準・84
3 新しい監査報告書の構造と内容 …………………………… 86
　3.1 監査報告書の構造・86
　3.2 進展的な事例・88
4 KAMに関する規定と特徴 ………………………………… 89
5 実態分析および実務動向 …………………………………… 91
　5.1 KAMとビジネス・リスクおよび注記との関係・91
　5.2 実態分析・92
　5.3 KAMの開示に関する特徴的事例・94
6 む す び ……………………………………………………… 96

第6章

アメリカの監査報告書 —————————— 97

1 はじめに ……………………………………………………… 97
2 監査報告書改革に関する議論の経緯 ……………………… 98
3 新しい監査報告書の構造と内容 …………………………… 101
4 CAMに関する規定と特徴 ………………………………… 102
　4.1 CAMの定義・102
　4.2 CAMの決定・105
　4.3 監査報告書におけるコミュニケーション・106
　4.4 監査調書・108
5 む す び ……………………………………………………… 109

目　次　◆v

第Ⅱ部

事例分析編

第7章
調査の概要と全般的な傾向の分析 ——————— 112

　1　はじめに ……………………………………………………… 112

　2　調査の方法と対象 …………………………………………… 113

　3　拡張された監査報告書の全般的な傾向 ……………………… 119

　　3.1　監査報告書の記載事項・119

　　3.2　監査報告書の分量・120

　　3.3　監査報告書の特徴・122

　4　記載されたKAMの特徴 ……………………………………… 123

　　4.1　KAMの記載個数・123

　　4.2　個々のKAMの記載・124

　　4.3　監査人の見解等・127

　　4.4　記載されたKAMの分類・130

　　4.5　KAMの決定理由・132

　　4.6　KAMの参照先・134

　5　む す び …………………………………………………… 136

第8章
棚卸資産 ————————————————————— 138

　1　概　　要 ……………………………………………………… 138

　2　監査上の留意点 ……………………………………………… 138

　3　LVMH社の事例 ……………………………………………… 139

　　3.1　会社の概要・139

　　3.2　KAMの記載事例・139

　　3.3　関連する開示・140

3.4 特　　徴・141

4　Taylor Wimpey社の事例 ………………………… 141

4.1 会社の概要・141

4.2 KAMの記載事例・142

4.3 関連する開示・144

4.4 特　　徴・146

5　その他の特徴的な事例 ……………………………… 146

5.1 Kingfisher社の事例・146

5.2 Kering社の事例・149

6　日本の実務への示唆 ……………………………… 150

第9章
金融商品・投資 ——————————————— 152

1　概　　要 …………………………………………… 152

2　監査上の留意点 …………………………………… 152

3　Valeo社の事例 …………………………………… 153

3.1 会社の概要・153

3.2 KAMの記載事例・153

3.3 関連する開示・156

3.4 特　　徴・157

4　ING Groep社の事例 ……………………………… 158

4.1 会社の概要・158

4.2 KAMの記載事例・158

4.3 関連する開示・161

4.4 特　　徴・162

5　その他の特徴的な事例 ……………………………… 162

5.1 Volkswagen社の事例・162

5.2 Renault社の事例・165

6　日本の実務への示唆 ……………………………… 168

目　次 ◆vii

第10章
資産の減損 ——————————————— 170

1　概　　要 ……………………………………………… 170

2　監査上の留意点 ……………………………………… 170

3　Rolls-Royce Holdings社の事例 ………………… 171

　3.1　会社の概要・171

　3.2　KAMの記載事例・172

　3.3　関連する開示・176

　3.4　特　　徴・177

4　GVC Holdings社の事例 …………………………… 178

　4.1　会社の概要・178

　4.2　KAMの記載事例・178

　4.3　関連する開示・180

　4.4　特　　徴・182

5　その他の特徴的な事例 ……………………………… 182

　5.1　Deutsche Börse社の事例・182

　5.2　BASF社の事例・184

6　日本の実務への示唆 ………………………………… 186

第11章
引当金・退職給付債務 ——————————— 188

1　概　　要 ……………………………………………… 188

2　監査上の留意点 ……………………………………… 188

3　Lloyds Banking Group社の事例 ………………… 189

　3.1　会社の概要・189

　3.2　KAMの記載事例・190

　3.3　関連する開示・193

　3.4　特　　徴・195

4　Deutsche Lufthansa社の事例 …………………… 195

　4.1　会社の概要・195

4.2　KAMの記載事例・195

　　4.3　関連する開示・199

　　4.4　特　　徴・201

　5　その他の特徴的な事例 ………………………………………… 201

　　5.1　類似案件に係るKAMの同業他社比較・201

　　5.2　詳細に説明されているKAM・204

　　5.3　その他の引当金に関するKAM・206

　6　日本の実務への示唆 …………………………………………… 207

第12章

税金・税効果 ——————————————————— 208

　1　概　　要 ……………………………………………………………… 208

　2　監査上の留意点 ………………………………………………… 208

　3　Rio Tinto社の事例 …………………………………………… 209

　　3.1　会社の概要・209

　　3.2　KAMの記載事例・209

　　3.3　関連する開示・211

　　3.4　特　　徴・213

　4　Commerzbank社の事例 …………………………………… 213

　　4.1　会社の概要・213

　　4.2　KAMの記載事例・214

　　4.3　関連する開示・216

　　4.4　特　　徴・218

　5　BAE Systems社の事例 …………………………………… 219

　　5.1　会社の概要・219

　　5.2　KAMの記載事例・219

　　5.3　関連する開示・221

　　5.4　特　　徴・222

　6　その他の特徴的な事例 ………………………………………… 222

　7　日本の実務への示唆 …………………………………………… 223

目　次　◆ix

第13章

収益認識 ———————————————— 225

1　概　　要 ………………………………………………… 225

2　監査上の留意点 ………………………………………… 225

3　Associated British Foods社の事例 ………………… 226

　3.1　会社の概要・226

　3.2　KAMの記載事例・226

　3.3　関連する開示・231

　3.4　特　　徴・233

4　TechnipFMC社の事例 ………………………………… 233

　4.1　会社の概要・233

　4.2　KAMの記載事例・233

　4.3　関連する開示・236

　4.4　特　　徴・236

5　その他の特徴的な事例 ………………………………… 237

6　日本の実務への示唆 …………………………………… 239

第14章

訴訟・法令違反等に関する偶発債務 ———— 241

1　概　　要 ………………………………………………… 241

2　監査上の留意点 ………………………………………… 241

3　Smiths Group社の事例 ……………………………… 243

　3.1　会社の概要・243

　3.2　KAMの記載事例・243

　3.3　関連する開示・246

　3.4　特　　徴・248

4　Bayer社の事例 ………………………………………… 249

　4.1　会社の概要・249

　4.2　KAMの記載事例・249

　4.3　関連する開示・252

4.4 特　　徴・254

5　AstraZeneca社の事例 ……………………………………………… 254

6　日本の実務への示唆 ………………………………………………… 256

第15章

過年度修正 ————————————————————————— 258

1　概　　要 ……………………………………………………………… 258

2　監査上の留意点 ……………………………………………………… 258

3　Glencore社の事例 ………………………………………………… 259

3.1 会社の概要・259

3.2 KAMの記載事例・259

3.3 関連する開示・262

3.4 特　　徴・266

4　BT Group社の事例 ………………………………………………… 267

4.1 会社の概要・267

4.2 KAMの記載事例・267

4.3 関連する開示・271

4.4 特　　徴・272

5　日本の実務への示唆 ………………………………………………… 273

第16章

その他の特徴的なKAM ——————————————————— 275

1　概　　要 ……………………………………………………………… 275

2　情報技術 ……………………………………………………………… 275

2.1 監査上の留意点・275

2.2 Informa社の事例・276

2.3 Standard Chartered社の事例・280

2.4 その他の特徴的な事例・282

3　組織再編 ……………………………………………………………… 283

3.1 監査上の留意点・283

3.2　Wolters Kluwer社の事例・284

　　3.3　その他の特徴的な事例・287

　4　特別項目および再測定 ································· 289

　　4.1　監査上の留意点・289

　　4.2　Anglo American社の事例・289

　5　有形固定資産の減損 ··························· 291

　　5.1　監査上の留意点・291

　　5.2　Morrison（WM）Supermarkets社の事例・291

　6　固定資産の資産計上および耐用年数 ··············· 294

　　6.1　監査上の留意点・294

　　6.2　Vodafone Group社の事例・294

　7　日本の実務への示唆 ························· 296

＊

終　章
より良い実務慣行の確立に向けて ──────── 299

　1　KAM導入の目的と意義 ····················· 299

　2　実務上の課題 ·························· 301

　　2.1　日本の開示実務を踏まえてのKAMの記載・301

　　2.2　KAMにおける未公表情報の記載・302

　　2.3　KAMに関するコミュニケーション・303

　3　より良い実務慣行の確立に向けて ················· 304

（付録1）分析対象会社一覧・307

（付録2）KAM一覧・317

参考文献・345

索　引・355

〔凡例〕

略語	正式名称	日本語訳
AICPA	American Institute of Certified Public Accountants	アメリカ公認会計士協会
ASB	Auditing Standards Board	（アメリカ公認会計士協会）監査基準審議会
EU	European Union	欧州連合
EU-IFRSs	International Financial Reporting Standards as adopted by the European Union	EUで採択された国際財務報告基準
FRC	Financial Reporting Council	財務報告評議会（イギリス）
IAASB	International Auditing and Assurance Standards Board	国際監査・保証基準審議会
IAS	International Accounting Standard	国際会計基準（個別基準）
IASs	International Accounting Standards	国際会計基準（総称）
IFAC	International Federation of Accountants	国際会計士連盟
IFRIC	IFRS Interpretation Committee	国際財務報告基準解釈指針委員会
IFRS	International Financial Reporting Standard	国際財務報告基準（個別基準）
IFRSs	International Financial Reporting Standards	国際財務報告基準（総称）
IOSCO	International Organization of Securities Commissions	証券監督者国際機構
ISA	International Standard on Auditing	国際監査基準（個別基準）
ISAs	International Standards on Auditing	国際監査基準（総称）
KAM	Key Audit Matters	重要な監査事項
PCAOB	Public Company Accounting Oversight Board	公開会社会計監督委員会（アメリカ）
PIEs	Public Interest Entities	社会的影響度の高い事業体
SEC	Securities and Exchange Commission	証券取引委員会（アメリカ）
監基報	監査基準委員会報告書	

序　章

監査報告の変革
―意義と課題―

1 議論の背景

　2018年7月に，企業会計審議会より『監査基準の改訂に関する意見書』（以下，『意見書』という）が公表され，標準監査報告書の記載区分・記載順序の見直しと記載内容の拡充，および「監査上の主要な検討事項」の導入を柱とする監査報告基準の改訂が行われ，監査報告書の拡張[1]が図られた[2]。この背景には，監査報告書の有用性を高めることを志向した国際的な議論の流れがある。

　今般の監査報告書の改革に向けた議論の端緒は，2006年に開始されたIFAC（IAASB）とAICPA（ASB）による共同プロジェクトに求められる。また，この間にいわゆる「リーマン・ショック」が発生し，公認会計士による財務諸表監査に対する批判が高まり，IOSCO，EU，イギリスなどでも監査報告の変革に向けた議論が同時並行的に進められた[3]。

　こうした監査報告書改革の動きは，国際的にはすでに実施の段階に移ってい

1　しばしば監査報告書の「長文化」や「透明化」という表現が用いられるが，本書では，改訂後の新しい監査報告書について「拡張」という表現を統一して用いる。

2　2018年11月30日には「財務諸表等の監査証明に関する内閣府令及び企業内容等の開示に関する内閣府令の一部を改正する内閣府令」（内閣府令第54号）が公表され，企業内容等開示制度にも取り込まれている。

3　このような監査報告書改革の経緯については，たとえば，林［2011］，井上（編著）［2014］，甲斐［2011，2013，2015a，2015b，2016a，2016b，2017］，松本・町田・関口［2014-2015］などを参照されたい。

る。イギリスでは，IAASBによる改革の内容を先取りし，2012年10月1日以降に開始する事業年度から，上場会社等の財務諸表に対する監査報告書に，監査人が評価した重要な虚偽表示のリスクや重要性に関する情報が開示されている。EU加盟国については，監査報告書の記載内容を拡充する2006年法定監査指令改正指令（European Parliament [2014a]）およびPIEsに関する法定監査規則（European Parliament [2014b]）が2016年6月17日以降に開始する事業年度から適用されている[4]。また，2015年1月には，IAASBが監査報告書改革に係る一連のISAsを公表し，2016年12月15日以降に開始する事業年度から適用されており，EU加盟国はその内容を自国基準に取り込んでいる。さらに，アメリカにおいても，PCAOBが2017年6月に監査基準3101「無限定適正意見の監査報告書」（PCAOB [2017]）および関連するその他の監査基準を新設・改訂し，2017年10月にSECによって承認された。これらの基準は，2017年12月15日以降に終了する事業年度から順次適用されている。

　本章では，第Ⅰ部「制度編」におけるISAs，イギリス，フランス，ドイツ，オランダ，およびアメリカの拡張された監査報告書に関する説明，第Ⅱ部における欧州企業の監査報告書に記載されたKAMの事例分析に先立ち，監査報告書の意義，機能および様式に関する議論，標準化された短文式監査報告書に対する批判，今般の『監査基準』の改訂内容，および監査報告書における情報提供をめぐる議論を確認したうえで，検討すべき課題を述べる。

2 監査報告書の意義，機能および様式

　監査報告書は，監査業務（監査契約）の最終成果物として依頼人である被監査会社に提出され，被監査会社によって財務諸表とともに利害関係者に対して開示される書面である。

　この監査報告書の機能については，1956年に設定された企業会計審議会『監査基準』の前文における「監査報告書は，監査の結果として，財務諸表に対す

4　2006年法定監査指令改正指令およびPIEsに関する法定監査規則の概要については，たとえば，林 [2014] を参照されたい。

る監査人の意見を表明する手段であるとともに，監査人が自己の意見に関する責任を正式に認める手段である」との定義が共通認識となっている。つまり，監査報告書は，監査の結果として専門家たる監査人の意見を表明する手段としての機能と，監査報告書に記載された事項について監査人が責任を負うことを宣言する手段としての機能を表裏一体的に有していると理解されている。

このような意義と機能を前提として，監査報告書は，その想定利用者（一般投資者）は必ずしも専門的知識を有するわけではなく，監査報告書の理解可能性を高めるためには簡潔かつ明瞭な記載が必要であること，および，監査人が自らの将来の責任を回避する目的で，いたずらに難解な文言を使って利用者を惑わせたり必要な記載を省略したりする余地をなくす必要があることから，現在のような標準化された様式へと変遷してきた[5]。

つまり，公認会計士による財務諸表監査の監査報告書では，「実施された監査手続全体の質はどのような水準であったか」および「監査人が負う責任の範囲はどこまでか」を明確に伝達するために，定型の書式と記載文言が採用されている。また，日本だけでなく諸外国においても，標準監査報告書が採用されている。ここに標準監査報告書とは，無限定適正意見が表明された監査報告書を意味する[6]。標準監査報告書を採用するということは，つまり，「監査の実施」と「監査の主題についての結論」にまったく不満がなかった場合に表明される無限定適正意見が記載された監査報告書を標準とし，監査報告書に重大な事項や問題点が記載された場合に，監査報告書の読者がそれを確実かつ容易に識別できるようにすることを意図するものである（鳥羽［2009］304-306頁）。

このように定型の書式と記載文言からなる標準監査報告書は，相対的に分量が少なく（かつ分量のバラツキも少なく），一般に，短文式監査報告書と呼ばれる。これに対して，企業の合併・買収や経営者の経営管理などの特定目的で，種々の依頼人の要請に応じて契約された監査業務において作成される監査報告書は，契約された内容に応じて詳細な情報が記載されるため，相対的に分量が多く，一般に，長文式監査報告書と呼ばれる。

5　日本における標準監査報告書の変遷については，朴［2015］および松本［2018b］を参照されたい。

6　より具体的にいえば，限定事項がなく（unqualified），追記情報その他による修正が加えられていない（unmodified）監査報告書を意味する。

4◆

「監査上の主要な検討事項」の記載により，監査報告書の記載分量が増え，監査報告書が長くなる（頁数が増える）ことが見込まれるが,そうだからといって監査報告書が長文式に変わることを意味するわけではない。

3 標準監査報告書に対する批判

ここでは，標準監査報告書に対する批判（問題提起）の代表例として，今般の監査報告書の改革に関する議論が始まった時期におけるIAASBおよびIOSCOによる議論を紹介する。

3.1 国際監査・保証基準審議会による指摘

IFAC（IAASB）とAICPA（ASB）は，2006年に，さまざまな財務諸表利用者の財務諸表監査および監査報告書に関する理解を把握するとともに，それに関連する情報と知見を得るため4件の学術調査を委託する共同プロジェクトを開始した。委託された調査は2009年9月までにすべて完了し，報告書が提出された。IAASB作業部会は，この報告書および関連する他の情報をもとに，標準監査報告書に関する利用者の知覚について，一般的な結論とともに，以下のような具体的な結論を導き出している（IAASB［2009a］paras. 36-44）[7]。

---

① 現在の標準監査報告書の記載内容は有用であるとはみなされていない。利用者が監査報告書は有用でないと考える理由は，たとえば以下のように，ある程度，報告書の書式および内容に関連する要因によって形成されているように思われる。

(a) 監査人が利用者に伝達したいメッセージを伝えるために用いられる文言は定型であり，専門用語の利用も含めて，監査報告書で用いられる用語について意味の共有がなされていない。その結果，監査人が監査報告書において意図するメッセージがしばしば利用者には理解されない。

(b) 「合理的な保証」，「適正表示」および「重要な虚偽の表示」のような，利

---

7 併せて，林［2011］，五十嵐［2012］，および井上（編著）［2014，第5章］（異島須賀子著）も参照されたい。

用者が十分に理解していない専門用語が監査報告書に含まれている。

② 利用者は，特定の財務諸表について実施された監査に関して，ならびに当該監査において検出された事項および最終的に獲得された保証の水準に関して，監査報告書に開示される情報が不足していると考えている。そのような情報がない場合，洗練された利用者は，監査に基づいて財務諸表に置くことのできる信頼性の程度を評価することができないと感じるであろう。特定の事業体の監査について利用者が望んでいると思われる情報の種類は，以下のように例示されている。

- 監査人の独立性に係る状況または関係
- 監査上の重要性（すなわち，監査済財務諸表における既知あるいは可能性のある虚偽の表示を識別するために当該監査において適用された重要性の水準）に関する情報
- 当該監査において実際に達成された保証の水準

③ 利用者は，監査済財務諸表に対する監査報告書のなかで，監査人による被監査事業体に関する情報の追加報告を望んでいる。監査報告書に関する利用者の知覚は，たとえば以下のように，財務諸表の監査の目的を超えた価値に結びつけられた彼らの期待によっても形成される。

⒜ 監査人は，利用者が関心を有する以下のような事項について報告すべきである。
- 被監査事業体の財務諸表および内部統制を含む財務報告システムの質
- 被監査事業体の事業体としての質

⒝ 監査を実施した結果として監査人が有している被監査事業体に関する情報および監査委員会に報告または開示した情報は，利用者にも同様に伝達するべきである。

⒞ 公益にかかわる状況においては，検出事項を外部関係者に報告すべきである（たとえば，特定の条件を満たした場合の規制当局への報告）。

3.2　証券監督者国際機構による指摘

IOSCOが2007年6月に開催した公開会社監査の質に関するラウンドテーブルにおいて，参加者から，標準監査報告書は監査および監査プロセスに関する重要な情報を伝達するのに有効であるかどうかという疑問が呈された。別の参

加者は，標準監査報告書に記載される監査意見の二者択一性（binary nature）
——すなわち，財務諸表が財政状態等を適正に表示しているか否かについての
監査意見が表明される合格／不合格モデル——は，今日の複雑な事業環境に
とっては最適なものではないかもしれないと示唆した。また，標準監査報告書
は，監査人が監査意見を表明するために実施した行為や監査人が監査の過程で
検出した問題点を具体的に明らかにせず，このことが投資者にとっての標準監
査報告書の価値を限定しているとの意見も示された。さらに，不正発見に関す
る「期待ギャップ」の存在も指摘された（以上，IOSCO [2007]）。このような
背景のもとで，IOSCOの専門委員会（監査業務作業部会）は，2009年9月に諮
問文書「監査人によるコミュニケーション」を公表した（IOSCO [2009]）[8]。

　この諮問文書では，標準監査報告書に対する批判として以下の3つが示され
ている。

---

① 合格または不合格という二者択一の監査意見を表明していること
　　監査意見は，財務諸表が財政状態等を適正に表示しているか（合格），ま
たは適正に表示していないか（不合格）を述べるため，利用者はそれを二者
択一モデルとみなしている。二者択一の監査意見の主たる利点は，追加情報
で監査意見を曖昧なものとすることなく，監査人の結論を簡潔かつ率直な
方法で述べることにある。しかし，この簡潔さは，それが中間を許容しない
という理由で，標準監査報告書の最大の欠点の1つであると考える向きもあ
る。監査意見の二者択一性は，事業体間の財務報告システムの違いを認めない。
つまり，財務諸表利用者は，被監査事業体がその会計および財務報告につい
て「合格範囲」内でどのような「成績」を受け取ったかを監査報告書から見
分けることはできない。
② 型通りで専門的な用語を記載していること
　　標準監査報告書に記載される文言は，国・地域によって異なるけれども，重
要な事項は実質的に同じ文言を用いて記述されている。たとえば，監査人は
「合理的な保証」を得ていること，「重要な虚偽の表示」の発見を念頭に置い
て監査を計画・実施していること，および財務諸表が「適正に表示」してい

8　同文書の内容は，林 [2011] および井上（編著）[2014，第3章]（長吉眞一著）で
も紹介されている。

るかが監査報告書に記載される。標準化された文言を使用した監査報告書に対しては，その利点にもかかわらず，型通りであまりに専門的であるとの批判がある。財務諸表の利用者は，標準監査報告書に記載されている文言の意味を理解していないかもしれず，それらの文言からごくわずかの意味合いしか汲み取らないかもしれない。

③ 監査手続および監査判断の水準を表していないため，期待ギャップを引き起こす原因となっていること

期待ギャップが存在し続けていることの原因の少なくとも一部分は，監査人が検出事項を財務諸表の利用者に伝達する方法の欠点，すなわち，標準監査報告書は，監査の計画・実施にあたって監査人が行う努力を具体的に示していないという事実に帰せられる。

拡張された監査報告書は，監査報告書の改革に関する議論の当初に提示されたこれらの批判のすべてに対応したものではないが，新しい監査報告書の意義や特徴を理解するためには，その背景に上記のような批判，懸念ないし問題意識が存在したことを念頭に置くことが肝要である[9]。

4 『監査基準』の改訂

2018年7月の『監査基準』改訂の柱は，記載区分および記載順序の見直しならびに記載内容の拡充と，「監査上の主要な検討事項」の導入である[10]。以下，それぞれに改訂内容を概観する。

4.1 記載区分・記載順序の見直し，記載内容の拡充

改訂前の無限定適正意見監査報告書は，①監査の対象，②経営者の責任，③

---

9 日本における監査報告書利用者の意識については，町田［2015c, 2016］を参照されたい。

10 改訂『監査基準』の改訂内容や意義については，たとえば，高橋・井上・伊神［2018］，高橋・井上・林［2018］，松本［2018a］を参照されたい。また，改訂に至る経緯については，山添［2018］を参照されたい。

監査人の責任，④監査人の意見に区分し，該当する場合には⑤追記情報を記載するという構造であった。今般の改訂により，①監査人の意見（従来の「監査の対象」区分の内容を含む），②意見の根拠（新設），③経営者及び監査役等の責任，④監査人の責任へと記載順序が変更され，該当する場合には，⑤継続企業の前提に関する事項（新設。記載要件は変更なし），⑥「監査上の主要な検討事項」（新設），⑦追記情報を記載することとなった（『監査基準』第四・二）。

改訂後の監査報告書では，監査報告書利用者にとって重要な（関心の高い）監査意見と当該意見の根拠が冒頭に記載される点が大きな特徴である。また，まずは当該監査または被監査会社に固有の情報が記載され，その後にすべての監査に共通する内容である「経営者」，「監査役，監査役会，監査等委員会又は監査委員会」（以下，監査役等という）および「監査人」の責任に関する区分が配置されている。併せて，これら関係者の責任に関する記載内容が拡充された。

4.2 「監査上の主要な検討事項」の導入

(1) 「監査上の主要な検討事項」の定義と位置づけ

「監査上の主要な検討事項」とは，「当年度の財務諸表の監査の過程で監査役等と協議した事項のうち，職業的専門家として当該監査において特に重要であると判断した事項」（『監査基準』第四・二・2(2)）をいい，ISA 701「独立監査人の監査報告書における監査上の主要な事項のコミュニケーション」（IAASB [2015e]）におけるKAMに相当するものである。監査報告書における「監査上の主要な検討事項」の記載は，財務諸表利用者に対し，監査人が実施した監査の内容に関する情報を提供するものであり，監査報告書における監査意見の位置づけを変更するものではないことから[11]，監査意見とは明確に区別することが求められている（『監査基準』第四・二・2，『意見書』二・1(1)）。

(2) 「監査上の主要な検討事項」の決定

監査人は，監査の過程で監査役等と協議した事項のなかからとくに注意を払った事項を決定したうえで，そのなかからさらに，当年度の財務諸表の監査

11　さらにいえば，「監査上の主要な検討事項」は，財務諸表利用者が「財務諸表」を理解するにあたって必要な情報そのものを提供しようとするものでもないことを理解することが重要と考える。

において，職業的専門家としてとくに重要であると判断した事項を「監査上の主要な検討事項」として決定することが求められている（『監査基準』第四・七・1）。

ここで，監査の過程で監査役等と協議した事項のなかからとくに注意を払った事項を決定するにあたっては，以下を考慮することが示されている（『意見書』二・1(2)）。

- 特別な検討を必要とするリスクが識別された事項，又は重要な虚偽表示のリスクが高いと評価された事項
- 見積りの不確実性が高いと識別された事項を含め，経営者の重要な判断を伴う事項に対する監査人の判断の程度
- 当年度において発生した重要な事象又は取引が監査に与える影響

本書第Ⅱ部の分析結果を踏まえた筆者の理解では，監査人が，上記3点を理由として監査資源を多く投入する必要があると判断した事項が「監査上の主要な検討事項」と決定されることになる。言い換えれば，監査資源を多く投入すべきと判断した事項について，そのように判断した理由，およびどこにどのように監査資源を投入したかを説明することが求められる。

なお，監査人は，リスク・アプローチに基づく監査計画の策定段階から監査の過程を通じて監査役等と協議を行うなど，適切な連携を図ることが求められており，「監査上の主要な検討事項」は，そのような協議を行った事項のなかから絞り込みが行われ，決定されるものである（『意見書』二・1(2)）。監査人は，監査の過程において随時，監査役等と協議その他の適切な連携を図ることがもともと求められているが，「監査上の主要な検討事項」の導入をきっかけとして，よりいっそうの連携が図られることが期待される。

(3) 「監査上の主要な検討事項」の記載

監査人は，「監査上の主要な検討事項」であると決定した事項について，監査報告書に「監査上の主要な検討事項」の区分を設け，関連する財務諸表における開示がある場合には当該開示への参照を付したうえで，以下を記載することが求められている（『監査基準』第四・七・2，『意見書』二・1(2)）。

- 「監査上の主要な検討事項」の内容
- 監査人が，当年度の財務諸表の監査における特に重要な事項であると考え，「監査上の主要な検討事項」であると決定した理由
- 監査における監査人の対応

ただし，意見不表明の場合には，その根拠となった理由以外の事項を「監査上の主要な検討事項」として記載することは，財務諸表全体に対する意見表明のための基礎を得ることができていないにもかかわらず，当該事項について部分的に保証しているかのような印象を与える可能性があるため，記載しないものとされた（『監査基準』第四・七・2，『意見書』二・1(4)）。

なお，「監査上の主要な検討事項」の記載を有意義なものとするための留意事項として，当該財務諸表の監査に固有の情報を記載することが，また，財務諸表利用者にとって有用な記載となるようにするための留意事項として，過度に専門的な用語の使用を控えてわかりやすく記載することが，それぞれ要請されている（『意見書』二・1(3)）。

(4) 「監査上の主要な検討事項」と企業による開示との関係

「監査上の主要な検討事項」の導入にあたり実務上もっとも関心が高いのは，「監査上の主要な検討事項」として企業が公表していない情報（以下，未公表情報という）が記載される可能性をめぐる懸念であろう。『意見書』二・1(5)では，「監査上の主要な検討事項」と未公表情報との関係について，以下のように整理している。

- 「監査上の主要な検討事項」の記載は，経営者による開示を代替するものではない。監査人が「監査上の主要な検討事項」に未公表情報を含める必要があると判断した場合には，経営者に追加の情報開示を促すとともに，必要に応じて監査役等と協議を行うことが適切である。この際，経営者には監査人からの要請に積極的に対応することが，監査役等には経営者に追加の開示を促す役割を果たすことが，それぞれ期待される。
- 監査人の追加的な情報開示要請に経営者が応えないときに，監査人が正当な注意を払って職業的専門家としての判断において当該情報を「監査上の主要な検討事項」に含めることは，監査基準に照らして守秘義務が解除される正

当な理由に該当する。

- 監査人は，当該事項の記載により企業または社会にもたらされる不利益が，それを記載することによりもたらされる公共の利益を上回ると合理的に見込まれない限り，「監査上の主要な検討事項」として記載することが適切である。ただし，「監査上の主要な検討事項」の記載は，監査の内容に関する情報を提供するものであることから，監査人はその記載に当たり，企業に関する未公表の情報を不適切に提供することとならないよう留意する必要がある。

4.3　適用の時期および範囲

改訂『監査基準』のうち，「監査上の主要な検討事項」については，2021年3月決算に係る財務諸表の監査から適用される。ただし，それ以前の決算に係る財務諸表の監査から適用することもできる。また，報告基準にかかわるその他の改訂事項については，2020年3月決算に係る財務諸表の監査から適用される。財務諸表等の監査証明に関する内閣府令の規定も同様である。

4.4　国際監査基準との関係

日本公認会計士協会は，『監査基準』の改訂に対応するために，関連する監基報等の新設および改正作業に取り組み，2019年2月に，11本の監基報（うち新設1本）および品質管理基準委員会報告書第1号「監査事務所における品質管理」の改正を公表した[12]。これらの監基報等の内容は，ISAsの要求事項に準じたものとなっている。ISAsによる拡張された監査報告書に関する規定内容については，第1章を参照されたい。

5　監査報告書における情報提供をめぐる議論

拡張された監査報告書をあらためて眺めてみると，標準的な記載内容の短文

12　日本公認会計士協会のウェブサイト（https://jicpa.or.jp/specialized_field/20190227aei.html）を参照（2019年2月28日確認）。監査報告書の拡張に直接関係するものと，それらの新設・改正に対応した調整のための改正が含まれる。

式監査報告書という様式と，監査意見の合格／不合格モデルは堅持されており，監査報告書の記載区分の順序変更，継続企業の前提に関する記載区分の独立，経営者および監査役等ならびに監査人の責任に関する記載の拡充は，とくに1980年代後半から継続して取り組まれてきた期待ギャップ対応の延長線上にあると解される。このような整理に基づけば，今回の監査報告書改革の中核をなすのは，なんと言ってもKAMの導入である。KAMの導入により，監査報告書の本質は変わらないものの，監査報告の基本的な考え方が大きく変更された（パラダイム・シフト（五十嵐［2012］，松本［2014］）が生じた）と解される。

　日本では，『監査基準』設定当初から，監査報告書の性格（機能）はオピニオン・レポート（意見表明機能）かインフォメーション・レポート（情報提供機能）かという議論がある。『監査基準』の前文にある「監査報告書は，監査の結果として，財務諸表に対する監査人の意見を表明する手段である」という記述に基づき，監査報告書はオピニオン・レポートであるとする見解が一般に定着しているように思われるが，監査報告書には伝統的に，補足的説明事項，特記事項，追記情報のように監査意見とは区別された情報を記載する場が設けられており，その意味ではインフォメーション・レポートの側面も有している[13]。

　ただし，KAMは，補足的説明事項，特記事項，または追記情報（強調事項）のように，監査人が財務諸表情報に追加して，または重ねて提供する情報ではなく，監査人が実施した監査の内容に関する情報である。KAMのような監査に関する情報を監査報告書に記載すべきであるという議論は以前からあり，『監査基準』でも，追記情報（その他の事項）として，監査，監査人の責任または監査報告書についての利用者の理解に関連するため説明が必要と判断した，財務諸表に表示または開示されていない事項を記載する道は用意されている（ただし，体系的または網羅的な調査をしたわけではないが，その他の情報の追記事例はほとんど見られない）。

　監査報告書の記載内容は，あくまでも監査意見ならびに監査に係る情報に限定すべきであると考える。KAMを，実施した監査やそこでの監査判断に関する情報を提供し，保証の枠組みにおいて監査報告書の情報内容を改善するもの

13　監査報告書の機能をオピニオン・レポートとみるか，インフォメーション・レポートとみるかについては，たとえば，鳥羽・秋月［2000］，井上普就［2012］，井上善弘［2012］，松本［2016, 2018b］を参照されたい。

序章　監査報告の変革　—意義と課題—　◆13

と明確に位置づけて運用すれば[14]，監査報告書における監査人の情報提供は二重責任の原則に反するという疑問を払拭できる新たな監査報告書記載事項となりうるし（朴［2018］），そうすべきである。

6　検討すべき課題

　ここまでの議論を踏まえ，日本における「監査上の主要な検討事項」の実務開始を見据えて検討すべき課題として，好循環の確立，画一化の回避，および情報開示の充実に言及する。

(1)　好循環の確立

　『意見書』によれば，「監査上の主要な検討事項」の記載の意義は，監査人が実施した監査の透明性を向上させ，監査報告書の情報価値を高めることにある。また，これにより以下のような効果が見込まれるとする（一）。

---

① 　財務諸表利用者に対して監査のプロセスに関する情報が，監査の品質を評価する新たな検討材料として提供されることで，監査の信頼性向上に資すること。

② 　財務諸表利用者の監査や財務諸表に対する理解が深まるとともに，経営者との対話が促進されること。

③ 　監査人と監査役，監査役会，監査等委員会又は監査委員会（以下「監査役等」という。）の間のコミュニケーションや，監査人と経営者の間の議論を更に充実させることを通じ，コーポレート・ガバナンスの強化や，監査の過程で識別した様々なリスクに関する認識が共有されることによる効果的な監査の実施につながること。

　ISA 701におけるKAMは，投資者の意思決定への役立ちを念頭に置いた情報提供の色合いが強いのに対して，日本では，その他に監査品質の評価やコー

14　保証の枠組みにおける監査判断形成と監査報告のあり方を論じた論攷として，内藤［2016a, 2016b］がある。

ポレート・ガバナンス強化への役立ちなども強調されている点が特徴である[15]。

これは，KAMの導入議論が会計監査の在り方に関する懇談会『会計監査の信頼性確保のために』（金融庁［2016]）を受けて進められた影響であると考えられる。同提言では，実施した監査に関する情報の記載は，監査品質を測定する指標の策定や監査事務所のガバナンス情報（監査人に関する情報）の開示とともに，いわゆる会計監査の透明性を向上させるための方策として位置づけられた。また，同提言では，会計監査の透明性の向上→株主による監査人の適正な評価→評価に基づく監査の依頼や監査報酬の増加→より高品質な監査を提供するインセンティブの強化という「市場全体における監査の品質の持続的な向上につながっていく好循環」の確立が謳われている。

KAMの記載が財務諸表利用者の意思決定をどのように，そしてどの程度改善するかは現時点では定かではないが，まずは制度導入の趣旨を汲み，積極的に記載することが望まれる。監査人，監査役等，経営者といった各関係者が，今回の改訂の趣旨を十分に理解したうえで，実施された監査の内容に関する情報が財務諸表利用者に適切に伝わるよう運用を図っていくことが重要であろう。

たとえば，監査役等は，監査人とのコミュニケーションをより充実させることにより，自らの監査や財務諸表監査の質の向上を図ることや，提供された財務諸表監査の質を的確に評価し，監査人の選解任や監査報酬に反映することが期待される[16]。

(2) 画一化の回避

第Ⅱ部の事例分析編の内容から読み取れるように，欧州企業のKAM記載事例からは，画一化（ボイラープレート化）の傾向は見られない。しかし，日本ではさまざまな局面で横並び意識の強さを感じることがあり，筆者も自覚するところである。そのため，KAMとして記載する事項やKAMの記載内容の画一化が危惧される。画一化を避け，特定企業の特定年度の監査に固有の情報が記載され，それが活用されるためには，関係者の努力と連携が必要となる。ま

---

15 監査報告書の拡張の目的をどのように解するかについては，町田［2019]を参照されたい。

16 KAMをめぐる監査人と監査役等とのコミュニケーションの意義と課題については，町田［2015a, 2015b]，弥永［2018c]を参照されたい。

ずは，監査人がKAMの趣旨を踏まえ，財務諸表利用者に役立つと思われる情報をわかりやすく記載することが基本となる[17]。しかし，どのようなKAMの記載が財務諸表利用者にとって有用であるかは明らかではない。したがって，KAMのより良い実務慣行を確立するためには，利用者（主に，監査役等，株主および投資者）からのKAMの記載実務に関するフィードバックが非常に重要である。

　そこで，投資者によるフィードバックの方法の1つとして，優れたKAMまたは監査報告書の表彰制度を提案したい[18]。たとえば，日本証券アナリスト協会による「証券アナリストによるディスクロージャー優良企業選定制度」や，東京証券取引所による「ディスクロージャー表彰」（1995年から2010年）が参考になろう。好循環の確立に向けて実現が望まれる。

(3) 情報開示の充実

　KAMは監査業務に関する情報であるが，監査対象である財務諸表やそれを含む開示書類において開示されている情報に関連づけられることが多い。ISA701やそれに準じた各国の基準（日本の監基報を含む）は，「関連する財務諸表における注記事項がある場合は，当該注記事項への参照」を求めている（たとえば，監基報701，第12項(1)）。つまり，KAMは必ずしも財務諸表注記を前提として記載されるものではない。本書の分析対象会社の事例でも，参照先が示されていないKAMは一定数存在する（第7章，図表7-12参照）。しかし，未公表情報の問題もあり，関連する財務諸表注記の有無および内容がKAMの記載内容に影響することは間違いない。もちろん，監査人が必要と判断した注記については経営者に記載を求めることが前提ではあるが，KAM導入の趣旨を実現するためには，より積極的な情報開示姿勢や開示制度が前提となる。明確な根拠を示すことはできないが，おそらくは歴史的あるいは文化的な背景事情の

17　理解可能性という観点からは，利用者がどの程度の専門知識を有していると想定するかという問題がある（町田［2019]）。

18　イギリスでは，投資協会およびその前身である投資管理協会が「監査報告大賞」と銘打って，2014年と2015年に，優れた監査報告実務を表彰した。（https://www.theinvestmentassociation.org/media-centre/press-releases/2014/press-release-2014-11-20.html）および（https:// www. theinvestmentassociation.org/media-centre/press-releases/2015/press-release-2015-11-26.html）（2019年2月28日確認）

もと，わが国では，法令・規則等に明確に定められている最低限度の開示で十分であるという消極的な姿勢が根強いと感じている。企業情報の開示やKAMの利用に関する関係者の意識・姿勢の変化や，関係者間のコミュニケーションの充実といった努力はもとより重要であるが，一定の制度的手当てが望まれるところである（林［2019]）。

　折しも，2018年6月には，金融庁金融審議会のディスクロージャーワーキング・グループ報告書『資本市場における好循環の実現に向けて』（金融庁［2018]）が公表され，これを受けて2019年3月には，同庁より『記述情報の開示に関する原則』（金融庁［2019a]）および『記述情報の開示の好事例集』（金融庁［2019b]）が公表された。また，2019年1月31日には，「企業内容等の開示に関する内閣府令の一部を改正する内閣府令」（内閣府令第3号）が公表され，財務情報および記述情報の充実が図られている。これらの公表はKAMの導入に足並みを揃えたものではないと思われるが，それだけ企業内容等開示制度の充実に向けた気運が高まっていると理解される。

（付記）　本章は，日本学術振興会科学研究費補助金交付研究「EUにおける監査規制が監査の質に与える影響に関する学際的研究」（研究代表者：林隆敏，課題番号：16H03685）の研究成果の一部である。

（林　隆敏）

制度編

第1章　国際監査基準による監査報告書
第2章　イギリスの監査報告書
第3章　フランスの監査報告書
第4章　ドイツの監査報告書
第5章　オランダの監査報告書
第6章　アメリカの監査報告書

国際監査基準による監査報告書

1 はじめに

　本章では，IFACのIAASBが設定するISAsによる監査報告書の改革を取り上げる。

　IFACは，会計職業専門家の国際的な組織であり，130を超える国・法域における175以上の加盟団体で構成されており，日本公認会計士協会も加盟している。IFACは，2003年に，加盟団体による義務の履行を支援することを目的としてコンプライアンス・プログラムを採択し，具体的な会員義務のベンチマークを示すものとして，「会員義務に関するステートメント」（Statements of Membership Obligations）を公表した。加盟団体は，IFACおよびIAASBが公表する諸基準・規則を当該団体の会員に周知することや，可能な限り国内基準に取り込むこと，あるいは，これら諸基準・規則の採用を加盟団体が所在する国・法域の政府や基準設定主体に働きかけることなどが義務づけられている。また，これらの義務の遵守状況および改善計画について，定期的な報告が要求されている（IFAC［2012］SMO3）。

　周知のとおり，2018年7月の『監査基準』改訂は，ISAsによる監査報告書改革の動向を念頭に置いたものである。また，日本公認会計士協会は，企業会計審議会『監査基準』の報告基準改訂を受けて，ISAsの規定に準じた一連の監基報を2019年2月に公表している。

2 監査報告書改革に関する議論の経緯

　監査報告書改革の議論の発端は，2006年に開始されたIFAC（IAASB）と
AICPA（ASB）による共同プロジェクトである。このプロジェクトでは，さ
まざまな財務諸表利用者の財務諸表監査および監査報告書に関する理解を把
握するとともに，それに関連する情報と知見を得るための学術調査研究が委託
された。2009年に公表されたこの委託研究の結果によれば，監査報告書は過度
に標準化されており，財務諸表利用者は監査意見が適正か否か，および監査人
は誰であるのかということだけに注意を払い，それ以外の記載内容は読んで
ないこと，あるいは現行の監査報告書の内容は監査人の責任を表示することに
偏っており，財務諸表利用者は監査人が有する被監査会社に関する見解や実施
された監査のプロセスについて，より多くの情報が提供されることを期待して
いることが明らかとなった。

　そこで，IAASBは，2011年5月に協議文書「監査報告の価値の向上：変更
のための代替案の模索」（IAASB［2011］）を公表し，その結果を踏まえて「監
査報告」プロジェクトを開始した。また，2012年6月には，コメント依頼文書
「監査報告の改善」（IAASB［2012b］）を公表し，その後，公開草案の公表を経
て，2015年1月に，監査報告書改革に係る一連のISAsを公表した（図表1−1）。
これらの基準は，2016年12月15日以降に開始する事業年度から適用されてい
る[1]。

　また，これらのISAsの関係は，図表1−2のように示されている。ただし，

図表1−1　監査報告書改革に関連するISAs

- ISA 700「財務諸表に対する意見の形成と監査報告」（改訂）
- ISA 701「独立監査人の監査報告書における重要な監査事項のコミュニケーション」
  （新設）
- ISA 705「独立監査人の監査報告書における監査意見の修正」（改訂）
- ISA 706「独立監査人の監査報告書における強調事項区分とその他の事項区分」（改訂）
- ISA 570「継続企業」（改訂）
- ISA 260「企業統治責任者とのコミュニケーション」（改訂）
- 関連する他のISAsの調整のための修正

（出典）筆者作成。

20◆　第Ⅰ部　制度編

ISA 720「その他の情報に関連する監査人の責任」（IAASB［2015g］）は「監査報告」プロジェクトとは別の「その他の情報に関連する監査人の責任」プロジェクトによるものである。

| 図表1-2　監査報告書改革に関連するISAsの関係 |

```
┌─────────────────────────────────────────────────────┐
│   ISA 700（Revised）監査報告に関する包括的な基準      │
└─────────────────────────────────────────────────────┘
      ⇕              ⇕              ⇕              ⇕
┌──────────┐  ┌──────────┐  ┌──────────────┐  ┌──────────┐
│「重要な監査事項」│  │監査意見の修正 │  │継続企業に関する │  │「その他の情報」│
│区分の新設   │  │ISA 705    │  │監査人による   │  │区分の新設   │
│ISA 701    │  │（Revised） │  │報告の強化    │  │ISA 720（Revised）│
│          │  │          │  │ISA 570（Revised）│  │          │
└──────────┘  └──────────┘  └──────────────┘  └──────────┘
```

ISA 701の公表を受けたISA 206およびISA 706の改訂，ならびに関連するISAs（ISA 210，220，230，510，540，580，600および710）の調整のための修正

（出典）IAASB［2015h］p.4に基づいて筆者作成。

　これらの改訂内容は，**図表1-3**のように，①すべての監査に適用されるものと，②上場会社の財務諸表の監査に強制適用されるもの（その他の監査への任意適用可）に大別される。

| 図表1-3　ISAsによる改訂内容 |

すべての監査に適用	上場会社の監査に適用
• 原則として，意見区分を監査報告書の先頭に置き，その次に結論の根拠区分を置く • 継続企業の前提に関する報告の強化 • 監査人の独立性および関連する倫理上の責任の遂行に関する記載 • 監査人の責任および監査の重要な特徴に関する記載の強化	• KAMの記載 • 業務執行社員の氏名の開示

（出典）筆者作成。

　本章では，わが国の監査基準改訂に大きな影響を及ぼしたと考えられる

1　このような監査報告書改革の経緯については，たとえば，林［2011］，井上（編著）［2014］，甲斐［2011，2013，2015a，2015b，2016a，2016b，2017］，松本・町田・関口［2014-2015］を参照されたい。

第1章　国際監査基準による監査報告書　◆21

ISAsの拡張された監査報告書に関する規定内容を紹介するとともに，その特徴や課題を解説する。

3 新しい監査報告書の構造と内容

まず，ISA 700「財務諸表に対する意見の形成と監査報告」（IAASB［2015d］）が規定する監査報告書の基本的な構造と記載内容を確認する。法定の財務諸表監査では，伝統的に，定型で簡潔明瞭な記載を是とする短文式報告書を採用してきた。ISA 700の改訂では，短文式監査報告書の基本的な考え方は維持しつつ，監査報告書の構造の見直しと記載内容の拡充が図られている。

3.1　構造の変更

図表1－4は，改訂前のISA 700「財務諸表に対する意見の形成と監査報告」（IAASB［2009c］）に基づく無限定適正意見監査報告書の記載区分と，改訂後のISA 700の規定に基づいて想定される記載区分を，それぞれ示している（い

図表1－4　ISAsによる無限定適正意見監査報告書の構造

改訂前の監査報告書の構造

独立監査人の監査報告書

監査の対象

財務諸表に対する経営者の責任

財務諸表監査に対する監査人の責任

監査意見

強調事項またはその他の事項

拡張された監査報告書の構造

独立監査人の監査報告書

A　監査意見

B　意見の根拠

C　継続企業の前提に関する重要な不確実性

D　KAM

E　その他の情報

F　強調事項またはその他の事項

G　財務諸表に対する経営者および企業統治責任者の責任

H　財務諸表監査に対する監査人の責任

（注）　□は当該監査に固有の情報，┈┈は標準化された記載。
（出典）ISA 700（IAASB［2009c］）およびISA700（IAASB［2015d］）に基づき筆者作成。

ずれも宛名，監査人に関する情報，日付を除く）。

　拡張された監査報告書では，監査報告書利用者にとって重要な（関心の高い）監査意見と意見の根拠が冒頭に記載される点が大きな特徴である。また，囲み線で示したように，まずは当該監査（または被監査会社）に固有の情報を記載し，その後にすべての監査に共通する内容である経営者，企業統治責任者（those charged with governance）および監査人の責任に関する区分が配置されている。また，詳しくは後述するが，新しく「継続企業の前提に関する重要な不確実性」，KAMおよび「その他の情報」が独立の区分として設けられた。

3.2　記載内容の拡充

⑴　経営者および監査人の責任

　改訂後のISA 700では，財務諸表に対する経営者の責任と監査人の責任に関する記載が拡充された。まず，経営者の責任については，財務諸表の適正表示に関する従来の記載に加えて，継続企業を前提として財務諸表を作成することが適切であるかどうかを評価し，財務報告の枠組みおよび開示の規則に基づいて継続企業に関する事項を開示する必要がある場合は，当該事項を開示する責任を有することが記載されることとなった。当該評価に関する経営者の責任の説明には，どのような場合に継続企業を前提として財務諸表を作成することが適切であるかも記載される（para. 33⒝）。また，経営者とは別に財務報告プロセスの監視に責任を有する者（一般的には，企業統治責任者と考えられる）が存在する場合，その責任者を特定することが求められた（para. 35）。

　次に，監査人の責任については，「合理的な保証」，「虚偽の表示」および「重要性」という概念（専門用語）の説明，監査人の判断および職業的専門家としての懐疑心の保持，誤謬または不正による重要な虚偽表示のリスクの識別および評価，十分かつ適切な監査証拠の入手，独立性その他の職業倫理に関する事項の遵守（上場会社の監査のみ），KAMの性質の説明（該当する場合のみ）などに関する記述が新たに求められた。また，継続企業の前提に関する責任が詳細に記載されることとなった（paras. 37-39）。

　このような経営者および企業統治責任者ならびに監査人の責任に関する記載の拡充は，財務諸表監査の性質と内容に関する期待ギャップを縮小するために1990年代以降繰り返されてきた対応策である。

第1章　国際監査基準による監査報告書　◆23

(2)　継続企業の前提

　今回の監査報告書の改革においても，継続企業の前提に関する規定が見直された。この問題に対する関心の高さが窺える。

　まず，ISA 700の改訂では，継続企業の前提に関する経営者の責任（継続企業としての事業継続能力の評価，継続企業を前提とした会計基準の使用の妥当性判断，（もしあれば）継続企業の前提に関する事項の開示）および監査人の責任（継続企業を前提とした会計基準の使用の妥当性判断，継続企業として事業を継続する能力に対して重大な疑義を生じさせる事象または状況に関連する重要な不確実性の存否に関する結論）が明確に記載されるようになった（paras. 34 and 39）。

　また，ISA 570「継続企業」（IAASB［2015c］）の改訂では，①従来は「事項の強調」区分に記載していた重要な不確実性に関する説明を，新たに設けられた「継続企業に関する重要な不確実性」区分に記載すること（para. 22），および②重大な疑義を生じさせる事象または状況を識別したが，重要な不確実性は認められない場合（いわゆる「間一髪」の状況（"close call" situations）），適用される財務報告の枠組みの要求事項に照らして，財務諸表に当該事象または状況が適切に開示されているかどうかを評価することが求められている（para. 20）。

(3)　その他の情報

　ISA 720によれば，「その他の情報」とは，会社の年次報告書に含まれる，財務情報および非財務情報（財務諸表およびその監査報告書を除く）である（para. 12(c)）。周知のとおり，年次報告書には，ビジネスモデルやリスク・不確実性に関する説明など，記述的・定性的情報が多く含まれている。また，国・地域によっては，経営者報告書やコーポレート・ガバナンス報告書などが監査済財務諸表が添付された文書に組み込まれて公表されている。ISA 720は，このような環境変化に対応し，監査人のその他の情報に対する責任を明確化するために改訂された。

　監査人は，その他の情報を通読したうえで，①その他の情報と財務諸表との間に重要な相違が存在するか否か，および②その他の情報と監査の過程で得られた監査人の知識の間に重要な相違が存在するか否かを考慮し，重要な相違や重要な虚偽記載が存在する（または存在すると思われる）場合，適切に対応することが求められている（paras. 14-20）。

24◆　第Ⅰ部　制度編

　また，監査人は，その他の情報に関連して，監査報告書に以下を記載することが要求されている（para. 22）。

- 経営者はその他の情報に対して責任がある旨
- 監査人が監査報告書日以前に入手したその他の情報の名称，および，上場会社の財務諸表監査の場合，監査報告書日より後に入手することが予定されているその他の情報の名称
- 監査意見はその他の情報を対象としておらず，よって，監査人は，その他の情報に対して監査意見やその他のいかなる形式の保証に関する結論も表明しない旨
- その他の情報を通読し，検討し，報告する監査人の責任
- その他の情報が監査報告書日以前に入手されている場合，とくに報告する事項はないという記述，または，監査人がその他の情報に修正されていない重要な虚偽記載があると判断する場合，その他の情報における修正されていない重要な虚偽記載に関する記述

　わが国の『監査基準』では，追記情報の規定（第四・七(4)）において，「監査した財務諸表を含む開示書類における当該財務諸表の表示とその他の記載内容との重要な相違」を追記することが求められている。ISA 720は「監査の過程で得られた監査人の知識の間に重要な相違が存在するか否かを考慮」することを求めている点で，監査人の責任が拡張されている。

4　KAMに関する規定と特徴

　次に，今回の監査報告書拡張の最大の特徴であるKAMに関する規定を確認しよう。先述のとおり，ISA 701「独立監査人の監査報告書における重要な監査事項のコミュニケーション」（IAASB［2015e］）は，上場会社の完全な一組の一般目的財務諸表の監査に適用される（para. 5）。KAMの規定を正しく理解するためには，監査意見のほとんどが無限定適正意見であり，無限定適正意見が記載された監査報告書は金太郎飴のごとく同じである，という批判が今回の改革の根底にあり，この批判に対応するために導入されたのがKAMであると

いう理解が肝要である。

4.1　KAMの意義と性質

(1)　KAMの定義

ISA 701によれば，KAMとは，監査人の専門家としての判断において，当期の財務諸表監査においてもっとも重要な事項である。KAMは企業統治責任者に伝達した事項のなかから選択される（para. 8）。KAMの重要性は，その文脈における当該事項の相対的な重要性をいい，それが検討されている文脈において監査人によって判断される。この重要性は，たとえば，相対的な大きさ，性質，ならびに，主題および想定利用者または受領者の利害に対する影響のような，量的要因および質的要因により検討される（para. A1）。

(2)　KAM伝達の目的

KAMを監査報告書に記載する目的として，以下の4つが示されている（paras. 2-3）。

---

① 実施された監査に関する透明性をいっそう高めることによって，監査報告書のコミュニケーション価値を高める。

② 当期の財務諸表監査において監査人がもっとも重要であると判断した事項を財務諸表の想定利用者が理解するのに役立つ追加的な情報を提供する。

③ 企業および監査済財務諸表における重大な経営者の判断が介在する領域を想定利用者が理解するのに役立つ。

④ 企業，監査済財務諸表および実施した監査に関連する事項について，経営者および企業統治責任者とのさらなる対話の基礎を想定利用者に提供する。

財務諸表の利用者は，双方向のコミュニケーションの一環として監査人が企業統治責任者としっかりした対話を行った事項に関心があることを表明しており，そのような話し合いについて追加的な透明性向上を求めている。たとえば，利用者は，財務諸表全体に対する意見を形成する際に監査人が行った重大な判断を理解することに格別の関心を表明している。なぜならば，それが財務諸表作成にあたって経営者の重大な判断がなされた領域にしばしば関係しているからである（para. A2）。

26◆　第Ⅰ部　制度編

⑶　KAMの性質

　監査報告書におけるKAMの伝達は，監査人が財務諸表全体に対する意見を形成したうえで行われる。したがって，KAMの記載は，適用される財務報告の枠組みが経営者に求めている財務諸表の開示，または適正表示を達成するために必要とされるその他の開示を代替するものではない。また，特定の監査業務の状況によって求められる限定意見を監査人が表明することを代替するものでも，継続企業の前提に関連する事象・状況に重要な不確実性があるときの報告を代替するものでもない。監査報告書利用者はKAMを個別事項に対する個別意見と解してはならないし，監査人もそのような誤解を生じさせるような記載をしてはならない（以上，para. 4）。

4.2　KAMの決定

　監査報告書に記載するKAMの決定にあたっては，監査人はまず，以下の事項を勘案して，企業統治責任者に伝達した事項のなかから，監査の実施に際して監査人がとくに注意を払った事項を決定することが求められている（para. 9）。

---

① 　重要な虚偽表示のリスクが高い領域，またはISA 315に準拠して識別した特別な検討を必要とするリスク（significant risks）
② 　重要な経営者の判断（高い見積りの不確実性があると識別されている会計上の見積りを含む。）にかかわる財務諸表の領域に関する監査人の重要な判断
③ 　当該期間に生じた重大な事象や取引の監査に対する影響

　次に，監査人は，上記に従って決定した事項のうちのどれが当期の財務諸表の監査においてもっとも重要であるかを決定しなければならない。企業統治責任者に伝達した事項のなかから決定するKAMの数は少数であることが意図されており（para. A9），当期の財務諸表監査における事項に限定されている（para. A10）。

　なお，ISA 701の公開草案では，無限定適正意見の場合の監査報告書の例示において，「のれん」，「金融商品の評価」，「買収」および「長期契約に関連する収益認識」がKAMとして示されていた。しかし，このような例示は定型的なKAMの記載につながるという批判を受け，KAMの例示は削除された。

　図表１－５は，KAMの決定プロセスを示している。

図表 1 - 5 KAMの決定プロセス

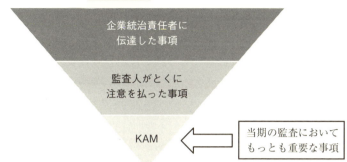

（出典）IAASB［2016］に基づき筆者作成。

4.3 KAMの伝達

(1) KAMの記載要件

監査人は、①法令または規則が当該事項の公開を禁じている場合、および②きわめて稀な状況において、監査報告書において伝達することにより生じる不利益が公共の利益を上回ると合理的に見込まれるため、監査人が当該事項について報告すべきでないと判断した場合を除き（para.14）、「重要な監査事項」という表題を付した監査報告書の独立区分に、適切な見出しを用いて個々のKAMを記載しなければならない（para.11）。

監査報告書の「重要な監査事項」区分の冒頭には、以下を記述することが求められている（para.11）。

① KAMは、監査人の専門家としての判断において、当期の財務諸表監査においてもっとも重要な事項である。
② 当該事項は、全体としての財務諸表の監査との関連において、また監査意見の形成にあたって対処されており、監査人は当該事項に対する個別の意見を提供しない。

「重要な監査事項」区分は、当該情報を目立たせ、想定利用者に対して当該監査業務特有の情報の価値を知らしめる効果を期待して、監査意見の近くに置かれる（para.A31）。また、「重要な監査事項」区分での個々のKAMの記載順序は専門家としての判断事項である（para.A32）。

28◆　第Ⅰ部　制度編

　なお，意見限定の理由となった事項（除外事項）および継続企業の前提に重要な疑義を生じさせる事象または状況に関する重要な不確実性は，KAMの性質を有する。しかし，これらの事項を「重要な監査事項」区分に記載してはならない。監査人は，ISA 705「独立監査人の監査報告書における監査意見の修正」（IAASB［2015f］）またはISA 570に従って当該事項を報告するとともに，「重要な監査事項」区分において，「限定（不適正）意見の根拠」区分または「継続企業の前提に関係する重要な不確実性」区分を参照しなければならない（paras. 12 and 15）。KAMの伝達は，適用される財務報告の枠組みが経営者に求めている財務諸表の開示，または適正表示を達成するために必要とされるその他の開示を代替するものではない（para. A5）。

　また，監査人は，被監査会社および当該監査における事実および状況に基づいて，伝達すべきKAMはない，あるいは伝達すべきKAMは除外事項または継続企業の前提に関する重要な不確実性のみであると決定したならば，監査報告書の「重要な監査事項」という表題を付した独立区分に，その旨を記載しなければならない（para. 16）。

(2)　個々のKAMの記載

　監査報告書の「重要な監査事項」区分における個々のKAMに関する記載は，財務諸表に関連する開示があれば，それへの参照を含まなければならず，かつ，以下に言及しなければならない（para. 13）[2]。

---

① 　当該事項が当該監査においてもっとも重要な事項の１つであると考えられ，KAMであると決定された理由
② 　当該監査における当該KAMへの対応

　なお，②に何をどこまで書き込むかは監査人の専門家としての判断に委ねられているが，⑴当該KAMにもっとも関連しているか，あるいは評価済みの重要な虚偽表示リスクに個別に結びつけられた，監査人の対応またはアプローチ，⑵実施した監査手続の概要，⑶監査手続の結果，または⑷当該KAMに関する監査人の重要な観察結果（Key observations）[3]の記載が例示されている（para.

2　IAASB［2015a］に，KAMの文例が示されている。

A46)。

　KAMの記述は，上記の①と②を想定利用者が理解できるように，簡潔かつバランスのとれた説明を提供することを目的とするものである。高度に専門的な監査用語の利用に関する制限も，監査に関する合理的な知識を有していない想定利用者が，当該監査において監査人が特定の事項に焦点を合わせた根拠を理解することに役立つ。監査人が提供する情報の内容と範囲は，関係者それぞれの責任の文脈でバランスをとることが意図されている。たとえば，監査人は，有用な情報を簡潔でわかりやすい形式で提供する一方で，被監査会社に関する未公表情報（original information）の提供者となることは適切ではない（para. A34）。ここで，未公表情報とは，企業によって公表されていない企業に関するすべての情報であり，このような情報の伝達は経営者や企業統治責任者の責任である（para. A35）。

　KAMに未公表情報が記載される可能性は，被監査会社にとっても監査人にとってもセンシティブな問題である。監査人は，未公表情報を不適切に提供することになるようなKAMの記載を避けるように努めることが適切である。KAMは監査に関連した事項を記述するため，通常それ自体では企業に関する未公表情報とはならない。しかし，監査人は，法令または規則により禁止されていないことを条件として，当該事項がもっとも重要な事項の1つと考えられ，KAMであると決定された理由や，当該事項への監査上の対応を説明するために，KAMに追加的な情報を含める必要があると判断する場合がある。そのような場合，監査人は，監査報告書において未公表情報を提供するよりも，経営者または企業統治責任者に追加情報の開示を促すことがある（para. A36）。

　KAMの記載は，財務諸表に開示されていることのたんなる繰り返しではない。しかし，関連する開示への参照によって，経営者が財務諸表の作成に際して当該事項にどのように対応しているかについての想定利用者の理解を深めることができる（para. A40）。

3　監基報701「独立監査人の監査報告書における監査上の主要な検討事項」では，「主要な見解」という用語が用いられている。

5　実務の動向

　IFACとAICPAが口火を切った監査報告書の改革は，国際的にはすでに実施の段階に移っている。すでに述べたように，KAMの記載を含む監査報告書の改革に関連するISAsは，2016年12月15日以降に開始する事業年度から適用されている。EU加盟国については，監査報告書の記載内容を大幅に拡充する2006年法定監査指令改正指令およびPIEsに関する法定監査規則（いずれも2014年6月に制定）が2016年6月17日以降に開始する事業年度から適用されているが，これらの指令・規則の内国化に際しては，ISAsの規定内容が反映されている。また，日本公認会計士協会［2017a］によれば，オーストラリア，スイス，シンガポール，ドイツ，香港，ポーランド，南アフリカなどでISAsが早期適用されている。さらに，アメリカでは，「重要な監査事項（Critical Audit Matters）」は，大規模早期提出会社については2019年6月15日以降に終了する事業年度から，それ以外の会社については2020年12月15日以降に終了する事業年度から，それぞれ適用される予定である（PCAOB［2017］）。

6　む　す　び

　ISAsにより拡張された監査報告書をあらためて眺めてみると，標準的な記載内容の短文式監査報告書という様式と，監査意見の合格／不合格モデルは堅持されており，監査報告書の記載区分の順序変更，継続企業の前提に関する記載区分の独立，経営者，企業統治責任者および監査人の責任に関する記載の拡充は，とくに1980年代後半から継続して取り組まれてきた期待ギャップ対応の延長線上にあると解される。また，「その他の情報」への対応は，非財務情報の重要性に関する認識の高まりを受けて，その他の情報を読んで矛盾の有無を確かめるだけでなく，監査人の理解との離齬がないかを検討することまで要求した点で，監査人の責任を拡張するものである。このような整理に基づけば，今回の監査報告書改革の中核をなすのは，なんと言ってもKAMの導入である。

　KAMの記載が財務諸表利用者の意思決定をどのように，そしてどの程度改

善するかは現時点では定かではないが，まずは制度導人の趣旨を汲み，積極的に記載することが望まれる。ただし，KAMの記載は画一化することが危惧される。画一化を避け，特定企業の特定年度の監査に特有の情報が記載され，それが活用されるためには，関係者の努力と連携が必要となる。まずは，監査人がKAMの趣旨を踏まえ，財務諸表利用者に役立つと思われる情報をわかりやすく記載することが基本となるが，KAMのより良い実務慣行を確立するためには，利用者からのKAMの記載実務に関するフィードバックが必要であろう。また，監査役等は，監査人とのコミュニケーションをより充実させることにより，自らの監査や財務諸表監査の質の向上を図ることや，提供された財務諸表監査の質を的確に評価し，監査人の選解任や監査報酬に反映することが期待される。さらに，KAMは監査情報であるが，その記載には企業による情報開示が大きく影響することから[4]，経営者の情報開示に対する積極的な姿勢も望まれるところである。

(付記)　本章は，日本学術振興会科学研究費補助金交付研究「EUにおける監査規制が監査の質に与える影響に関する学際的研究」（研究代表者：林隆敏，課題番号：16H03685）の研究成果の一部である。

（林　隆敏）

4　たとえば，日本公認会計士協会［2017b］を参照されたい。

32◆　第Ⅰ部　制度編

第2章

イギリスの監査報告書

1　はじめに

　本章では，イギリスの監査報告書に関する制度の内容を考察する。イギリスでは，監査報告書に関する監査基準の改訂が先駆的に行われた。以下では，イギリスにおける監査報告書の改革に関する議論の経緯と，現行の監査報告書の構造および内容を説明した後，監査報告書におけるKAMに関する規定の内容について，とくに前章で取り上げたIAASBが公表しているISAsとの相違点を強調しながら紹介することとする。

2　監査報告書改革に関する議論の経緯

　2008年に生じた世界的な金融危機（いわゆるリーマン・ショック）を契機として，イギリスにおいても，監査報告書の改革に関する議論が巻き起こった。イギリスの監査基準設定主体であるFRCは，この問題を会社のスチュワードシップ全般の有効性とこれを支える監査の有効性に関する問題であるととらえ，2013年6月，新たな監査報告規定を盛り込んだISA（UK and Ireland）700「財務諸表に対する独立監査人の報告書」（FRC［2013］）を公表した（林［2016a］p.60，林［2016b］p.481）。

　2012年10月1日以降に開始する事業年度から適用されることとなった同基準

第2章　イギリスの監査報告書　◆33

では，イギリスのコーポレートガバナンス・コードの適用に関する報告が要求
されている会社，およびそれを自発的に選択した会社について，監査報告書に
以下の事項を記載することが要求された（para. 19A）。

---

① 全般的な監査戦略，監査資源の配分，および監査チームの監査労力の指揮
　にもっとも大きな影響を及ぼす，監査人によって識別された評価済みの重要
　な虚偽表示リスクに関する説明。
② 監査人が監査の計画および実施において重要性の概念をどのように適用し
　たかに関する説明。そのような説明においては，財務諸表全体レベルの重要
　性として監査人によって用いられた閾値を明示することとする。
③ 監査範囲の概要。そこには，そのような範囲が上記①に準拠して開示され
　た評価済みの重要な虚偽表示リスクにどのように対処したか，および上記②
　に準拠して開示された監査人による重要性の適用によってどのように影響を
　受けたか，についての説明を含む。

　2013年に公表されたこのISA（UK and Ireland）700は，その後2014年と2016
年の二度にわたる改訂を経て現在に至っているが，イギリスにおけるこのよう
な監査報告に関する規定の変革は，前述の金融危機以降，約5年にわたる議論
を経て2015年にまとまったISAsにおける監査報告書改革に先立つものである
と位置づけられる（林［2016a］p.61，林［2016b］p.483）。

3　新しい監査報告書の構造と内容

　2016年6月に公表されたISA（UK）700（2016年6月改訂）「財務諸表に対す
る意見の形成と監査報告」（FRC［2016e］）の内容は，その大部分がIAASBの
ISA700（改訂）「財務諸表に対する意見の形成と監査報告」（IAASB［2015d］）
に準拠したものとなっている。ISA（UK）700では，ISA 700との相違点（すな
わち，イギリス独自の規定）の多くが網掛けになって表示されている。たとえば，
監査意見の形成に関して，「イギリスでは，適正性の枠組みに準拠して作成さ
れた財務諸表に無限定適正意見（unmodified opinion）を表明する場合，財務諸
表が会計基準およびその他の関連法令の要求事項に準拠して作成されているこ

34◆　第Ⅰ部　制度編

とのみに基づいて，当該財務諸表が真実かつ公正な概観を示していると結論付けることは不十分である」(para. 16) という文言が追加されている。

　ISA（UK）700の規定に準拠して作成される監査報告書には，大きく2つの報告が記載される。1つが「財務諸表に対する監査に関する報告」であり，もう1つが「その他の法律および規則の要求事項に関する報告」である。このうち，前者の主な記載事項には，監査意見，監査意見の根拠，継続企業の前提（該当する場合），KAM，その他の情報（該当する場合），財務諸表に対する経営者または企業統治責任者の責任，および財務諸表の監査に対する監査人の責任が含まれている。ただし，実際の監査報告書の記載区分は，個々の監査によって多少異なっており，たとえばTesco社（巻末付録1の171番）の財務諸表に対

資料2－1　Tesco社の監査報告書の構造

独立監査人の報告書
財務諸表に対する監査に関する報告
　監査意見
　監査意見の根拠
　監査アプローチの概要
　継続企業の前提，主要なリスク，および存続可能性報告書（viability statement）に関する結論
　重要な監査事項
　重要性の適用
　監査範囲の概要
　その他の情報
　取締役の責任
　財務諸表の監査に対する監査人の責任
　この報告書の使用
その他の法律および規則の要求事項に関する報告
　2006年会社法によって規定されたその他の事項に関する意見
　例外的に報告が要求されている事項
　その他の事項

(出典) Tesco [2018] pp.68-73.

する監査報告書（最新の2018年度版）の見出しは，**資料２－１**のようになっている。

4 KAMに関する規定と特徴

本節では，イギリスにおけるKAMを規定しているISA（UK）701「独立監査人の監査報告書における重要な監査事項のコミュニケーション」（FRC［2016f］）の内容を紹介する。ISA（UK）701も，IAASBのISA 701「独立監査人の監査報告書における重要な監査事項のコミュニケーション」（IAASB［2015e］）にイギリス独自の規定が追加されたものとなっている。

4.1　ISA（UK）701の適用範囲

ISA（UK）701は，監査報告書におけるKAMの伝達に関する監査人の責任を規定しており，監査報告書における伝達事項に関する監査人の判断と，その伝達の形式および内容の両方を取り扱っている（para. 1）。さらに，イギリス独自の規定として，ISA（UK）701では，監査の計画および範囲に関するその他の事項を監査報告書において伝達することに関する監査人の責任も規定されている（para. 1-1）。

ISA（UK）701は，KAMの伝達を，それらの事項が当期の財務諸表監査における監査人の職業的専門家としての判断のなかでもっとも重要であったことを，財務諸表利用者が理解しやすくするための追加的な情報を提供するものであるととらえており，KAMの伝達によって，被監査会社それ自体や監査済財務諸表のなかで重要な経営判断が含まれる領域を，財務諸表利用者が理解しやすくなることを期待している（para. 2）。さらに，KAMの伝達は，被監査会社，監査済財務諸表，または実施された監査に関する特定の事項について，経営者および被監査会社の企業統治責任者がよりいっそうの取組みを行う根拠を，財務諸表利用者に提供することも期待されている（para. 3）。

ISA（UK）701は，監査報告書におけるKAMの伝達は監査人が財務諸表全体に関する意見を形成することに関連するものであるとともに，それは次のようなものではないと指摘している（para. 4）。

① 適用可能な財務報告の枠組みが経営者に作成を要求している，あるいは適正表示を達成するために必要な，財務諸表における開示を代替するもの
② ISA（UK）705（2016年6月改訂）「独立監査人の監査報告書における監査意見の修正」（FRC［2016g］）に準拠した特定の監査業務の状況によって要求される場合の，監査人が表明する修正意見を代替するもの
③ 継続企業の前提に関する被監査会社の能力に著しい疑義を生じさせる可能性がある事象や状況に関して重要な不確実性が存在する場合の，ISA（UK）570（2016年6月改訂）「継続企業」（FRC［2016d］）に準拠した報告を代替するもの
④ 個々の事項に関する別々の意見

　ISA（UK）701は，イギリス上場会社の完全な一組の一般目的財務諸表の監査，監査人が監査報告書においてKAMの伝達を決定するその他の状況，および監査人が監査報告書においてKAMを伝達することが法律または規則によって要求されている場合に適用される。さらに，イギリス独自の規定として，ISA（UK）701は，その他のPIEs，およびイギリスのコーポレートガバナンス・コードをどのように適用したかに関する報告が要求されている事業体，ならびにそれらを自発的に選択した事業体の，完全な一組の一般目的財務諸表の監査にも適用される。ただし，ISA（UK）705によって，監査人が財務諸表に対して否定的な意見を表明する場合には，そのような報告が法律または規則によって要求されていない限り，監査人によるKAMの記載が禁止されている（para. 5）。

4.2　KAMの定義と監査人の目的

　ISA（UK）701では，KAMを「監査人の職業的専門家としての判断のなかで，当期の財務諸表監査においてもっとも重要な事項」と定義している（para. 8）。この定義に関して，同基準の適用指針では，「当期の財務諸表監査のなかでもっとも重要である事項」に，全般的な監査戦略，監査資源の配分，および監査チームの監査労力の指揮に最も大きな影響を及ぼすものをはじめとする，監査人によって識別され，（不正に起因するかどうかにかかわらず）もっとも重要であると評価された重要な虚偽表示リスクが含まれると説明されている（para.

第 2 章　イギリスの監査報告書　◆37

A8-1）。

　上記の定義を踏まえて，ISA（UK）701では，KAMに関連する監査人の目的として，①KAMを決定すること，および②財務諸表に関する意見を形成するなかで，監査報告書にKAMを記載し，伝達すること，の2つが挙げられている（para. 7）。そこで，**4.3**では監査人によるKAMの決定についての規定を，**4.4**では監査報告書を介したKAMの伝達についての規定を，それぞれ紹介する。

4.3　KAMの決定

　ISA（UK）701は，監査人が被監査会社の企業統治責任者に伝達した事項のなかから，監査を実施するなかで監査人がとくに注意を払うことを求められた事項の決定を監査人に要求している。そして，それらを決定するなかで，監査人に対して以下のことを考慮に入れるように指示している（para. 9）。

---

①　重要な虚偽表示リスクが高いと評価された領域，またはISA（UK）315（2016年6月改訂）「事業体及びその環境への理解を通じた重要な虚偽表示のリスクの識別と評価」（FRC［2016c］）に準拠して識別された特別な検討を必要とするリスク（significant risks）が存在する領域
②　見積りの不確実性が高い条件が含まれると識別された会計上の見積りを含む，重要な経営判断が関与した財務諸表の領域に関係する重要な監査人の判断
③　当期中に発生した重要な事象または取引が監査に及ぼす影響

　監査人は，以上のことを考慮に入れて決定した事項のなかからKAMを決定することになる（para. 10）。これに関連して，ISA（UK）701は，全般的な監査戦略，監査資源の配分，および監査チームの監査労力の指揮にもっとも大きな影響を及ぼすと監査人に評価された重要な虚偽表示リスクは，特別な検討を必要とするリスクに関連するものを含めて，ISA（UK）315の要求事項（paras. 25-31）を満たすなかで監査人によって識別される可能性が高いが，もし特別な検討を必要とするリスクや識別されたその他のリスクのなかのどれかが上記の考慮すべき事柄を満たし，それが監査報告書に記載されることになる場合には，監査人はその決定に自らの判断を利用することとしている（para. A28-1）。

38◆ 第Ⅰ部　制度編

4.4　KAMの伝達

(1)　基本的な規定

ISA（UK）701は，監査報告書に「重要な監査事項」という見出しで独立した節を設け，以下の内容を含む序文を記載するとともに，適切な小見出しを使用して個々のKAMについて記載することを監査人に要求している（para. 11）。

---

① 　KAMは，監査人が職業的専門家としての判断を行使するなかで，当期の財務諸表監査のなかでもっとも重要であると判断した事項であり，それには全般的な監査戦略，監査資源の配分，および監査チームの監査労力の指揮にもっとも大きな影響を及ぼすものをはじめとする，監査人によって識別され，（不正に起因するかどうかにかかわらず）もっとも重要であると評価された重要な虚偽表示リスクが含まれること。

② 　これらの事項は財務諸表全体についての監査を実施する状況において，および財務諸表全体に関する監査人の意見を形成するなかで対処されたものであり，監査人はこれらの事項に関する個別の意見を提供していないこと。

次に，個々のKAMの記載に際して，ISA（UK）701では，もし存在するならば，財務諸表のなかの関連する開示への参照を含めるとともに，①なぜその事項が監査においてもっとも重要な事項の1つとして考えられ，そしてKAMとして決定されたのか，および②その事項は監査においてどのように対処されたのか，という2つの問いに回答することが求められている（para. 13）。とくに，1つ目の問いに対する回答を記載する際には，KAMとして決定された事項が，監査人によって識別され，（不正に起因するかどうかにかかわらず）もっとも重要と評価された重要な虚偽表示リスクの1つであったことを示すこととされている（para. 13-2）。また，監査人が監査のなかで重要な虚偽表示リスクについての評価を著しく改訂する場合，監査人は改訂後の評価を生じさせる事実および状況を開示するかどうかを検討することとされている（para. A42-1）。

(2)　個別具体的な状況に関する規定

より具体的な状況を想定したKAMの伝達に関する規定として，ISA（UK）701では，①PIEsの財務諸表監査におけるKAMの伝達と，②企業グループと

その親会社の財務諸表監査におけるKAMの伝達について説明がなされている。まず、PIEsの財務諸表監査におけるKAMの伝達については、イギリス独自の規定として、個々のKAMについての記載のなかに監査意見の裏づけとなる以下の情報を盛り込むとともに、監査報告書において提供される以下の情報が（不正に起因するかどうかにかかわらず）もっとも重要であると評価された重要な虚偽表示リスクのそれぞれに関係している場合には、財務諸表のなかの関連する開示への明確な参照を監査報告書に含めることが要求されている（para. 13R-1）。

---

① （不正に起因するかどうかにかかわらず）もっとも重要であると評価された重要な虚偽表示リスクについての記載

② それらのリスクに対する監査人の対処の概要

③ 関連する場合には、それらのリスクに関して生じている重要な観察結果

　次に、企業グループおよびその親会社の財務諸表監査におけるKAMの伝達については、適用される財務報告の枠組みが同じである場合には、企業グループに対する監査報告書と親会社に対する監査報告書が単一の報告書に結合される可能性があり、反対に、適用される財務報告の枠組みが異なる場合には、企業グループと親会社のそれぞれに対する監査報告書が別々に示される可能性があるとしている（para. A33-1）。また、親会社の監査報告書におけるKAMの多くは、その監査のなかで適用されたであろう金額的重要性に違いはあるものの、その内容としては企業グループの監査報告書におけるKAMと同じである可能性がある一方で、親会社の財務諸表監査にのみ関連して生じるKAM（たとえば、配当可能な剰余金についての含意を有する子会社への投資に関係するリスク）も当然に存在しうるとしている（para. A33-2）。

　これらのパターンが想定されるなかで、ISA（UK）701は、企業グループに対する監査報告書と親会社に対する監査報告書が単一の報告書に結合される場合であれ、それらが年次報告書のなかで別々に提示される場合であれ、企業グループと親会社に共通するKAMは、企業グループと親会社の財務諸表監査のそれぞれにおいて別々に識別されるとしても、両方の監査報告書におけるKAMの無用な重複や記載の分離を避けて監査報告書の利用者による理解を促進するという点では、開示の際には統合されている方が、関連する親会社に特

40◆　第Ⅰ部　制度編

有のKAMやISA（UK）701によって要求されているその他の情報にとって適切であるだろうと述べている。なお，企業グループに対する監査報告書と親会社に対する監査報告書が年次報告書のなかで別々に示されている場合には，当該事項が法律または規則によって親会社の監査報告書への記載が要求されている場合を除き，親会社の監査報告書においては，当該事項が企業グループの監査報告書に記載されている旨を記載することになると考えられる（paras. A33-3-A33-5）。

(3)　KAMが記載されない場合

ISA（UK）701では，あるKAMについて，法律または規則によってその公表が制限されている場合や，きわめて稀な状況ではあるが，そのKAMを伝達することによって生じる望まれない帰結が，そのKAMの伝達によって生じる公共の利益に資する便益を上回ることが合理的に予期されることを理由に，そのKAMを伝達すべきではないと監査人が判断する場合には，監査報告書にKAMを記載しないこととされている（para. 14）。

また，ISA（UK）705に準拠して監査意見の修正を生じさせる事項や，ISA（UK）570に準拠して継続企業の前提を維持する被監査会社の能力に著しい疑義を生じさせる事象または状態に関連する重要な不確実性について，これらは本質的にはKAMであるものの，監査報告書の「重要な監査事項」の節にKAMとして記載しないこととしている（paras. 12 and 15）。そして，このような事項が生じている場合，それらの事項を適用可能な他の監査基準に準拠して報告するとともに，「重要な監査事項」の節に，限定付（不適正）意見の根拠，または継続企業の前提の節に関連する重要な不確実性への参照を含めるよう，監査人に要求している。

さらに，もし監査人が，被監査会社およびその監査に関する事実および状況に依拠して，伝達すべきKAMが存在しない，または「重要な監査事項」の節に記載する内容が監査意見の修正や継続企業の前提に関する参照のみであると判断した場合，監査人は「重要な監査事項」の見出しの下に別の節を設けて，この影響についての声明（statement）を含めることとしている（para. 16）。

4.5 KAMならびに監査の計画および範囲に関するその他の事項の伝達

ISA（UK）701では，イギリス独自の規定として，監査の計画および範囲に関する次の２つの事項を監査報告書に示すこととされている（para. 16-1）。

第１に，監査人が監査の計画および実施において重要性の概念をどのように適用したかについての説明である。この説明は，その監査に特有の状況や複雑性に応じて調整される財務諸表全体レベルの重要性として監査人が用いた閾値を明示することに加えて，たとえば，取引，勘定または開示クラスの重要性の水準が財務諸表全体レベルの重要性よりも低い場合の当該重要性の水準，実施上の重要性，監査が進行するなかで行われた重要性の閾値の著しい改訂，監査委員会への未修正の差異の報告に用いた閾値，および重要性に関する監査人の評価に関連する重要な質的検討事項が含まれると想定されている（para. A59-1）。

第２に，監査範囲の概要についての説明である。これには，①その範囲が，もっとも重要な虚偽表示リスクの１つに関連する各KAMにどのように対処したのか，および②その範囲が監査人による重要性の適用によってどのように影響を受けたのか，といった内容を含むとされている。監査範囲の概要の内容も，その監査に特有の状況や監査人によって適用された重要性の影響に応じて調整され，より具体的には，達成された収益・総資産・税引前利益の範囲，達成された報告セグメントの収益・総資産・税引前利益の範囲，所在地の総数に対する監査人が往査した所在地の数と往査計画の根底にある論理的根拠，企業グループの構造が監査範囲に及ぼす影響，および構成単位の監査人（component auditors）の業務に対するグループ監査人の関与の性質と程度，などが含まれるとされている（para. 59-2）。

さらに，ISA（UK）701は，財務諸表利用者にとって有用であるために，KAMならびに監査の計画および範囲に関するその他の事項に関する説明を，以下のことを考慮しながら記載することを監査人に要求している（para. 16-2）。

---

① 財務諸表の別々の要素に関する個別の意見としてではなく，財務諸表全体に対する監査の文脈のなかで，利用者がそれらの重要性を理解できるようにするために記載すること。

② 標準化された言語で表現される一般的または抽象的な事項ではなく，それ

らを被監査会社に特有の状況に直接関連づけることができるような方法で記載すること。

③　イギリスのコーポレートガバナンス・コードをどのように適用したかに関する報告が要求されている事業体，およびその報告を自発的に選択している事業体，あるいはコーポレートガバナンス・コードを適用していない理由を説明することが要求されている事業体の場合，監査人は，主に監査人と監査委員会がそれぞれの領域において直接伝達している情報に対して，それぞれが負っている別々の責任を適切に考慮する一方で，これらの伝達事項のなかで対処された重複する課題についての記述を一致させ，またはそれらについての報告が重複しないように努めること。

4.6　その他の要求事項

　ISA（UK）701の残りの要求事項として，企業統治責任者との意思疎通と文書化がある。前者に関する規定は，①監査人がKAMであると決定した事項，あるいは②被監査会社およびその監査における事実および状況に依拠して監査報告書において伝達すべきKAMは存在しないという監査人の決定を，被監査会社の企業統治責任者に伝達することを監査人に要求するものである（para. 17）。また，後者に関する規定は，監査調書のなかに，①監査人がとくに注意を払うことを求められた事項，およびこれらの各事項がKAMであるかどうかについての監査人の決定の基礎となる論理的根拠，②監査報告書において伝達すべきKAMは存在しない，または伝達すべきKAMが監査意見の修正や継続企業の前提に関連して対処された事項のみであると監査人が決定した場合の論理的根拠，そして③KAMであると決定された事項を監査報告書において伝達しないと監査人が決定した場合の論理的根拠を記載することを監査人に要求するものである（para. 18）。

5　監査報告書の開示情報を対象とした実態調査

　先述のように，イギリスではKAMに関する監査基準の設定に先駆けて，重要な虚偽表示リスク，重要性，および監査範囲に関する説明を監査報告書に記

第 2 章　イギリスの監査報告書　◆43

載する実務が行われてきた。そして，そのような状況を踏まえて，新しい監査
報告書を対象とした情報開示の実態調査も行われている。本節では，それらの
実態調査の結果の概要を示すこととする。

5.1　FRC［2015］

　FRC［2015］は，2014年 7 月から 9 月までの間に，FTSE350構成銘柄の
なかから無作為に抽出された153社（うち，63社がFTSE100構成銘柄，90社が
FTSE250構成銘柄。ただし，FRCとイングランド・ウェールズ勅許会計士協会を除
く）が公表した年次報告書に収録されている監査報告書を用いて，前述の 3 項
目を中心とした情報開示の実態を調査し，次のことを明らかにしている。

　重要な虚偽表示リスクについては，第 1 に，全体では平均4.2個（最少 1 個，
最多10個）のリスクが報告されており，FTSE100構成銘柄とFTSE250構成銘
柄で報告されたリスクの平均報告数を比較したところ，前者のほうが平均報告
数が多い傾向にあった。第 2 に，報告されたリスクを分類したところ，もっと
も多かったのが「（のれん以外の）資産の減損」であり，ついで「税金」，「のれ
んの減損」，「収益認識における不正リスク」，「経営者が内部統制を無効化する
リスク」が多かった。ただし，「収益認識における不正リスク」と「経営者が
内部統制を無効化するリスク」については，これらのリスクが他の監査基準に
おいて特別な検討を必要とするリスクに挙げられていることを背景として，一
部の監査報告書において，全般的な監査戦略，監査資源の配分，あるいは監査
チームの監査労力の指揮に影響を及ぼしたかどうかが明らかにされない形で開
示されていた。そして第 3 に，報告されたリスクの記述形式については，標準
的な用語を用いた一般的な記述ではなく，被監査会社に固有の状況に即した個
別具体的な記述がなされていたものが全体の61%であった。

　重要性については，153社の監査報告書のうち，148社（97%）で重要性の基
準指標（benchmark）が開示されており，128社（84%）では基準指標に乗じる
割合が開示され，37社（24%）では当該基準指標を選択した理由まで開示され
ていた。基準指標として用いられている項目としては，122社（79%）で利益
（修正利益または税引前利益）が用いられていた。さらに，手続実施上の重要性
（performance materiality）を開示していたのは25社（16%）であり，そのうちの
19社が同一の会計事務所によるものであった。

監査範囲に関する説明については，ISA（UK and Ireland）700の要求事項に反して，監査範囲と重要な虚偽表示リスクおよび重要性の関連が理解できるように記述されていなかった。また，一部の監査報告書においては，専門家の利用（72社（47%））および構成単位の監査人の利用（84社（55%））について言及されていた。FRC［2015］は，これらの言及が現行の監査基準では原則として禁止されているものの，監査範囲を詳細に説明するという新しい監査報告規定の趣旨に照らせば，記載することが適切である可能性を示唆していた。

5.2　林［2016a］および林［2016b］

林［2016a］および林［2016b］は，FRC［2015］の追試として，2014年8月31日時点でロンドン証券取引所に上場していた2,460社のうち，メイン市場にプレミアム上場している781社のなかから無作為に抽出された300社（うち，70社がFTSE100構成銘柄，137社がFTSE250構成銘柄，93社がその他）が公表した年次報告書に収録されている監査報告書を用いて，重要な虚偽表示リスクと重要性に関する情報開示の実態を調査し，次のことを明らかにしている。

林［2016a］で検討された重要な虚偽表示リスクについては，第1に，全体では平均3.8個（最少1個，最多10個）のリスクが報告されていた。第2に，報告されたリスクを分類したところ，もっとも多かったのが「のれん・無形資産（減損を含む）」であり，ついで「収益認識（不正リスク以外）」，「税金」，「経営者が内部統制を無視するリスク」，「資産評価（減損を含む）」が多かった。第3に，報告されたリスクの記述形式については，リスクの性質ないし内容が記載された962個のリスクを確認した結果として，記述の定型化があまり進んでいないことを明らかにした。

林［2016b］で検討された重要性については，300社の監査報告書のうち，296社（99%）で重要性の基準指標が開示されており，287社（96%）では基準指標に乗じる割合が開示され，55社（18%）では当該基準指標を選択した理由まで開示されていた。基準指標として用いられている項目としては，227社（76%）で利益（修正利益または税引前利益）が用いられていた。さらに，手続実施上の重要性を開示していたのは44社（15%）であり，そのうちの41社が同一の（かつ，FRC［2015］でも識別されていた）会計事務所によるものであった。

以上のように，林［2016a］および林［2016b］は，FRC［2015］と異なるサ

第2章　イギリスの監査報告書　◆45

ンプルを用いているが，おおむね整合する調査結果を報告している。

5.3　FRC［2016a］

　FRCは，FRC［2015］を公表した翌年にも，同様の調査を実施している。2年目の調査では，FTSE350構成銘柄のなかから無作為に抽出された278社（うち，89社がFTSE100構成銘柄，189社がFTSE250構成銘柄。ただし，FRCとイングランド・ウェールズ勅許会計士協会を除く）が公表した年次報告書に収録されている監査報告書を用いて，前述の3項目を中心とした情報開示の実態を調査し，1年前の調査結果と比較しながら，次のことを明らかにしている。

　重要な虚偽表示リスクについては，第1に，全体での平均報告数が1年前の調査結果と比べてわずかに減少し，最多報告数も8個に減少していた（最少は1個）。FTSE100構成銘柄とFTSE250構成銘柄の比較では，1年前の調査と同様に，前者のほうが平均報告数が多い傾向にあった。第2に，報告されたリスクを分類したところ，もっとも多かったのが「のれんの減損」であり，ついで「税金」，「収益認識（不正リスク以外）」，「（のれん以外の）資産の減損」，「引当金」が多かったことが明らかとなった。なお，2年目の特徴として，1年目の調査で指摘された「収益認識における不正リスク」と「経営者が内部統制を無効化するリスク」が他のリスク項目に置き換えられ，その報告数が大幅に減少していた。第3に，報告されたリスクの記述形式については，被監査会社に固有の状況に即した個別具体的な記述がなされていたものが，1年前の61%から87%に増加していた。

　重要性については，278社の監査報告書のすべてにおいて重要性の基準指標が開示されていたが，当該基準指標を選択した理由が開示されていたのは全体の45%にとどまっていた。基準指標には，依然として利益（修正利益または税引前利益）が広く用いられていた。手続実施上の重要性を開示していたのは47社（17%）であり，そのうちの43社が1年目の調査と同様の，同一会計事務所によるものであった。

　監査範囲に関する説明については，2年目においてもいまだに，監査範囲と重要な虚偽表示リスクおよび重要性の関連が理解できるように記述されていない事例が多いことが明らかとなった。また，これ以外にも以下のようないくつかの改善すべき点が挙げられていた。

46◆　第Ⅰ部　制度編

- 全範囲監査（full scope audit），特定の監査手続，およびその他の分析の対象となった財務諸表の要素間の区別が明確に示されていない。
- 全範囲監査と特定の監査手続の間の区別が不明確である。
- 異なる所在地や異なる事業部門におけるグループ監査手続の理論的根拠が明確に説明できていない。
- （とくに，構成単位の監査人が異なる監査基準で業務を実施しているような国際的な企業グループのグループ監査において，）グループ監査人が実施した監査業務の質について十分な情報を提供していない。

　以上のように，イギリスの実務は，上記のような課題も残されているものの，1年目から2年目にかけておおむね監査基準の趣旨に沿う方向で改善された傾向が窺える。

6　むすび

　本章では，監査報告書の変革を先駆的に実施してきたイギリスの規定を取り上げた。このテーマに関していえば，イギリスの動向がIAASBや他の国における同様の議論に影響を与えてきたことは想像に難くない。また，本章ではイギリスの事例を用いた監査報告書の開示情報の実態調査の結果を紹介した。これらの先行研究に倣って，今後はわが国でも実態調査を行い，そこから得られた知見がわが国の監査実務の改善に役立てられることを期待したい。

（付記）　本章は，日本学術振興会科学研究費補助金交付研究「EUにおける監査規制が監査の質に与える影響に関する学際的研究」（研究代表者：林隆敏，課題番号：16H03685）の研究成果の一部である。

（堀古　秀徳）

第**3**章

フランスの監査報告書

1 はじめに

フランスの会計監査制度は，商法典の規定に基づいて運用されている。監査人たる会計監査役は，職業的専門家として一定の資格要件を満たす者（個人および法人）のなかから株主総会で選任され（商法典第823-1条），任期は6年である（同第823-3条）。

フランスでは，連結計算書類の公表を義務づけられた会社を対象に共同監査制度が導入されており，該当する会社には，2人（個人または法人）以上の会計監査役の選任が要求されている（同第823-2条）。

会計監査役は，年度計算書類（個別計算書類）および連結計算書類に対して監査証明を行う。すなわち，会計監査役は，自らの評価について説明しながら，年度計算書類が正規かつ誠実であり，企業の当期の経営成績ならびに当期末における財政状態および財産についての真実かつ公正な概観を提供していることを証明するのである。また，企業が連結計算書類を作成しているときには，会計監査役は，自らの評価について説明しながら，連結計算書類が正規かつ誠実であり，連結範囲に含まれる企業全体の財産，財政状態ならびに経営成績についての真実かつ公正な概観を提供していることを証明することとされている（商法典第823-9条）。

会計監査役による計算書類の監査証明には，無限定証明，除外事項付証明，証明拒否ならびに証明不可能の4種類がある。これらを「適正表示の枠組み」

に照らせば，それぞれ無限定適正意見，限定付適正意見，不適正意見ならびに
意見不表明に対応する。

監査証明（監査意見の表明）に際して「自らの評価について説明しながら」
とされているのは，2003年8月に制定された「金融安全法」（Loi de Securité
Financière：以下，LSFという）によって監査報告書に追加された，「評価につ
いての説明」という新たな記載区分にかかわるものである。

「評価についての説明」は，表明された監査意見を形成するに至った背景動
機を説明するものであり，監査報告書の利用者が，会計監査役が計算書類に意
見を表明した理由をよりよく理解できるようにすることを意図したものである。
この記載事項は，除外事項や証明拒否の理由あるいは特別な検証における所見
などを代替するものではないし，経営者に開示責任のある情報提供を代替する
ものでもない。

会計監査役は，「評価についての説明」として，監査の過程で行った専門的
判断や行使した正当な注意に基づいて，自らが重要と考えた評価事項を監査報
告書に記載しなければならない。記載すべき事項の決定は，とくに監査の実施
中に企業統治機関と行ったコミュニケーションの内容を考慮しながら，会計監
査役の職業的専門家としての判断に基づいて行われる。

会計監査役の主たる職務である計算書類の監査証明の具体的な実施手続につ
いては，会計監査役全国協会が設定する『職業的実施基準』（norme d'exercice
professionnel：以下，NEPという）によって規定されている。

NEPは，会計監査役がその職務を遂行するにあたって遵守しなければなら
ない基準である。現行のNEPは，原則として，IAASBが設定するISAsを参照
する形で設定されている。監査報告書に関する基準としては，2007年に，ISA
700「財務諸表に対する意見の形成と監査報告」（IAASB［2015d］）を参照する
形でNEP 700「年度および連結計算書類に対する会計監査役の報告書」（CNCC
［2007］）が設定された。

また，2003年から会計監査役の監査報告書への記載が求められることとなっ
た，「評価についての説明」の記載実務を規定するものとして，2006年にNEP
705「評価についての説明」（CNCC［2006］）が設定された。ISAsにはこれに対
応する基準はなく，NEP 705はフランス独自の基準として設定されたものであ
る。

2　監査報告書改革に関する議論の経緯

2.1　監査報告書様式改訂の経緯

　フランスでは，1995年に，当時の監査報告書様式が大幅に改訂された。その背景には，監査報告書をめぐる国際的動向と，いわゆる「監査期待ギャップ問題」があると指摘されている（Raffegeau et al. [1996], Strohm [1996]）。

　Gonthier [1998] は，1994年に，改訂前の監査報告書に基づいて，会計監査役および利用者としての財務アナリストの監査に対する認識と理解について調査した結果を報告している。それによれば，監査報告書のコミュニケーション支援機能は不十分であり，この機能を強化するための監査報告書の様式改訂は合理的であると結論づけられている。

　一方，Gonthier [2001] は，1995年の様式改訂が，監査報告書のコミュニケーション支援機能にどのような影響を与えたかを検証するために，改訂された監査報告書に基づいて，Gonthier [1998] と同じ手法で調査を実施した。その結果，監査報告書様式の改訂によって，利用者の会計監査役の職務に関する理解に有意な改善はもたらされなかったと結論づけている。その理由として，新しい監査報告書が「財務諸表利用者にとってのリスク」を低減させるというよりも，「会計監査役にとってのリスク」を限定するのにより都合のよいものになっていると考えているのではないかと分析されている。

　フランスでは，21世紀の初頭に大規模な不正会計が相次いで発覚したのを受けて，2003年に制定されたLSFによって会計監査制度に関する商法典の規定が一部改正され，監査報告書に「評価についての説明」という新たな記載区分が追加されることになった。その後，上述のとおり2006年にNEP 705が，2007年にはNEP 700が，それぞれ設定された。

2.2　NEP 700の改訂とNEP 701設定の経緯

　2007年以降，会計監査役の監査報告書は，NEP 700とNEP 705に基づいて作成されてきたが，2015年に，IAASBがISA 700の改訂とISA 701「独立監査人の監査報告書における重要な監査事項のコミュニケーション」（IAASB

[2015e]）の新設を行ったのを受けて，2017年にNEP 700が一部改訂されるとともに（CNCC [2017c]），NEP 701「社会的影響度の高い事業体の公表年度計算書類および連結計算書類に対する会計監査役の報告書における評価についての説明」（CNCC [2017d]）が新設された。

　フランスで社会的影響度の高い事業体（entité d'intérêt public：以下，EIPという）とは，金融機関，保険会社，医療相互保障機関，相互保険会社，上場会社，資産総額が一定規模を超える金融持株会社や保険グループ会社などをいう（商法典第820-1条第3項）。EIPについては，2016年6月17日以降に始まる会計期間に係る公表年度計算書類および連結計算書類に対する監査報告書から，改訂NEP 700とNEP 701が適用されることになった。

　一方，EIPではない事業体等（以下，non-EIPという）に対しては，2016年7月30日以降に始まる会計期間からNEP 700に基づく監査報告書の様式が適用されている。ただし，non-EIPにはNEP 701は適用されない。代わりに，NEP 705を一部改訂する形で新設されたNEP 702「社会的影響度の高い事業体ではない事業体等の年度および連結計算書類に対する会計監査役の報告書における評価についての説明」（CNCC [2017e]）が適用されている。なお，2017年にはNEP 570「経営の継続性」（CNCC [2017b]）も一部改訂され，同時に適用されている。

　本章では，EIPの計算書類に対する監査報告書に限定して説明する。

3　新しい監査報告書の構造と内容

　NEP 700に基づく会計監査役の監査報告書には，必要に応じて，最大9つの記載区分が設けられる可能性がある。EIPの計算書類に対する監査報告書の記載区分と記載事項は，**図表3－1**に示すとおりである。

　以下では，それぞれの区分における記載事項を概観する。

第3章　フランスの監査報告書　◆51

図表3−1　EIPの計算書類に対する監査報告書における記載区分と記載事項

監査意見

- 監査意見（無限定証明，除外事項付証明，証明拒否，証明不能のいずれか）
- 会計監査役の任命主体
- 計算書類の証明対象である企業の名称
- 監査報告書の対象が年度計算書類か連結計算書類かの別
- 計算書類に係る決算日および会計期間
- 計算書類の作成に適用された会計規則および方法
- 監査委員会に対する報告書の内容と監査意見との整合性

監査意見の基礎

- 監査職務の実施に際して準拠した職業的実施基準を含む監査の基準
- 計算書類の監査証明以外の禁止されている業務を提供していないことおよび業務実施中における監査対象企業に対する独立性に関する証明
- 表明される意見によっては，除外事項を付すこと，計算書類の証明を拒否することまたは証明することができないことの理由
- 監査対象企業に対して提供された計算書類の監査証明以外の業務で，経営報告書または計算書類の附属明細書に記載されていないもの

経営の継続性に関する重要な不確実性（必要に応じて）

- 経営の継続性を前提として計算書類を作成することはできるが，当該前提に重要な不確実性があると結論づけた場合

所見（必要に応じて）

- 法令によって求められている事項
- 会計監査役が有用と判断した事項

評価についての説明：監査上の重要点

- 当期の計算書類の監査にとってもっとも重大であった重要な虚偽表示リスクおよびそれらに対して取られた対応策

経営報告書，財務状況および計算書類に関するその他の書類ならびに計算書類を承認するために招集される機関の構成員に送付されるコーポレート・ガバナンスにかかわる報告書に含まれる情報の検証（年度計算書類の場合） 経営報告書に記載されている企業グループに関する情報の検証（連結計算書類の場合）

- 取締役会等の経営報告書に記載されている情報の誠実性および計算書類との整合性（年度計算書類の場合）
- 経営報告書に記載されている企業グループに関する情報の誠実性および連結計算書類との整合性（連結計算書類の場合）
- 役員に支払われた報酬に関する情報の正確性および誠実性
- 法令が会計監査役に記載することを義務づけている情報
- 後発事象

法令によって規定されているその他の検証または情報

- 会計監査役としての最初の任命日および在職期間

経営者および企業統治責任者の責任

52◆ 第Ⅰ部 制度編

- 会計基準に準拠して真実かつ公正な概観を提供する計算書類を作成すること
- 不正によるか誤謬によるかにかかわらず，重要な虚偽表示のない計算書類を作成するのに必要な内部統制を設置すること
- 経営の継続能力を評価し，計算書類の作成に際して経営の継続性の原則を適用すること
- 監査委員会が，財務情報の作成プロセス，内部統制およびリスクマネジメント，内部監査の有効性を調査すること

計算書類の監査に関する会計監査役の責任

- 計算書類に対する監査報告書を作成すること
- 全体としての計算書類が，不正によるか誤謬によるかにかかわらず，重要な虚偽表示を含んでいないことについて合理的な保証を与えること
- 重要な虚偽表示リスクを識別し評価すること
- 監査に関係する内部統制を理解すること
- 採用された会計方法の適切性および会計上の見積りの合理性
- 経営の継続性の採用の適切性
- 業務の範囲および計算書類の証明が，基準準拠性違反，特に不正をどの程度発見できるものと考えられたかを説明する記述

（出典）CNCC［2017a］に基づいて筆者作成。

(1) 監査意見

新しい監査報告書様式では冒頭に「監査意見」区分が置かれ，計算書類に対する監査証明（監査意見の表明）が行われる。この区分には，監査意見のほかに，会計監査役の任命主体，計算書類の証明対象である企業の名称，計算書類に係る決算日および会計期間，計算書類の作成に適用された会計規則や方法などが記載される。

EIPの計算書類に対する監査報告書では，EU監査規則（Le Parlement Européen et le Conseil de l'Union Européenne［2014］）によって，監査意見が監査委員会に対する補足的な報告書の内容と整合していることの確認を求められている。これについての記述は，「監査意見」区分においてなされることになっている（NEP 700, §19）。

(2) 監査意見の基礎

第2の区分として「監査意見の基礎」が置かれる。ここには，会計監査役が監査を実施する際に準拠した基準，計算書類の監査証明以外の職業倫理規則で禁止されている業務を提供していないこと，業務実施中に監査対象企業に対して独立性が維持されていたことの証明についての記述がなされる。また，無限

定適正意見以外の意見が表明される場合には，この区分にその理由が記される
ことになる。

　さらに，EIPの計算書類に対する監査報告書においては，上記EU監査規則
によって記載が求められている，監査対象企業に対して提供された計算書類の
監査証明以外の業務で，経営報告書または計算書類の附属明細書に記載されて
いないものがこの区分に記載される（NEP 700, § 19）。

⑶　経営の継続性

　会計監査役が，NEP 570に規定された手続に基づいて，監査対象企業の経営
の継続性に重要な不確実性があると結論づけた場合には，監査報告書の「評価
についての説明」の前に，「経営の継続性に関する重要な不確実性」という見
出しを付けた別個の区分が設けられる。そして，経営の継続性に関する重要な
不確実性として附属明細書に記載される情報に対して，計算書類の利用者の注
意を喚起するのである（NEP 570, § 13）。

⑷　所　見

　新しい監査報告書様式では，必要に応じて「所見」区分が設けられ，法令に
よって規定されている事項，ならびに会計監査役が有用と判断するあらゆる事
項が記載される。

⑸　評価についての説明：監査上の重要点

　会計監査役の監査報告書には，「評価についての説明」区分が必ず設けられ
なければならない。ただし，監査の対象がEIPであるかnon-EIPであるかによっ
て，要求される記載事項や当該事項の決定方法などに若干の違いがある。EIP
については，「監査上の重要点」（points clés de l'audit：以下，PCAという）とし
ての記載が求められている。PCAについては次節で詳しく検討する。

⑹　経営報告書等に含まれる情報の検証

　第6の区分である「経営報告書その他の書類についての検証結果」はこれま
でも設けられていたものだが，新しい監査報告書様式では，監査の対象が年度
計算書類であるか連結計算書類であるかによって，見出しおよび記載事項が少

し異なる。

この区分には，①取締役会等の経営報告書に記載されている情報の誠実性および計算書類との整合性，②役員に支払われた報酬に関する情報の正確性および誠実性，③法令が会計監査役に記載することを義務づけている情報，ならびに④後発事象などが記載される。連結計算書類に対する監査報告書においては，①が経営報告書に記載されている企業グループに関する情報の誠実性および連結計算書類との整合性となる（CNCC［2017a］）。

(7) 法令に基づく検証または情報

監査対象がEIPである場合には，新たに「法令によって規定されているその他の検証または情報」という見出しを付した区分が設けられる。この区分には，上記EU監査規則が要求する，会計監査役が最初に任命された日付と連続する在職期間が記載される（NEP 700, §19）。

(8) 経営者および企業統治責任者の責任

経営者等の責任に関する区分では，経営者が，①真実かつ公正な概観を提供する計算書類を作成すること，②不正によるか誤謬によるかにかかわらず，重要な虚偽表示のない計算書類の作成に必要な内部統制を設置すること，ならびに③計算書類の作成に際して経営の継続性の原則を適用することが記述される。また，監査委員会が，財務情報の作成プロセス，内部統制およびリスクマネジメント，会計・財務情報の作成・処理に係る手続に関する内部監査の有効性の調査に責任を負う旨も記述される（CNCC［2017a］）。

(9) 会計監査役の責任

会計監査役の責任に関する区分では，監査の目的およびプロセスにかかわる事項として，①計算書類に対する監査報告書の作成，②計算書類に重要な虚偽表示が含まれていないことについての合理的な保証，③重要な虚偽表示リスクの識別と評価，④監査に関係する内部統制の理解，⑤採用された会計方法の適切性および会計上の見積りの合理性，⑥経営の継続性の採用の適切性などが記載される（CNCC［2017a］）。

EIPの計算書類の監査の場合には，会計監査役は，上記EU監査規則の規定

に基づいて，監査委員会に補足的な報告書を提出する必要がある。会計監査役
の責任に関する区分には，この報告書によって監査委員会に通知される内容が
記載される。

4 PCAに関する規定と特徴

フランスでは，今回の監査報告書改革によって，EIPの計算書類に対する監
査報告書における「評価についての説明」が，PCA（監査上の重要点）として
記載されることになった。

前述したように，2003年以降，監査報告書に会計監査役自身の評価を正当化
するための説明の記載が要求されることになった。2006年にはNEP 705が設け
られ，「評価についての説明」の記載事項の決定や記載の方法などが規定され
た。そして，これが，NEP 701の新設によって，ISA 701が規定するKAMに対
応するものとして位置づけられることになったのである。

以下では，NEP 701に基づいて，フランス版KAMとしてのPCAの決定方法
や記載内容などについて検討する。

(1) PCAの定義

会計監査役は，EIPの年度計算書類または連結計算書類の監査証明を行う場
合には，評価についての説明として，不正に起因するものを含めて，もっとも
重大な重要な虚偽表示リスクと，当該リスクに対処するためにとられた対応策
を監査報告書に記載する（NEP 701, §4）。この重要な虚偽表示リスクは，会
計監査役の職業的専門家としての判断に基づいて，当期の年度計算書類または
連結計算書類の監査においてもっとも重大なものであり，監査対象企業の監査
委員会のようなガバナンス機能を担う委員会（以下，ガバナンス機関という）に
伝達される事項である。そして，このもっとも重大な重要な虚偽表示リスクが
PCAとなる（同§5）。

PCAの記載は，計算書類の個別事項に対する意見の表明ではない（同§6）。
また，無限定意見以外の監査意見の表明，経営の継続性に対する重要な不確
実性の記載，ならびに記載を義務づけられた所見を代替するものではない（同

§7)。さらに，経営者に提供責任がある情報に代わるものでもない（同§8）。

(2) PCAの決定

会計監査役は，(a)監査対象企業の企業統治機関に伝達した事項のなかから，とくに次のような点を考慮して，(b)監査の過程で特別な注意を必要とした事項を選択する（同§9）。

> ① 企業およびその環境の理解および計算書類における重要な虚偽表示リスクの評価に関する基準に従って識別された，重大な重要な虚偽表示リスクまたは特別な監査手続を必要とするほど大きな固有リスクを表すと考えられる領域
> ② 大きな不確実性を示す会計上の見積りのように，経営者の重要な判断を必要とする計算書類項目に対する評価
> ③ 当期中に発生した重要な取引または事象の監査への影響

会計監査役は，こうして選択された事項のなかから，(c)当期の計算書類の監査にとってもっとも重大と判断した事項を，PCAとして決定する（同§10）（図表3－2）。

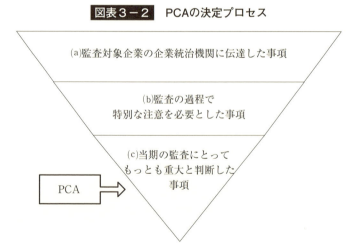

図表3－2　PCAの決定プロセス

(出典) CNCC [2017a]

第3章　フランスの監査報告書　◆57

(3) PCAの記載

　PCAは，監査報告書の「評価についての説明」区分に記載される（同§12）。記載にあたっては，この区分の序文として，次のような点について説明がなされなければならない（同§14）。

---

①　PCAは，職業的専門家としての判断に基づいて，当期の計算書類の監査にとってもっとも重大であった重要な虚偽表示のリスクであること
②　PCAは，全体としての計算書類の監査および当該計算書類に対して表明される監査意見形成との関係において記載されていること
③　計算書類の個別の項目に対する意見は表明されていないこと

　PCAを記載する際には，それぞれに適当な見出しを付すとともに，当該重要な虚偽表示リスクが当期の監査においてもっとも重大なものであり，したがってそれがPCAとなると考えた理由，ならびに会計監査役によって当該リスクに対処するためにとられた対応策の概要が述べられなければならない。ただし，対応策によって得られた結果や結論を記述することは求められていない。なお，必要に応じて，計算書類に開示されている情報を参照することとされている（同§15）。

　経営の継続性に関する重要な不確実性や監査意見に関する除外事項は必然的にPCAとなり得るが，それらはPCAとはせずに，「経営の継続性」区分や「監査意見の基礎」区分に記載されなければならない（同§18-§20）。

　資料3-1は，PCAの記載例である。

資料3-1　PCAの記載例（L'Oréal社）

評価についての説明－監査上の重要点
　われわれの評価についての説明に関する商法典第823-9条および同適用令第823-7条の規定に基づいて，われわれは，われわれの職業的判断に従って，当期の連結計算書類の監査にとってもっとも重大であった重要な虚偽表示リスクに関する監査上の重要点，ならびに当該リスクに対してわれわれが取った対応を示す。
　こうした評価は，全体として実施された連結計算書類の監査および上で表明されたわれわれの意見の形成のプロセスに含まれている。われわれは，連結計算書類の項目ごとに別々に意見を表明するものではない。

58◆ 第Ⅰ部　制度編

識別されたリスク	われわれの対応
売上収益の認識―売上収益から控除される要素の見積り 注3―会計原則―売上収益を参照	

識別されたリスク	われわれの対応
グループの売上収益は，製品の返品や値引き，割戻しおよび（販売協力，クーポン，現金割引，ロイヤルティプログラムのような）流通業者や消費者に与えられるその他の特典を差し引いた純額で表示されている。 　これらのさまざまな売上収益のマイナス要因は，同時に，とくに過去の経験および契約条件に由来する統計データに基づいて販売高にも計上されている。 　われわれは，期末時点での見積りは，（グループのさまざまな市場を制するための契約上の合意や販売条件の多様性により）複雑で，（売上収益がグループおよび経営者の業績評価の重要な指標であることにより）繊細であり，そしてそれは計算書類に重要な影響を与えると考えた。 　したがって，当該見積りは，製品の返品，値引き，割戻しならびに顧客（流通業者または消費者）に与えられたその他の特典が，網羅的に調査されていないことおよび／または正確に評価されていないこと，そして正味の売上収益が，正確におよび／または適時に評価されていないことから，監査上の重要点であると考えた。	われわれは，グループの製品の返品，値引き，割戻しおよび顧客に与えられたその他の特典に関する会計原則の適切性を，IFRSsの規定を考慮して評価した。 　われわれは，とくに期末時における売上収益のマイナス要因を評価および処理するために，グループの商社に設けられている内部統制を理解した。また，主要な内部統制をサンプリングによってテストした。 　さらに，実証手続は，製品の返品および顧客に与えられた特典の正確な見積りを検証するために，代表的なサンプルに基づいて実施された。このテストは，とくに次の手続からなる。 ・とくに採用された仮定の批判的なレビューによって評価方法の適切性，方法の継続性のコントロール，前期の引当金の繰戻しの分析を評価すること ・過去の経験に由来する統計データおよび契約条件を，販売条件の管理専用の情報システムに記載されているデータと比較すること ・（決算期末の残存契約を含む）対応する費用の計算，帳簿への記録および連結計算書類における表示を検証すること

（出典）L'Oréal社（巻末付録1の105番）の2017年の連結計算書類に対する監査報告書。

5 PCA記載の実態調査

⑴　グローバル会計事務所による調査

　PCAの実態について，KPMGとEYという2つのグローバル会計事務所のフランス事務所が分析している。

第3章　フランスの監査報告書　◆59

　KPMGは，ユーロネクストに上場されている会社によって，2018年4月27日までに提出された，連結計算書類に対する新様式の監査報告書を対象に，PCAの記載数と記載対象事項について分析を行っている（KPMG［2018］）。それによれば，1〜3個のPCAを記載している会社が全体の3分の2を占めており，比較的記載数の少ない会社が多い。

　PCAの対象事項はさまざまだが，記載件数としては，「のれんの評価」（60%），「リスク・訴訟引当金／偶発債務」（43%），「のれん以外の固定資産の評価」（36%），「売上収益の認識」（29%），「企業再編」（17%）が上位を占める実態が明らかにされている。

　一方，EYによる分析は，ユーロネクスト・パリの代表的株価指数の1つであるSBF120構成銘柄の発行会社のうち，2018年第1四半期中に連結計算書類に対する監査報告書が公表された会社が対象となっている（EY［2018］）。これらの会社の監査報告書におけるPCAの記載数は，平均3.2個で，2〜4個が全体の8割を占めている。

　主な記載事項としては，「無形資産の評価」（24%），「税務上のリスク（繰延税金資産）」（13%），「法的リスク（訴訟等に対する引当金）」（10%），「売上収益の認識」（10%），「有形資産の評価」（8%）などが記載数において上位を占めている。

⑵　CAC40に関する調査

　ユーロネクスト・パリの代表的株価指数の1つであるCAC40構成銘柄の発行会社のうち，2017会計期間について，フランスのNEP 700およびNEP 701に基づいて作成された連結計算書類に対する監査報告書を提出した会社について独自に調査したところ，PCAの平均記載数は3.8個だった。4個のPCAが記載された企業がもっとも多く，3〜5個が記載された会社で全体の8割を占めている。

　PCAの記載対象となった事項としては，「のれんの評価」（19%），「訴訟等のリスクに対する引当金」（17%），「企業再編」（10%），「税務上のリスク（繰延税金資産）」（15%），「固定資産の評価」（8%），「売上収益の認識」（7%）などが上位を占めている。

6 むすび

　フランスにおける「評価についての説明」の記載実務は，会計監査役による監査意見の形成プロセスの一端を監査報告書において示すことによって，監査報告書の利用者に監査意見をより適切に理解させることを意図して導入されたものである。しかし，実態として，記載の形式化（過度の標準化）や記載事項および記述内容の“マンネリ化”を否定できず，必ずしも意図どおりの効果を発揮していないという厳しい評価が下されてきた（Bédard et Gonthier [2013b]，蟹江 [2015b]）。

　NEP 701の設定によって，EIPの計算書類に対する監査報告書に記載される「評価についての説明」がPCAとなり，その記載対象，決定方法，記載形式，記述内容などが整備された。これにより，2016年以前の「評価についての説明」よりも明らかに表示が見やすくなり，また，記述内容も充実したように見受けられる。

　しかしながら，識別されたリスクとそれにどう対応したかについては記述されているが，対応の結果や，それが監査意見の形成に際してどのように考慮されたかについては示されないという課題もある。また，2016年まで行われてきた「評価についての説明」の経験に照らすと，この先PCA自体がボイラープレート化するのではないかという懸念もある。しかし，PCAの記載をはじめとする監査報告書改革は，今まさに始まったばかりである。改革の成果を評価するには，今しばらくの間，推移を見守る必要があるだろう。

（蟹江　章）

ドイツの監査報告書

1 はじめに

　本章は，ドイツにおける監査報告の変革の状況を検討することによって，新しい監査報告制度の特質を明らかにする。したがって，以下では，まず監査報告制度の前提となるドイツの決算監査制度の概要を述べ，監査報告の変革に関する議論の経緯に触れた後に，拡充された監査証明書の構造を制度の観点からだけでなく事例を踏まえて検討する。さらに，監査報告の変革の中心というべき「とくに重要な監査上の事実関係」（日本の監査基準における「監査上の主要な検討事項」やISAsにおけるKAMに相当するもの）に関するドイツの新しい監査基準の規定内容を事例とともに示す。最後にドイツにおけるKAM報告の実態に関する研究動向の内容に検討を加え，今後の展開に若干の展望を試みたい。

1.1　決算監査制度の概要

　最初に，ドイツの決算監査制度の概要を示しておこう。株式会社を含む資本会社の決算監査[1]は，貸借対照表，損益計算書および附属説明書からなる年度決算書および状況報告書（Lagebericht）[2]を対象とする（コンツェルン（連結）の場合も同様である）（商法典第316条第1項および第2項）。これらは，決算監査人

---

[1] 本章ではドイツ監査制度の特質を踏まえて，決算書，コンツェルン決算書，決算監査，監査判断という用語を用いている。それぞれ，財務諸表，連結財務諸表，財務諸表監査，監査意見との対応関係がある。

62◆　第Ⅰ部　制度編

たる経済監査士により，正規の簿記の諸原則（GoB）を含む会計報告に適用される法規定が遵守されているかについて判断される。とくに，資本会社の場合には，年度決算書が正規の簿記の諸原則を遵守したうえで，資本会社の財産状態，財務状態および収益状態の実質的諸関係に合致した写像[3]を伝達しているかが判断されるよう求められている。また，状況報告書に関しては，それが年度決算書ならびに監査の過程で得られた決算監査人の認識に一致し，全体として企業の状況に関する適切な観念（Bild）を伝達しているかについても監査人の判断であることが示されている。ここには将来の発展動向に関するリスクとチャンスが適切に記述されているかに関する判断も含まれる[4]。

　ところで，決算監査の対象と範囲は商法典に含まれる法律規定から導出される。ただし，監査に関する諸規定は原則的なアプローチを定めているが，監査の実施に関する具体的な規定を含んでいるわけではない。そこで登記社団ドイツ経済監査士協会（Institut der Wirtschaftsprüfer in Deutschland e.V.：以下，IDWという）は，監査基準（Prüfungsstandard：以下，IDW PSという）を公表している。ドイツの決算監査制度に関する監査原則は，商法典の法律規定であり，監査基準は法規定から導かれるのである。

1.2　ドイツにおける監査報告制度

　ドイツにおける監査報告制度を考察するにあたっては，企業内部向けの「監査報告書（Prüfungsbericht）」と外部への「確認の付記（Bestätigungsvermerk）」という異なる特徴を有する報告制度を前提にする必要がある。決算監査人たる経済監査士の監査結果は，「監査報告書」として法律上の代表者（以下，法定代表者という）または監査役会（Aufsichtsrat）（および監査委員会）に提出される（商法典第321条第5項）。この報告書は非公開であり，長文による監査結果の内容の詳述を特徴とする。その目的はとくにコーポレート・ガバナンスの中心に位置する監査役会による取締役（Vorstand）の監督の支援にある。一方，決算

2　状況報告書は経営者が対象報告年度における業務の経過や将来の発展の見通しを報告し，経営上のリスクなどについて分析した報告書である（商法典第289条）。

3　英訳された年次報告書等の確認の付記では，"true and fair view" という表現が用いられている。

4　決算監査の対象は，商法典第322条とIDW PS 200「決算監査の目標と一般原則」（IDW［2015］）のpara. 12に規定されているため，それに従った。

書とともに公表されるのが監査証明書「確認の付記」である。これまで，確認の付記は，定型文言を用いて簡潔に監査結果を伝達してきた。日本をはじめとして一般に監査報告書という場合，ドイツではこの確認の付記をさす。本章においても当該名称を用いる[5]。

2 監査報告書改革に関する議論の経緯

2.1 監査報告書改革の背景事情

ドイツにおける監査報告改革は2つの観点から生じている。第1に，2014年のEUの規則および指令による。とりわけ，前者の「EU決算監査人規則」（Europäischen Parlaments und des Rates［2014］）（ドイツではEU-APrVOと略称されるため[6]，以下，この略称を用いる）はPIEs[7]に直接適用される。EU-APrVOの第10条第2項(c)において，「決算監査人によりもっとも重要と判断された虚偽表示のリスク」を記述し，その対応および重要な所見についての記載が求められている[8]。なお，本規則はこのほかに，「決算監査人を任命した者および機関」，「任命期間」，「禁止されている非監査業務を実施しなかった旨」，「独立性の保持の表明の記載」などの記載を規定している。

第2に，IAASBが2015年の初頭に監査報告に関する改訂（または新設）された監査基準を公表したことである。ISA 701「独立監査人の監査報告書における重要な監査事項のコミュニケーション」（IAASB［2015e］）により，監査人はKAMを独自に「監査報告書」において記述しなければならない。IDWは，ISA 701に対応し，IDW PS 401「確認の付記におけるとくに重要な監査上の事実関係の報告」（IDW［2017b］）を2017年11月に公表した。ドイツにお

5　そのため，ここではドイツの「監査報告書」については「内部用長文報告書」と表記する。

6　EU-Abschlussprüferverordnungの略称である。

7　ドイツにおいてPIEs（社会的に影響度の高い事業体）は，資本市場指向企業，金融機関および保険会社である（商法典第319a条第1項第1文）。

8　PIEsの決算監査には，商法典第317条第3a項等によりEU-APrVOが適用されるよう規定されている。

64◆　第Ⅰ部　制度編

いてはKAMに相当するものは，監査基準上「とくに重要な監査上の事実関係
（besonders wichtige Prüfungssachverhalte）」と表現されている。

2.2　IDW PS 400番台シリーズによる新しい確認の付記の枠組の構想

　IDWの中央専門員会（HFA）は，上記のIDW PS 401を含む新しい400番台
の基準を公表した。そのなかのIDW PS 400の改訂版「監査判断の形成と確認
の付記の付与」（IDW［2017a］）は，IAASBによって成立されたISA 700（改訂
版）「財務諸表に対する意見の形成と監査報告」（IAASB［2015d］）の諸規制を，
ドイツの法的な特質とEU-APrVOを考慮したうえで国内基準に転換するもの
である。新しいIDW PS 400番台シリーズによって，確認の付記に関する諸要
求は，IDWによって確定されたドイツ正規の決算監査の諸原則（GoA）として
規制される。以上の枠組の構想の概要は次のとおりである。

- IDW PS 400は，決算監査人としての経済監査士が，決算書，また——関連す
　る限り——状況報告書，さらに，特別な法律により規定された監査対象に対し
　て，監査判断を形成する際に従う諸規定を取り扱う。さらに，決算監査の結
　果たる，無限定の確認の付記の形式と内容を取り扱う。これに新しいIDW PS
　400番台シリーズの他の構成要素が続く。
- IDW PS 401は，確認の付記における「とくに重要な監査上の事実関係」の報
　告に関する決算監査人の義務を規制する。既述のように，「とくに重要な監査
　上の事実関係」は，ISAsにおける"Key Audit Matters"に相当するもので
　あるので，以下，KAMという名称も用いる。
- IDW PS 405は，決算監査人が修正された（modifizierte）監査判断を下した場
　合，確認の付記と内容に与える影響を取り扱う。
- IDW PS 406は，決算監査人が確認の付記において指摘（Hinweis）を行った
　場合の諸規定を取り扱う。

　以上の「IDW監査基準」によってもたらされる確認の付記における報告の
諸要求の適用の序列をIDW PS 400は，**図表4－1**によって端的に図解してい
る。

図表4−1 IDW PS 400番台シリーズの枠組

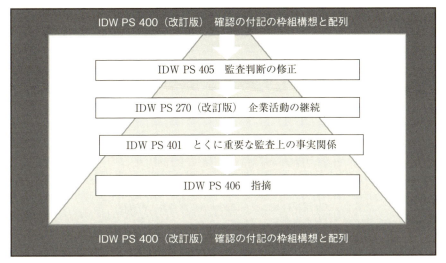

（出典）IDW PS 400, para. 2.

3 新しい確認の付記の構造と内容

3.1 新しい確認の付記の構造

　前述のようにIDW PS 400（改訂版）「監査判断の形成と確認の付記の付与」は新しい確認の付記の基盤をなす基準であり，無限定の確認の付記の記載内容を定めているが，その付録において文例を示している。それに従い，年度決算書（個別財務諸表）に対する無限定の確認の付記の記載内容の項目のみを示したのが**図表4−2**である。ここにみられるように，第1に，構成を「年度決算書および状況報告書に対する付記」と「その他の法定および他の法律上の諸要求」に大きく分けていること，第2に，監査対象を反映して監査判断が決算書と状況報告書に下されること，そして第3に，「EU決算監査人規則（EU-APrVO）第10条に準拠したその他の報告」の区分を設けていることが特徴的である。

66◆ 第Ⅰ部　制度編

図表4－2 IDW PS 400（改訂版）の文例による無限定の確認の付記の構成要素

独立決算監査人の確認の付記

▶宛名「…（会社名）」
▶年度決算書および状況報告書の監査に関する付記
　―監査判断
　　―年度決算書
　　―状況報告書
　―監査判断の根拠
　―企業活動の継続に関する重要な不確実性（IDW PS 270による）
　―とくに重要な監査上の事実関係（KAM）（IDW PS 401による）
　―その他の情報
　―年度決算書および状況報告書に関する経営者および監督機関の責任
　―年度決算書および状況報告書の監査に関する決算監査人の責任
▶その他の法定および他の法律上の諸要求
　―EU決算監査人規則（EU-APrVO）第10条に準拠したその他の報告
▶責任のある経済監査士
　―氏名，決算監査人／経済監査会社の開業場所，日付
　―署名

（出典）IDW PS 400（改訂版）の付録「確認の付記の例」2（S.67-71）を参考にして筆者作成。

3.2　確認の付記の事例紹介

　Deutsche Lufthansa社（巻末付録1の58番）の2017年の事業報告書（Geschäftsbericht）に含まれるコンツェルン決算書（連結財務諸表）とコンツェルン状況報告書に対する無限定の確認の付記は，上記の文例に則した内容と構成になっている（**資料4－1**）。

　以下では，資料4－1に従い，確認の付記の事例を構成要素の順に示す。この確認の付記は，IDW PS 400（改訂版）の付録にあるPIEsに適用される文例4に依拠して作成されている。なお，本事例は，Deutsche Lufthansa社の2017年事業報告書（Deutsche Lufthansa AG［2017a］）の182-187頁に掲載されているKPMGによるドイツ語版の確認の付記の邦訳であるが，英語版である年次報告書（Deutsche Lufthansa AG［2017b］）の該当頁も参照した。また，文中の下線は筆者が付したものである。

第4章 ドイツの監査報告書 ◆67

資料4－1 2017年のDeutsche Lufthansa社の事業報告書に含まれる実際の確認の付記（項目のみ）

独立監査人の確認の付記

▶宛名
▶コンツェルン決算書およびコンツェルン状況報告書の監査に関する付記
　　―監査判断
　　　　―コンツェルン決算書
　　　　―コンツェルン状況報告書
　　―監査判断の根拠
　　―コンツェルン決算書におけるとくに重要な監査上の事実関係
　　―その他の情報
　　―コンツェルン決算書およびコンツェルン状況報告書に対する経営者および
　　　監査役会の責任
　　―コンツェルン決算書およびコンツェルン状況報告書に対する決算監査人の
　　　責任
▶その他の法定および他の法律上の諸要求
　　―EU決算監査人規則（EU-APrVO）第10条に準拠したその他の報告
▶責任のある経済監査士
　　―氏名，開業場所，日付，監査事務所名
　　―署名

（出典）Deutsche Lufthansa AG〔2017a〕S.182-187に基づいて筆者作成。

(1) 監査判断

　本段落において，コンツェルン決算書は，EUにおいて適用されなければならないIFRSsおよび補完的に適用されるべきドイツの法律の諸条項（一般目的のための会計報告の諸原則）に準拠して作成されている旨が述べられている。決算監査人により，1.1で述べた各監査判断が示された後，監査対象たるコンツェルン決算書およびコンツェルン状況報告書の正規性（Ordnungsmäßigkeit）について異議はない旨，すなわち無限定の監査判断が下されている。

68◆　第Ⅰ部　制度編

　　私たちは，Deutsche Lufthansa社，ケルン，およびその（コンツェルンの）
子企業のコンツェルン決算書——2017年12月31日のコンツェルン貸借対照表，
2017年１月１日から12月31日までの事業年度に関するコンツェルン全体成果計
算書，コンツェルン自己資本変動計算書およびコンツェルンキャッシュフロー
計算書ならびにコンツェルン附属説明書からなり，ここには重要な会計報告方
法の要約が含まれる——の監査を行った。さらに，私たちは，2017年１月１日か
ら12月31日までの事業年度に関する，会社の状況報告書が統合された，コンツェ
ルン状況報告書を監査した。私たちは，この確認の付記の「その他の情報」の
段落に挙げられているコンツェルン状況報告書の内容をドイツの法的諸条項に
従い内容上監査していない。

　　監査に際して得られた認識に基づく私たちの判断によれば，

—添付されたコンツェルン決算書はすべての重要な観点において，EUにおいて
　適用されるべきIFRSs，および商法典第315e条第１項により補完的に適用され
　るべきドイツの法律規定に合致し，かつこれらの諸規定を遵守して，実質的
　諸関係に合致する2017年12月31日現在のコンツェルンの財産状態，財務状態
　ならびにその2017年１月１日から12月31日までの事業年度に関する収益状態
　の写像を伝達していることを表明する。

—添付されたコンツェルン状況報告書は，全体として，コンツェルンの適切な
　観念を伝達している。すべての重要な観点において，コンツェルン決算書に
　一致し，ドイツの法律規定に合致し，かつ将来の発展動向のチャンスとリス
　クを適切に記述している。コンツェルン状況報告書に対する私たちの監査判
　断は，「その他の情報」の段落に挙げられているコンツェルン状況報告書の構
　成要素の内容には及ばない。

　　商法典第322条第３項第１文に従い私たちは，私たちの監査が，コンツェルン
決算書およびコンツェルン状況報告書の正規性に対して何ら異議をもたらさな
かったことを表明する。

(2)　**監査判断の根拠**

　ここでは，ドイツ商法典の規定およびEU-APrVOに準拠して監査が実施さ
れたこと，またISAsに補完的に準拠していることが述べられている。また，
EU-APrVO 第10条により要求される規定の遵守が述べられている（下線部）。

私たちは，商法典第317条およびEU-決算監査人規則（Nr.537/2014，以下「EU-APrVO」という）に準拠し，経済監査士協会（IDW）により確定されたドイツ正規の決算監査の諸原則を遵守して（ならびに国際監査基準（ISAs）を補完的に遵守して），決算監査を実施した。これらの諸規定および諸原則（ならびに補完的な基準）に従った私たちの責任は，私たちの付記の「コンツェルン決算書およびコンツェルン状況報告書の監査に関する決算監査人の責任」の段落において，さらに進んで記述される。私たちは，ドイツ商法上および職業法上の諸規定に従い，コンツェルン企業から独立し，かつかかる諸要求に従い，その他のドイツの職業上の義務を果たしている。私たちは，獲得された監査証拠が，監査判断のための基礎として使われるのに十分かつ適切であるという見解である。さらに，<u>私たちは，EU-APrVO第10条第2項fに従い，EU-APrVO第5条第1項により禁止されている非監査給付を行わなかったこと，かつ私たちは決算監査の実施にあたり，コンツェルン企業から私たちの独立性が保たれたことを表明する。</u>

⑶　コンツェルン決算書におけるとくに重要な監査上の事実関係

　とくに重要な監査上の事実関係は，IDW PS 401に準拠して報告されている。これについては，**4.2**で取り扱う。

⑷　その他の情報

　本段落において，決算監査人は，確認の付記の日付の前にすべての追加の情報を受け取り，その他の情報の重要な虚偽の表示は特定されなかった旨が述べられている。

　法定代表者には，その他の情報について責任がある。その他の情報は，次のコンツェルン状況報告書の内容上監査されていない対象を含む。
―コンツェルン状況報告書「コーポレート・ガバナンス」の段落に含まれる商法典第289f条および第315d条に従う企業経営に関する説明
―ドイツ・コーポレート・ガバナンス規準のpara. 3.10に従うコーポレート・ガバナンス報告書

70◆ 第Ⅰ部　制度編

　　さらに，その他の情報は，事業報告書の残りの部分を含む（外部情報へのク
ロスリファレンスを除く）。ただし，監査されたコンツェルン決算書および監査
されたコンツェルン状況報告書ならびに私たちの確認の付記を除く。

　　コンツェルン決算書およびコンツェルン状況報告書に対する私たちの監査判
断は，その他の情報に及ばないため，私たちはそれに対応した監査判断を表明
しない。また監査上の結論を伴う他の何らかの形式も付与しない。

　　私たちの監査に関連して，私たちの責任はその他の情報を読み，そしてその
他の情報が次のようであるかどうかを評価することにある。すなわち，

―その他の情報とコンツェルン決算書およびコンツェルン状況報告書ならびに
　監査の際に得られた私たちの知識との間に重大な不一致があることを示して
　いること。または，

―その他の情報は，別の方法で重大に偽って記述された状態にあること。

　　私たちは，実施した作業に基づいて，その他の情報に重大な虚偽記載がある
と結論づけた場合には，その事実を報告する義務がある。私たちは，この点に
ついて何も報告することはない。

(5)　コンツェルン決算書およびコンツェルン状況報告書に関する法定代表者および監査役会の責任

　　ここでは，法定代表者のコンツェルン決算書およびコンツェルン状況報告書
の作成責任や監査役会の会計報告プロセスの監督責任などが述べられるが，と
くに企業活動の継続に関するコンツェルンの能力を評価する法定代表者の責任
を示す。

　　コンツェルン決算書の作成に際して，法定代表者は，企業活動の継続に関す
るコンツェルンの能力を評価する責任を負う。そのほかに，法定代表者は，関
連する限り，企業活動の継続に関連する事実関係を挙げ，そのために，コンツェ
ルンを解散する意図または事業の経営の中止の意図がなく，あるいはそれに対
する現実的な代替案が存在しないのでない限り，企業活動の継続の会計報告の
諸原則に基づき会計報告を行う責任がある。

第4章　ドイツの監査報告書　◆71

⑹　コンツェルン決算書およびコンツェルン状況報告書の監査に関する決算
　　監査人の責任

ここでは，監査人の責任の諸要素が詳述されるが，とくに不正発見の能力と
継続企業の評価に関する責任を示す。

①　不正発見の能力

これは，EU-APrVO 第10条第2項(d)により要請される記述である（下線部）。

• 私たちは，コンツェルン決算書およびコンツェルン状況報告書における虚偽
の表示の―意図的なまたは意図せざる―重要なリスクを特定し，評価し，か
かるリスクに対する対応として監査行為を計画し，実施し，ならびに私たち
の監査判断の基礎として用いるために十分かつ適切である監査証拠を獲得し
た。重要な虚偽の表示が発見されないリスクは，虚偽の場合よりも不正の場
合の方が高くなる。不正は，共謀，偽造，意図的な脱漏，誤解を招く表示あ
るいは内部統制の無効化を内容とするからである。

---

②　継続企業

本事例では「企業活動の継続に関する重要な不確実性」が存在しないため，
確認の付記に当該段落が設けられていないが，本段落では，IDW EPS 270（改
訂版）に準拠して，継続企業の前提の監査に関する決算監査人の責任が記述さ
れる。

• 私たちは，法定代表者による企業活動の継続の会計報告の諸原則の適用の適
切性に関する結論，ならびに獲得された監査証拠を基礎にして，企業活動の
継続に関するコンツェルンの能力についての重大な疑念を提起し得る事象ま
たは状況に関連する重要な不確実性が存在するか否かについての結論を得た。
私たちが，重要な不確実性が存在するという結論に至った場合には，私たち
は，コンツェルン決算書またはコンツェルン状況報告書の関係する表示を確
認の付記において注意喚起する義務があり，または当該表示が不適切であれ
ば，私たちの監査判断は修正されなければならない。私たちは，確認の付記
の日付までに得られた監査証拠を基礎にして，私たちの結論を得た。しかし，
今後，事象または状況は，コンツェルンがその企業活動をもはや継続できな
いことを導くかもしれない。

72◆ 第Ⅰ部 制度編

⑺ その他の法定および他の法的諸要求

　ここでは，EU-APrVO第10条に準拠して，決算監査人の任命に関する事項
および監査判断が内部用長文報告書と一致する旨が述べられている。

EU-APrVO第10条に準拠したその他の報告

　私たちは，2017年5月5日における株主総会において決算監査人として選
任された。私たちは2017年10月24日における監査役により委託された。私た
ちは，1955年事業年度以来，中断することなくDeutsche Lufthansa株式会社，
ケルンのコンツェルン決算監査人として活動している。

　私たちは，この監査に含まれる監査判断がEU-APrVO第11条（監査報告書）
に準拠した監査委員会への追加の報告に一致していることを表明する。

3.3　小　　括

　既述のように，決算監査人は，コンツェルン決算書およびコンツェルン状況
報告書の監査に加えて，ドイツおよびEUの法律により必要とされるその他の
事項を確認の付記の「その他の法定および他の法的諸要求」において述べなけ
ればならない。とりわけ，「EU-APrVO第10条に準拠したその他の報告」の段
落が設けられていることが特徴的である。ただし，EU-APrVO第10条の諸要
求は，当該段落だけではなく，「監査判断の根拠」および「コンツェルン決算
書およびコンツェルン状況報告書の監査に関する決算監査人の責任」において
も記載され，確認の付記全体に配置されていることが注目される。

4　KAMに関する規定と特徴

4.1　IDW PS 401の規定内容

　ここでは，IDW PS 401の内容を規定に従いながら検討し，ドイツにおける
KAM報告制度の構造を明らかにする。

第4章　ドイツの監査報告書　◆73

(1)　IDW PS 401の適用対象と実施時期

本基準は，PIEsの一般目的のための完全な決算書の法定監査に適用される[9]。本基準はISA 701を転換するものであるが，その際，EU-APrVOおよびドイツの法的な特質が加味される（para. 6）。また，本基準は2017年12月15日以降に終了する報告年度に関する決算の監査に適用される。PIEsの決算の法定監査に関しては，2016年6月16日後に始まる報告期間について早期適用されている（para. 7）。

(2)　とくに重要な監査上の事実関係の定義

「とくに重要な監査上の事実関係」とは，決算監査人の義務に従った判断により，対象報告期間に関する決算監査において，もっとも重要であった事実関係であり，監督機関と議論された事実関係から選択される（para. 9）。以下，ここまでと同様に，KAMという。なお，必要に応じて基準に従い「とくに重要な監査上の事実関係」とも表記する。

(3)　KAM報告の目的

KAM報告の目的は，実施した決算監査に関するより高い透明性をもたらす確認の付記の情報提供能力を高めることにある。本基準において，KAMの報告の貢献が2つ示されている。まずKAMは，利用者が企業および決算書において経営者の重要な判断を必要とする領域を理解する際に役立つことである（para. 2）。また，KAMは，経営者および監督機関とより広範囲に，企業，監査された決算書または実施された決算監査に関する事項についてコミュニケーションを行うための基礎として利用者に貢献するのである（para. 3）。

(4)　KAMの決定

KAMの決定は3段階からなる。とくに第2段階において，決算監査人が考慮すべきこととして次の事項がある（para. 12）。

9　本基準において，「企業」の概念には，法律上の意味における企業だけでなく，コンツェルンおよび他の構成単位も含まれる（para. 10）。

74◆ 第Ⅰ部　制度編

---

① より高いと判断された，重要な虚偽表示のリスクを伴う領域またはIDW PS
261（改訂版）に準拠して識別された重要なリスク。

② 経営者に重要な判断を課す決算書の領域に関する決算監査人の判断（高い
見積りの不確実性があると識別されている見積られた価値を含む）。

③ 当該報告期間において生じた重要な事象や取引が決算監査に与える影響。

---

(5)　KAMの記載

　KAMの報告において，「とくに重要な監査上の事実関係」という表題を付し
た独立の区分を設け，冒頭で当該報告期間に関する決算監査においてもっとも
重要であった事項であることを明示する[10]。そして，決算監査人は個々のKAM
について何ら監査判断を下さないこと（para. 14），限定された監査判断の表明
に代わるものではないことを記載する（para. 15）。個々の記述方法については，
ISA 701の規定に合わせたものとなっている[11]。

　以上の改革を踏まえたドイツにおけるKAM報告制度の構造を示したものが
図表４－３である。

4.2　KAMの事例紹介

　ここでは，BASF社の2017年事業報告書（BASF SE［2017］）に含まれるコン
ツェルン決算書およびコンツェルン状況報告書に対する確認の付記に示された
KAMを示す。決算監査人はDeutsche Lufthansa社と同じKPMGである。当該
確認の付記には４つのKAMが記載されているが，そのうちの１つである「の
れんの回収可能性」を示す。KPMGはKAMの記述を文章のみで行っており，
表形式にしていない。そこでは，まず「KAMの序文」を示したのち，「とくに
重要な監査上の事実関係の提示（コンツェルン附属説明書の注記への参照指示を
含む）」，「決算書に対するリスク」，「監査方法」および「結論（所見）」の４つ

10　決算監査人が，監査判断を表明しない場合には，確認の付記でKAMを報告すること
は禁じられる（para. 6）。

11　なお，IDW PS 401にはISA（UK）701「独立監査人の監査報告書における重要な監
査事項のコミュニケーション」（FRC［2016f］）が規定している重要性の概念の適用と監
査範囲の報告の規定はない。

第４章　ドイツの監査報告書　◆75

図表４－３　ドイツにおけるKAM報告制度の構造

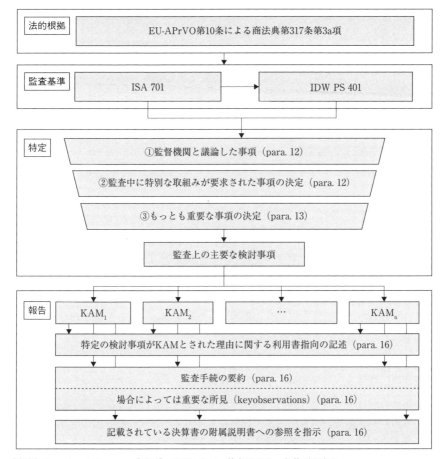

（出典）Bravidor / Rupertus [2018], S.278. なお，筆者による一部修正がある。

の段落を配置している。この内容と構成は，EU-APrVO第10条第２項(c)およびIDW PS 401の規定に忠実に従ったものである。

① KAMの序文

コンツェルン決算監査におけるとくに重要な監査上の事実関係
　とくに重要な監査上の事実関係は，私たちの専門的判断により，2017年１月１日から12月31日までの事業年度に関する私たちのコンツェルン決算監査におい

76◆　第Ⅰ部　制度編

てもっとも重要な事項である。かかる事実関係は，私たちのコンツェルン決算
監査に関係して全体として，また私たちの監査判断を形成するうえで考慮され
たのであり，これらの事実関係について別個の監査判断を付与するものではない。

②　コンツェルン決算書におけるとくに重要な事実関係

のれんの回収可能性

　私たちは，適用される会計方法および評価方法について，コンツェルン附属
説明書の注記1.4を参照するよう指示する。採用された仮定の根拠に関する評価
および減損テストに関する開示は，コンツェルン附属説明書の注記14に含まれ
ている。

決算書に対するリスク

　BASF社のコンツェルン決算書における貸借対照表項目「無形資産」におい
て，のれんが9,353百万ユーロ示されている。のれんの価値は毎年および価値減
少の兆候がある場合に減損テストを受けなければならない。建設用化学品，顔
料および表面処理のユニットに関する減損テストは次のことを明らかにしてい
る。すなわち，生じると思われる重要な仮定の変更が，帳簿価額が回収可能価
額を超える結果を招くことである。

　取締役の重要な仮定は，詳細な計画期間における将来のキャッシュ・フロー
の予測，次期に関して仮定された成長率ならびに資本コストである。これらの
仮定は，のれんの回収可能性に重大な影響を及ぼす。取締役の成長予測はリス
クに関連しており，不安定な原料価格および不安定なマクロ経済環境を考慮し
て修正される。取締役が発生すると考える基本的仮定からの逸脱によって，上
記の単位は減損に至る。決算日までに存在する減損が識別されなかったという
コンツェルン決算書に対するリスクがある。それに加えて，これらの単位に対
する注記は，基本的な仮定および感応度に関して必要とされる開示を含まない
というリスクがある。

私たちの監査方法

　私たちは，詳細な計画期間における将来のキャッシュ・フローの予測を調査
した。とくにその時の販売市場の予想される発展動向が適切に考慮され，取締
役および監査役会によって採用された現在の予算と一致しているかどうかにつ
いて検討した。私たちは，内部の成長予測と業界および重要な競合他社の予測と

を対比した。私たちは，マージンの将来の動向および投資額について，取締役および監査役会が採用した予算に関する仮定が適切であるかどうかを検討した。その際，取締役が主要な仮定からの逸脱が生じると考え，またかかる逸脱により帳簿価額が回収可能価額を超過する結果をもたらすと考えられる単位に焦点を合わせた。加えて，取締役および監査役会が採用した予算の妥当性に関する私たちの監査は，過去の事業年度における計画と実際に達成された結果との比較を含んでいた。選択した単位について，私たちは，過去の計画値に達しなかった理由が現在の計画において十分に考慮されているかどうかを検討した。

　私たちは，詳細な計画期間に関して選択された成長率について，業界およびマクロ経済調査に基づいて，妥当性の観点から評価した。私たちは，結果の導出の方法論上の妥当性と資本コストの加重平均資本コストの妥当性について納得した。そのために，私たちは加重資本コストの基礎となる仮定およびパラメータについての独自の予測値を計算し，これらを使用された仮定およびパラメータと比較した。私たちは，私たちの評価専門家を監査チームに組み入れることによってサポートされた。

　最後に，私たちは，主要な仮定と感応度に関する開示の完全性を評価した。

私たちの結論

　取締役の基礎となる仮定の評価は全体的としてバランスが取れている。重要な仮定および感応度に関する附属説明書の開示は完全である。

（出典）BASF-Bericht［2017］, S.163-164.

5 KAM報告の実態に関する研究動向

　現時点で2017年事業年度に関してIDW PS 401は適用され，KAMを伴う確認の付記が公表されているが，すでに2016年事業年度に関する決算監査の確認の付記にはKAMの報告を伴う初めての確認の付記が提出されている。既述のように新しいEU規則とIDW PS 401は，2016年6月17日以降に始まる事業年度のPIEsの決算監査において適用されなければならない。一方，ISA701は，2016年12月15日以降に終了する事業年度に適用されなければならない。そのため，決算監査がISAsを任意に適用して行われる限り，2016年事業年度に関する確

認の付記にはKAMの報告を見出すことができるのである。

そこで，ドイツにおける初めてのKAMの報告の実態を分析した研究報告が2つある。まず，Bravidor/Rupertus［2018］の研究は，DAX, MDAX, SDAXおよびTecDAXに分類されるドイツの上場会社の2016年コンツェルン決算書に対する確認の付記を対象としている。全160社のコンツェルン決算書のうち，19社（11.9％）がKAMを伴う拡充された確認の付記を含んでいた。ドイツの決算監査人によって特定されたKAMは，イギリスにおける結果にほぼ一致している。19の企業に関して，平均して3.9のKAMが特定された。また，最頻出のKAMは，減損／のれん（企業の89.5％）のテーマ領域であり，収益の認識，税金および金融商品が続く。こうしたKAMは，すでに決算書の作成の際に複雑であり，問題があるとみなされるリスク領域であることから，企業独自の表現を特徴とするKAMの情報価値に対する期待は弱まる可能性が指摘されている（Bravidor/Rupertus［2018］S.278）。

次に，Knappstein［2017］では，2016年事業年度のコンツェルン決算監査に際して，ISAsを適用した10社のDAX企業と5社のMDAX企業の確認の付記が分析されている。Bravidor/Rupertus［2018］とほぼ同様の分析内容であるが，決算監査人がKAMとして選択した理由の分析を行っているのが特徴である。それによれば，経営者の裁量の余地や見積りの不確実性の存在を理由とするケースがもっとも多く，全59件のKAMのうち，47件が挙げられている。KAMは，たいていは複雑なテーマが扱われており，行われるべき仮定と決定されるべきパラメーターは経営者の裁量の余地または見積りの不確実性に結びつけられているからであると述べられている（Knappstein［2017］S.1795）。

6 むすび

以上みたように，拡充された確認の付記の全体の構造は，IDW PS 400（改訂版）によりISA700（改訂版）に適合し，EU-APrVO第10条の要求事項を加味した構成および配列となっている。同様にIDW 401の規定内容は，KAMの報告目的，定義，決定および記載についてISA 701に適合している。ISA 701への調和化が図られ，EU-APrVO第10条への対応も図られている。その結果，

確認の付記は，監査意見を冒頭に置き，その下に企業の監督に責任を有する機関とのコミュニケーションを前提にしたKAMを配置し，個々のKAMには意見が表明されない形となった。確認の付記の国際的な比較可能性の確保とEUへの現実的な対応を図るこのような取組みに，ドイツの制度的特質をみることができる。

　新たな監査報告の枠組みを前にして，実施されたドイツの実態の分析研究に共通するのは，KAMとして選択される領域としてのれんの減損テストを代表とする事項が多くを占めることである。また，KAMの報告による企業特有の情報の価値を向上すべきであり，形骸化させてはならないことが指摘されている。

　現代の会計実務の特質と2008年の経済危機を背景に登場した新しい構造を有する確認の付記の今後の展開に注目したい。

（小松　義明）

オランダの監査報告書

1 はじめに

　国際的に，監査報告書の記載内容は大幅に見直されて，その情報提供機能は著しく変容しつつある。とくに，オランダの監査事務所は，もっとも早い段階から新しい様式の監査報告書を提供している。オランダでは，新たな取組みや制度を導入し確立するプロセスにおいて，まずは関係者の自主的な努力を促すアプローチがとられることが多い。監査報告書の記載内容を拡充するプロセスにおいても，監査実務にこのアプローチがとられており，それが早期の制度化やさらなる監査実務の進展につながっている。

　とりわけ，オランダ勅許会計士協会（Nederlandse Beroepsorganisatie van Accountants：以下，NBAという）は，2010年から監査報告書にかかる取組みを開始しており，これに応じてすでに2013年度には，多くの上場会社の監査報告書は，新様式で発行されている。監査基準ありきではなく，実務が先行して相当程度浸透し受容された段階で，後述の監査基準が2014年に制度化されている。オランダでは，イギリスと同様に，①KAM[1]，②重要性，および③グループ監査の適用範囲の3項目が監査報告書に記載される。これらの記載にあたり，会

1　イギリスでは，EU監査規則（European Parliament [2014b]）と同様に「最も重要な評価済みの虚偽表示のリスク」として規定しており，オランダではこれを国内法化にあたってKAMとしている。なお，実務では，監査報告書において2つのタイトルが併記されている場合もある。

第5章　オランダの監査報告書　◆81

社によっては開示内容がきわめて詳細なケースもある。上記のうち，重要性や
グループ監査の適用範囲は，EU監査規則には規定されていない。オランダの
監査基準は，EU監査規則を国内法化するにあたり，すでに監査基準に規定の
あるこれらの項目を残した形で，ISAsの規定内容を受容している。このほか，
監査報告書と保証報告書を統合した監査・保証報告書が発行されるなど，監査
報告書にかかる実務が他国に先んじて多様に進展していることが特徴である。

　以下では，オランダの制度的規制が監査実務の進展に牽引されて，いかに構
築されてきたのかを説明する。

2 監査報告書改革に関する議論の経緯

2.1　民法の規定

　オランダでは，民法が会社の財務報告を規制している。会計・監査制度は，
民法の規定を中心に構成されており，監査の規定はEU監査規則を国内法化し
ながら修正されてきている。民法第2編「法人」第9章「年次計算書および
経営者報告書」第9節「監査」[2]において，法定監査人（以下，監査人という）[3]
は財務諸表の真実の映像（getrouw beeld）について監査結果を提供するとされ，
監査報告書に**図表5－1**の事項を記載することを求められている（第393条第5
項）。

　図表5－1に示すように，民法は，監査報告書に「監査人の注意をとくに
引いた事項」を記載すると規定している（第393条第5項d）。この規定は，直
接的にKAMの記載を定めたものではない。しかし，当該規定が基礎となって，
国際社会での議論が初期の段階に，NBAと監査事務所の協働によって，上場
会社の監査報告書にKAMが任意で記載されるようになった可能性がある。

2　2019年1月5日参照の現行法（Geldend van 01-01-2019 t/m heden）。

3　①登録会計士（registeraccountant）および②経営会計士（Accountant-
　Administratieconsulent）のうち会計専門職法（Wet op het accountantsberoep）第36条
　第2項iにいう法定監査の実施資格に関する特記を満たしている者（民法第393条第1
　項）。

82◆　第Ⅰ部　制度編

図表5－1　民法規定による監査報告書の記載事項
監査報告書の記載事項
a．監査対象とした財務諸表および当該財務諸表に適用される法令
b．監査範囲，とくに適用した監査基準は開示すること
c．財務諸表が真実の映像を提供しているか，および法令の規定に準拠して作成されているのか，についての意見
d．監査人の注意をとくに引いた事項（限定意見をつけない）
e．監査で発見した，本条第3項に定める情報（監査意見に含める事項）
・財務諸表が真実の映像を提供しているか
・財務諸表の適法性（規定準拠性）
・経営者報告書の適法性（規定準拠性），財務諸表との整合性
・財務諸表監査で得られた知見および法人とその事業環境に関する理解に照らして，経営者報告書に重要な虚偽表示がないか
・第392条第1項bからfに定める情報が開示されていない場合の欠落部分，経営者報告書が本章の規定に準拠して作成されているか，さらに経営者報告書に第392条第1項bからfに定める情報が開示されているか
f．経営者報告書と財務諸表との整合性に関する意見
g．財務諸表監査で得られた知見および法人とその事業環境に関する理解に照らして，経営者報告書に重要な虚偽表示があるか否かについての意見。それがある場合は，その虚偽表示の内容
h．継続企業の前提に重要な不確実性が生じるような事象または状況について，重要な不確実性に関する説明
i．監査事務所の所在地情報

（出典）民法第393条第5項の内容に基づき，筆者作成。

　もっとも，監査事務所が任意での取組みに協働した背景には，監査人が株主総会で担う役割が起因していると考えられる。オランダでは，監査人が株主総会に出席し，財務諸表について議論される場合には，監査のプロセスについて株主が知見を得られるように監査人が率先して説明することがある[4]。また，オランダでは，監査報告書の一般的な宛先は，株主総会および監督機関[5]であり，監査人は株主に対する説明責任を負っている。さらに，海外からの投資を促進してきた政府，およびオランダ株主協会，保険業界団体など投資家を代表する

4　NBAの調査では，このような状況は，たとえば2013年度に開催された株主総会の56％で生じている（Brouwer et al.［2014］）。

5　多くの上場会社は，取締役会および監督機関から構成される二層式モデルを採用しているが，国際動向を受けてUnilever社のように一層式モデルを採用する会社もある。監査報告書の宛先は，株主総会のみの場合もある。

団体，つまり資本市場が監査報告書の改革を要請してきた背景がある。

このように，オランダでは，詳細な法規制ありきで監査実務が普及するのではなく，民法の規定を基礎として，実務がマーケット主導で国際社会の動向を先取りし，その実務の影響を受けて後述の監査基準が進展している。実務慣行を重視するオランダに特徴的な監査制度形成のあり方であるといえる。

2.2　監査基準NV COS 702N

NBAは，利害関係者に対するより有益な監査報告を目指し，IAASBやイギリスに先駆け，2010年からプロジェクトを開始している。以降，NBAは，パイロット・テストによる監査報告書（2013年度）の発行や監査報告書のサンプルおよび公開草案の公表を経て，2014年に一時的な監査基準であるNV COS 702N「PIEである企業の完全な１組の一般目的財務諸表の監査報告に関する付則」（NBA［2014］）（以下，COS 702Nという）を公表している[6]。この監査基準は，2014年12月15日以降に終了する事業年度からPIEsに強制適用となっている。すでに実務が浸透し社会で受け入れられているため，制定から発効までの期間が短い。同基準制定前の2013年度には，多くの上場会社において監査報告書の記載内容が拡充されている。とくにKAMについては普及が早い[7]。なお，発効時期は，関連するISAsと比べて２年早い。

COS 702Nは，民法第２編第393条に従い，PIEである企業の一般目的財務諸表に対して発行される監査報告書の記載様式とKAM等の規定を取り扱う監査基準である。COS 702Nは，関連のISAsの公開草案，EU監査規則第10条，2013年以降のイギリスにおける制度の進展状況を前提に，オランダの会計・監査規定を踏まえて基準化されている（COS 702N，第３項および第A3項）。

図表５－２は，COS 702Nに基づく無限定適正意見の監査報告書の構造を示している[8]。

6　NV COS（Nadere voorschriften controle-en overige Standaarden）は監査・保証等に関する基準である。

7　2014年11月のNBA主催のラウンドテーブル資料によると，AEX-IndexまたはAMX-Indexを構成する上場会社計17社を対象とした調査において，全社がKAMを記載している。

8　図表５－２のうち，重要性とグループ監査の適用範囲については，ISAsおよびEU監査規則では要記載事項ではない。また，契約日・継続年数はEU監査規則が要求する記載事項であるがISAsでは要求されていない。

84◆　第Ⅰ部　制度編

図表５－２　COS 702Nによる監査報告書の構造

<u>独立監査人の監査報告書</u>

- 監査意見（第11項）
- 該当する場合，継続企業の前提に関する重要な不確実性（第12項）
- 監査意見の根拠（第13項および第14項）
- 重要性（第16項）
- グループ監査の適用範囲（第17項）
- KAM（第18項〜第24項）
- 該当する場合，強調事項またはその他の事項（第25項）
- 取締役および企業統治責任者の責任（第26項）
- 監査人の責任（第27項）
- 経営者報告書の適法性（規定準拠性）・財務諸表との整合性についての意見等（第26項および付録）
- 契約日・継続年数・監査事務所所在地等（第29項および第30項）

（出典）筆者作成。

2.3　現行の監査基準

　上記のCOS 702Nは，実務を浸透させる過程で一時的に策定された監査基準であり，現行では，監査報告書の構造についてはNV COS 700（NBA［2016a］）（以下，COS 700という）に，KAMについてはNV COS 701（NBA［2016b］）（以下，COS 701という）に分けて規定されている。**図表５－３**は，これらの監査基準がいつ適用されてきたのかを示している。

　上記のCOS 702Nは，改訂されたISA 700「財務諸表に対する意見の形成と監査報告」（IAASB［2015d］）およびISA 701「独立監査人の監査報告書における重要な監査事項のコミュニケーション」（IAASB［2015e］）（いずれも2016年12月15日以降に終了する事業年度に対して適用）に先立ち2014年に公表されている。NBAは，当初からCOS 702Nを一時的な監査基準と位置づけ，後に公表予定の

図表５－３　監査基準の適用経緯

適用年度	監査基準
2013年度	旧COS 700（上場会社がCOS 702Nを任意適用）
2014〜2016年度	COS 702N
2017年度以降	改定版COS 700およびCOS 701

ISA 700およびISA 701を自国の監査基準に含めることを予定していた（COS 702N, 第A2項）。したがって，COS 700およびCOS 701は，それぞれISA 700およびISA 701の規定内容を受容している。ただし，COS 700は，PIEsおよびその他の上場会社を対象に，COS 702Nの規定内容を残した形で基準化されている[9]。以下に示すように，COS 700は，ISA 700には規定されていない次の事項を監査報告書に記載するよう求めている。

---

① 財務諸表全体としての重要性の基準値および重要性をどのように決定したかの説明，重要性の量的側面かつ質的側面を検討している旨，必要な場合には手続実施上の重要性の説明等（paras. 29A and A41A）

② グループ監査の適用範囲（構成単位の監査をどのように実施したか）の説明（paras. 29AA and A41AA）

③ 監査人を指名した者，契約日および継続監査年数（新規か再契約かを明示）（para. 45A）

---

①および②はすでにPIEsおよびその他の上場会社で実務慣行化しており，現行の監査報告書の構造を維持するため，ならびに③はEU規制を国内法化しているためにCOS 700にも規定されたと解される。

　これらの事項について，多くの上場会社の監査報告書では，COS 702N適用前の2013年度から記載が行われている。たとえば，AEX-IndexおよびAMX-Indexを構成する上場会社に対して2013年度に発行された監査報告書の多くは，KAM，重要性，およびグループ監査の説明がある拡張された内容のものとなっている。また，2014年度から2016年度に発行された監査報告書はCOS 702Nの適用を受けるため，PIEsはこれらの事項を記載する義務がある。このように，COS 700は，実務を踏まえながらCOS 702Nの規定内容を継承した基準となっている。

9　COS 700は，2016年12月15日以降に終了する事業年度から適用されており，COS 702Nの第16項から第24項，および第29項から第30項が組み込まれている。

86◆ 第Ⅰ部　制度編

3 　新しい監査報告書の構造と内容

3.1　監査報告書の構造

　監査報告書の構造を規定するCOS 700はISA 700の規定を受容しているが，同時にCOS 702Nの規定を継承している。このため，PIEsおよびその他の上場会社に対し，民法に従いかつCOS 700を適用して発行される無限定適正意見の監査報告書の形式的構造は，結果的に図表5－2と同様になる。

　この構造を基礎としながら，上場会社等の監査報告書には，監査基準の規定内容を超えて詳細な開示内容が盛り込まれているものや，様式が進化しているものがある。PwC［2015］によると，オランダにおける先進的な実務は，株主や利害関係者に肯定的にとらえられており，監査報告書の利用者が求めるような知見を提供しているとされている。

　以下では，AEX-Indexを構成する上場会社25社（2018年3月28日現在）のうち民法第2編第9章の適用を受ける21社（他国企業を除外）の2017年度の監査報告書の内容を概観する。

　2013年度以降，監査報告書で新たに記載されている事項は，とくに，重要性，グループ監査の適用範囲，およびKAMの説明である。これらの3事項を記載した結果，監査報告書は長文化している。このため，監査アプローチの概要として，これらの3事項の要点を図表を用いて示し，利用者が一見して理解しやすいように工夫が行われている（図示19.0％，表形式28.6％）。以下では，まず，重要性とグループ監査の適用範囲について，全体的な記載事項の特徴を挙げる。なお，KAMについては関連する監査基準の説明とともに後述する。

⑴　重要性

　COS 700は，監査報告書において，財務諸表全体としての重要性の基準値および重要性をどのように決定したかの説明を求めている。監査人は，監査報告書に，重要性の量的側面かつ質的側面を検討している旨，および必要な場合には，手続実施上の重要性の説明，監査の進捗に伴う改訂，重要性の判断における質的な考慮事項等を記載することを求められている（paras. 29A and A41A）。

重要性の基準値の決定に用いられるベンチマークは税引前利益が多く，過去3年間の税引前利益の平均値が用いられる場合もある。このほか，売上高や株主資本が単独で，あるいは税引前利益などと併用して用いられる場合もある。

　図表5－4に示すように，COS 700の要求事項を基礎として，それ以外に自主的な開示努力が行われていることが特徴である。たとえば，重要性の基準値に関して，昨年度の数値を併記している会社（81.0%），構成単位についての重要性の基準値を記載している会社（38.1%），質的重要性について内容を明記している会社（4.8%），および，監査実施中に識別した虚偽表示について，監査役会等の監督機関に報告する虚偽表示の下限値を記載する会社（全社で記載。うち33.3%は昨年度値も併記）がある。

図表5－4 **重要性に関する記載事例**

グループ全体について用いた重要性の基準値	今年度の重要性の基準値，昨年度の重要性の基準値など
重要性の基準値の決定方法	算定方法（ベンチマーク。例：税引前利益），除外した項目など
適用したベンチマークの理論的根拠	そのベンチマークを採用した理由，除外部分がある場合の理由
構成単位の重要性	配分した重要性の数値（範囲）など
考慮した質的重要性	具体的な項目（例：関連当事者取引，経営者報酬の開示など）
監査役等に報告する虚偽表示の下限値	今年度下限値，昨年度下限値など

（出典）筆者作成。

(2)　**グループ監査の適用範囲**

　COS 700は，グループ監査の適用範囲について，構成単位の監査をどのように実施したのかを監査報告書に記載するよう求めている（paras.29AA and 41AA）。実務における開示内容は，**図表5－5**に示すように，監査範囲の決定方法，財務諸表全体に監査を実施した構成単位および特定の勘定・取引に対して監査を実施した構成単位の具体的な説明，監査対象となった構成単位がグループ全体としてどの程度の割合を構成するのかなど，詳細な内容に及んでいる。また，構成単位の監査人の関与や，前年度からの変更点について開示されている場合もある。

88◆ 第Ⅰ部 制度編

図表5－5 グループ監査の適用範囲に関する記載事例

項　目	例　示
適用範囲	財務諸表全体に対して監査を実施した構成単位の説明，特定の勘定・取引に対して監査を実施した構成単位の説明
グループ全体における監査実施割合	収益の○○％，総資産の△△％，税引前利益の××％

（出典）筆者作成。

3.2　進展的な事例

このように，監査報告書においては，図表5－2の構造を基礎としながら，監査基準の規定内容をより具現化した開示方法で，任意に詳細な情報が提供されている。このような動向はさらに進化して，年次報告書全体について，監査報告書と保証報告書を統合した「監査・保証報告書」として発行する形式へ拡がりをみせている。この形式を採用する会社は，AEX上場会社のうち2015年度にはKPN社のみであったが，2017年度には，PHILIPS Lighting社が採用しはじめて，現在2社となっている。

たとえば，KPN社（巻末付録1の140番）の監査・保証報告書は，年次報告書内の3つの情報，すなわち①財務諸表（連結・個別），②サスティナビリティ情報（非財務報告書），および③その他の情報に対して，1つのレポートとして発行されている。**資料5－1**は，同社の監査・保証報告書の全体像を示したものである。

監査・保証報告書が作成される理由として，オランダではとくに監査人が保証業務実施者を兼務する割合が高いことや，非財務情報の保証業務基準（NV COS 3810N）は監査人が業務実施者である場合をある程度想定していることが挙げられる。

たとえば，2017年度では，AEX上場会社の年次報告書内の非財務情報の保証業務は，すべて監査法人が実施している。このうち，保証業務責任者が監査責任者である割合は66.7％，保証業務責任者が監査責任者と同一監査法人の者である割合は26.7％（保証業務責任者が法定監査人の1人であるかどうかは監査報告書からは不明）であり，監査責任者と保証業務責任者が同一であるケースが確認できる。

第5章　オランダの監査報告書　◆89

資料5－1　監査・保証報告書の内容

<u>独立監査人の監査・保証報告書</u>

宛先：株主総会および監督機関

- 概要（グループ監査・保証の適用範囲を含む）
- 結論

　連結・個別財務諸表に対する監査意見

　特定の非財務情報に対する保証業務意見（合理的保証）

　非財務情報に対する保証業務意見（限定的保証）

　年次報告書内のその他の情報に対する財務諸表との整合性および適法性意見

- 意見の根拠
- 監査および保証業務の対象となる情報の範囲
- それぞれの情報に関する報告規準
- それぞれの情報に関する重要性
- 監査上の主要な事項および保証業務上の主要な事項
- 契約日・継続年数
- 取締役および監督機関の責任
- 監査人の責任
- 監査事務所所在地
- 監査責任者＝保証業務責任者の署名

（出典）KPN社の年次報告書に基づき筆者作成。

4　KAMに関する規定と特徴

　KAMについての規定は，現行ではCOS 701に規定されている。COS 701は，適用対象がPIEsおよびその他の上場会社であることを除き，ISA 701の規定を修正や追加なしに受容した基準である。そもそもKAMに関してはCOS 702Nに規定されていたが，その規定内容は，COS 701に引き継がれている。ただし，**図表5－6**に示すように，KAMに記載しなければならない事項について，COS 701とCOS 702Nでは規定内容が異なる。COS 701が監査報告書に開示要求する事項は，財務諸表に関連する開示への参照，監査における最も重要な事

項の１つであると考えられ，そのためKAMであると決定された理由，および
KAMが監査においてどのように対応されたかである（para. 13）。図表５－６
において下線で示しているように，COS 701における参照の記載対象は，COS
702Nと比較して狭い。ちなみに，COS 702NはEU監査規則の国内法化にあたっ
て，「実施した監査手続の内容」の開示を求め，必要な場合にはという条件付
きながら「KAMに対する監査人の主な見解」を記載することを要求している
（para. 22）。一方で，COS 701は，ISA 701と同様にこれらの点については記載
例にとどめている（para. A46）。

図表５－６　KAMの記載事項

COS 701 （para. 13）	COS 702N （para. 22）
・財務諸表に関連する開示への参照 ・KAMとしての決定方法 ・KAMへの対応 以下を記載することがある（para. A46） ・KAMにもっとも関連した，または評価済みの重要な虚偽表示リスクに対して特有な監査人の対応やアプローチの特徴 ・実施した監査手続の概要 ・監査手続の結果の説明 ・KAMに関する主要な見解	・KAMの説明 ・実施した監査手続の概要 ・必要な場合，KAMに関する主要な見解 ・関連する場合，年次報告書での注記や開示への参照

（出典）筆者作成。

　監査人がどのようにKAMを決定，対応して監査上の判断を行ったかについ
て，監査報告書にどの程度，かつ，どこまで詳細に記載するかは，職業的専門
家としての判断事項である。オランダでは，COS 702N制定以前から実務が先
行し，COS 702Nの要求事項に従った実務がマーケット主導で現在まで受容さ
れている。したがって，COS 701基準化の段階では，詳細規定を置かずに，実
務慣行とマーケット評価に委ねるスタンスをとっていると解される。たとえば，
AEX-Indexを構成する上場会社のうち，民法第２編第９章の適用を受ける21
社に対して2017年度に発行された監査報告書では，KAMの説明にあたり，全
社において実施した監査手続の概要が記載されており，このうち16社において
KAMに対する監査人の見解が記載されている。
　KAMは限定意見を代替するものでも個別事項に対する個別意見でもない。
NBAはIAASBや国際社会の動向に従いCOS 701を基準化しているが，KAMが

意見表明できない部分についての隠れ蓑とみなされる可能性があることを懸念し，IAASBにこの論点を指摘するとしている（NBA［2016c］）。NBAは，このような懸念を避けるために，KAMの説明にあたっては明確に監査人の見解を記載する立場をとっている。このことは，当初の監査基準COS 702Nの規定内容と現在までの実務動向に表れている。

5 実態分析および実務動向

5.1 KAMとビジネス・リスクおよび注記との関係

　Brouwer et al.［2016］によれば，KAMは，財務諸表を作成する際の重要な会計方針・見積りや会社の主要なリスク（以下，ビジネス・リスクという）と密接に関係すると指摘されている。これらの情報間に整合性があるかどうか，および必要な情報がどの程度相互に開示されているのかは重要な論点となる。

　経営者報告書で開示されるリスクは，潜在的なリスクのすべてではないが，会社が戦略を履行するにあたって直面するもっとも重要なリスクやリスク選好を表す。

　一方，KAMは，会社が直面するビジネス・リスクを直接的に反映することを目的としていない。また，会社はさまざまなビジネス・リスクを開示しており，ビジネス・リスクのすべてが重要な虚偽表示のリスクにつながるわけではない。しかし，財務諸表監査では，ビジネス・リスク・アプローチが採用されており，財務諸表の重要な虚偽表示のリスクを含む広義のビジネス・リスクを監査人が理解し識別することが原点となっている。

　Brouwer et al.［2014］の調査では，AEX-IndexやAMX-Indexを構成する上場会社の監査報告書（2013年度）に記載されたKAMのおよそ3分の2は，会社が開示したビジネス・リスクに直接的あるいは間接的に関係すると指摘されている[10]。ビジネス・リスクの開示とKAMを比較することは，財務諸表に直接的・間接的に目的適合性のある情報が，相互に開示されているのかを知る手がかりとなる。

　ビジネス・リスクと同様に，会社は重要な会計方針・見積りとして非常に多

くの事項を注記に開示している。このため，どのリスクや見積り・会計方針が本当に重要であるのかを利用者が見極めるのは難しい。利用者は，一般的なリスク一覧や重要性に乏しい会計方針などの開示を期待しているわけではない。これらを考え併せると，会社が開示したビジネス・リスクおよび重要な見積り・会計方針がどの程度重要であるのかは，それぞれに関係するKAMおよびそれに対する監査人の見解と対比することで浮き彫りになる可能性がある。

5.2　実態分析

ここでは，AEX-Index構成銘柄の発行会社21社の監査報告書（2017年度）におけるKAMの開示実態を考察し，KAMとビジネス・リスクおよび重要な会計方針・見積りとの関係を分析する。

21社で記載されているKAMの記載数の平均値は4.1（最小値は1，最大値は7）である。この数値は，過去3年度で比較しても大きな変動はない（**図表5－7**）。また，実務が普及した2013年度以降，AEX以外の指数を含む調査結果[11]を含め，KAMの記載数の平均値に大きな変動はない。ただし，同じ会社であっても，

図表5－7　KAMの数の推移

KAMの数	2015年度		2016年度		2017年度	
	社数	%	社数	%	社数	%
1	0	0	2	9.5	1	4.8
2	1	5.3	0	0	2	9.5
3	4	21.1	3	14.3	4	19.0
4	5	26.3	10	47.6	5	23.8
5	6	31.6	3	14.3	6	28.6
6	2	10.5	3	14.3	2	9.5
7	1	5.3	0	0	1	4.8
合計	19	100	21	100	21	100
KAM平均値	4.37		4.00		4.10	

（出典）筆者作成。

10　たとえば，のれんに関係するリスクは，市場開発，技術，企業間競合などの要因が融合して会社のビジネス・リスクとして開示されることが多く，そのリスクは間接的に財務諸表に影響を及ぼす結果となりうる。

11　Eimers［2014］pp.3-4およびNBA［2015］p.6 and p.18を参照されたい。

第5章　オランダの監査報告書　◆93

その年度の事業内容に応じて記載数は大きく異なる（たとえば，後述のUnilever社の監査報告書）。

　図表5－8では，監査報告書に記載されたKAMを内容別に集計し，当該KAMに関係する事項を会社がビジネス・リスクまたは重要な会計方針・見積りとして開示している場合にはそれぞれの欄にその数値を示している。KAMは，全体として貸借対照表項目に関する内容が多い。KAMとして記載された事項のうち，23.1%が重要な会計方針・見積りと関係し，24.2%がビジネス・リ

図表5－8　AEX上場会社におけるKAM

KAMの内容	数	重要な会計方針・見積り(A)	会社記載のリスク(B)	左記のうち、(A)(B)両方に記載	経営者報告書に記載なし
貸借対照表関係 繰延税金等	11	2	3		6
のれんの評価 （減損含む）	13	3	2		8
のれん以外の資産評価	13	6	0		7
苦情・訴訟引当金	4	0	1		3
年金引当金	2	1	1		0
リストラ引当金	2	0	1		1
その他引当金	3	1	1	1	2
子会社投資	1	0	0		1
その他B/S	11	2	2		7
損益計算書関係 収益認識	12	6	2	1	5
売却益	1	0	0		1
財務諸表全体に関わるもの 事業取得・売却	9	0	6		3
内部統制（IT）	6	0	3		3
内部統制 （IT以外）	3	0	0		3
内容別総数	91	21	22	2	50
KAM合計数	86				
KAM平均値	4.1				

（出典）筆者作成。

94◆　第Ⅰ部　制度編

スクと関係する。これらの事実は先行研究の結果と符合しており，会社が重要事項として開示した内容とKAMには一定の関連がありうる。

　一方，図表5－8に示すように，会社が開示していない情報について，監査人がKAMとして記載する場合がある（54.9%）。このことは，会社が重要であるとみなす開示の判断基準が監査人の判断基準とは異なる場合があることを示唆している（たとえば，後述のPHILIPS Lighting社の監査報告書）。

　ところで，KAMを説明するにあたり，監査人は財務諸表に関連する開示への参照を記載しなければならないため（COS701，para. 13），全社で重要な会計方針や見積りを含む注記への参照の記載がある。このほか，COS 701の要求事項ではないがKAMの説明にあたりビジネス・リスクへの参照を記載する事例（14.3%）がある（たとえば，後述のABN AMRO Group社の監査報告書）。

5.3　KAMの開示に関する特徴的事例

⑴　KAMの分類，および監査委員会報告書との相互参照を記載する事例

　Unilever社（巻末付録1の176番）[12]の監査報告書では，KAMは「繰り返し発生するリスクによるもの」と「事象によって引き起こされるもの」に大別して示されている。たとえば，収益認識や税金にかかるKAMは継続的なものであり，繰り返し発生するリスクによるものとされている。ちなみに，KAMの記載数は，2016年度には3項目であるのに対して，2017年度には7項目と増加している。これは，2017年度に同社が他社の合併，事業売却，および子会社への新たな投資を行ったために，資産評価に固有の判断を伴う見積りや財務諸表の表示上の問題が発生したためである。これらに関するKAMは，非継続的なものであり，事象によって引き起こされるものと分類されている。

　なお，7個のKAMのうち，5個のKAMの説明にあたって，監査委員会報告書と監査報告書で該当箇所を相互参照できるように，それぞれの報告書において該当するページ番号の記載があることが特徴的である。KAMに参照のある監査委員会報告書の該当ページでは，5個の重要な事項を監査委員会の議論の対象とすることに監査人が同意し，かつ監査委員会がとくに注意を払ったこ

12　Unilever社は，オランダ（社名：Unilever N.V）とイギリス（社名：Unilever PLC）に本社を置く二元上場会社であり，両国の基準の適用を受けている。

とが示されている。

(2) 会社が非開示のリスクをKAMで開示する事例

PHILIPS Lighting社（巻末付録1の156番）の監査報告書[13]では，個々の
KAMの説明に先立ち，前年度に記載したKAMが当該年度に記載のない理由，
および新たに当該年度に記載したKAMがどの項目かを年度間で比較できるよ
うに説明している。

監査報告書では，5個のKAMの記載がある。このうち当該年度に新たに発
生したKAMとして，サウジアラビアにおける事業についての収益認識および
売掛金の評価に関するKAMに着目したい。同社はこれに関するリスクを年次
報告書で開示しておらず，注記の記載もしていない。監査人は，KAMの説明
にあたって，当該事業は統制環境の改善が必要なこと，継続的に需要が低いこ
と，および経営者が売掛金の年齢調べに注意を向けていることを指摘している。

この事例のように，会社の開示情報とKAMを対比したときに，必要な情報
が相互にどの程度開示されているのかには留意が必要であるかもしれない。

(3) 会社が開示するリスクがKAMに関連する事例

ABN AMRO Group社（巻末付録1の3番）の監査報告書では，4個のKAM
の記載があるが，このうちの1個のKAMは，貸付金にかかる減損引当金につ
いて見積りの不確実性があると監査人がみなしたものである。当該KAMの説
明にあたって，監査人は財務諸表に関連する開示への参照を記載しなければな
らないため，重要な会計方針や見積りを含む注記への参照の記載を行っている。
ここで注目したいのは，当該KAMに関連する信用リスクが年次報告書のなか
のリスク記述部分に開示されていることを監査人が明記している点である。

現行の監査基準であるCOS 701は，「財務諸表に関連する開示への参照」を
記載することを求めている一方で，暫定的な監査基準であったCOS 702Nは，
「年次報告書での注記や開示への参照」を求めている（図表5-6）。COS 702N
の規定内容は，このような点でも実務で継承されている。この事例では，会社
が開示した内容とKAMには関連性があることを利用者が理解しやすい記載と

---

13 同社は，監査・保証報告書を発行している。

なっている。

　ちなみに，このKAMについて，監査人は，会社による減損引当金の評価と信用リスクの分類を検証した結果，減損引当金が妥当であり，かつ貸付金の開示がEU-IFRSsの要求事項を満たすという見解を明示している。

6　むすび

　オランダの監査基準は，KAMのほかに，重要性の概念をどのように適用したのか，およびグループ監査の適用範囲についても監査報告書に記載することを求めている。つまり，監査基準は，監査がどのように実施されたのかを重視し，監査プロセス全体のストーリーに焦点を置いた監査報告書を志向している。

　また，監査報告書にかかる実務は，監査基準ありきではない。監査基準の制定前から現在まで，資本市場の要請に上場会社等と監査事務所が協働して実務と経験を蓄積している。このような背景があることから，監査報告書に記載される内容は，監査基準が要求する事項にとどまらない。監査人が監査報告書にさまざまな事項を自主的に記載していることを確認できる。

　本章で示したように，監査報告書にかかる実務はさまざまな点で進展しつつある。オランダにおけるこのような実務動向は，今後の日本における監査報告のあり方を模索するうえで重要な参考となる。

（**付記**）　本研究は，2018年度関西大学学術研究員研究費によって行った。

（宮本　京子）

第 **6** 章

アメリカの監査報告書

1 はじめに

　本書は，欧州企業の監査報告書の事例分析を目的としており，ここまで，ISAsならびにイギリス，フランス，ドイツおよびオランダの監査基準等による監査報告書の内容を概観してきた。本章では，これらとの比較対象として，また，日本企業の財務諸表監査にも影響する基準として，アメリカの監査基準による監査報告書の内容を紹介する。

　アメリカにおける法定監査は，1934年証券取引所法（Securities Exchange Act of 1934）に基づいて，上場会社等に対して実施されている。SECへの提出が義務づけられているForm 10-Kに含まれる財務諸表については，PCAOBに登録された独立監査人による監査が義務づけられており，監査報告書の添付が要求されている。

　具体的な監査の手続および報告に関する行為規範としての監査基準の設定について，かつては，AICPAによって，自主規制の一環として行われていた。しかし，2002年に制定された上場会社会計改革および投資家保護法（Public Company Accounting Reform and Investor Protection Act of 2002）により，監査基準を設定する権限がPCAOBに与えられた。そして，PCAOBによって採択された基準がSECによって承認されることで，一般に認められる監査基準として発効されることとなった。この結果として，現在では，公開会社の監査に関しては，原則としてPCAOBによる監査基準（Auditing Standard：以下，ASと

いう）が適用され，公開会社以外の監査に関しては，AICPAによる監査基準
が適用されている。

　本章では，2017年 6 月 1 日にPCAOBによって採択され，同年10月23日に
SECによって承認されたAS 3101「無限定適正意見の監査報告書」（PCAOB
[2017]）に関して，基準公表に至るまでの監査報告書の変革に関する議論の経
緯を概観し，新しい監査報告書の構造と内容について確認したうえで，アメ
リカの監査報告書に新たに盛り込まれることとなった重要な監査事項（Critical
Audit Matters：以下，CAMという）に関する規定と特徴についての紹介を行う。

2 監査報告書改革に関する議論の経緯

　本節では，アメリカにおける監査報告書改革議論の経緯について紹介する。
　アメリカでは，2007年，財務省がアメリカ資本市場の競争力を向上させる
ため，監査専門家の持続可能性を高めることを目的として，監査専門家に関
する諮問委員会（U.S. Department of the Treasury Advisory Committee on the
Auditing Profession：以下，ACAPという）を設置した。ACAPは，2008年に『ア
メリカ財務省に対する監査専門家に関する諮問委員会の最終報告書』（ACAP
[2008]）を公表した。ACAPは，最終報告書において，「PCAOBに対し，標準
監査報告モデルの改善を検討するため，基準設定の作業に着手するよう促す。」
（ACAP [2008] VII:13）という勧告を行っており，この勧告の背景として，グ
ローバル化した企業経営における複雑性の増大が，公正価値測定に関するもの
を含めた判断や見積りの機会を増加させ，それが財務報告における複雑性の
増加をもたらしていることを認識しており，この複雑性が，現行の合格／不合
格（pass/fail）モデルを超えて，監査報告書を財務諸表監査についてより関連
性のある説明を含んだものにするといった改善を要請していると述べている
（ACAP [2008] VII:17）。

　PCAOBは，ACAPによる勧告や，国際的な動向を考慮し，監査報告書モデ
ルに関するプロジェクトを2010年から開始した。PCAOBは，2010年から2011
年にかけて，監査報告書の変更の可能性について，投資家，財務諸表作成者，
および監査人を含むさまざまな利害関係者に対するアウトリーチ活動を実施し

た。その結果，多くの投資家が，現行の監査報告書に対して，会社の財務諸表監査に関する特有の情報を（かりに提供しているとしても）ほとんど提供していないことに不満を抱いていることが判明した。たとえば，2008年に金融危機が発生する以前に監査報告モデルが変更されていれば，投資家が会社の財務諸表について評価する際の助けとなり，問題が生じる可能性について早期に警鐘を鳴らすことができたのではないか，との意見もあった。その一方で，財務諸表作成者，監査委員会メンバーおよび監査人は，会社に特有の情報を監査報告書に追加で記載することには反対であった。

　2011年3月，PCAOBは，アウトリーチ活動からの調査結果を議論するための公開会議を開催し，同年6月に，監査報告書拡充の方向性についてのパブリック・コメントを募集するため，①監査人による討議と分析の追加，②強調事項区分の記載の義務づけと拡充，③財務諸表外のその他の情報に対する監査人による保証，④標準監査報告書の文言の明瞭化，という4つの代替案を示したコンセプト・リリース（PCAOB [2011]）を公表した[1]。このコンセプト・リリースについては，155のコメントが寄せられ，追加の洞察を得るため，2011年9月に，PCAOBは，公開ラウンド・テーブルを開催した。

　2013年8月，アウトリーチ活動の結果およびコンセプト・リリースに関するコメントを検討した後，PCAOBは，公開草案「無限定適正意見の監査報告書」および「監査した財務諸表および監査報告書が含まれる特定の開示書類におけるその他の記載内容に関連する監査人の責任」（PCAOB [2013]）を公表した[2]。公開草案では，①当期の財務諸表監査の過程で対応されたCAMを監査報告書でコミュニケーションすること，または，CAMはないと判断した場合には，監査報告書にその旨記載すること，②監査人の独立性，監査人の在任期間，および年次報告書におけるその他の記載内容の評価に関する監査人の責任についての記述を含めること，③現行の監査報告書に含まれる標準文言の一部の拡充，という変更が提案されている。公開草案に対しては，248のコメントが寄

1　コンセプト・リリースについての紹介を行っている文献として，甲斐 [2011]，伊藤 [2012] が挙げられる。

2　PCAOBにおける監査報告書改革の議論について，2013年公開草案までの議論の経緯を詳細に紹介している文献として，井上（編著）[2014，第8章]（伊藤龍峰著）が挙げられる。また，公開草案の内容についての紹介を行っている文献として，甲斐 [2013] および井上（編著）[2014，第7章]（森田佳宏著）が挙げられる。

せられた。公開草案に対するコメント提出者は，財務諸表利用者に対して，より有用で関連性のあるものに改善するために監査報告書を変更するという方向性について賛同していたが，変更の内容や程度に関する意見はさまざまであった。とくに，CAMに対する意見はさまざまであり，投資家や大規模会計事務所からは，CAMのコミュニケーションの提案に対して一部修正すべき点はあるもののおおむね賛同するとのコメントが多かった一方で，小規模な会計事務所からは賛同が少なかった。また，財務諸表作成者および監査委員会メンバーからは，反対のコメントが多くあった。PCAOBは，2014年4月に，財務諸表利用者，財務諸表作成者，監査委員会メンバー，および監査人などのさまざまな関係者からの意見を聴取するため，公開ラウンド・テーブルを開催した。

　2016年5月，公開草案に対するコメントを検討した後，PCAOBは，再公開草案「無限定適正意見の監査報告書」（PCAOB［2016］）を公表した[3]。再公開草案では，CAMに関する定義および監査報告書におけるコミュニケーションなどについての修正を行っている。再公開草案に対しては，88のコメントが寄せられた。

　2017年6月，再公開草案に対するコメントを検討した後，PCAOBは，これまでの広範なアウトリーチ活動が最終版の基準を採択するための適切な基礎を提供していると考え，AS 3101「無限定適正意見の監査報告書」および関連する他の監査基準の適合修正を採択し，関連する説明資料と併せて公表した（PCAOB［2017］）。AS 3101では，現行の合格／不合格（pass/fail）モデルの監査意見の形式を変更するものではないが，①CAMについての監査報告書におけるコミュニケーション，②監査人の在任期間に関する記述，③監査人の独立性に関する記述，④監査意見を監査報告書の最初の区分に記載すること，⑤その他，現行の監査報告書に含まれる標準文言の一部の拡充等，といった監査報告書に対する重要な変更が行われている。AS 3101は，PCAOBの監査基準に準拠して実施されるすべての監査に適用されるが，CAMについてのコミュニケーションは，①1934年証券取引所法規則17a-5に基づくブローカーおよびディーラー，②事業開発会社以外の投資会社，③従業員株式購入，貯蓄制度お

3　再公開草案についての紹介を行っている文献として，甲斐［2016a］および甲斐［2016b］が挙げられる。

よび同様の制度，④1934年証券取引所法第3条(a)(80)に定義されている新興成長企業の監査には要求されない。また，AS 3101は，SECの承認を受けた後に発効となるが，CAM以外の改訂については，2017年12月15日以降終了事業年度の監査から適用され，CAMについての改訂は，大規模早期提出会社の監査については，2019年6月30日以降終了事業年度の監査から適用となり，CAMについてのコミュニケーションの要求事項が適用となるその他のすべての会社の監査については2020年12月15日以降終了事業年度の監査から適用となる。なお，SECの承認後は，早期適用可能である。

3 新しい監査報告書の構造と内容

　本節では，アメリカにおける新しい監査報告書の構造と内容について紹介する。AS 3101の付録Bでは，無限定適正意見の監査報告書の記載例を示している。その項目のみを示したものが，**図表6－1**である。

図表6－1 監査報告書の構造

独立登録会計事務所の報告書（para. 6）
宛名（para. 7）
財務諸表に対する意見（para. 8）
意見の基礎（para. 9）
CAM区分（paras. 15 and 16）
CAMの記述（para. 14）
署名（para. 10a）
契約年（para. 10b）
市および州または国名（para. 10c）
日付（para. 10d）

（出典）AS 3101, APPENDIX Bをもとに筆者作成。

　AS 3101では，監査報告書の宛名として，株主および取締役会（株式会社として組織されていない場合は，同等の機関）とすることが規定されている（para. 7）。また，前述したとおり，監査意見を監査報告書の最初の区分に記載する変更がなされた（para. 8）。当該区分における，監査対象を特定する記述について，注記および該当する場合は附属明細表を含めることが求められている

102◆　第Ⅰ部　制度編

（para. 8b）。そして，監査報告書の２つ目の区分に意見の基礎を記載し，当該区分において，証券法，ならびにSECおよびPCAOBの関連する規則および法令に従って，会社から独立していることが求められる旨の独立性に関する記載を含めることとされた（para. 9g）。また，当該区分における，監査人の責任に関する記述について，PCAOBの基準は，財務諸表に誤謬または不正による重要な虚偽表示がないかどうかの合理的な保証を得るために，監査を計画し実施することを求めている旨の記述が求められている（para. 9d）。また，前述したとおり，記載箇所についての具体的な規定はないが，監査事務所が当該会社の監査人になった年度を記載することが要求されるという変更が行われた（para. 10b）。

4　CAMに関する規定と特徴

　本節では，CAMに関する規定と特徴について，AS3101における規定および説明資料において示されている再公開草案に寄せられたコメントに対するPCAOBの説明を紹介する[4]。CAMの概要は，**図表６－２**のとおりである。

4.1　CAMの定義

　AS 3101では，CAMの定義について，以下のように規定している（para. 11）。「財務諸表監査において，監査委員会にコミュニケーションが行われた，または行うことが要求されている事項で，かつ，(1)財務諸表の重要な勘定または開示に関連している事項で，(2)とくに困難な，または主観的な，もしくは複雑な監査人の判断を伴う事項の両方に該当する事項。」

　以下，この規定内容を具体的に確認する。

(1)　監査委員会とのコミュニケーション

当該定義における「監査委員会にコミュニケーションが行われた，または行

4　AS3101の最終版の基準の内容および説明資料に記載されている基準最終化にあたってのPCAOBの考え方について詳細に紹介している文献として，甲斐［2017］が挙げられる。本節の作成にあたり，参照した。

図表6-2　CAMの概要

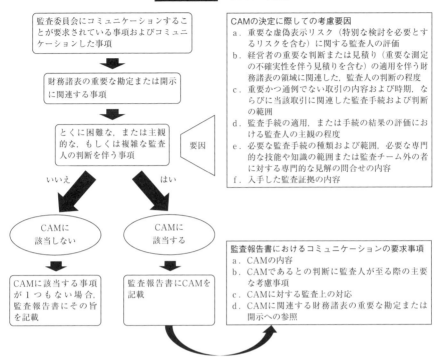

(出典) PCAOB [2017] p.14をもとに筆者作成。

うことが要求されている事項」という内容について，PCAOBは次のような説明を行っている。CAMになりうる対象は，他のPCAOB監査基準や法令において，監査委員会に対してコミュニケーションを行うことが要求される事項（実際にはコミュニケーションが行われていない事項を含む），および実際にコミュニケーションが行われた事項（コミュニケーションを行うことが要求されていない事項を含む）となる。このアプローチは，コミュニケーションを行うことが求められている事項に加えて，コミュニケーションを行うことが求められているかどうかにかかわらず，監査人が監査委員会とコミュニケーションを行った事項についても，CAMの対象として広く含めるものである。しかし，CAMの定義を満たす事項について，通常は，監査委員会に対してコミュニケーションを行うことが要求されている領域に関連すると思われる（PCAOB [2017] p.17）。

⑵　重要な勘定または開示に関連している事項

　また，当該定義における「財務諸表の重要な勘定または開示に関連している事項」という内容について，PCAOBは次のような説明を行っている。「関連している」という表現は，CAMの対象が，財務諸表の特定の勘定または開示の全体である必要はなく，それらの構成要素でもよいことを示している。たとえば，のれんが財務諸表にとって重要な場合において，減損が計上されていないときでも，のれんの減損評価はCAMとなることがある。これは，のれんの減損評価は，貸借対照表に計上されているのれんおよび財務諸表の注記（減損の会計方針およびのれんに関する注記）に関連するためである。また，CAMは，財務諸表の複数の勘定または開示に関連していることもある。たとえば，個々の監査の状況によっては，継続企業の前提に関する監査人の評価は，CAMとなることがある（PCAOB［2017］p.20）。

　一方で，財務諸表の重要な勘定または開示に関連していない事項は，CAMの対象とならない。たとえば，偶発損失に関して，監査委員会に対してコミュニケーションを行ったが，その発生の可能性が低く，適用される財務報告の枠組みのもとで開示することは求められないと最終的に経営者が判断し，監査人も当該経営者の判断を適切と結論づけた場合，当該事項は，財務諸表に含まれる重要な勘定または開示に関連しないため，とくに困難な，または主観的な，もしくは複雑な監査人の判断を伴ったとしても，CAMの定義には該当しない。また，違法行為の疑いに関しても，財務諸表に開示することが求められないと経営者が判断し，監査人も当該経営者の判断を適切と結論づけた場合，財務諸表の重要な勘定または開示に関連しないため，CAMには該当しない（PCAOB［2017］pp.20-21）。同様に，財務報告に係る内部統制の重要な不備があると判断された場合，重要な不備自体は，CAMには該当しない。これは，当該決定について財務諸表に開示することは求められておらず，よって，財務諸表の重要な勘定または開示に関連しないためである。ただし，重要な不備が，CAMであるとの判断に監査人が至る際の主要な考慮事項に該当することはありうる（PCAOB［2017］p.21）。

⑶　監査人の判断を伴う事項

　当該定義における「とくに困難な，または主観的な，もしくは複雑な監

査人の判断を伴う事項」という記述について，PCAOBは次のような説明を行っている。投資家は，監査人の観点からの情報を知りたいと考えているため，CAMの決定が，監査人の知識や判断に基づいて行われるよう，「とくに困難な，または主観的な，もしくは複雑な監査人の判断を伴うこと」を定義に含め，CAMの決定は原則主義に基づいて行われるべきである。監査基準において，すべての場合においてCAMに該当する特定の事項は規定せず，監査人は，個々の監査の状況に応じて，とくに困難な，または主観的な，もしくは複雑な監査人の判断を伴うものを判断すべきである。CAMの記述に，監査人の経験や能力の相違が表れているのであれば，それ自体が，投資家にとって有用である（PCAOB［2017］p.22）。

4.2　CAMの決定

AS 3101は，CAMの決定について，以下のように規定している（para. 12）。

　「監査人は，とくに困難な，または主観的な，もしくは複雑な監査人の判断を伴うかどうかの決定に際し，当該監査に特有の要因と同様に，以下の要因について考慮しなければならない。

a．重要な虚偽表示リスク（特別な検討を必要とするリスクを含む）に関する監査人の評価

b．経営者の重要な判断または見積り（重要な測定の不確実性を伴う見積りを含む）の適用を伴う財務諸表の領域に関連した，監査人の判断の程度

c．重要かつ通例でない取引の内容および時期，ならびに当該取引に関連した監査手続および判断の範囲

d．監査手続の適用，または手続の結果の評価における監査人の主観の程度

e．必要な監査手続の種類および範囲，必要な専門的な技能や知識の範囲または監査チーム外の者に対する専門的な見解の問合せの内容

f．入手した監査証拠の内容

　　注：CAMのコミュニケーションの要求事項が適用される監査のほとんどの場合において，監査人は，とくに困難な，または主観的な，もしくは複雑な監査人の判断を伴う事項が最低限１つは存在すると判断することが想定されている。」

当該規定について，PCAOBは，CAMの決定は，個々の監査の状況におい

て，一般的なリスクとしてではなく，当該監査に特有の情報を提供することを目的として行われるべきであると説明している。そして，上記の要因は，とくに困難な，または主観的な，もしくは複雑な監査人の判断を伴うかどうかの決定に際して用いる原則主義に基づく考え方の枠組みを監査人に提供しており，CAMに該当するかどうかの監査人の判断は，上記の1つまたは複数の要因に基づくこともあれば，当該監査に特有のその他の要因に基づく，もしくは，上記の要因と当該監査に特有のその他の要因の双方に基づくこともあるとしている（PCAOB［2017］p.25）。

4.3 監査報告書におけるコミュニケーション

AS 3101は，監査報告書におけるCAMの記載について，以下のように規定している（para. 14）。

「監査報告書において，CAMのそれぞれについて，以下を記載しなければならない。

a．CAMの内容
b．CAMであるとの判断に監査人が至る際の主要な考慮事項
c．CAMに対する監査上の対応

> 注：監査人は，CAMに対する監査上の対応として，(1)当該事項にもっとも適合する監査人の対応またはアプローチの特徴，(2)実施した監査手続についての簡潔な説明，(3)監査手続の結果を示す記述，(4)当該事項に関する主要な所見，あるいは，これらの要素の組合せを記載することができる。

d．CAMに関連する財務諸表の重要な勘定または開示への参照

> 注1：CAMまたは監査意見に対する監査人の責任を免責，限定，制限または最小化しているという印象を与える表現は不適切であり，使用してはならない。CAMのコミュニケーションにおいて，監査人が，個々のCAMまたは関連する勘定もしくは開示に対して，個別の意見を表明しているとの印象を与える表現は使用してはならない。
> 注2：監査報告書におけるCAMの記述に際して，CAMであるとの判断に監査人が至る際の主要な考慮事項や監査上の対応の記述において必要な場合を除き，監査人は，会社が公表していない情報を提供することは想定されていない。」

当該規定について，PCAOBは，CAMのコミュニケーションの目的が，投資家にとって有用な監査に関する情報の提供であることを，CAMに対する監査上の対応の記載に際して，監査人が意識する必要があるとしている。実施し

た監査手続の簡潔な説明を記載する場合，投資家等の財務諸表利用者が理解できる記述であることが期待されており，記述の目的は利用者にとって有益な要約を提供することであり，監査上の対応のすべてを詳細に提供することではない。また，高度に専門的な監査用語の使用を避けることにより，利用者の理解を助けることができるかもしれない（PCAOB［2017］p.31）。また，AS 3101では，発見事項の記載は要求されていないが，監査人は，監査上の対応の記載において，「監査手続の結果を示す記述」または「当該事項に関する主要な所見」として，発見事項を記載してもよいことが示されている。PCAOBは，監査報告書において，CAMに関連して，有用で，当該企業に特有の監査上の発見事項が記載されれば，適切な状況においては，投資家に対して有益な場合があるという作業グループの見解には同意し，監査人に対し，監査報告書にそのような発見事項の記載を行うかどうか検討することを奨励している。ただし，発見事項の記載を行う場合，個々のCAMまたは関連する勘定もしくは開示に対して，個別の意見を表明しているとの印象を与えないようにしなければならないとしている（PCAOB［2017］pp.31-32）。

当該規定における「CAMに関連する財務諸表の重要な勘定または開示への参照」という内容について，再公開草案では，CAMに関連する財務諸表の重要な勘定または開示への参照に加えて，財務諸表外のその他の記載内容に参照することを求めるべきかコメントが募集された。コメント提出者は，その他の記載内容に参照することで，当該情報が監査対象である等，その他の記載内容に関する監査人の役割に対して利用者の誤解を生じさせる可能性があるため，反対意見が多かったことから，AS 3101では，財務諸表の重要な勘定または開示への参照のみが要求されている（PCAOB［2017］p.32）。

また，当該規定における監査人が企業に関する未公表情報を提供する可能性に関して，PCAOBは，再公開草案に対して寄せられた懸念を踏まえ，監査報告により追加の情報提供を求める投資家の要望と，情報の提供によりコストや予期せぬ影響が生じることに対する懸念の双方の適切なバランスを取ることを模索したと説明している（PCAOB［2017］p.34）。

また，CAMはないと判断した場合には，「重要な監査事項」区分において，CAMはないと判断した旨を記載することが求められている（para. 16）。

4.4　監査調書

AS 3101は，CAMに関する監査調書の作成について，以下のように規定している（para. 17）。

「財務諸表監査において，
a．監査委員会にコミュニケーションが行われた，または行うことが要求され，かつ，
b．財務諸表の重要な勘定または開示に関連する事項について，CAMであると判断したかどうか（すなわち，とくに困難な，または主観的な，もしくは複雑な監査人の判断を伴ったかどうか），および監査人が判断した根拠を監査調書に記載しなければならない。」

当該規定について，PCAOBは，要求される監査調書の記述の量は，状況によって異なるとしている。たとえば，監査人の判断の基礎が非常に明瞭であり，1文のみの記述で十分な場合もある。この状況は，たとえば，監査人が監査の過程で作成した監査調書において，とくに困難な，または主観的な，もしくは複雑な監査人の判断を伴う事項であるかどうかについて十分な記述がされている場合が該当する。それ以外の場合には，より詳細な記述が求められるかもしれない。監査人が，当該要求事項に準拠するための監査調書の作成方法はさまざまである。たとえば，監査人は，監査委員会とコミュニケーションを行った事項として監査調書に記載されているもののなかから，財務諸表の重要な勘定または開示に関連する事項を特定し，特定した事項のそれぞれが，とくに困難な，または主観的な，もしくは複雑な監査人の判断を伴ったかどうかについての監査人が判断した根拠を記載することができる。監査人が判断した根拠としては，監査人が当該判断に際して考慮した要因を記載することができる。これらは，監査委員会とのコミュニケーションに関する監査調書のなかに記載されることもあれば，別の監査調書として分けて作成されることもあるとしている（PCAOB［2017］p.39）。

5 むすび

　本章では，新たに盛り込まれたCAMの規定と特徴を中心に，アメリカにおける監査報告書の変革についての紹介を行ってきた。欧州の主要各国で新しい監査報告書が導入され，すでに発行が開始されているなかで，今回の最終版の基準が採択承認されたことにより，アメリカもその流れに加わることとなった。アメリカにおいて，2010年から開始された監査報告書モデルに関するプロジェクトでは，広範なアウトリーチ活動を行い，二度にわたり公開草案を公表した。寄せられたコメントからも，今回の変革についての関係者の関心の高さが窺える。1940年代以降，監査報告書はほとんど変化してこなかったが，今回の変革によって，投資家が，監査人に対して，これまで求め続けてきた情報が提供されるようになるとされている。その帰結について，今後も注視したい。

（松尾　慎太郎）

事例分析編

第7章 調査の概要と全般的な傾向の分析
第8章 棚卸資産
第9章 金融商品・投資
第10章 資産の減損
第11章 引当金・退職給付債務
第12章 税金・税効果
第13章 収益認識
第14章 訴訟・法令違反等に関する偶発債務
第15章 過年度修正
第16章 その他の特徴的なKAM

112◆ 第Ⅱ部　事例分析編

第 **7** 章

調査の概要と全般的な傾向の分析

1　はじめに

　第Ⅰ部で確認したように，監査報告書改革に係る一連のISAsは，2016年
12月15日以降に終了する事業年度の財務諸表の監査から適用されている。ま
た，EU加盟国においては，監査報告書へのKAMの記載を要求する2006年法
定監査指令改正指令（European Parliament［2014a］）およびPIEs法定監査規則
（European Parliament［2014b］）は，2016年6月17日以降に開始する事業年度か
ら適用されている。そこで，われわれは，これらの新しい監査報告書に関する
規定の適用初年度におけるKAMの記載事例の分析を目論み，イギリス，ドイ
ツ，フランスおよびオランダの代表的な証券取引所における株価指数構成銘柄
の発行会社を対象とした調査を実施した[1]。

　本章では，この調査の対象，時期および方法などの概要を説明するとともに，
分析対象である監査報告書の全般的な傾向分析を行う。

1　われわれは，今回とは分析対象会社が異なるが，欧州企業における早期適用事例（主
　に2016年12月決算）の分析も行っている。分析結果は，2018年3月20日に開催された日
　本公認会計士協会第49回中日本五会研究大会（於：グランフロント大阪）にて報告する
　とともに，『企業会計』誌（中央経済社）に掲載した。林［2018b］，蟹江・小松・宮本
　［2018］，田中［2018］，富田・猪原［2018］，谷間・西岡［2018］，および疋田・髙見
　［2018］を参照されたい。

2 調査の方法と対象

　監査報告書を収集する欧州企業の決定にあたって利用した株価指数は，ロンドン証券取引所のFTSE 100（100社）[2]，ユーロネクスト・パリ証券取引所のCAC 40（40社）[3]，フランクフルト証券取引所のDAX 30（30社）[4]，およびユーロネクスト・アムステルダム証券取引所のAEX-Index（25社）[5]である。これらの株価指数構成銘柄の発行会社数は単純に集計すると195社であるが，RELX社，Royal Dutch Shell社およびUnilever社はFTSE 100とAEX-Indexに含まれており，ArcelorMittal社およびUnibail-Rodamco-Westfield社はCAC 40とAEX-Indexに含まれていた。また，Scottish Mortgage Investment Trustは上場投資信託である。そこで，これらの6社を除外した189社を調査対象会社とした。

　この189社を対象として，財務諸表と監査報告書が収録されている開示書類（英語版）の収集作業を2018年7月から8月にかけて実施し，調査時点で入手できる各社の最新の開示書類をダウンロードした。各社の開示書類に収録されている監査報告書を個別に確認した結果，FTSE 100に含まれるCarnival社の開示書類には，アメリカ基準による（つまりKAMが記載されていない）監査報告書しか収録されていなかった。また，CAC 40に含まれるSanofi社は英語版の開示書類を公表していなかった。これら2社を除外した結果，本書における

2　FTSE 100は，ロンドン証券取引所に上場している株式のうち，規模と流動性の審査に合格した時価総額上位100銘柄で構成される時価総額加重平均型株価指数である。FTSE 100の構成銘柄は毎年3月，6月，9月，12月の年4回変更される。本調査では，2018年6月1日時点の構成銘柄の発行会社を調査対象としている。

3　CAC 40は，ユーロネクスト・パリ証券取引所に上場している株式のうち，規模が大きく流動性が高い40銘柄で構成されるフリーフロート時価総額加重平均型株価指数である。CAC 40の構成銘柄は毎年3月，6月，9月，12月の年4回変更される。本調査では，2018年6月1日時点の構成銘柄の発行会社を調査対象としている。

4　DAX 30は，フランクフルト証券取引所に上場している会社の発行株式のうち，主要30銘柄で構成される時価総額加重平均型株価指数である。DAX 30の構成銘柄は毎年9月に変更される。本調査では，2018年6月1日時点の構成銘柄の発行会社を調査対象としている。

5　AEX-Indexは，ユーロネクスト・アムステルダム証券取引所に上場している株式のうち，時価総額上位25社が発行した株式で構成されている。AEX-Index構成銘柄は毎年3月に変更される。本調査では，2018年6月1日時点の構成銘柄の発行会社を調査対象としている。

114◆　第Ⅱ部　事例分析編

監査報告書の事例分析の対象会社は187社となった。

図表7－1に分析対象会社数を示している[6]。また，巻末の資料1に，分析対象会社の一覧（会社名，参照した書類の名称，業種，監査事務所およびKAMの記載個数）を示しているので，適宜参照されたい[7]。

図表7－1　分析対象会社の内訳（市場別）

株価指数（市場）	分析対象会社数 （社）	構成比 （％）
FTSE 100（ロンドン）	95	50.8%
CAC 40（パリ）	38	20.3%
DAX 30（フランクフルト）	30	16.0%
AEX-Index（アムステルダム）	24	12.8%
合計	187	100.0%

分析対象会社の決算日は**図表7－2**のとおりである。周知のとおり，欧米では暦年を会計期間とする会社が多く，144社（76.5%）は12月決算である。また，監査報告書の日付は，2017年7月17日から2018年6月20日までであった（1社だけ監査報告書に日付が記載されていなかった）。

なお，会計研究では一般に，会計情報の特殊性から金融・保険業を営む会社を除外することが多いが，本書は，欧州企業の監査報告書におけるKAMの記載事例を分析し，適用初年度（早期適用を除く）の監査実務の特徴，傾向，課題などを明らかにすることが目的であるため，業種は限定していない。分析対象会社の業種構成は**図表7－3**のとおりである。

会社数がもっとも多いのは製造業（36.9%）であり，ついで，金融・保険業（16.6%）と運輸・情報通信業（13.9%）が続く。この3業種だけで全体の67.4%

6　重複している4社のうち，Royal Dutch Shell社とUnilever社の本店所在地はオランダであることからAEX-Indexに，Unibail-Rodamco-Westfield社の本店所在地はフランスにあることからCAC 40に含めた。また，ArcelorMittal社はオランダのMittal Steel社とルクセンブルクのArcelor社の経営統合により誕生した会社であることから，AEX-Indexに含めた（本店所在地はルクセンブルク）。

7　対象会社や年度は異なるが，IFACのウェブサイト（https://www.ifac.org/global-knowledge-gateway/audit-assurance/discussion/auditor-reporting-standards-implementation-key）に，KAMの領域別（対象項目・取引・事象など）に会社の年次報告書へのリンクが掲載され，監査報告書に記載されたKAMの実例を確認できるようになっている。

第 7 章　調査の概要と全般的な傾向の分析　◆115

図表 7 − 2　分析対象会社の決算日

決算月	会社数 （社）	構成比 （%）
2017年 4 月	1	0.5%
2017年 6 月	6	3.2%
2017年 7 月	2	1.1%
2017年 8 月	1	0.5%
2017年 9 月	9	4.8%
2017年12月	143	76.5%
2018年 1 月	2	1.1%
2018年 2 月	2	1.1%
2018年 3 月	18	9.6%
2018年 4 月	3	1.6%
合計	187	100.0%

図表 7 − 3　分析対象会社の業種構成

業種分類	FTSE 100	CAC 40	DAX 30	AEX- Index	会社数 （社）	構成比 （%）
水産・農林業	0	0	0	0	0	0.0
鉱業	7	0	0	0	7	3.7
建設業	2	1	0	0	3	1.6
製造業	25	19	16	9	69	36.9
電気・ガス業	6	4	3	1	14	7.5
運輸・情報通信業	11	5	4	6	26	13.9
商業	8	2	1	1	12	6.4
金融・保険業	17	4	5	5	31	16.6
不動産業	3	1	1	0	5	2.7
サービス業	16	2	0	2	20	10.7
合計	95	38	30	24	187	100.0
製造業	25	19	16	9	69	36.9
非製造業	53	15	9	10	87	46.5
金融・保険業	17	4	5	5	31	16.6
合計	95	38	30	24	187	100

（注）　各社の業種は，ロンドン，パリ，フランクフルトおよびアムステルダムの各証券取引所ウェブ
　　　サイトの該当する会社のページに記載されている情報を利用し，証券コード業界の業種別分類・
　　　大分類に当てはめた。

116◆ 第Ⅱ部 事例分析編

を占めている。水産・農林業を営む会社はゼロであった。これ以降，業種別の
分析にあたっては，製造業，非製造業（金融・保険業を除く），および金融・保
険業という3分類を用いる。

　ここで，分析対象会社の財務的な特徴を確認しておこう。**図表7－4**を参照
されたい。売上高・営業収益，親会社株主に帰属する利益，総資産および純資
産の基本統計量を示している。会社の規模や利益水準を理解しやすくするため
に，金額単位は円に換算している。

図表7－4　**分析対象会社の財務指標**

(1)　分析対象会社全体

項目	売上高・営業収益	親会社株主に帰属する利益	総資産	純資産
平均（百万円）	3,144,229.3	260,026.5	17,107,401.7	2,282,809.0
標準偏差	4,760,272.1	465,897.3	41,145,536.6	3,358,649.7
最小値（百万円）	15,822.3	−180,389.8	10,096.9	−92,759.0
中央値（百万円）	1,796,024.4	115,517.0	3,156,891.8	948,768.8
最大値（百万円）	33,264,511.0	5,277,139.8	274,873,039.0	21,567,939.0
標本数（社）	187	187	187	187

(2)　売上高・営業収益

項目	FTSE 100	CAC 40	DAX 30	AEX-Index
平均（百万円）	2,056,295.7	3,911,782.9	5,498,803.0	3,292,122.9
標準偏差	3,663,244.8	3,785,098.9	6,110,060.7	6,720,993.4
最小値（百万円）	34,204.2	241,156.5	316,616.0	15,822.3
中央値（百万円）	1,068,419.4	2,655,460.5	3,609,130.5	1,115,644.5
最大値（百万円）	26,182,672.0	18,692,737.0	28,719,909.0	33,264,511.0
標本数（社）	95	38	30	24

第7章　調査の概要と全般的な傾向の分析　◆117

(3)　親会社株主に帰属する利益

項目	FTSE 100	CAC 40	DAX 30	AEX-Index
平均（百万円）	212,770.2	277,185.2	398,367.2	246,988.9
標準偏差	567,675.6	255,426.9	394,290.3	320,133.6
最小値（百万円）	− 180,389.8	− 66,109.5	− 93,499.5	− 67,977.0
中央値（百万円）	800,277.6	203,308.5	297,225.1	213,268.5
最大値（百万円）	5,277,139.8	965,995.5	1,447,686.0	1,414,493.0
標本数（社）	95	38	30	24

(4)　総資産

項目	FTSE 100	CAC 40	DAX 30	AEX-Index
平均（百万円）	13,977,661.1	23,650,039.1	21,224,997.5	13,989,787.2
標準偏差	38,563,972.4	55,656,873.3	38,431,456.7	24,977,284.9
最小値（百万円）	10,096.9	842,640.9	1,021,522.5	160,141.1
中央値（百万円）	1,359,180.2	4,427,039.5	5,952,967.5	2,803,385.2
最大値（百万円）	274,873,039.0	244,051,374.0	183,604,134.0	105,353,892.0
標本数（社）	95	38	30	24

(5)　純資産

項目	FTSE 100	CAC 40	DAX 30	AEX-Index
平均（百万円）	1,652,459.2	2,953,264.6	3,433,463.4	2,278,070.7
標準偏差	3,095,635.8	3,193,634.8	3,116,407.1	4,392,722.6
最小値（百万円）	− 92,759.0	444,465.0	423,798.0	− 72,334.5
中央値（百万円）	506,196.0	1,771,635.0	2,013,333.1	832,407.0
最大値（百万円）	21,567,939.0	13,347,520.5	13,580,211.0	21,561,508.0
標本数（社）	95	38	30	24

(注)　ユーロ建て財務諸表（91社）については1ユーロ＝124.5円，ポンド建て財務諸表（72社）については1ポンド＝140.6円で，米ドル建て財務諸表（23社）については1ドル＝109.0円で換算した。換算レートはいずれも2019年1月中の終値の平均である。

　図表7−4から，平均で見れば，売上高・営業収益，親会社株主に帰属する利益，および純資産はDAX 30構成銘柄発行会社がもっとも大きく，総資産はCAC 40構成銘柄発行会社がもっとも大きい。各指標の最大値については，売上高・営業収益はAEX-Index構成銘柄発行会社，親会社株主に帰属する利益，総資産および純資産はFTSE 100構成銘柄発行会社が占めているが，標準偏差の値から，全体として数値のバラツキが大きいことがわかる。

118◆　第Ⅱ部　事例分析編

　平均の差の検定[8]を行った結果，売上高・営業収益と純資産についてのみ，FTSE 100構成銘柄発行会社とDAX 30構成銘柄発行会社に有意な差が認められた。4つの株価指数はそれぞれの市場を代表する銘柄で構成されているが，FTSE 100は他の指数に比べて構成銘柄が多いため，相対的に規模の小さな会社が含まれていることが影響していると考えられる。

　次に，分析対象会社の財務諸表の監査を担当している監査事務所を確認する。図表７−５を参照されたい。

図表７−５　分析対象会社の監査事務所

(1) 全　体

事務所	FTSE 100 （社）	CAC 40 （社）	DAX 30 （社）	AEX-Index	計（社）	構成比（%）
BDO	1	0	0	0	1	0.5%
DTT	24	1	1	8	34	18.2%
EY	15	2	3	7	27	14.4%
GT	1	0	0	0	1	0.5%
KPMG	22	0	17	6	45	24.1%
PwC	32	1	9	3	45	24.1%
共同	0	34	0	0	34	18.2%
合計	95	38	30	24	187	100.0%

(2) 共同監査の内訳

事務所	会社数（社）	事務所	会社数（社）
DTT+EY	6	DTT+GT	1
Mazars+EY	6	DTT+KPMG+Mazars	1
KPMG+EY	4	DTT+PwC+Mazars	1
KPMG+DT	3	EY+DTT	1
PwC+EY	3	EY+Mazars	1
PwC+KPMG	3	PwC+GT	1
PwC+DT	2	PwC+Mazars	1

8　それぞれの財務指標について分散分析による検定を行い，株価指数のいずれかの組み合わせにおいて平均に有意差がある場合に，多重比較検定を実施した。全体としての有意水準を5％にするために，各組み合わせの検定で用いる有意水準は（5％÷組み合わせ数）とした。以下，本章では，監査報告書の長さ（**3.2**）およびKAMの記載個数（**4.1**）について，同様の方法による検定を行っている。

第7章　調査の概要と全般的な傾向の分析　◆119

(3)　業種別

事務所	製造業（社）	非製造業（社）	金融・保険業（社）
BOD	0	1	0
DTT	9	23	2
EY	9	13	5
GT	0	1	0
KPMG	19	15	11
PwC	16	20	9
共同	16	14	4
計	69	87	31

(凡例)　DTT：Deloitte Touche Tohmatsu
　　　　EY：Ernst & Young
　　　　GT：Grant Thornton
　　　　PwC：PricewaterhouseCoopers

　ロンドン証券取引所上場会社の監査契約のほとんどは大手4監査事務所（以下，Big 4という）が担当しており，FTSE 100では97.9％をBig 4が占めている。フランスでは共同監査制度が導入されており，CAC 40の89.5％では複数の独立監査事務所による共同監査が実施されている。また，DAX 30とAEX-IndexはBig 4の独占状態であり，DAX 30についてはKPMGが半数以上の監査契約を有し，AEX-IndexはBig 4が偏りなく監査を担当している。業種別では，監査事務所に一定の偏りがみられる。

3　拡張された監査報告書の全般的な傾向

3.1　監査報告書の記載事項

　拡張された監査報告書の全般的な傾向を分析するにあたり，本書第2章から第5章の説明に基づいて，まずはイギリス，フランス，ドイツおよびオランダの法令・基準に基づく標準的な記載事項を確認しておきたい。

　これら4ヵ国の監査報告書では，基本的にISAsの規定を反映し，①監査意見，②監査意見の根拠，③継続企業の前提に関する記述（該当する場合），④KAM，⑤強調事項・その他の事項（該当する場合），⑥その他の情報，⑦経営者・企業

120◆ 第Ⅱ部　事例分析編

統治責任者の責任，⑧監査人の責任が記載される（記載順序が明確に定められていない事項もある）。そして，このほかに，各国の法令・規則の要求に基づく事項が記載される。

3.2　監査報告書の分量

まず，KAMをはじめとする記載内容の拡張が図られたことにより，監査報告書がどの程度長くなったかを確認する。**図表7－6**を参照されたい[9]。拡張前の無限定適正意見監査報告書は1～1.5頁程度であったことを考えると[10]，拡張後の監査報告書は相当に長くなっていることがわかる。

図表7－6　監査報告書の分量（総頁数）

(1)　市場別

項目	FTSE 100	CAC 40	DAX 30	AEX-Index	全体
平均（頁）	7.00	5.00	6.57	7.29	6.56
標準偏差	2.11	1.27	1.33	3.22	2.19
最小値（頁）	4	3	4	4	3
中央値（頁）	7	5	6	7	6
最大値（頁）	16	8	10	17	17
標本数（社）	95	38	30	24	187

(2)　事務所別

項目	DTT	EY	KPMG	PwC	共同
平均（頁）	6.68	8.22	6.29	7.18	4.71
標準偏差	1.90	3.11	1.95	1.61	0.94
最小値（頁）	4	4	4	5	3
中央値（頁）	6.5	8	6	7	4.5
最大値（頁）	12	17	14	12	6
標本数（社）	34	27	45	45	34

9　ここでは，単純に監査報告書のページ数を分量の目安としている。ほぼすべての監査報告書の用紙サイズはA4であるが，1頁当たりの文字数は会社によって異なる。また，たとえ数行しか記載がなくとも1頁と数えている。

10　各株価指数の構成銘柄発行会社につき，付録1の会社番号が若い会社10社を選び，拡張前の監査報告書の分量を確認した。その結果，10社の平均値は，FTSE 100は1.1頁，CAC 40は1.6頁，DAX 30は1.2頁，そしてAEX-Indexは1.3頁であった。

第7章　調査の概要と全般的な傾向の分析　◆121

(3)　業種別

項目	製造業	非製造業	金融・保険業
平均（頁）	6.09	6.55	7.65
標準偏差	1.70	2.43	2.12
最小値（頁）	3	3	4
中央値（頁）	6	6	7
最大値（頁）	12	17	14
標本数（社）	69	87	31

(注)　監査事務所別の分析では，BDOとGTを除外している。

　拡張された監査報告書の平均頁数は6.56頁であった。市場別に見ると，
AEX-Index（7.29頁）とFTSE 100（7.00頁）の監査報告書の分量が多く，CAC
40の分量は相対的に少ない（5.00）。平均の差の検定では，CAC 40の監査報告
書と，他の3つの株価指数のそれに有意な差が確認された。

　次に，監査事務所別では，EYによる監査報告書が際立って長く（8.22頁），
PwC（7.18頁）がこれに続く。平均の差の検定では，共同監査の監査報告書と，
他のすべての監査事務所のそれに有意な差が確認された。監査報告書の（最低
限の）記載事項は法令・基準等で定められているため，それ以外の記載事項が
書かれることはまずないが，定められた記載事項について，何を，どのように，
どの程度まで書くかは監査事務所の方針によって異なっている。事務所ごとの
監査報告書記載実務の傾向は後述する。

　市場別と事務所別の分析から明らかなように，CAC 40構成銘柄発行会社の
監査報告書は，他の株価指数に含まれる会社よりも頁数が少ない。イギリスと
オランダは監査報告書の拡張に早くから積極的に取り組んできたという歴史的
経緯があり，そのことがFTSE 100およびAEX-Index構成銘柄発行会社の記載
分量の多さに反映されていると解される（これ以外に監査事務所および業種の影
響もある）。一方，フランスでは，表明された監査意見を形成するに至った背
景や動機を説明する「評価についての説明」という記載区分が2007年から設け
られているが（第3章参照），その記載は簡潔なものが多く，KAMの記載にも
その伝統が引き継がれているのではないかと解釈している。

　最後に，監査報告書の分量を業種の観点から分析すると，金融・保険業（7.65
頁），非製造業（6.55頁），製造業（6.09頁）の順に分量が多いという結果が得ら

れた。平均の差の検定では，金融・保険業と製造業に有意な差が確認された。金融・保険業は，企業規模の大きさ，取引の複雑さ，さまざまなリスクにさらされていること，金融資産・負債の評価などの影響により，KAMが多く記載されており（後掲の図表7－7），そのことが影響していると考えられる。

3.3　監査報告書の特徴

拡張された監査報告書の代表例として，しばしばRolls-Royce Holdings社（巻末付録1の136番）の監査報告書（監査事務所はKPMG）が紹介される[11]。同社の監査報告書には，たとえば，横軸を重要な虚偽の表示の発生可能性，縦軸を当該虚偽表示が発生した場合に財務諸表に及ぼしうる影響の大きさとする平面上に20個のリスクがプロットされた動的監査計画ツール（Dynamic Audit planning tool）と題した図が示されており，重要度の高い9個のリスクがKAMとして説明されている。また，監査範囲を示すために円グラフが用いられている。しかし，KPMGはすべての関与先について動的監査計画ツールを示しているわけではない。今回の分析対象会社187社のうち45社の監査をKPMGが担当しているが，動的監査計画ツールを記載しているのはRolls-Royce Holdings社の監査報告書だけである。

187社の監査報告書の分析に基づけば，FTSE 100およびAEX-Indexの監査報告書は相対的にカラフルであり，図表を用いる事例が見られる。これに対してDAX 30の監査報告書は，ほとんどがモノクロかつ文字情報のみである。事務所別に見ると，PwCは監査アプローチの説明にあたって3つの円を組み合わせた図を用いることと，監査アプローチ，KAMおよび重要性の適用を表形式で説明する点が特徴である。KPMGは，上述のとおり監査範囲を示すために円グラフを用いることとKAMを表形式で説明することが特徴である（DAX 30の会社には用いていない）。EYはKAMと重要性の適用の説明に表形式を用いることが多い。DTTは，KAMの説明に表形式を用いることは共通項であるが，

11　イギリスでは，投資協会およびその前身である投資管理協会が「監査報告大賞」と銘打って2014年と2015年に優れた監査報告実務を表彰しており，同社の監査報告書は，2014年に，「洞察に満ちた（Insightful）」監査報告書として表彰されている。(https://www.the investmentassociation.org/media-centre/press-releases/2014/press-release-2014-11-20.html)（2019年2月28日確認）

それ以外のグラフや表形式の使用状況はまちまちである。

　以上，定量的な分析の俎上には載せられないが，監査報告書の様式について
は，想定していたよりも事務所ごとの共通性はないというのが実感である。

4 記載されたKAMの特徴

4.1　KAMの記載個数

　KAM記載の特徴として，まずは各社ごとのKAMの記載個数を確認する。
いうまでもないことであるが，KAMは「監査人の専門家としての判断におい
て，当期の財務諸表監査においてもっとも重要な事項」（ISA 701, para. 8）であ
り，「監査の実施に際して監査人がとくに注意を払った事項」（para. 9）であっ
て，何らかの問題が存在する事項ではない。したがって，KAMの個数の多寡
そのものに特段の意味はない。あくまでも欧州企業の監査報告書における記載
状況を確認するものである。**図表7－7**を参照されたい。

　分析対象会社187社の監査報告書には，合計で760個のKAMが記載されてい
た。1社当たりの平均は4.06個である。監査報告書当たりの記載個数は，最大
で10個，最小で1個であり，KAMをまったく記載していない会社はなかった。

　市場別では，AEX-Index（4.25個），FTSE 100（4.21個）の順で記載個数が
多く，事務所別ではEY（4.37個）とPwC（4.36個）が，業種別では金融・保険
業（4.56個）が多い。このことは，監査報告書の長さについての結果と整合的
である。つまり，図表7－6に示されている監査報告書の長さには，基本的に
KAMの記載個数が影響していると考えて差し支えないであろう。上記**3.1**で
確認したように，監査報告書の記載事項のなかには，該当する場合にのみ記載
されるものや各国の法令・規則の要求に基づいて記載される事項があるため厳
密な比較は困難であるが，分析対象会社の監査報告書には，ここでの長さの分
析に影響を与えるような特殊な記載事例はない。

124◆ 第Ⅱ部 事例分析編

図表7－7 KAMの記載個数

(1) 市場別

項目	FTSE 100	CAC 40	DAX 30	AEX-Index	全体
平均（個）	4.21	3.87	3.70	4.25	4.06
標準偏差	1.79	1.23	0.95	1.59	1.56
最小値（個）	1	2	1	1	1
中央値（個）	4	4	4	4	4
最大値（個）	10	8	6	8	10
合計	400	147	111	102	760
標本数（社）	95	38	30	24	187

(2) 事務所別

項目	DTT	EY	KPMG	PwC	共同監査
平均（個）	3.85	4.37	3.96	4.36	3.82
標準偏差	1.65	1.52	1.57	1.68	1.27
最小値（個）	1	2	1	1	2
中央値（個）	3	4	4	4	4
最大値（個）	7	8	10	8	8
標本数（社）	34	27	45	45	34

(3) 業種別

項目	製造業	非製造業	金融・保険業
平均（個）	3.99	3.94	4.56
標準偏差	1.47	1.51	1.79
最小値（個）	1.00	1.00	1.00
中央値（個）	4.00	4.00	4.50
最大値（個）	10	8	8
標本数（社）	69	86	32

（注） 監査事務所別の分析では，BDOとGTを除外している。

4.2　個々のKAMの記載

　KAMの記載区分における個々のKAMの記載内容について，見出しを手がかりとして分析する。外形的な分析ではあるが，個々のKAM記載内容の分析にも関連する。

　ISA 701によれば，監査報告書の「重要な監査事項」区分における個々の

KAMに関する記載は，財務諸表に関連する開示があればそれへの参照を含み，かつ，①当該事項が当該監査においてもっとも重要な事項の１つであると考えられ，KAMであると決定された理由と，②当該監査における当該KAMへの対応を記載することが求められている（para. 13）。また，②の具体的な内容として，(1)当該KAMにもっとも関連しているか，あるいは評価済みの重要な虚偽表示リスクに個別に結びつけられた，監査人の対応またはアプローチ，(2)実施した監査手続の概要，(3)監査手続の結果，または(4)当該KAMに関する監査人の主要な見解（Key observations）[12]の記載が例示されている（para. A46）。イギリス，フランス，ドイツおよびオランダにおいても同様の要求がなされているが，フランスでは監査人の対応によって得られた結果や結論を記述することは求められていない（第３章参照）。

図表７−８は，「重要な監査事項」区分における個々のKAMの記載にあたって用いられた見出しを整理したものである。

図表７−８　個々のKAMの記載

(1) 選定理由

見出し	会社数（社）	構成比（%）
Key audit matter	82	43.9%
Risk	81	43.3%
その他	22	11.8%
なし	2	1.1%
計	187	100.0%

(2) 監査対応

見出し	会社数（社）	構成比（%）
Response／Respond	92	49.2%
Address	58	31.0%
Approach	34	18.2%
その他	3	1.6%
計	187	100.0%

12　本書第Ⅱ部では，監基報701による「主要な見解」という訳語を統一して用いている。

126◆　第Ⅱ部　事例分析編

(3)　監査人の見解等（事務所別）[注1]

見出し／記載状況	DTT (社)	EY (社)	KPMG (社)	PwC (社)	共同監査 (社)	会社数 (社)	構成比 (%)
Observation						59	31.9%
Key observations	23	5				28	
Key observations communicated to AC [注2]		15				15	
Our observation(s)	1		15			16	
Result						17	9.2%
Our result(s)			15			15	
Results			2			2	
Conclusion						7	3.8%
Our conclusion(s)			6			6	
If necessary important conclusion	1					1	
その他						6	3.2%
Matters discussed with the AC [注2]				1		1	
Our findings			3			3	
Overall outcome				1		1	
What we reported to the Audit Committee		1				1	
見出しはないが記載あり				14		14	7.6%
記載なし	9	6	4	29	34	82	44.3%
計	34	27	45	45	34	185	100.0%

(4)　監査人の見解等（市場別）

記載状況	FTSE 100 (社)	CAC 40 (社)	DAX 30 (社)	AEX-Index (社)	会社数 (社)
独立した記載あり	61	1	16	13	91
見出しはないが記載あり	14	0	0	0	14
記載なし	20	37	14	11	82
計	95	38	30	24	187

（注1）　監査事務所別の分析では，BDOとGTを除外している。

（注2）　"Audit and Compliance Committee" や "Audit and Risk Committee" など，当該会社の監査委員会の名称が当てはまる。

KAMの選定理由については，"Key audit matter"（これには「当該事項が重要な監査事項に決定された理由」のような4種類の見出しを含んでいる）（43.9%）と"Risk"（これには「財務諸表リスク」のような7種類の見出しを含んでいる）（43.3%）がよく用いられている。

監査対応の見出しは多様であり，"Response/Respond"に整理できる見出しが9種類，"Address"では7種類，"Approach"では5種類，その他が4種類であった。前二者が相対的に多く用いられているが，実質的な記載内容と関連づけられるような傾向・特徴は確認できなかった。

最後に，監査人の見解等（結果や結論を含む。以下同じ）については，185社のうち89社（48.1%）において見出しを付した独立の区分が設けられており（「監査対応」区分に小見出しが設けられている場合を含む），14社（7.6%）では「監査対応」区分に見出しなしで書き込まれていた。両者を合わせると過半数（55.7%）の監査報告書に監査人の見解等が書かれていることになる。

なお，記載にあたって用いられた見出しを確認すると，「見解（observation）」が31.9%ともっとも多い。これは，上述のようにISAsで「主要な見解」という表現を用いていることによると考えられる。それ以外には，「結果（Result）」が9.2%，「結論（Conclusion）」が3.8%であった。

監査人の見解等の記載については，監査事務所の方針が明確に読み取れる。DTTは34社中25社（73.5%），EYは27社中21社（77.8%），KPMGは45社中41社（91.1%）が記載しており，かつ，すべて見出しを付している。これに対してPwCは，45社中16社（35.6%）の記載にとどまっており，そのうち14社は「監査対応」区分に書き込まれている。

また，市場別に見てもはっきりした傾向がある。上述のとおり，フランスでは監査人の見解等の記載は求められていないことから，CAC 40で監査人の見解等が記載されている会社は1社（STMicroelectronics社，巻末付録1の168番，オランダの監査基準を適用）にとどまる。DAX 30とAEX-Indexではほぼ半々である一方で，FTSE 100では95社中75社（73.7%）で記載されている。

4.3　監査人の見解等

KAMにおける監査人の見解等の内容や書きぶりはさまざまである。参考までに，いくつかの記載事例を紹介しよう。**資料7－1**を参照されたい。比較の

128◆ 第Ⅱ部 事例分析編

資料7−1 監査人の見解等の記載事例

(1) Daimler社（DAX 30，巻末付録1の53番）

私たちの見解

「オペレーティング・リース資産」の帳簿価額の評価に関する基礎を提供する仮定および評価は適切である。

(2) NN Group社（AEX-Index，巻末付録1の118番）

私たちの見解

　私たちは，全般的にみて，経営者は繰延新契約費を控除した保険契約負債の評価額を許容可能な範囲で見積もっていると判断した。また，関連する準備金の十分性テスト（RAT）の開示も適切であると判断した。年次計算書類注記の注10および注17を参照されたい。

　私たちは，保険契約負債を裏付ける売却可能投資の評価差額は株主持分に計上され，再評価準備金の大部分を占めていることに留意する。売却可能投資が売却されれば，再評価準備金の十分性は低下することになる。計上されている評価差額がすべて実現したとしても，評価益の一部は責任準備金の十分性を確保するために必要であり，株主は評価益の一部分しか利用できない。

　私たちは，2017年1月1日から適用されるRATに関連する会計方針の変更に関する開示を評価し，その開示は適切であると判断した。注1を参照されたい。

(3) Barclays社（FTSE 100，巻末付録1の26番）

結果

　私たちが実施したテストの結果は満足のいくものであり，私たちは，信用減損費用および引当金は許容できると認める。

(4) Rightmove社（FTES 100，巻末付録1の134番）

発見事項

　私たちは，認識された収益について当グループによる計算に誤りを発見しなかった。

ため，あえてKPMGが監査を担当している事例を示している。

　監査人の見解等の多くは，資料7－1の(1)(3)(4)のように文章数も少なく簡潔
に記載されており，(2)のような長文にわたる事例は限られている。ここで，監
査人の見解等の記載実務の状況を明らかにする試みとして，見解等の記載に用
いられた導入句，動詞，形容詞，および結論（主題）を**図表7－9**に示す。

　図表7－9に示した語句を用いて，一般的な監査人の見解等の記載内容を
示すと，「私たちは，これらの買収に関連する資産および負債の評価は適切
（appropriate）であると満足（satisfy）している。」，「私たちは，実施した監査
手続に基づき（based on the audit procedure performed），買収価格の資産およ
び負債への配分に関する経営者の主要な仮定は妥当な範囲内にあり，当社によ
る開示はEU-IFRSsの要件を満たしていると結論した（conclude)。」のようにな

図表7－9　監査人の見解等の記載内容分析

(1)　導入句	
as a result of procedure/test/work	
based on evidence/procedures/work	
consistent with the supporting evidence	
form evidence/work	
supported by the evidence	
(2)　動詞	(3)　形容詞
agree	acceptable
conclude	appropriate
consider	balanced
find	consistent
identify	reasonable
note	relevant
satisfy	satisfactory
	supportable
(4)　結論（主題）	
material misstatement	
material exceptions	
errors	
material issues	
management bias	

130◆　第Ⅱ部　事例分析編

る。

　KAMにこのような監査人の見解等を記載する必要があるか，記載すること
にどのような意義があるかについては，議論の分かれるところである。

4.4　記載されたKAMの分類

　監査報告書に記載されたKAMの実態分析においては，一般的に，KAMの
分類が示される（たとえば，FRC［2015, 2016a］，ACCA［2018］，林［2016a］）。
このような分析はKAMの特徴を明らかにするために有用であるが，分類基準
（分類の軸）を定めるのが難しい。たとえば，会計処理とその対象となる項目
の組み合わせである「無形資産の減損」，「金融商品の評価」，「収益認識」など
はわかりやすい分類基準であるが，このような基準には当てはまらない「取引
の処理や計算の複雑性」，「特定の資産が総資産に占める割合の大きさ」，「新し
い情報システムの導入が会計に及ぼす影響」などに関するKAMもある。また，
そもそも記述情報を分類するという行為自体が分析者の主観に基づくものであ
り，この意味でも１つのKAMに１枚のラベルを貼るという厳密な分類は困難
である。

　そこで，本章では，「勘定科目・項目」，「会計処理・表示」，「取引・事象・
活動」および「性質」という４つの観点から個々のKAMを分類するという方
法を採用した。分類作業の結果，760個のKAMに対して207種類のキーワード
（ラベル）を割り当て，キーワードの延べ数は2,253件となった。**図表７－10**を
参照されたい。図表７－10では５件未満のキーワードは「その他」にまとめ
て掲記している。巻末付録２にKAM一覧（会社番号，KAMの名称，およびキー
ワード）を示しているので，適宜参照されたい。

図表７－10　KAMの分類

勘定科目・項目	件数（％）	取引・事象・活動	件数（％）
引当金	192（8.5）	組織再編	66（2.9）
のれん	108（4.8）	偶発債務	56（2.5）
無形資産	105（4.7）	訴訟・法的手続	46（2.0）
税金	49（2.2）	IT・情報システム	26（1.2）
投資	43（1.9）	税務ポジション	19（0.8）
退職給付債務	42（1.9）	子会社	16（0.7）

有形固定資産	42 (1.9)	内部統制	16 (0.7)
繰延税金資産・負債	37 (1.6)	当局による調査等	14 (0.6)
金融商品	32 (1.4)	保険契約	14 (0.6)
棚卸資産	19 (0.8)	デリバティブ	11 (0.5)
代替的業績指標	15 (0.7)	ヘッジ	11 (0.5)
売上控除項目	13 (0.6)	工事契約	9 (0.4)
保険契約負債	12 (0.5)	リース	9 (0.4)
貸付金	11 (0.5)	移転価格	8 (0.4)
投資不動産	11 (0.5)	合弁事業	8 (0.4)
埋蔵資産	8 (0.4)	罰金・罰則	8 (0.4)
債権	7 (0.3)	リストラクチャリング	7 (0.3)
売上原価	6 (0.3)	貸倒れ	6 (0.3)
売掛金	6 (0.3)	関連会社	6 (0.3)
繰延新契約費	6 (0.3)	請求	6 (0.3)
繰延税金	6 (0.3)	新会計基準の適用	5 (0.2)
研究開発費	6 (0.3)	非継続事業	5 (0.2)
仕入控除項目	5 (0.2)	その他	67 (3.0)
前払金	5 (0.2)		
その他	62 (2.8)		
計	848 (37.6)	計	439 (19.5)
会計処理・表示	**件数（%）**	**性質**	**件数**
評価	171 (7.6)	回収可能性	82 (3.6)
減損	128 (5.7)	他国の税制	42 (1.9)
収益認識	86 (3.8)	契約・取引内容	31 (1.4)
表示・開示	40 (1.7)	不正リスク	31 (1.4)
見積り	40 (1.7)	複雑性（取引，契約，システムなど）	21 (0.9)
測定	36 (1.6)	税制改正の影響	13 (0.6)
認識	18 (0.8)	手作業の介在	12 (0.5)
公正価値	17 (0.8)	規制事項	10 (0.4)
費用の資産計上	16 (0.7)	金額的重要性	10 (0.4)
PPA	14 (0.6)	網羅性	9 (0.4)
連結	12 (0.5)	アクセス管理	7 (0.3)
負債計上	11 (0.5)	滞留・陳腐化	7 (0.3)
期間帰属	9 (0.4)	レベル3	7 (0.3)
分類	8 (0.4)	新システムの導入	6 (0.3)
セグメント報告	6 (0.3)	総資産のほとんどを占める特定重要資産	6 (0.3)
調整計算	5 (0.2)	信頼性	5 (0.2)

その他	12 (0.5)	その他	38 (1.7)
計	629 (27.9)	計	337 (15.0)

　勘定科目・項目については，引当金（192件）が際だって多く，のれん（108件）と無形資産（105件）がこれに続く。これに対応するように，会計処理・表示の分類軸では，評価（171件）と減損（128件）が上位に並んでいる。また，取引・事象としては，組織再編（66件），偶発債務（56件）と訴訟・法的手続（46件）がこれに続く。組織再編には無形資産とのれんが，偶発債務と訴訟・法的手続には引当金がしばしば関連している。見積りはさまざまな項目・科目・処理に関係しているので，とくに重要と思われる場合に限定したところ，40件にとどまっている。また，KAMに記載されている内容の性質という観点からは，回収可能性（82件），他国の税制（42件），不正リスク（31件）が上位に並んでいる。

4.5　KAMの決定理由

　ここでは，KAMの記載内容に基づいて，監査人が当該事項をKAMとして監査報告書に記載した理由を分析する。

　ISA 701によれば，監査報告書に記載するKAMの決定にあたっては，監査人はまず，以下の事項を勘案して，企業統治責任者に伝達した事項のなかから，監査の実施に際して監査人がとくに注意を払った事項を決定することが求められている（9項）。

---

① 　重要な虚偽表示のリスクが高い領域，またはISA 315に準拠して識別した特別な検討を必要とするリスク（significant risks）

② 　重要な経営者の判断（高い見積りの不確実性があると識別されている会計上の見積りを含む）にかかわる財務諸表の領域に関する監査人の重要な判断

③ 　当該期間に生じた重大な事象や取引の監査に対する影響

　同様の規定は，イギリス（ISA（UK）701, para. 9），フランス（NEP 701, § 9），ドイツ（IDW PS401, para. 12）およびオランダ（COS 701, para. 9）にも置かれている。

　そこで，上記①②③を中心に，個々のKAMの記載内容に基づいて，当該

第７章　調査の概要と全般的な傾向の分析　◆133

KAMの決定理由を解釈した結果を**図表７－11**に示している。760個のKAMの
うち，理由が１つのKAMは533個，２つのKAMは213個，および３つのKAM

図表７－11　KAMの決定理由

(1)　市場別

理　由	FTSE 100 （社（％））	CAC 40 （社（％））	DAX 30 （社（％））	AEX-Index （社（％））	計 （社（％））
①重要な虚偽表示のリスク	70　（14.0）	7　（3.4）	32　（20.6）	11　（9.2）	120　（12.2）
②判断（見積りを含む）	295　（58.9）	122　（58.7）	92　（59.4）	67　（56.3）	576　（58.6）
③事象や取引の監査への影響	17　（3.4）	47　（22.6）	4　（2.6）	38　（31.9）	106　（10.8）
④その他の性質 (注1)	43　（8.6）	13　（6.3）	10　（6.5）	2　（1.7）	68　（6.9）
⑤金額・影響の大きさ	76　（15.2）	19　（9.1）	17　（11.0）	1　（0.8）	113　（11.5）
計	501　（100.0）	208　（100.0）	155　（100.0）	119　（100.0）	983　（100.0）

(2)　事務所別 (注2)

理　由	DTT （社（％））	EY （社（％））	KPMG （社（％））	PwC （社（％））	共同 （社（％））
①重要な虚偽表示のリスク	32　（18.7）	22　（15.1）	41　（18.9）	15　（5.9）	10　（5.1）
②判断（見積りを含む）	96　（56.1）	72　（49.3）	132　（60.8）	159　（62.8）	117　（59.7）
③事象や取引の監査への影響	17　（9.9）	23　（15.8）	11　（5.1）	11　（4.3）	44　（22.4）
④その他の性質 (注1)	14　（8.2）	15　（10.3）	7　（3.2）	23　（9.1）	9　（4.6）
⑤金額・影響の大きさ	12　（7.0）	14　（9.6）	26　（12.0）	45　（17.8）	16　（8.2）
計	171　（100.0）	146　（100.0）	217　（100.0）	253　（100.0）	196　（100.0）

(3)　業種別

理　由	製造業 （社（％））	非製造業 （社（％））	金融・保険業 （社（％））
①重要な虚偽表示のリスク	54　（14.2）	46　（10.8）	20　（11.1）
②判断（見積りを含む）	212　（55.9）	258　（60.7）	106　（59.2）
③事象や取引の監査への影響	43　（11.3）	37　（8.7）	26　（14.5）
④その他の性質 (注1)	28　（7.4）	31　（7.3）	9　（5.0）
⑤金額・影響の大きさ	42　（11.1）	53　（12.5）	18　（10.1）
計	379　（100.0）	425　（100.0）	179　（100.0）

(注1)　複雑さ，資本構成への影響，指標への影響，取引件数の多さなど。
(注2)　監査事務所別の分析では，BDOとGTは除外している。

は8個であったので（理由が読み取れなかったKAMが6個あった），のべ983件の理由を整理したものである。

全般的に見れば，②「重要な経営者の判断（高い見積りの不確実性があると識別されている会計上の見積りを含む）にかかわる財務諸表の領域に関する監査人の重要な判断」を記載理由とするKAMが多い（58.6%）。市場別に見ると，CAC 40（22.6%）とAEX-Index（31.9%）は③「当該期間に生じた重大な事象や取引の監査に対する影響」が多く，DAX 30は①「重要な虚偽表示のリスクが高い領域，または特別な検討を必要とするリスク」が多い（20.6%）。DAX 30のうち17社は，個々のKAMの説明区分の見出しに「財務諸表リスク」または「リスク」という見出しを用いており，そのような意識が強いのかもしれない。

業種別では目立った傾向（偏り）は見られないが，あえていえば，金融・保険業では③が多く（14.5%），製造業では①が多い（14.2%）。事務所別では一定の特徴が読み取れる。DTT（18.7%）とKPMG（18.9%）は①が相対的に高く，EYは②が49.3%と少し低く①（15.1%）と③（15.8%）が高めであり，PwCは⑤（17.8%）が相対的に高い。事務所の方針が影響しているのではないかと推測される。

なお，KAMの記載内容に基づいて決定理由を判断するのは容易ではない。比較的判断が容易である事例としては，どのような理由で当該事項をKAMと決定したかについて明確に書いている事例や，決定理由を小見出し（たとえば，「主観的な見積り」）にして示している事例がある。一方で，当該事項の内容（たとえば，どのような取引・事象か，どのような状況になっているか）については説明されているが，監査人としてどこに注目しているのか，何が気になるのかを書いていない事例もある。

4.6　KAMの参照先

最後に，KAMの参照先を分析する。ISA 701によれば，監査報告書の「重要な監査事項」区分における個々のKAMに関する記載は，財務諸表に関連する開示があればそれへの参照を含まなければならない（para. 13）。この規定で想定している参照先は財務諸表であるが，実務では，監査委員会報告書を中心に，財務諸表を含む開示書類のさまざまな箇所が参照されている。**図表7－12**を参照されたい。

図表 7 − 12 KAMの参照先

参 照 先	個数
注記（会計方針を含む）	393
注記（会計方針を含む）＋監査委員会報告書	249
注記（会計方針を含む）＋監査委員会報告書＋その他	5
注記（会計方針を含む）＋その他	31
監査委員会報告書	28
監査委員会報告書＋その他	2
その他	10
参照先なし	42
計	760

（注）　監査委員会報告書には，「監査・コンプライアンス委員会」や
「リスク・監査委員会」などを含む。

　図表 7 − 12から読み取れるように，参照先の多くは会計方針を含む財務諸表
注記である。「その他」には，「取締役報告書」や「戦略報告書」（の特定区分）
などが含まれる。監査委員会報告書を参照しているのはほとんどがFTSE 100
の会社である。

　なお，参照先の記載場所は，見出しを付した独立区分における記載，KAM
の見出しのすぐ下（つまり冒頭），あるいは，KAMの選定理由の末尾が多い。
また，監査対応のなかに書き込まれている場合もある。

　監査委員会報告書への参照が多いのはイギリスの制度的な特徴であろう。イ
ギリスのコーポレートガバナンス・コード（FRC［2018］）によれば，会社は，
年次報告書に監査委員会の活動に関する説明を含めなければならず，そこには，
監査委員会が財務諸表に関して検討した重大な問題，およびそれらの問題にど
のように対処したかを記載しなければならない（para. 26）。また，「監査委員
会に関する指針」（FRC［2016b］）には，監査委員会の報告区分に記載すべき
事項に関する指針が示されており，「監査委員会が検討した重大な問題」には
「監査人から監査委員会に伝えられた事項を考慮して，財務諸表に関する問題
とそれらの対処方法」が含まれている（para.81）。

　そこで，KAMと監査委員会報告書との参照関係を確認した。**図表 7 − 13**を
参照されたい。

136◆　第Ⅱ部　事例分析編

図表7－13　KAMと監査委員会報告書との参照関係

関　　係	会社数(社)	構成比(%)
監査委員会報告書とKAMの双方に説明・言及あり	6	3.2%
監査委員会報告書にKAMに対応する具体的な説明あり	1	0.5%
監査委員会報告書にKAMへの簡潔な言及あり	19	10.2%
KAMに監査委員会報告書への参照あり	74	39.6%
なし	87	46.5%
計	187	100.0%

　約半数の会社ではKAMと監査委員会報告書との参照関係はなく，残りの会社では，参照関係があってもその多くはKAMが監査委員会報告書を参照しているパターンである。KAMが監査委員会報告書を参照しているということは，参照先の監査委員会報告書にもKAMに対応する記載があるはずであるが，「外部監査人からKAMに関する報告を受けた。」，「外部監査人とKAMについて討議した。」という言及だけの場合が多い。

　紙幅の制約上，会社名の紹介に留まるが，規定の趣旨に適った対応関係がみられる事例として，たとえば，3I Group社（巻末付録1の1番）の監査・コンプライアンス委員会報告書（年次報告書の67-68頁）には，「相当に注意を払った領域」と「当委員会がレビューし結論づけたこと」が表形式で示されており，そのなかでKAMが取り上げられている。同社のように詳細な説明をしている会社として，Ashtead Group社（巻末付録1の17番，72-73頁），Associated British Foods社（巻末付録1の20番，71-73頁），Randgold Resources社（巻末付録1の128番，207-210頁）などがある（頁数は当該会社の年次報告書のもの）。いずれもFTSE 100構成銘柄の発行会社である。

5　むすび

　本章では，FTSE 100，CAC 40，DAX 30およびAEX-Indexの構成銘柄発行会社187社の監査報告書の分析結果として，拡張された監査報告書の全般的な特徴と，監査報告書に記載されたKAMの特徴を報告した。

　本書の目的は，日本の監査報告書が拡張され，KAMの記載実務が始まるこ

の時期に，先行している欧州企業の事例（経験）からさまざまなことを学ぶこ
とにある。この目的を念頭に置き，できる限り客観的な姿勢と方法で分析に臨
んだつもりであるが，分析内容には，監査報告書のページ数やKAMの記載数
などの定量的な分析も含まれるものの，大部分は定性的な情報の分析であるた
め，やはり筆者の主観に基づく分析とならざるをえない。この点は本章の限界
である。

（付記）　本章は，日本学術振興会科学研究費補助金交付研究「EUにおける監査規制
　　　　が監査の質に与える影響に関する学際的研究」（研究代表者：林隆敏，課題番
　　　　号：16H03685）の研究成果の一部である。

（林　隆敏）

棚卸資産

1 概　　要

　本章においては，棚卸資産に関連するKAMについて取り上げる。分析対象会社187社のうち，主観的分類によれば，棚卸資産に関連するKAMは19個であった，3から6において，棚卸資産に関する4個のKAMおよび関連する注記を分析する。

2 監査上の留意点

　棚卸資産は，一般的に不正に利用されることが多く，監査上，重要な科目の1つである。棚卸資産の金額は単価×数量の合計で計算される。まず，単価については，棚卸資産の評価方法どおりに計算されているか，期末における正味売却価額が取得原価よりも下落している場合にその金額が反映されているか，営業循環過程から外れた滞留または処分見込などの棚卸資産の評価について，検討が必要である。数量については，期末の適正な数量で計算されているか，とくに過大計上がないかどうかについて検討が必要である。棚卸資産については，滞留や処分見込などの棚卸資産について見積りの要素があり，KAMとして記載される場合が多いと想定される。

第8章　棚卸資産　◆139

3　LVMH社の事例

3.1　会社の概要

　LVMH Moët Hennessy-Louis Vuitton社（巻末付録１の106番）は，本社をフランスに置く高級品の衣類とアクセサリーの製造・販売を行っている会社であり，ユーロネクスト・パリ証券取引所に上場している。会計の基準（連結）はEU-IFRSsである。分析対象年度である2017年12月期の同社の主要財務数値は，売上高42,636百万ユーロ，親会社株主に帰属する利益5,616百万ユーロ，総資産68,550百万ユーロ，純資産30,260百万ユーロである。監査は，フランスにおいて適用される職業的実施基準に基づいて実施されており，監査人はMazarsおよびErnst & Young Auditである。

3.2　KAMの記載事例

　同社の2017年12月期の連結財務諸表に対する監査報告書には４個のKAMが記載されている。このうち，棚卸資産および仕掛品の評価に関するKAM（年次報告書の73-74頁）を**資料８－１**に示す。

資料８－１　棚卸資産および仕掛品の評価

識別されたリスク

　当グループの製品，とくにファッション＆レザーグッズ事業およびウォッチ＆ジュエリー事業の成功は，とりわけ，消費者の期待に応える商品を提供するうえで，消費者の行動や嗜好における新たなトレンドおよび変化を見極める能力に依存する。

　当グループは，連結財務諸表注記の注1.16に記載のとおり，事業を展開する複数の市場における販売見通しに基づいて，または製品の陳腐化を理由として，棚卸資産の評価減に関する引当金の額を決定する。

　私たちは，前述の見通しおよびその結果生じる引当金が，当グループによる仮定，見積りまたはその他の判断に本質的に依存するため，これをKAMに該当すると考えた。

140◆　第Ⅱ部　事例分析編

　さらに，棚卸資産は多数の子会社に存在し，それらの棚卸資産に対する引当金の決定は，主として返品額の見積りおよび連結範囲外の顧客に販売されない限り連結財務諸表において消去される未実現利益のモニタリングに左右される。

私たちの対応

　監査手続の一環として，私たちは，評価減の見積額を裏付けるために，当グループが過去の業績および直近の予算に照らして見積った販売見通しを分析した。

　該当する場合，私たちは，当グループが特定の引当金を認識するために設けた仮定を評価した。

　また，私たちは，とくに複数の販売子会社との間で発生した未実現利益を評価し，適用された消去率が一貫していることを確認することにより，連結財務諸表で消去された未実現利益の首尾一貫性も評価した。

　本事例では，棚卸資産全体の評価をKAMとするのではなく，特定の棚卸資産，具体的には「ファッション＆レザーグッズ事業およびウォッチ＆ジュエリー事業」の棚卸資産評価に焦点を合わせている。その点を踏まえ，監査人の対応として，一般的な監査手続の記載の羅列ではなく特定の監査手続に絞って記載されている。

3.3　関連する開示

　資料8－1のKAMで参照されている連結財務諸表注記の注1.16（年次報告書の12頁）を**資料8－2**に示す。

資料8－2　棚卸資産および仕掛品

注1.16　棚卸資産および仕掛品

　当グループが生産するワイン以外の棚卸資産は，原価（利息費用を除く）と正味実現可能価額のいずれか低い方で計上される。原価は，製造原価（完成品）または購入代価に付随費用を加算した金額（原材料，商品）で構成される。

　当グループが生産するワイン（シャンパンを含む）は，適切な収穫品の市場価額に基づき測定される。この収穫品の市場価額は，収穫した葡萄を第三者から購入する場合と同じように，同等の葡萄の平均購入価格を参照することで決定

される。収穫日までは，葡萄の価額は，見積収穫量と見積市場価額に基づき，収穫日までの期間を勘案して（pro rata temporis）計算される。

棚卸資産は，事業の種類に応じて，加重平均法または先入先出法により評価される。

シャンパンおよび蒸留酒（コニャック，ウイスキー）の製造において必要な熟成期間のために，これらの棚卸資産の保有期間は通常1年を超える。しかし，これらの棚卸資産は業界慣行に従って流動資産に分類される。

棚卸資産の評価減に関する引当金は，主にワインおよび蒸留酒以外の事業において認識される。棚卸資産の評価減に関する引当金は，通常，製品の陳腐化（シーズンまたはコレクションの終了，賞味期限の到来等）または販売見込みがないことを理由に必要とされる。

この会計方針からもわかるように，棚卸資産の評価引当金はワインと蒸留酒以外の事業において認識されており，KAMも特定の事業のみに焦点を合わせている。日本の会計基準においてはセグメントごとの棚卸資産の評価基準および評価方法の記載は求められておらず，また評価減の方法についても記載が求められていない。

3.4 特　　徴

LVMH社は高級品の衣類とアクセサリーの製造・販売だけでなく，アルコール製品の製造・販売も行っている。両者の棚卸資産の評価減のリスクは異なると判断しており，高級品の衣類とアクセサリーの製造・販売についてのみKAMとして取り扱っている点に特徴がある。

4 Taylor Wimpey社の事例

4.1 会社の概要

Taylor Wimpey社（巻末付録1の169番）はイギリスのバッキンガムシャーに本拠を置くハウスメーカーであり，ロンドン証券取引所に上場している。会計

142◆ 第Ⅱ部 事例分析編

の基準（連結）はIFRSsであり，分析対象年度である2017年12月期の同社の主要財務数値は，売上高3,965百万ポンド，親会社株主に帰属する利益555百万ポンド，総資産4,966百万ポンド，純資産3,137百万ポンドである。監査の基準は，ISAs（UK）および関連法令であり，監査人はDeloitte LLPである。

４.２　KAMの記載事例

同社の2017年12月期の連結財務諸表に対する監査報告書には３個のKAMが記載されている。このうち，棚卸資産の原価計算と利益の認識に関するKAM（年次報告書の99頁）を**資料８−３**に示す。

資料８−３　棚卸資産の原価計算と利益の認識

棚卸資産の原価計算と利益の認識

66頁（監査委員会報告書），111頁（重要な会計上の判断および見積りの不確実性の主な源泉），および122頁（財務諸表の開示）

KAMの説明

　2017年12月31日時点における棚卸資産の額は40億7,570万ポンド（2016年：39億8,400万ポンド）であり，そのため貸借対照表上でもっとも重大な資産である（105頁）。棚卸資産は，土地および仕掛品（「WIP」）で構成される。WIPはあるサイトの建設に要する費用からなり，法律上完成した際には販売費用に振り替えられる。

　各建設サイトに関する予想利益は当グループの費用配分枠組みによって決定され，この枠組みが各区画の開発に関する土地および建物の建設費用の配分方法としての役割を果たし，各区画で実現される予想利益が開発を通じて確実に等しくなるようにしている。この費用配分枠組みを基礎として，各区画が販売された際の費用が認識される。私たちは，各サイトの耐用年数を通じた適切な利益の認識をKAMとみなしている。

　以下の領域において，重大な判断および不正リスクが存在する。

—サイトに関する当初予算に含まれる販売価格および建設費用の見積り。これは，将来の販売価格，モーゲージの可用性，建設費用のインフレーションなどの外部要因に関する固有の判断のためである。

—各区画に関して予算配分される売上総利益率（％）が等しくなるようにするための，開発に関する共用インフラ費用などの費用の適切な配分。

第8章 棚卸資産 ◆143

―当初予算からの乖離が生じた場合の差額の計上，およびそうした差額が開発
　の残りの期間に適切に分散されるようにすること。

　これらの判断は貸借対照表上の棚卸資産の帳簿価額に影響し，したがって販
売した各区画について認識される利益に影響を与える。

私たちの監査範囲のKAMへの対応

　私たちは，当グループの複数のビジネスユニットを往査した（101ページに記
載のとおり）。これらの往査の一環として，私たちは以下に関して，内部統制の
整備状況を評価し，運用上の実効性をテストした。

―サイト予算の作成，承認および監視

―経営陣が実際の費用を詳細なサイト予算に照らしてレビューする，定期的な
　レビュー会議

―費用をサイト全体にわたって，またはサイト開発の全フェーズにわたって配
　分するための付け替えの承認

　また，下記のように実証性テストも実施した。

　サイトのサンプルに関して，私たちは期中完成分を分析し，実現した利益を
元々のサイト予算が承認された際に決定された当初の利益と比較した。差額が
許容される閾値の範囲外となった場合，私たちは経営者に裏づけのための質問
を行い，当該差額の裏づけとなる証拠を取得した。

　追加サンプルとしてテストを実施したサイトに関しては，各対象サイトに関
する超過額および節減額の差し引きの合計をレビューし，損益計算書上で予想
される影響（対象年における法律上の完成数に基づく）の再計算を通じて，超
過額および節減額が適切に配分され，認識されていると判断した。

　私たちは，経費に計上すべきであった項目がないか，棚卸資産の残高に対し
て行われた仕訳をIT技術を利用して分析した。さらに，棚卸資産残高へのWIP
の加算をテストし，これらを裏づけとなる送り状を通じて追跡することで，費
用が資産に適切に計上されているかどうかを判断した。

　私たちは，当年度に関して，地域ビジネスユニットレベルにおける販売され
た区画の1平方フィート当たりの費用を分析し，これを過年度の1平方フィー
ト当たりの費用と比較して，経営陣から裏づけを得る必要のある異常な動向が
ないか分析した。

　また，予算を見直す必要性を示す徴候が認められることがあるが，その場合は，
当初サイト予算についてサイトの再検討を実施した。これらのサイトの経過年

144◆　第Ⅱ部　事例分析編

数も考慮し，私たちは批判的な検討のため，経営者に対して予算額からの節減が実現しているか，または追加費用が必要な状況がないかを質問した。

主要な見解

　実施した手続に基づき，私たちは，当グループのコスト配分枠組みは，区画の完成にあたっての適切な利益の認識という所期の目的に対して合理的なものと見受けられると結論づけた。サイトの開発当初および開発中のいずれにおいても，費用配分に関する会計はこの枠組みに沿ったものとなっている。

　この事例は不動産関連のKAMである。不動産開発においても小売業と同様に総資産に占める棚卸資産の割合が高く，KAMに記載のとおり見積りの要素が高いため，KAMとして記載されるケースがあると考える。

　さらに，この事例のKAMでは，主要な見解として，監査人が実施した手続の結論の記載を行っているところに特徴がある。

4.3　関連する開示

　資料8－3のKAMで参照されている監査委員会報告書（年次報告書の66頁）を**資料8－4**に，重要な会計方針（同111頁）を**資料8－5**に，見積りの不確実性に関する注記（同111頁）を**資料8－6**に，棚卸資産に関する注記（同122頁）を**資料8－7**に，それぞれ示す。

資料8－4　監査委員会報告書（重要事項）（抜粋）

重要事項

　以下の項目は，本委員会がその職務を遂行するうえで，また，当グループの財務報告の検討にあたって，考慮した項目である。

棚卸資産の原価配分

　当グループ全体で使用されるコスト配分の枠組みにより各用地の予想収益が決定されるほか，各開発案件の棚卸資産の費用計上や配分の方法が決定される。また，この枠組みにより，当初の予想を超える費用が発生した場合には，各用地の進捗状況に応じて適切に認識される。

　本委員会は，年度末監査の一環としてDeloitte LLPが実施した，コスト配分を監視するための当グループ全体の統制の精査や実証性テストなどの作業をレ

ビューした。このレビューにより，本委員会は，コスト配分の枠組みが一貫して使用され，将来の販売価格，建設費用，共有インフラ費用の配分などの重要な判断領域が各サイトの見通しにおいて正確に示されている確証を得た。

資料8-5　注記（重要な会計方針）（抜粋）

棚卸資産

　企業結合の一環として取得された棚卸資産は当初，原価または取得日時点の公正価額で計上され，その後，当初の金額と正味実現可能価額のいずれか低い方で計上される。原価は，直接材料費のほか，該当する場合には，直接労務費や棚卸資産を現在の場所で現在の状態にするのに要した間接費で構成される。正味実現可能価額は，見積販売価格からすべての完成費用見積額およびマーケティング・販売・流通に関連して発生する費用を差し引いた金額である。土地は，所有に伴う重要なリスクおよび経済価値が当グループに移転した時点で，棚卸資産として認識される。

資料8-6　注記（重要な会計上の判断および見積りの不確実性の源泉）（抜粋）

２．重要な会計上の判断および見積りの不確実性の源泉
見積りの不確実性のその他の源泉
原価配分

　当グループが特定の期間における開発について認識することができる利益を決定するために，当グループは当事業年度および翌事業年度以降に建てられたユニット間で開発費用を配分しなければならない。また，開発から完了までのコストを見積もり，それらの開発およびユニットの将来の販売価格マージンに関連する見積りを行う必要がある。これらの評価を行う際には，ある程度の固有の不確実性がある。当グループは，帳簿価額および見積りの妥当性を評価および検討するための内部統制を開発した。

146◆　第Ⅱ部　事例分析編

| 資料8−7 | 注記（棚卸資産）（抜粋） |

15．棚卸資産

　当期中，IAS 11「建設契約」に関連して，212.2百万ポンドの契約費用（2016年：187.7百万ポンド）が売上原価において認識された。

　当社の事業を主にけん引する主要地域の市場では，引き続き活発な取引が行われている。しかしながら，進行中のイギリスのEU離脱交渉を踏まえ，顧客の意欲が変化する潜在的なリスクを注視している。

　まず，注目すべきは監査委員会報告書でも重要事項が言及されていることである。さらに，注記関連で棚卸資産の評価方法や見積要素の不確実性，イギリスのEU離脱に触れており，多岐にわたって棚卸資産評価に関するリスクが述べられている。

　日本においては，不動産関連においても棚卸資産の評価基準および評価方法が記載されているのみで，一部の会社では有価証券報告書の「事業等のリスク」において，棚卸資産の評価損のリスクがある，と記載がある程度である。

4.4　特　　徴

　KAMの参照先として，監査委員会報告書，重要な会計上の判断および見積りの不確実性の主な源泉，財務諸表の開示と３つの該当する部分の記載がある。日本でKAMが導入された場合，このような複数の参照先を記載することは，現状の棚卸資産に関する開示では想定しにくい。今後，KAMが導入されていく過程のなかで，棚卸資産の評価に関する開示実務の拡充の議論が活発になることを期待する。

5　その他の特徴的な事例

5.1　Kingfisher社の事例

　Kingfisher社（巻末付録１の98番）は，イギリスのロンドンに本社を置く小売業を営む会社であり，ロンドン証券取引所に上場している。会計の基準（連

第8章 棚卸資産 ◆147

結）はEU-IFRSsであり，分析対象年度である2018年1月期の同社の主要財務
数値は，売上高11,655百万ポンド，親会社株主に帰属する利益は485百万ポンド，
総資産は10,347百万ポンド，純資産は6,748百万ポンドである。監査は，ISAs
（UK）および関連法令に基づいて実施されており，監査人はDeloitte LLPであ
る。

　同社の2018年1月期の連結財務諸表に対する監査報告書には6個のKAMが
記載されている。このうち，棚卸資産の評価に関するKAM（年次報告書の100
頁）を**資料8－8**に示す。

資料8－8　棚卸資産の評価

KAMの説明

　2018年1月31日時点において，当グループが保有する棚卸資産の価額は，財
務諸表注記の注17に開示されているように2,701百万ポンド（2017年1月31日：
2,173百万ポンド）であった。

　棚卸資産の評価の査定には，最終的な販売価格の見積り，および，どの品目
が滞留または陳腐化する可能性があるのかの評価において，重大な判断が求め
られる。

　戦略報告書の22頁に詳述されているように，当グループは，同一製品の販売
を統一し，あらゆる場所で同じ方法で商品を提供することを目指すなかで，ラ
インナップの在庫保有高（SKUs）の継続的な合理化を行ってきた。このことが，
棚卸資産残高の増加につながった。

　これにより，陳腐化する可能性のある棚卸資産の数量および販売目的棚卸資
産の正味実現可能価額（NRV）の評価は，さらに複雑になる。さらに，過年
度には，当グループがその取扱商品の統一を図るなかで在庫一掃活動が実施さ
れており，これは最終的な販売価格，ひいては正味実現可能価額に影響を与え
る可能性があり，これによって最終的には計上される引当金の水準に影響が生
じることになる。

　棚卸資産に関する当グループの重要な会計方針は119頁に，棚卸資産について
見積りの不確実性が生じる原因については122頁に記載されている。

　棚卸資産の評価および在庫に関する引当方針に関する判断は，67頁で説明さ
れているように監査委員会によって検討された重要事項である。

148◆　第Ⅱ部　事例分析編

　適用される判断の水準および改ざんの可能性に鑑み，私たちは，このことを，当グループ全体にわたる在庫の合理化および在庫処分販売が実施されているという状況のもとで，当グループの方針の適切性の検討との関連において，不正リスクに該当すると考える。

私たちの監査範囲のKAMへの対応

　私たちの監査は，年度末の在庫の評価がIAS 2「棚卸資産」に準拠しているかどうかに焦点を合わせた。これには，陳腐化および正味実現可能価額に基づく引当金の計上に関する判断の批判的検討が含まれた。

　私たちは，以下により，棚卸資産に対する引当金の計算に適用された経営者の仮定の適切性に関して確証を得た。

—棚卸資産に対する引当金に関する主要な内部統制の整備状況の評価，および特定の事業会社における運用状況の有効性の評価

—取扱商品統一化に伴い現在までに実施された在庫処分販売費用のレビュー，および，それが年度末の引当金にどのような影響を与えたかの理解

—棚卸資産の増加と予定されている在庫処分販売をとくに考慮した，当グループの棚卸資産引当方針の評価

—監査範囲に含まれるすべての構成単位（配送センター16ヵ所と小売店67店舗を含む）において当年度に実施された棚卸しへの立会を通じた，棚卸資産の実在性および状態の検証

—棚卸資産の価額が取得原価と正味実現可能価額のいずれか低い額で評価されているかを確認するための，仕入先の請求書および現在の販売価格と比較することによる棚卸資産の帳簿価額の試査による検証，および，

—計上された引当金が当グループの方針およびIAS 2に準拠して算定されていることを検証するための再計算。この再計算は，当該引当金が自動的に計算されている構成単位については，IT専門家と共同で実施した。

主要な見解

　監査業務の結果は満足し得るものであり，私たちは，棚卸資産に対する引当金の水準が適切であるということに同意する。また，棚卸資産に対する引当てについての当グループの方針がIAS 2に準拠しているということにも同意する。

　このKAMでは，戦略報告書を参照し，会社の経営方針であるSKUsの合理化が棚卸資産の増加につながり，よって棚卸資産評価のリスクが高まっている

第8章　棚卸資産　◆149

ことを記載していることが特徴的である。会社の経営方針は，日本では有価証券報告書に記載されることはあまりなく，もっぱらIR資料等で開示されている。日本でも，財務諸表注記以外の開示情報を参照する事例は想定しうるであろう。

5.2　Kering社の事例

　Kering社（巻末付録1の97番）は，フランスのパリに本拠を置く高級品（グッチ等）やスポーツ用品（プーマ等）のデザイン，製造，販売を行っている会社であり，ユーロネクスト・パリ証券取引所に上場している。会計の基準（連結）はEU-IFRSsであり，分析対象年度である2017年12月期の同社の主要財務数値は，売上高15,478百万ユーロ，親会社株主に帰属する利益1,786百万ユーロ，総資産25,577百万ユーロ，純資産12,626百万ユーロである。監査は，フランスにおいて適用される職業的実施基準に基づいて実施されており，監査人はKPMG AuditおよびDeloitte & Associésである。

　同社の2017年12月期の連結財務諸表に対する監査報告書には4個のKAMが記載されている。このうち，棚卸資産の評価に関するKAM（年次報告書の330頁）を**資料8-9**に示す。

資料8-9　棚卸資産の評価

棚卸資産の評価
連結財務諸表注記の注2.9および注22
識別したリスク

　2017年12月31日時点において，連結財務諸表上に表示された棚卸資産の純額は2,699百万ユーロであり，連結総資産の11％を占める。連結財務諸表に対する注2.9に表示されているように，棚卸資産は取得価額または正味実現可能価額のいずれか低い額で評価される。

- 取得価額は，会社（グループ）の活動に応じて，売価還元法，先入先出法（FIFO）または加重平均法で決定される。
- 正味実現可能価額は，通常の販売価格から販売に要する費用を差し引いて見積られる。

当グループは，棚卸資産が破損した場合，販売価格が下落した場合，あるい

は完成に必要な原価または販売に要する費用に関する見積りが増加した場合，予想売上高に基づいて棚卸資産評価額の低下を認識することがある。

ラグジュアリーおよびライフスタイル部門の業績は，コレクションの開催頻度および棚卸資産の回転期間，ならびに当グループ内の各ブランドの商品構成の成否に大きく依存する。

貸借対照表における棚卸資産の金額が大きいこと，および棚卸資産評価に関する引当金の評価の基礎となる特定の仮定に内在する判断の程度に鑑み，私たちは，棚卸資産の評価をKAMと考える。

私たちの対応

私たちの監査業務は，以下で構成される。

- 棚卸資産の評価に使用された手法の評価，および会計処理の首尾一貫性の確認
- 棚卸資産の評価において生じうる誤謬の防止または発見を目的として，経営者が設定した内部統制の有効性に関するサンプリングによるテスト
- 棚卸資産の予想売上高およびその結果としての引当金を算定するうえで経営者が採用したデータおよび仮定の評価
- 予算データおよび棚卸資産評価に関する引当金に影響を与える将来見通しの分析
- 特定の引当金を算定するうえで採用された仮定および適用方法の評価

このKAMを取り上げたのは，監査人の対応に関する記載がきわめて一般的な内容（監査手続の羅列）であり，当該監査に固有の情報とは言いがたいものであるためである。このような記載は避けるべきである。

6 日本の実務への示唆

日本の棚卸資産の開示基準では，会計方針として棚卸資産の評価基準および評価方法を記載するとともに，収益性の低下による簿価切下額を損益計算書に注記するか，または売上原価等の内訳科目として独立掲記することとなっているだけである。日本の開示実務では，棚卸資産の評価について具体的に記載する慣行は確立されていないため，今後，開示の充実が期待される。併せて特定

の事業の棚卸資産の評価についてKAMに記載することも考えられるため，棚卸資産の評価基準および評価方法ならびに棚卸資産の評価損に対する会社の考え方を事業やセグメントごとに記載することも必要と考える。

　また，KAMは監査役等と協議した事項のなかから記載することが求められているため，会計監査人の監査報告書にKAMを記載するだけでなく，イギリスのように監査役等の監査報告書においてもKAMについて言及することは有益かもしれない。

（谷間　薫）

152◆　第Ⅱ部　事例分析編

第9章

金融商品・投資

1　概　　要

　本章においては，金融商品・投資に関連するKAMについて取り上げる。分析対象会社187社の監査報告書に記載されたKAMのうち，主観的分類によれば，金融商品・投資に関連するKAMは75個であった。3および4において，金融商品・投資に関する2つのKAMおよび関連する注記を分析するとともに，5においては特徴的な2つのKAMを紹介する。

2　監査上の留意点

　金融商品・投資については，金融商品の認識および認識の中止，分類，測定，減損といったステップごとに検討すべき論点があるが，KAMとして取り上げられる可能性が高いのは，「測定」や「減損」を含む評価，すなわち会計上の見積りに関連する論点であると考えられる。会計上の見積りは，仮定の設定などに関して主観的な判断を伴うことから，固有リスクの程度は一般に高いとされる領域である。また，金融商品会計における特殊な会計処理である「ヘッジ会計」に関しては，そのヘッジ関係の適格性や有効性，文書化などの論点がある。さらに個別財務諸表における関係会社への投融資は，個別決算書上，金融商品の範疇であるが，連結の観点からは相殺され，のれんや他の無形固定資産

などにその姿を変える場合がある。いずれにしてもその評価の妥当性が論点となるが，連結範囲の妥当性や固定資産の減損会計との関係等，他の基準に関連した検討にも影響を及ぼしうる。そのため，本章の標題は通常であれば「金融商品」であるが，そうした「投資」の特別な性質にも着目し，「金融商品・投資」としている。

3　Valeo社の事例

3.1　会社の概要

　Valeo社（巻末付録１の178番）はフランスのパリに本拠を置く自動車部品メーカーであり，ユーロネクスト・パリ証券取引所に上場している。本節で分析する事例は，個別財務諸表に対する監査報告書に記載されているKAMである。同社の会計の基準（親会社）はフランス会計原則であり，分析対象年度である2017年12月期の同社の主要財務数値（親会社）は，総営業収益が77百万ユーロ，当期純利益318百万ユーロ，総資産10,440百万ユーロ，および純資産3,804百万ユーロである。監査は，フランスにおいて適用される職業的実施基準に基づいて実施されており，監査人はMazarsおよびErnst & Young et Autres（EYフランス傘下の法人）である。

3.2　KAMの記載事例

　同社の2017年12月期の連結財務諸表に対する監査報告書には３個のKAMが記載されており，個別財務諸表に対する監査報告書には１個のKAMが記載されている[1]。このうち，個別財務諸表に対する監査報告書に記載された子会社および関連会社への投資，ならびに関連債権の評価に関するKAM（年次報告書の406頁）を**資料９－１**に示す。

1　フランス金融市場庁への登録書類においては，親会社の財務諸表およびその監査報告書の添付が義務づけられている。

154◆ 第Ⅱ部　事例分析編

資料9－1　子会社および関連会社への投資ならびに関連債権の評価

識別されたリスク

　2017年12月31日時点で，子会社および関連会社への投資，ならびに関連債権の帳簿価額の純額は5,221百万ユーロであり，これは総資産の50%を占める。子会社および関連会社への投資は，当初は取得原価で認識される。報告期間末において，Valeo社は子会社および関連会社への投資を使用価値により測定する。使用価値が帳簿価額を下回ると，その差額に対応する減損が認識される。

　使用価値は，関連する投資にあわせて以下の複数の条件を用いて決定される：子会社の中期計画からの予測データ，株主持分および当グループの戦略的持分。

　子会社および関連会社に対する貸付融資は，主にValeo社の複数の持株会社，ならびにValeo社の子会社および孫会社への融資からなり，これらの貸付融資は要求に応じて返済されるものであるが，1年以内には返済されない見込みである。

　これらの投資および関連する債権は，財務諸表注記の注5で説明されている。

　投資および関連債権の帳簿価額の純額はとくに重要であり，その評価には経営者による重要な見積りおよび判断が求められるため，私たちは投資および関連する債権の評価，ならびにそれに対応する偶発債務引当金をKAMとみなした。

私たちの対応

　投資の使用価値のバリュエーションを評価するため，私たちは，入手可能な書類（主として使用価値のバリュエーションが適切なアプローチおよび正確なデータに基づいていることを証明するもので構成される）に基づき，以下の手続を行った。

- 過去のデータに基づくバリュエーションに関して，私たちは，減損テストに使用された純資産を各事業体の財務諸表に計上された純資産と照合した。(a)
- 私たちは，重要な減損リスクのある投資に関して，経営者による事業計画の分析を行った。(b)
- 私たちは，内部のバリュエーション専門家の専門知識を通じて，バリュエーションに関する主要な仮定（割引率，長期成長率および永久成長率）を分析し，これを主要な証券アナリストから提供された値と比較した。(c)
- 私たちは，事業体ごとに評価された使用価値が正確に計算されていることを検証した。(d)

第9章　金融商品・投資　◆155

- 私たちは，投資に関して実施した分析を検討しつつ，子会社および関連会社の貸付融資の回収可能性を評価した。(e)
- 私たちは，Valeo社が損失を負担しなければならない資本の欠損を子会社が抱えている場合に，当該リスクに対する引当金が計上されていることを検証した。(f)

(注)　(a)〜(f)は筆者が追記。

(1)　個別財務諸表特有のKAM事例

資料9－1のKAMは，連結上は相殺消去される投融資に対するものが大半であるため，連結財務諸表監査上はKAMではない。

一方で，Valeo社のグループ構造では，親会社であるValeo社とその事業子会社群の間に3つの主要な持株会社を置いている。たとえばそのうちの1つであるValeo Bayen社は，フランス以外の国の会社に対する持株会社となっており，日本の上場会社である市光工業㈱の55％の議決権を保有しているという関係にある（なお，厳密にはValeo Bayen社はValeo社の孫会社にあたる）。

こうした持株会社の性質のため，「識別されたリスク」にあるように「子会社および関連会社への投資および関連債権の帳簿価額の純額は5,221百万ユーロであり，これは総資産の50%を占める」ことから，その金額的重要性はきわめて高く，また，「評価には経営者による重要な見積りおよび判断が求められる」ため，個別財務諸表監査上は，当該評価がKAMとして選定されている。

(2)　監査人の対応

「監査人の対応（私たちの対応）」においては，6つの手続が具体的に示されている。(a)は，過去データの正確性の検証である。一方，(b)は，将来データである事業計画の検討であり，監査人がもっとも注力する手続であると考える。(c)では，一般的な企業価値評価で使用される主要な仮定である割引率，長期成長率および永久成長率の検証に，専門家の業務を利用している。(d)において，以上が正確に計算されていることを確認している。(e)は，この結果を考慮した債権の評価の検討，(f)は，資本が欠損している場合の引当金の計上の有無の確認である。以上のように，関係会社の投融資に関する監査手続を網羅する形で記載がなされている。

156◆ 第Ⅱ部　事例分析編

　なお，多くの事例では，「監査人の対応」において内部統制の検討に言及している。本事例では明示されていないが，会社のバリュエーション（評価の過程および結果）に関する内部統制の検討は通常行われているはずであるので，日本で同様のKAMを記載する場合，これについて触れることも考えられる。

(3)　個別と連結でそれぞれ記載されるKAMの関係

　多額のM&Aが行われると，連結ベースでののれんが生じ，そののれんの評価と，個別財務諸表の株式評価の双方を検討する必要が生じてくる。現にValeo社においては，連結上，のれんの評価がKAMとして記載されている。この点について，日本基準では，連結財務諸表に計上されるのれんは償却され残高が減少する一方で，個別財務諸表においては投資額が取得時の価額で据え置かれている場合があり，連結と個別における重要性の違いが生じ，個別のみにKAMが記載されるということも考えられる。

3.3　関連する開示

　資料9－1に記載されているとおり，このKAMの参照先は財務諸表注記の注5であり，子会社および関連会社への投資の測定にあたって使用されたインプットにかかわる情報や残高の増減表が記載されている。注5および注5のなかで参照されている注2の内容（ともに抜粋）を資料9－2に示している。

　なお，連結財務諸表に対するKAMの1つである「のれんおよび資金生成単位の減損テスト」に対応する連結財務諸表注記（注6ほか）においても，詳細な情報が記載されている。

資料9－2　長期性財務資産および会計方針の注記（抜粋）

注5　長期性財務資産

　（前略）予測データに基づいた使用価値の計算は，さまざまな方法により算定される：

- 中期経営計画に基づいて作成された5年間の税引後キャッシュ・フロー予測は，税引後の加重平均資本コスト（WACC）で割り引かれる。5年間を超えるキャッシュ・フローは，非経常的項目が調整された中期計画の最終年度が長期的に安定した状況を示している場合は，長期成長率を標準とな

る予測キャッシュ・フローに適用することによって推定される。割引率および永久成長率の仮定は，当グループのCGUおよびのれんの減損テストに使用された仮定と同じ，つまり，2017年および2016年についてそれぞれ9％および1.5％である。

- 予測売上高倍率または営業利益倍率を使用できるとき，通常は子会社の中期経営計画の3年目に用いられる。2017年12月31日に終了した年度の減損テストに使用された倍率は，2016年12月31日に終了した年度のテストに使用された倍率と同じである。

注2　会計方針

　（前略）これらの事業計画は，子会社および関連会社への投資を測定するために使用された（これらの測定値が子会社の予測データに基づいている場合）。

　2018年から2022年までの中期経営計画は，次のような仮定に基づいている。

- （前略）この仮定は，事業計画が改訂された2017年4月において入手可能ないくつかの独立した外部予測と一致している。事業計画の対象期間の終わりの世界生産の内訳は，アジア・中東55％，ヨーロッパ・アフリカ24％，北アメリカ18％，南アメリカ3％である。
- 為替変動率の仮定は，銀行の予測に基づいている。事業計画で採用されている主な通貨の為替レートは，計画終了時において1ユーロ当たり，1.20米ドル，8.28中国人民元，132日本円，1,344韓国ウォン，および4.20ブラジルレアルである。
- グループ売上高は，事業計画が策定された時点で認識されている受注に基づき，また事業計画の対象期間にわたる受注の見積りを参考にして見積もられた。これらの目標受注数は，5年間の予測期間における当初の機器売上高累計の30％未満，および最終年度の当初の機器売上高の60％未満である。

3.4　特　　徴

　Valeo社のKAMは，関係会社への投融資の評価という個別財務諸表において特有の論点に対するものであり，かつ，連結財務諸表においては，のれん等の評価というKAMに形を変える性質のものであるという特徴がある。

158◆ 第Ⅱ部　事例分析編

4　ING Groep社の事例

4.1　会社の概要

　ING Groep社（巻末付録１の89番）は，本社をオランダのアムステルダムに置く総合金融機関であり，ユーロネクスト・アムステルダム証券取引所に上場している。会計の基準（連結）はEU-IFRSsおよびオランダ民法であり，分析対象年度である2017年12月期の同社の主要財務数値は，連結ベースで，金利収入43,958百万ユーロ，親会社株主に帰属する利益4,905万ユーロ，総資産846,216百万ユーロ，および純資産51,121百万ユーロである。監査の基準はオランダ監査基準であり，監査人はKPMG Accountants N.V.である。

4.2　KAMの記載事例

　同社の2017年12月期の連結財務諸表に対する監査報告書には４個のKAMが記載されている。このうち，IFRS 9「金融商品」（IASB［2004c］）の影響の見積りに関するKAM（年次報告書の312-313頁）を**資料９－３**に示す。

資料９－３　　IFRS 9の影響の見積り

説明

　ING Groep社は，2018年１月１日からIFRS 9「金融商品」を採用しており，注１に記載のとおり，IAS 8「会計方針，会計上の見積りの変更及び誤謬」に従って会計基準の変更による財務上の影響の見積りを記載している。この開示には，金融資産および負債の分類および測定，ならびに金融資産の減損に関するIFRS 9の影響に関して，経営者による判断および見積りが必要となる。

私たちの対応

　私たちの監査アプローチには，IFRS 9の採用により予想される影響を開示するための経営者のプロセスに関する内部統制の有効性と，IAS 8で求められる開示に関する実証手続の両方のテストが含まれた。

　私たちは，見積りに関する重要な経営者の判断および決定の適切性を検討した。内部統制に対する私たちの手続には，経営者による分類および測定のプロ

セスをめぐる統制のテストが含まれた。私たちは，予想信用損失の算出方法に関する内部統制に焦点を合わせ，経済専門家の関与など，複数のマクロ経済的シナリオの反映に関するING Groep社のプロセスをテストした。私たちは，IFRS 9による予想信用損失の影響（エクスポージャーの観点からはもっとも重要な算出モデルに集中していた）の見積りに使用されたモデルの適用および内部検証に関するプロセスを検討した。

私たちは，IAS 8の基準に照らして開示を評価した。実証手続の一環として，私たちは金融商品のサンプルを対象に独自にビジネスモデルおよび「元本および利息の支払いのみ」の要件（筆者注：いわゆるSPPI要件）をテストした。加えて，内部の財務リスク管理専門家の支援のもと，ING Groep社が予想信用損失の測定に関して使用した重要な算出モデル，仮定およびデータを評価した。さらに，ING Groep社が設計・実施した手法および枠組みを対象に，引当てモデルの結果およびステージの配分が合理的であり，将来的な経済状況に関するING Groep社の予想を反映しているかどうかを評価した。

私たちの見解

ING Groep社はIFRS 9の適用をほぼ完了している。最終化のプロセスにある主要手続は，プログラム活動の事業への移管，プロセスへのさらなる内部統制の組み込み，および残りのモデルの検証の完了である。全体として，私たちは，IAS 8に関する開示がING Groep社による新基準の適用状況および新基準の採用によって見積られる影響を正確に反映していると結論する。

(1) 未適用の会計基準をKAMとしている事例

2018年1月1日以降開始事業年度から適用となるIFRS 9を控え，ING Groep社は，IAS 8「会計方針，会計上の見積りの変更及び誤謬」（IASB［2005］）に基づき「未適用の会計基準」として，その旨および適用初年度に財務諸表に与える影響の理解に役立つ情報（適用による財務諸表への影響など）を記載しており，そのことについてKAMとして取り上げた事例である。

IFRS 9の適用は，金融機関にとって財務的影響を与えるたんなる会計処理の変更にとどまらず，リスク管理手法・組織の見直しや，データの質およびその入手可能性の検討，システムや内部統制の見直しなど，企業統治や内部統制にまで，重要な影響を与えるものである。そのため，同社においても注記にお

160◆ 第Ⅱ部　事例分析編

いて相当の分量（年次報告書4頁以上）を記載しているが，監査人が当該事項
をKAMとした直接的な理由は，「経営者による判断および見積りが必要」なた
めである。

(2)　監査人の対応および監査人の見解における記載

「監査人の対応（私たちの対応）」において，「内部統制の有効性」のテストと，
「実証手続」とあるように，通常の勘定科目・監査要点に対する手続を記載し
ている。そしてIFRS 9のなかでも，減損（予想信用損失モデル）の適用状況に
着目している。これは，旧基準であるIAS 39で規定されていた発生損失モデ
ルは，信用事象が発生して初めて信用損失を認識するモデルであったが，予想
損失モデルでは，信用事象の発生の有無にかかわらず，各報告期間末日におい
て将来回収することができないと予想される契約上のキャッシュ・フローを割
り引いて信用損失を計上するため，従来モデルに比べて早期に損失を認識する
ことになると考えられることによる。

また，予想信用損失は，過去情報だけに依拠することはできず，過大なコス
トや労力を掛けずに利用可能である場合は，企業は，「合理的で裏づけ可能な
将来予測的な情報」を利用することが求められている（IFRS 9, 5.5.4 and 5.5.11）。
そのため，監査人にとって専門家の関与は必須であり，「経済専門家の関与な
ど，複数のマクロ経済的シナリオの反映に関するING Groep社のプロセスをテ
スト」，「内部の財務リスク管理専門家の支援のもと，ING Groep社が予想信用
損失の測定に関して使用した重要な算出モデル，仮定およびデータを評価」と
あり，複数の分野の専門家が関与していることが窺える。

そして，オランダの実務において記載されることの多い監査人の見解（私た
ちの見解）においては，注記に記載のある次年度の会計基準適用に向けての同
社の対応状況を，「最終化のプロセスにある主要手続は，プログラム活動の事
業への移管，プロセスへのさらなる内部統制の組み込み，および残りのモデル
の検証の完了である」と，重ねて報告している。これにより，第三者の視点か
らみても対応が順調であると読み取ることも可能である。このような監査人の
見解の記載は，財務諸表の利用者に有用な情報提供になっているのではないか
と考えられる。

4.3　関連する開示

　このKAMに関連する注記は,「注1　会計方針　b）2018年以降のIFRSに予定されている変更」に記載されており,結果的には「2018年以降に適用されるIFRSの変更は,ING Groep社に重要な影響を及ぼさないと見込まれている」とされている。しかし,適用予定のIFRSごとに,その適用方法や影響が詳細に記載されている。

　資料9－4に,監査人の見解（私たちの見解）に対応する,IFRS 9の適用にあたってのING Groep社の取組みについての記載（年次報告書の113頁）を示す。

資料9－4　　関連注記の記載事例

> IFRS 9プログラムのガバナンスと現状
>
> 　IFRS 9プログラムは2015年に開始され,IFRS 9の3つの柱,すなわち分類と測定,減損,およびヘッジ会計に基づいて起ち上げられた。これらの中心となる一連の作業は,財務,リスク,銀行財務,業務,およびビジネスの専門家によって担われた。IFRS 9テクニカル委員会は,複数の専門家によって作成されたIFRS 9の解釈,中心となるガイダンスや指針を検討することによりIFRS 9運営委員会を支援する機関で,さまざまな財務およびリスク部門の長で構成されている。IFRS 9運営委員会は,重要な意思決定機関であり,財務,リスク,銀行財務および企業向け銀行融資サービス部門の上級管理職で構成されている。IFRS 9および重要な決定事項については,銀行業務取締役会および監査委員会に対して,定期的に最新の状況が報告された。
>
> 　2017年のプログラムは,以下の点に注力した。
>
> ─2018年1月1日時点で,システム,プロセスおよびIFRS 9への移行のための多数の統制の準備状況をテストするために3回の「並行テスト」を実施する。
>
> ─新しい予想信用損失モデルを開発,検証する。
>
> ─予想信用損失モデルにおける将来の見通しに関する経済的ガイダンスを作成し,使用するためのプロセスを開発,実施する。
>
> ─IFRS 9の基準のテクニカルな解釈を確定する。
>
> ─分類と測定を目的としたビジネスモデル評価と「元本および利息の支払いのみ」の要件テストを確定する。

162◆　第Ⅱ部　事例分析編

　―システムの変更を実施しテストする。
　―IFRS 9の影響を受ける方針，企業統治および統制の枠組みを更新し，これら
　　の変更の日常の事業および財務報告のサイクルへの組み入れを開始する。
　―IFRS 9への移行開示計画を準備する。
　　2017年にIFRS 9プログラムは，監督当局によるレビューおよびING Groep社
　の内部監査部門による監査の対象となった。
　　ING Groep社は，IFRS 9の導入をほぼ完了している。最終段階にある主な手
　続は，プログラム活動の移管，プロセスへの内部統制の組み込み，および残り
　のモデルの検証である。

4.4　特　　徴

　ING Groep社のKAMは，IFRS 9「金融商品」の適用時の影響を，未適用段
階でKAMとしている点で特徴的である。また，同社の注記も，新会計基準適
用にあたってのプログラムの全容の記載が充実しており，金融機関という特殊
性はあるものの参考となる開示事例であると考える。

5　その他の特徴的な事例

5.1　Volkswagen社の事例

　Volkswagen社（巻末付録1の183番）は，ドイツのヴォルフスブルクに本拠
を置く自動車メーカーであり，フランクフルト証券取引所に上場している。会
計の基準（連結）はEU-IFRSsおよびドイツ商法典であり，分析対象年度で
ある2017年12月期の同社の主要財務数値は，連結ベースで，売上高230,682
百万ユーロ，親会社株主に帰属する利益11,354百万ユーロ，総資産422,193
百万ユーロ，および純資産109,077百万ユーロである。監査の基準は，ドイ
ツ商法典第317条およびEU監査規則ならびにドイツ経済監査士協会が設定し
たドイツにおいて一般に認められた財務諸表監査の基準であり，監査人は
PricewaterhouseCoopersである。

第９章　金融商品・投資　◆163

　同社の2017年12月期の連結財務諸表に対する監査報告書には５個のKAMが記載されている。このうち，金融商品の特殊領域である「ヘッジ会計」に関するKAM（年次報告書の321頁）を**資料９－５**に示す。なお，監査報告書のKAMの区分では，個々のKAMについて，①事項および問題点，②監査アプローチおよび発見事項，③詳細情報への参照が記載されている。

資料９－５　　金融商品－ヘッジ会計

5　金融商品－ヘッジ会計

① 　Volkswagen社グループの各企業は，とくに通常の事業活動で生じる為替および利子に関するリスクをヘッジするため，さまざまなデリバティブ金融商品を利用している。経営者のヘッジ方針は，対応する社内ガイドラインに文書化されており，それらの取引の基礎となっている。為替リスクは，主に外国通貨建てでの販売・調達取引および資金調達によって生じる。このリスクを限定する手段には，為替先物契約，通貨オプション，通貨金利スワップなどが含まれる。各企業は，経済合理的な割合の変動金利および固定金利エクスポージャーを達成する目的で，金利リスクヘッジを行う。金利リスクは，金利スワップおよび通貨金利スワップを行うことにより最小化される。

　　デリバティブは，貸借対照表日における公正価値で測定される。ヘッジ目的で利用されたすべてのデリバティブの正の公正価値は，貸借対照表日において69億ユーロであり，負の公正価値は22億ユーロであった。Volkswagen社グループが利用する金融商品が，IAS 39の要件に従って，将来キャッシュ・フローに対する有効なヘッジである限りにおいて，公正価値の変動における有効な部分は，ヘッジされたキャッシュ・フローの満期まで，ヘッジ関係の継続期間にわたって，その他の包括利益において認識される（キャッシュ・フロー・ヘッジ）。貸借対照表日において，法人所得税を考慮した累計35億ユーロが，公正価値の変動の有効な部分として株主資本に認識された。IAS 39の要件に従って，デリバティブ金融商品が貸借対照表科目の帳簿価額の変動に対するヘッジとして利用される限り，ヘッジ対象となった科目およびヘッジ手段である金融商品の公正価値の変動は，いずれも対応する損益計算書の科目に純額ベースで認識される（公正価値ヘッジ）。

　　私たちの見解では，これらの事項は，高度な複雑性および取引数の多さに

164◆　第Ⅱ部　事例分析編

加え，IAS 39の会計および開示に関する広範な要件により，私たちの監査において とくに重要であった。

② 　(a)私たちの監査の一環として，企業財務ソリューションの内部専門家の支援のもと，私たちはとくに，契約および財務に関するパラメーターを評価し，さまざまなヘッジ関係に関する，株主資本および損益への影響などの会計上の取扱いを評価した。(b)また，内部の専門家と共同で，ヘッジ方針の遵守を監視する内部での活動など，デリバティブ金融商品に関する会社の内部統制システムを評価した。(c)さらに，財務諸表の公正価値の測定を監査する目的で，市場データを基に採用された計算方法も評価した。(d)内部統制システムの評価に加えて，私たちはヘッジ手段である金融商品に関する残高証明書を入手し，網羅性を評価した。(e)予想キャッシュ・フローおよびヘッジの有効性の評価に関して，私たちは，過去のヘッジ水準に関して必要不可欠な遡及評価を実施した。(f)その際，私たちは経営者が作成した見積りおよび仮定が実証されており，十分に文書化されていることについて十分な確証を得ることができた。

③ 　ヘッジ会計に関する会社の開示は，連結財務諸表に対する注記の「会計方針」，「その他の非流動金融資産および流動金融資産」，「その他の非流動金融負債および流動金融負債」，「IFRS 9（金融商品）に準拠した追加の貸借対照表開示」と題する各セクションに記載されている。

(注1) 　(a)～(f)は筆者が追記。
(注2) 　上記のヘッジ会計はIAS 39によるものであり，2018年1月1日以降開始事業年度からはIFRS 9が適用されている。Volkswagen社は，未適用の会計基準として当該影響などを開示している。

　ヘッジ会計は，IFRSsにおいて明確な定義はされていないが，一般的には公正価値やキャッシュ・フローの変動リスクにさらされている企業が，そのリスクの回避を目的として金融商品等を用いたヘッジ取引を行うことにより，ヘッジ関係にある項目の利得と損失の影響を，同一のタイミングで認識することでヘッジ取引の効果を会計上も反映させる取引とされる。ヘッジ会計を適用するかどうかは会社が決定することであり，経済的観点からヘッジ取引を行っていたとしても必ずヘッジ会計を適用しなければならないわけではない。したがって，IFRSsの原則的処理に対する例外規定であり，企業の恣意性を排除するためにヘッジ会計適用の要件が厳格に規定されている。

第9章　金融商品・投資　◆165

　グローバルに活動するVolkswagen社の場合，「ヘッジ目的で利用されたすべてのデリバティブの正の公正価値は，貸借対照表日において69億ユーロであり，負の公正価値は22億ユーロ」，「貸借対照表日において，公正価値の変動の有効な部分として，法人所得税を考慮した累計35億ユーロが株主資本に認識」と，適用対象は巨額であり，「高度な複雑性および取引数の多さ」，「IAS 39の会計および開示に関する広範な要件」から，ヘッジ会計の適用の適切性はKAMになると考える。

　監査人の対応としては，ヘッジ会計における要件である，

　① 　ヘッジ手段およびヘッジ対象が，基準の要請に照らして適格であること
　② 　ヘッジ関係が，基準の要請するヘッジの有効性を満たすものであること
　③ 　ヘッジ開始時点においてヘッジ関係ならびにヘッジの実行に関する企業のリスク管理目的およびリスク管理戦略の正式な指定と文書化を行っていること

に従って，(a)ヘッジ関係の会計上の取扱い確認，(b)専門家の業務の利用による関連する内部統制の評価，(c)測定結果の計算過程確認，(d)残高確認，(e)ヘッジの有効性の過去実績に基づく評価，(f)経営者による文書化の状況の確認といった，一般的に求められる監査手続を記載している。このように，ヘッジ取引自体は会社の主観で主張することができるが，「ヘッジ会計」の適用にあたってはその要件を満たす必要があり，その検証は監査人にとっても幾重にも手続が必要となる。KAM適用前には，これほどまでの監査手続を実施していることを外部からは窺い知れなかった特殊論点である「ヘッジ会計」について，同社の個別の状況に即した監査手続に関する記載をさらに行うことも考えられるものの，実施した手続全体を示している事例である。

5.2　Renault社の事例

　Renault社（巻末付録1の132番）は，本社をフランスのパリに置く自動車メーカーであり，ユーロネクスト・パリ証券取引所に上場している。会計の基準（連結）は，EU-IFRSsおよびフランス会社法であり，分析対象年度である2017年12月期の同社の主要財務数値は，連結ベースで，売上高58,770百万ユーロ，親会社株主に帰属する利益5,114百万ユーロ，総資産109,943百万ユーロ，および純資産33,442百万ユーロである。監査はフランスにおいて適用される職業的

実施基準に基づいており，監査人はKPMG AuditとErnst & Young Auditである。

　同社の2017年12月期の連結財務諸表に対する監査報告書には５個のKAMが記載されている。このうち，日産自動車㈱（以下，日産という）に対するRenault社による持分投資の連結方法および回収可能価額に関するKAM（年次報告書の315頁）を**資料９−６**に示す。

資料９−６　　日産に対するRenault社による持分投資の連結方法および回収可能価額

識別されたリスク

　2017年12月31日時点で，Renault社の日産に対する株式投資は191億3,500万ユーロであり，日産は対象期間におけるRenault社の純利益に27億9,100万ユーロ寄与している。

　連結財務諸表注記の注12に示されているとおり，Renault社は日産に重要な影響力を有しており，持分法を用いてその投資を会計処理している。Renault社の財務諸表の作成に使用された日産関連の残高は，日本の会計基準に従って公表された日産の連結残高を，Renault社のIFRSsでの連結目的に調整したものである。

　私たちは，Renault社の連結財務諸表への影響の大きさ，および以下の留意すべき諸論点に鑑み，連結方法および日産への株式投資の回収可能価額をKAMであると考えた。

　⑴アライアンスの企業統治体制，ならびに日産に対するRenault社の重要な影響力の基礎となる事実および状況を評価するうえでの経営者の判断，⑵日産の業績および株主資本におけるRenault社の持分を会計処理するうえで必要となる日産の財務諸表の調整，そしてそれらの正確性，⑶Renault社の日産に対する投資の回収可能価額を決定するうえで経営者が使用した見積り。

私たちの対応

　識別されたリスクに対する私たちの監査対応は，主に以下のとおりである。

- 取締役会の議事録，関連当事者間の契約およびコミットメントの記録簿の閲覧，そして，日産の企業統治体制に変更がないこと，およびRenault社が日産に対して行使する重要な影響力の分析を修正する可能性のある，Renault社と日産との関係を構築する新たな契約が締結されていないことについての経営者に対する確認⒜

- 日産の独立監査人が，私たちによる指示（実施すべき手続，および私たちの監査の目的において求められる結論の様式の詳細）に従って実施した，監査業務および結論の理解(b)
- 日産の財務諸表をRenault社の会計方針に合致させるために必要な連結調整に対して，日産の独立監査人が実施した監査業務の理解(c)
- 識別された減損の徴候があるかどうかの評価（主な指標は，日産が事業を行う市場における重要な悪影響を及ぼす変化，または株式市場における日産の市場価値の重要かつ長期的な下落）(d)
- 日産の中期計画，日産の過去の業績，および自動車セクターの全体的な見通しを参考として，日産への投資に関する回収可能価額を確認するために行われた減損テストにおいて，Renault社が使用した主要な仮定の関連性の評価(e)
- 連結財務諸表の注記において開示される情報の適切性の評価(f)

(注)　(a)～(f)は筆者が追記。

　Renault社の日産に対する投資については，注12（年次報告書の255-258頁）において，日産の連結方法，Renault社の連結において持分法として含まれている日産の連結財務諸表，Renault社の財政状態計算書に示されている日産への投資の変動など，10項目にわたって詳細に記述されている。
　「識別されたリスク」に記載のとおり，本KAMにおける検討論点は以下に分類される。

(1)　持分法適用の前提となる「重要な影響力」の程度
(2)　日本基準で作成されている日産の連結財務諸表の持分法適用のための調整
(3)　日産に対する持分法投資の評価の妥当性

　(1)(2)は連結（持分法）の論点，(3)は投資の評価の論点であり，複合的な論点を有するKAMとなっている。それぞれの論点に対する監査人の対応として，(1)については，(a)のとおりRenault社と日産の提携契約が重要な証拠となるため，その確認が行われている。(2)については，(b)(c)のように日産の監査人の業務の評価を行っている。これは，日産が3月決算であるのに対してRenault社は12月決算であるために必要となる会計期間の調整と，日本基準の財務諸表を

168◆ 第Ⅱ部 事例分析編

IFRSsに組み替える手続が必要となり，それぞれへの監査手続が日産の監査人に求められているためと考える。(3)については，(d)(e)のとおり，日産の事業環境や株価に基づく減損の兆候の有無や，日産の中期計画等を使用した減損テストの仮定の検討を行っている。そして(f)において開示の適切性の検討を行っている。

　かりに日産に対して，「重要な影響力」ではなく「支配」があるとすれば，Renault社の連結財務諸表は全く姿を変えることになる。また，異なる会計基準からIFRSsへの調整等は慎重な検討が必要であり，さらには，事業環境の悪化や株価の下落により，多額の減損処理が必要となる可能性が存在する。したがって，このKAMにはきわめて重要な監査上の論点が複数含まれている。本事例では，特定されたリスクを(1)～(3)に分類して示すことで，それ以降の監査人の対応（私たちの対応）についての読者の理解がスムーズに行われる記載になっていると考える。

6 日本の実務への示唆

　Valeo社の事例における「関係会社への投融資の評価」という論点は，日本における監査人と監査役等とのコミュニケーションにおいて，これまでもよく討議されてきた論点の1つである。とくに，形態として持株会社となっている場合だけでなく，近年の日本企業のグローバル展開における海外投資・M＆Aなどの増加により，多額の投融資資産を保有している場合においては，関係会社への投融資は常に重要な監査上の論点となりうる。

　また，本事例は，関係会社への投融資の評価という個別財務諸表特有のKAMであるが，連結財務諸表においては，のれん等の評価に関するKAMとして記載されることも多いのではないかと考える。しかし，のれんの償却が行われる日本基準のもとでは，連結と個別でその重要性に差が生じ，個別においてのみKAMとして記載される可能性もある。

　ING Groep社の事例は，未適用の会計基準に関する事項がKAMとされている事例であり，いくつかの金融機関において同様のKAMが確認されている。当該基準だけでなく，業種によっては，新基準の適用によりシステムの変更

や内部統制の見直しに加え，そのビジネスモデルにも影響を与えることがありうる。そのため，未適用段階の基準であっても，その広範な影響を考慮し，KAMとすべき内容かどうか検討する必要がある。

　さらにING Groep社の事例では，注記に記載されている新基準適用に向けた会社の進捗状況が，KAMの監査人の見解（私たちの見解）において重ねて記載されている。対応の結果だけでなく，進行中の動的状況を実際に確認できる監査人の立場からのこうした記載は，財務諸表利用者にとって有益な記載であると思われる。ただし，日本の監査実務においては，このように会社の取組みに一定の評価を与えているかのような記載を行うことには慎重になるのではないかと思われる。一方で，こうした見方，たとえば新基準対応に遅れはないかなどは，日本においても監査人として当然に留意すべき点であり，対応に遅れが生じている場合は，現状でも会社に対し何らかの指摘をすると思われる。そして，その遅れ自体がKAMとなるかもしれない。そうした意味でも，KAMの着眼点の1つとして参考となる事例であると考える。

　Volkswagen社の事例は，「ヘッジ会計」といった特殊な会計処理に関する監査手続は複雑であり，監査人の慎重な検討が必要であることを財務諸表利用者に示している事例となっている。

　そして，Renault社の事例は，投資の評価だけでなく，連結範囲や持分法といった複数の論点にまたがっており，実質的に複数のKAMを1つにまとめて記載しているともいえる。KAMの読者の正確な理解を求めるためには，本事例のように，論点を整理し，説明を明瞭に行う工夫が必要と考える。

（安井　康二）

資産の減損

1 概　要

　本章においては，資産の減損（のれんを含む無形資産および有形固定資産）に関連するKAMについて取り上げる。分析対象会社187社の監査報告書に記載されたKAMのうち，主観的な分析によれば，資産の減損に関するKAMの個数は128個であった。これらのうちの大多数は，のれんおよび耐用年数が確定できない無形資産の減損を対象とするKAMであり，主に年次の減損テストに関するものである。2ではこの領域に関する監査上の留意点を，3および4では示唆に富むと考えられるKAMの記載事例を分析し，5においては比較的一般的で参考になりやすいKAMを紹介し，これらを踏まえたうえで6において日本の実務への示唆について述べる。

2 監査上の留意点

　IFRSsでは，有形固定資産の減損については，兆候がある場合にのみ減損テストが実施されるが，のれんや耐用年数を確定できない無形資産については，IAS 36「資産の減損」（IASB［2013］）の要求事項（para. 10）に基づいて，兆候の有無にかかわらず，年次で必ず減損テストを実施することが求められている。また，のれんや耐用年数の確定できない無形資産については，償却が行わ

第10章　資産の減損　◆171

れないため残高が多額になることが多く，KAMとして選定されるケースの多い項目であるといえる。

　減損テストにあたっては，対象となる資産の売却価値もしくは使用価値の高い方をもとに減損の判定が実施される。使用価値は一般的に，当該資産（もしくは資金生成単位等）を使用することで得られる将来キャッシュ・フローを現在価値に割り引いて算定する。したがって，監査手続上は，当該資産等に関する将来キャッシュ・フローや割引率に関する見積りの合理性の評価が重要となる。とくにこれらの項目は，将来の市場成長率や市場占有率といった仮定が多く利用されることから，その客観性・合理性を検証することは容易ではなく，一般的に見積りの難易度は高いとされる。そのため，見積りの合理性の評価にあたっては，バリュエーションの専門家等を関与させることが多く，その旨がKAMにも記載されている例が多くみられる点は，この項目の特徴といえるであろう。

　なお，日本基準の場合であっても，減損の兆候の判定や測定にあたっては将来キャッシュ・フローが利用されるため，見積りの合理性の評価が重要である点に変わりはない。

3　Rolls-Royce Holdings社の事例

3.1　会社の概要

　航空・宇宙および防衛関連製品の開発製造会社であるRolls-Royce Holdings社（巻末付録1の136番）の本店所在地はイギリスのロンドンであり，ロンドン証券取引所に上場している。会計の基準（連結）はEU-IFRSsであり，分析対象年度の2017年12月期の同社の主要財務数値（連結）は，売上高16,307百万ユーロ，親会社株主に帰属する利益4,207百万ユーロ，総資産30,002百万ユーロ，および純資産6,170百万ユーロである。監査の基準はISAs（UK）であり，監査人はKPMG LLPである。

172◆　第Ⅱ部　事例分析編

3.2　KAMの記載事例

　同社の2017年12月期の連結財務諸表に対する監査報告書には10個のKAMが記載されている。**資料10－1**は，民間航空宇宙事業における無形資産（認証費用および加盟金，開発費および契約アフターマーケット権）の回収可能性に関するKAM（年次報告書の186-187頁）を示している。

資料10－1　民間航空宇宙事業における無形資産（認証費用および加盟金，開発費および契約アフターマーケット権）の回収可能性

民間航空宇宙事業における無形資産（認証費用および加盟金，開発費および契約アフターマーケット権）の回収可能性

　124頁（見積りの不確実性の主要な原因―予測および割引率），128頁および129頁（重要な会計方針―認証費用および加盟金，研究開発，契約上のアフターマーケット権および非流動資産の減損），142頁および143頁（財務諸表注記における注9―無形資産），ならびに99頁および100頁（監査委員会報告書―財務報告書）を参照。

リスク（将来予測に基づく評価）―これらの資産の回収は，将来における十分に収益性の高い事業の実現と，多くの場合，長期間にわたって契約上支払うべき額を顧客が支払う能力の組み合わせによって決まる。

　特定のエンジン開発計画に関連する資産は，市場における当該エンジンの位置づけが確立される計画の初期数年間において，減損リスクがより高い傾向がある。さらに，ローンチカスタマーとの取引における価格設定により，これらのエンジンに関する資産は減損リスクに晒される可能性が高まる。

　当期において，トレント900エンジン開発計画（無形資産が減損の影響をもっとも受けやすい開発計画）について，<u>稼働中のエンジンに関する諸問題への対応と，より耐用年数の長いタービンブレードの開発（および関連する改良）に係る見積コストが相当に増加したため，減損リスクの重大性が高まった。</u>

私たちの対応―私たちの手続は，トレント900エンジン開発計画の無形資産に焦点を合わせたもので，以下が含まれている。

　―*統制*：私たちは，減損テストのために使用された仮定が定期的に更新され，当該変更が適切な担当者によりモニタリング，精査および承認され，減損テストに使用された最終的な仮定が適切に承認されたことを保証するために会

第10章　資産の減損　◆173

社によって整備され運用された統制を，テストした。

―過去との比較および業界に関する私たちの知識：私たちは，減損テストの主
要な仮定（市場規模，市場シェア，価格設定，エンジンおよびアフターマー
ケット単位原価，プログラムに関する個々の仮定，価格および費用の増加，
割引率および為替相場など）の適切性を批判的に検討した。私たちによる批
判的検討は，過年度における当グループによる見積りの正確性の評価，主要
エンジン開発計画の商業的な見通しに関する私たちの理解，仮定に関する過
去の期間からの変更の識別および分析，開発計画および顧客全体にわたる仮
定の一貫性の評価，ならびに仮定と公開データとの比較（公開データが利用
可能な場合）に基づいている。この評価は，会社が雇用した航空機バリュエー
ション専門家との協議で得られた情報も踏まえたものである。私たちは，こ
のバリュエーション専門家が客観的であり，適切な資格を有しているかどう
かを評価した。

　　また，稼働中のトレント900エンジンに関する諸問題に対応するための見積
コストの大幅な増加が，当該開発計画に対する2016年の減損テストに関する
経営者の見積りが楽観的であったことを示しているのかどうか，およびそれ
が本年に行われた見積りの評価に影響を与えることになるのかどうかについ
て評価した。

　　私たちは，トレント900エンジン開発計画の稼働中のエンジンに関する問題
の内容および要因を検討し，それらの問題への対処費用の評価，提案した工
学的なソリューションがエンジンの性能を向上させる程度に関する評価，お
よびこの評価が影響を受けるフリートに関する将来の見積キャッシュ・フ
ローに反映されている程度について批判的に検討を加えるため，経営者に対
して質問を行った。これらの評価は，経営者の工学的専門知識に依存するため，
私たちは，提案された工学的なソリューションがエンジンの性能を少なくと
も会計上の見積りに記載された水準にまで向上させる見込みであるというこ
とについて，取締役会に具体的な説明を求め，取締役会からそうした説明を
受けた。

―詳細テスト：稼働中のエンジンに関して，私たちは，減損モデルの仮定を，
上記の手続により，契約会計モデルにおいて適切であることを検証済みの仮
定と比較した。私たちは，事業計画の仮定を過去の期間に採用された仮定と
比較するとともに，すべての変更について説明を入手し，それらの説明を商

業上および事業上の適切なデータの参照により裏づけた。

—感応度分析：私たちは，(1)現在稼働中のエンジンに関するアフターマーケット収益の予測期間における増加または減少，(2)将来的なエンジンの予測売上高の減少，および(3)上記で言及した稼働中の技術的問題に対するソリューションの提供に関する見積コストもしくは遅延の増大または減少（関連する保証のもとでの重要顧客への支払いの増加を含む）など，収益および費用の見積りに関して考えられる異なる仮定が及ぼす影響を評価するため，感応度分析を実施した。

—従業員への聞き取り：私たちは，さまざまな財務および業務担当者に対して聞き取りを行い，分析を行う上で考慮すべき要素を特定した。すべてのケースにおいて，私たちは，仮定の変更をはじめとする経営者の説明の裏づけをとり，それらを独自の分析との比較で評価した。私たちは，経営者が私たちに提供した説明に偏向を示す内容があるかどうかを評価した。

—透明性の評価：私たちは，財務諸表注記における注9の開示事項が，見積りに固有の主観性の程度，およびそれらの見積りに対する修正が将来の期間にもたらす可能性のある影響を説明しているかどうかについて，検討した。

発見事項—私たちが実施したテストでは，計画していた詳細テストの内容または範囲を拡大する必要が生じるような内部統制の整備および運用に関する不備は識別されなかった。私たちは，計算上の誤謬を発見しなかった（2016年の監査結果：なし）。

　私たちは，トレント900エンジン開発計画に係る資産に関して，(1)2016年の減損テストにおける見積コストが，2016年後半における問題の発生および当時利用可能であったデータに基づいて結果的に適切であったこと，(2)2017年の減損テストのために作成された見積りに経営者の偏向があるという証拠はないこと，および(3)全体として，トレント900エンジン開発計画に関する仮定およびその結果なされた見積りがやや楽観的であり，他の許容可能な見積りが減損損失の認識につながった可能性があること（2016年監査結果：バランスが取れている）を検出した。私たちは，開発計画の無形資産の帳簿価額に関する開示事項について，これらの資産の大部分の認識がIFRS 15「顧客との契約から生じる収益」の採用にあたって中止されていることを踏まえて相応であると判断した（2016年監査結果：相応である）。

（注）　下線は筆者による。

第10章　資産の減損　◆175

　このKAMは，Rolls-Royce Holdings社が貸借対照表に計上しているエンジン開発計画に係る無形資産について，減損は不要と判断した結果を評価・検討したものである。当該項目については将来キャッシュ・フローの見積りが重要になるが，見積りに関する注記開示の深度は事例によってばらつきがある。同社のKAMはいずれもボリュームが多く，詳細な書き込みがなされているのが特徴であるが，このKAMも一般的な事例に比べ，監査人の対応の記載における実施した手続の個別具体的な記載が多く含まれている。

(1)　KAMの性質に関する記述

　当該事項がKAMであると決定された理由について，将来予測に的を絞って具体的に記載されており，Rolls-Royce社の無形資産評価のどのような点に潜在的なリスクがあるのかが読み取れる記述になっている。とくに，もっとも減損の影響を受ける無形資産として挙げられる「トレント900」という製品（エンジン）に関する見積りコストが想定よりも多く発生していること（資料10－1の実線部参照）から，リスクが増加しているということが明記されている。

(2)　「監査人の対応」に関する記述

　減損テストにあたって専門家の業務を利用するケースは一般的であるが，Rolls-Royce社では航空機バリュエーションの専門家が関与している。専門性がとくに高い業種など，必要に応じ各業種の専門家を関与させ，監査人はその専門家の客観性や専門能力を評価して利用することがある。このような記述を行う場合，注記にもその旨の記載が行われていることが期待されるが，少なくとも現行の日本の実務では，見積方法の詳細についての記載は要求されていないため，現行開示制度のままKAMとして記載できるかどうかは検討の余地があると考えられる。

　また，(1)でも述べたとおり，当該項目がKAMとして取り上げられた理由に「見積りコストの増加によるリスクの増加」が挙げられるが，この件が前期の経営者の見積りが楽観的であったことを示しているのかどうか（前期以前から考慮すべきコストでなかったかどうか）を検討したことが明示されている（資料10－1の実線部参照）。この点，「見積りの合理性」とか「見積りの妥当性」といった一般的な記載ではなく，「楽観的であったことを示しているのかどうか」

176◆　第Ⅱ部　事例分析編

と踏み込んだ表現が使われている。

(3) 「発見事項」に関する記述

「発見事項」の記述に関しては，全般的な結論および「トレント900」に関する記述がなされており，それぞれ前年度（2016年の監査結果）の結論についても言及されている。

「トレント900」に関する評価については，見積りが楽観的であったと考えられる部分があり，一方でその他の部分では減損損失となっている可能性を指摘している（資料10−1の実線部参照）。ただし，適用する会計基準の変更から，当該資産の大部分について認識が中止され，影響がなくなったことを理由に，会社の処理が「相応である」と記載されており，大変興味深い記述といえる（資料10−1の波線部参照）。

これらの記載があることで，監査人がどのような点に注意を払い，どのようなことを懸念しながら監査したか，監査報告書利用者の十分な理解を促すと考えられるが，記載内容については会社にとってネガティブな情報が含まれる可能性もあるため，会社側の十分な理解を得る必要があるだろう。そのため，日本の実務において同様の記述を行う場合，関係者間相互でKAMに対する十分な理解と情報の共有が必要と考えられる。

3.3　関連する開示

このKAMの参照先は次のように大別できる。

・重要な会計方針（認識・測定の原則，減損テストの方法）
・財務諸表注記（事業ごとの残高の増減表，減損テストの結果）
・監査委員会の報告書（監査委員会の設定した重点領域）

重要な会計方針および財務諸表注記はいずれも，IAS 36やIAS 38「無形資産」（IASB［2014b］）で開示が求められる事項であり，とくに過不足はないものと考えられるが，Rolls-Royce社では2017年12月期に減損損失が認識されていないにもかかわらず，評価方法や使用した仮定などについて詳細な記述がなされている。これはIAS 36において「企業は，当期中に資産（資金生成単位）の回収可能額の決定に使用した仮定を開示することが奨励されている」（para.

第10章　資産の減損　◆177

132）と定められていることによると考えられるが，IFRSsでは同時に，特定の資金生成単位（単位グループ）に配分された「のれんまたは耐用年数を確定できない無形資産」が重要な場合についてはIAS 36の要求事項（para. 134）として，減損損失の計上の有無にかかわらず，該当する資金生成単位（単位グループ）に係る見積りの仮定などの詳細な情報について開示することが求められている。この点は，減損損失を計上した場合にのみ開示が要求されている日本基準における開示実務との大きな相違点である。

　なお，KAMでは「トレント900エンジン開発計画」に関する評価を中心に言及されているが，KAMで参照先とされている重要な会計方針，財務諸表注記または監査委員会報告書のそれぞれにおいて「トレント900エンジン開発計画」やそれに関連する記述について詳細な記載はなく，「トレント900」という製品名もほぼ出てこない。「トレント900」をキーワードに年次報告書の財務セクション内を検索すると，見積りの不確実性の主要な原因の「契約上のアフターマーケット権」の部分（年次報告書の122頁）に言及がある点と，セグメント情報注記（同133頁）の脚注として記載がある程度で，その他で「トレント900」に関する一切の記述は確認できなかった。財務セクション以外の部分で「トレント900」について言及している箇所は多々あり，コストが増加している事実等についての記載は見受けられるものの，筆者が目を通した範囲では，監査人が実施した手続に関する事項（たとえば，航空機バリュエーションの専門家の業務の利用や見積りが楽観的であった可能性）については特段の記載は見受けられなかった。

3.4　特　　徴

　Rolls-Royce Holdings社のKAMは，全般に記載が詳細かつボリュームのあるものになっている。本節で分析したKAMでは，監査人の対応に関する記述がとくに詳細であり，監査人が具体的にどのような手続を実施して結論を導こうとしたのかがよくわかる。また，発見事項においては，前期の見積りに誤りのあった可能性を指摘しつつも，会計基準の変更によって対象となる資産の認識が中止されたことを理由に「相応な処理」と結論づけた過程が記載されており，監査人の判断のプロセスが詳らかにされているように思われる。

　なお，キーワード検索に基づく確認だけで断定することはできないが，

178◆ 第Ⅱ部 事例分析編

KAMの参照先や年次報告書の他の部分に明示的に記載されていない内容が
KAMに記載されていた。このことは，日本でのKAM導入にあたって強調さ
れる守秘義務や二重責任の問題と深くかかわる。KAMに何をどこまで開示す
べきかについて考えるうえで大変興味深い事例といえるだろう。

4 GVC Holdings社の事例

4.1 会社の概要

オンライン等を利用したスポーツ賭博に関する世界最大の運営会社である
GVC Holdings社（巻末付録１の78番）の本店所在地はマン島であり，2016年２
月からロンドン証券取引所に上場している。会計の基準（連結）はEU-IFRSs
であり，分析対象年度の2017年12月期の同社の主要財務数値（連結）は，売
上高896.1百万ユーロ，親会社株主に帰属する利益△39.2百万ユーロ，総資産
1,980.4百万ユーロ，および純資産1,278.8百万ユーロである。監査の基準はISAs
（UK）であり，監査人はGrant Thornton UK LLPである。

4.2 KAMの記載事例

同社の2017年12月期の連結財務諸表に対する監査報告書には５個のKAMが
記載されている。以下ではこのうち，のれんおよびその他の無形資産の減損に
関するKAM（年次報告書の72頁）を分析する。KAMの記載内容は**資料10－2**
のとおりである。

資料10－2 のれんおよびその他の無形資産の減損

のれんおよびその他の無形資産の減損
KAM—グループ
　取締役は，当グループののれんおよびその他の無形資産（財務諸表注記の注
8において，それぞれ1,094.3百万ユーロと437.3百万ユーロで計上されている）
が減損しているかどうかについて年次の評価を行い，判断することが要求され
ている。

IAS 36「資産の減損」に基づき，減損があるかどうかを評価するプロセスは複雑である。資金生成単位グループ（CGUs）に関するキャッシュ・フローの予測，および適切な割引率その他の適用される仮定の決定を通じた使用価値の決定プロセスは，高度な判断を要する場合があり，減損に関するレビューの結果に重要な影響を与える場合がある。

とくに私たちは，CGUsの再編に伴うのれんの再配分，処分グループに含まれるのれんの額，およびもっとも帳簿価額の高いCGUともっとも余裕額の少ないCGUの使用価値の計算の点で，重要な経営上の判断が行われていると識別した。そのため，のれんおよびその他の無形資産の減損を特別な検討を必要とするリスクとして特定した。このリスクは，重要な虚偽表示リスクがもっとも高いと評価されたリスクの1つであった。

<u>監査におけるKAMへの対処―グループ</u>
私たちの監査手続は以下を含むが，これらに限定されない。

- 経営者が行った減損計算に使用された関連するCGUsに対する経営者の評価の入手，当グループの事業単位および業務体制に関する私たちの理解との比較，ならびに感応度分析における加重平均資本コストや将来予測を含む計算の数学的正確性の再計算。
- 成長率，割引率，継続価値などを含む，減損モデルで使用された仮定のテスト。これには，私たちが利用するバリュエーション専門家によって実施される，計算に使用された仮定が関連するCGUsの環境に適切であったかどうかの検討が含まれ，可能な場合，それらの仮定について入手可能な業界データに照らしてベンチマーキングを行った。
- 経営者による無形資産に関する減損の兆候の評価に対する批判的検討
- 予算と実際のデータおよび過去の変動の傾向との比較を通じた経営者によるキャッシュ・フロー予測の正確性のテスト，ならびに例外的もしくは異常な項目または仮定に関するキャッシュ・フローのレビュー

のれんおよびその他の無形資産の減損に関する当グループの会計方針は，財務諸表注記の注1.6に示されており，関連する開示は注8に記載されている。監査委員会はその報告書の52頁において，のれんおよびその他の無形資産の減損を重要な事項として識別し，この事項への対処を目的として実施した内容について説明した。

180◆ 第Ⅱ部　事例分析編

> **主要な見解**
>
> 　私たちは，CGUsおよび関連するのれんの再編成についての経営者の根拠を批判的に検討し，実施した監査手続に基づいて，IAS 36（para. 87）が求めるグループの現在の報告体制に沿ったものであると判断した。私たちは，当期に売却された事業に関するのれんの経営者による配分は適当であると判断した。
>
> 　私たちは，再編前および再編後の双方におけるのれんの回収可能額に関する経営者の評価をテストし，実施した監査手続に基づいて，いずれのケースにおいても帳簿価額が裏づけられていると判断した。

（注）　下線は筆者による（見出しを除く）。

　GVC Holdings社は，会社設立以来いくつかの合併・買収を実施しており，2017年12月末の総資産1,980.4百万ユーロの約77%は無形資産（1,531.6百万ユーロ）が占めている。また，無形資産の約3分の2はのれんであるため，のれんおよびその他の無形資産は重要な資産であり，その減損の有無が業績に大きな影響を与え得る。また，同社は期中に資金生成単位グループの見直しを行っており，その旨の記載がされているという点でも特徴的な事例である。

　のれんおよびその他の無形資産の減損がKAMとされたのは，金額の重要性やIAS 36が要求する減損テストが複雑なプロセスを有すること以外に，資料10-2の下線部の観点から「重要な経営上の判断が行われている」と判断されたことによる。

　監査上の対応については，経営者の計算結果に関する再計算，専門家の業務の利用，経営者による評価の批判的な検討，バックテストを含むキャッシュ・フローの検証などが比較的詳細に説明されているが，この事例に特有の手続はなく，のれん（無形資産）の減損に関する一般的かつ代表的な手続が列挙されている。

4.3　関連する開示

　このKAMの参照先は，会計方針（注1.6），無形資産に関する注記（注8）および監査委員会報告書である。注記の内容を整理・要約すると**資料10-3**および**資料10-4**のようになる。

第10章　資産の減損　◆181

資料10−3　会計方針

1.6　無形資産

1.6.1　のれん：のれんの減損テストに関する一般的な説明

1.6.2　その他の無形資産：その他の無形資産の償却（1.6.4を参照）および減損
（1.7を参照）について，企業結合で取得した無形資産の評価方法，開発費
の資産化の方法

1.6.3　事後的な支出：資産計上した無形資産に関する事後的な支出の資産計
上の方針

1.6.4　償却：償却に関する一般的な説明，項目ごとの償却年数（レンジで記
載）

資料10−4　無形資産に関する注記

8．無形資産

勘定内訳別の増減明細（取得原価，償却費および減損，帳簿価額）

その他の無形資産で重要なものの説明的記述

8.1　償却：各年度の償却額

8.2　のれんの再配分：トルコ事業の処分に伴うCGUsの見直し，および，再配
分前ののれんのCGUsごとの内訳別増減明細

8.3　のれんと商標権を含むCGUsに対する減損テスト：再配分後ののれんの各
CGUs残高と減損テストに使用した仮定（割引率，継続成長率）

　参照注記のうち特徴的なものとしては，注8.2（資料10−4）のCGUsの構成
を変更する報告構造の再編成によるのれんの再配分に関する記述が挙げられる。
これは，IAS 36において「のれんを配分した１つまたは複数の資金生成単位
の構成を変更するような方法で自社の報告構造を再編成した場合には，当該の
れんを，影響を受ける資金生成単位に再配分しなければならない」（para. 87）
ことが求められており，その会計処理に関して説明的な記述がなされたもので
ある。このような開示は，IAS 36の開示要求事項として明示的に定められた
ものではないが，KAMの対象でもあり，重要な残高にかかわる質的にも重要
な変更であることから，自発的な開示が行われたものと考えられる（のれん全

182◆ 第Ⅱ部 事例分析編

額を対象とし，7つのCGUsに配分されていたのれんを2つのCGUsに再配分した）。

4.4 特　徴

　GVC Holdings社の事例では，CGUsの見直しがあったことを取り上げている点は特徴的であった。一方で，その他の点において監査上の対応や主要な見解について特徴的な記述はなく，一般的な記述にとどまっている。

　CGUsの見直しは，同社にとって金額的重要性はいうまでもなく，見積りに恣意性が介入しやすい事項でもあるため，質的重要性が高い項目であったと考えられる。そのため，4.3でも記載のとおり，再配分の会計処理が行われたことにつき，IAS 36の開示要求事項ではないにもかかわらず，重要性を考慮して開示された項目と考えられる。このような開示は日本基準においてもとくに求められるものではないが，KAMに未公表情報を記載することの是非にも関連する問題ともいえることから，慎重な取扱いが必要と考えられる。

　質的な重要性を踏まえ，投資家等の利害関係者に必要と考えられる情報を監査人が意識したうえで提供された事例ということができよう。

5　その他の特徴的な事例

5.1　Deutsche Börse社の事例

　フランクフルト証券取引所の運営および関連する金融サービスの提供を行う企業であるDeutsche Börse社（巻末付録1の57番）の本店所在地はドイツのフランクフルトであり，フランクフルト証券取引所に上場している。会計の基準（連結）はEU-IFRSs，ドイツ商法典第315条e (1)に基づく追加規定，および完全なIFRSsである。分析対象年度の2017年12月期の同社の主要財務数値（連結）は，売上高2,462百万ユーロ，親会社株主に帰属する利益874百万ユーロ，総資産135,141百万ユーロ，および純資産4,959百万ユーロである。監査の基準はドイツ商法典第317条およびEU監査規則ならびにドイツ経済監査士協会が設定したドイツにおいて一般に認められた財務諸表監査の基準であり，監査人はKPMG AGである。

第10章　資産の減損　◆183

　のれんの減損とその他の無形資産の減損に適用される会計基準は共通しており，監査上の対応も大きく異なることはない。そのため，多くの場合，のれんの減損とその他の無形資産の減損は１つのKAMとして記載されるが，同社の監査報告書では，これらを別々のKAMとしている。それぞれ監査アプローチと監査人の見解は一言一句違わず同じであり，財務諸表上のリスクについても冒頭の記載が一部異なるだけで，ほぼ同様の記述となっている。

　同社の2017年12月期の連結財務諸表に対する監査報告書には３個のKAMが記載されている。このうち，のれんの減損に関するKAM（財務報告書の300-301頁）を**資料10－5**に，その他の無形資産の減損に関するKAM（財務報告書の301-302頁）を**資料10－6**に示す。その他の無形資産の減損に関するKAMは，資料10－6に示した部分以外は資料10－5と同じである。

資料10－5　　のれんの減損

財務諸表上のリスク

　2017年12月31日時点で，のれんの額は2,770.9百万ユーロ（前年は2,721.1百万ユーロ）である。そのため，のれんは2017年12月31日時点における当グループの総資産の２％を占めている。

　のれんは，少なくとも年１回以上，さらに適切な場合は臨時で，会社の実施する減損テストの対象となる。この目的に関して，帳簿価額が資金生成単位（CGU）の回収可能額と比較される。会社は，資金生成単位の回収可能額を，使用価値または処分費用控除後の公正価値のいずれかに基づいて決定する。帳簿価額が回収可能額を上回る場合，減損が必要となる。

　こうしたバリュエーションの結果は，企業の計画に基づく将来のキャッシュ・インフロー，および定義されたパラメーターに関する仮定に高度に依存する。その結果，バリュエーションは裁量の対象となる。結果として減損の必要性が生じる場合，会社の資産，負債，および財務成績の報告に重要な影響を与える場合がある。そのため，減損の必要性の正確な判断は，財務諸表に関してとくに重要である。

私たちの監査アプローチ

　バリュエーション専門家の支援のもと，私たちは会社が使用したバリュエーションモデルに加え，バリュエーションのパラメーターに関する重要な仮定の妥

184◆　第Ⅱ部　事例分析編

当性を評価した。私たちは，市場および業界に特有の参照値との比較により，割引率の決定に利用される仮定の適切性を評価し，さらに割引率の決定に使用される計算方法を検証した。私たちは，計算に使用された期待キャッシュ・インフローおよびアウトフローを，経営者が承認した現在の予算計画と比較した。予算計画が策定された際に使用された仮定の妥当性を評価するため，私たちはまず，経営者との会議においてこれらについて協議した。そのうえで，使用された仮定を関連する他のグループ会社と比較するとともに，各市場セグメントに関するアナリストの報告書を評価した。さらに，過年度の予測の信頼性を，それらが実現したかどうかに基づいて評価した。私たちの感応度分析の範囲内において，現実的な範囲で仮定に変更が生じた場合に減損の必要性が生じるかどうかを判断した。

私たちの見解

会社が使用した計算手法は適切であり，関連するバリュエーション原則に合致している。バリュエーションに関連するパラメーターの基礎となる仮定は，バランスの取れた方法で計算されており，許容し得る範囲内にある。

資料10－6　その他の無形資産の減損（抜粋）

財務諸表上のリスク

2017年12月31日時点で，その他の無形資産の額は911.2百万ユーロ（前年は859.9百万ユーロ）である。そのため，その他の無形資産は2017年12月31日時点における当グループの資産の0.7％を占めている。

耐用年数を確定できないその他の無形資産は，（中略）会社は無形資産または資金生成単位の回収可能額を，使用価値または処分費用控除後の公正価値のいずれかに基づいて決定する。

こうしたバリュエーションの結果は，…（以下，略）

5.2　BASF社の事例

化学品メーカーであるBASF社（巻末付録1の28番）の本店所在地はドイツのルートビッヒスハーフェンであり，フランクフルト証券取引所に上場している。会計の基準（連結）は，EU-IFRSs，ドイツ商法典第315条e (1)に基づく追加規

第10章　資産の減損　◆185

定，および完全なIFRSsである。分析対象年度の2017年12月期の同社の主要財
務数値（連結）は，売上高64,475百万ユーロ，親会社株主に帰属する利益6,078
百万ユーロ，総資産78,768百万ユーロ，および純資産34,756百万ユーロである。
監査の基準はドイツ商法典第317条およびEU監査規則ならびにドイツ経済監査
士協会が設定したドイツにおいて一般に認められた財務諸表監査の基準であり，
監査人はKPMG AGである。

　同社の2017年12月期の連結財務諸表に対する監査報告書には４個のKAMが
記載されている。**資料10－7**は，石油・ガス価格シナリオに関するKAM（年
次報告書の162-163頁）を示している。同社は「のれんの回収可能性」に関する
KAMも記載しており，資料10－7のKAMは，それとは別にのれんの回収可
能性に関連する「見積りの不確実性」に焦点を合わせている点が特徴的である。

資料10－7　BASF社の石油・ガス価格シナリオ：資産およびのれんの回収可能性
に関する見積りの不確実性に対する仮定の影響（抜粋）

BASF社の石油・ガス価格シナリオ：資産およびのれんの回収可能性に関する見
積りの不確実性に対する仮定の影響

　BASF社の石油・ガス価格シナリオに関する情報については，183-184頁の連
結財務諸表に対する注1.4を参照されたい。

財務諸表に関するリスク

　石油およびガス価格に関する予測は，石油・ガスセグメントに関する長期収
益予測の重要な要素であり，そのため探索・生産CGUに配分されるのれんなど，
同セグメントで認識される資産に直接的な影響を有する。

　計算の基礎となる石油およびガスに関する価格予測は，内部の見積りプロセ
スに基づいている。

　現在の石油およびガス価格の不安定性を考慮すれば，将来的な価格動向を予
測することは困難である。見積りプロセスの基礎となるさまざまな仮定が，重
要な判断の対象となる。このことから，石油およびガスに関する価格予測が適
切な範囲内にないリスク，ならびに探索・生産CGUに配分されるのれんなどの
石油・ガスセグメントの資産が適切に測定されていないリスクが生じる。さらに，
連結財務諸表に対する注記において，見積りに関する不確実性が十分に開示さ
れていないリスクもある。

186◆ 第Ⅱ部　事例分析編

> 私たちの監査アプローチ（略）
>
> 主要な見解
>
> 　会社内部での予測の作成において立てられた見積りおよび仮定は，十分に文書化され，正当化されている。取締役会による石油およびガス価格に関する仮定は，業界団体やアナリスト，国際機関およびその他の市場参加者が公表した予測と比較して適切である。そのため全体として，BASFによる石油およびガス価格に関する予測は計算のための合理的な基礎を示している。
>
> 　BASFが見積りに関する不確実性の重大な源泉であると考えている，石油およびガス価格に関するシナリオについての連結財務諸表注記内の説明は，十分に詳細で適切である。

6　日本の実務への示唆

　有形固定資産やのれんを含む無形資産の減損テストは，貸借対照表に計上される重要な残高に対して仮定に基づく複雑な見積りが行われるため，一般的にKAMの対象項目となることが多いと考えられる。また，財務諸表作成者や監査人が実施すべき手続等がある程度明確に定まっており，会社の規模や業種によるバラつきが想定されにくい項目でもある。そのため，実施した手続や検証の対象とした仮定を淡々と記載するだけにとどまり，ボイラープレート化したKAMに陥る可能性がある項目ではないかと考えられる。

　本章で紹介した海外事例はいずれもIFRSsが適用されており，詳細な見積りの仮定などが開示項目として奨励もしくは開示要求事項とされていることから（IAS 36, paras. 132 and 134），もしKAMには実施した手続のみが画一的に記載されているだけだとしても，財務諸表利用者は，財務諸表注記を参照することによってどのような減損テストが行われたかについて検討することが可能かもしれない。

　一方で，現行の日本基準である「固定資産の減損に係る会計基準」（四・3）および企業会計基準適用指針第6号「固定資産の減損に係る会計基準の適用指針」（第140項）によれば，注記を要するのは「重要な減損損失を認識した場合」に限定されており，減損損失を認識しなかった場合には注記開示はされない。

すなわち，現行の日本基準および実務においては，のれんや有形固定資産など
に減損の兆候があるものの，割引前キャッシュ・フローや使用価値・売却価値
の算定の結果，減損損失の認識が不要と判断された場合，見積りの詳細を財務
諸表に開示することは求められない。そのため，どのような仮定に基づいてテ
ストが実施され，監査人がどのように判断したかを財務諸表利用者が知りうる
すべはない。

　これを会計基準の差異といってしまえばそれまでではあるが，KAMの記載
にあたっては，注記の有無およびその記載内容に影響を受ける可能性が高いと
考えられるから，現行の日本基準の注記をもってKAMとして十分な情報が記
載できるかどうか，疑問に思うところが多分にある。とくに上記のように現行
基準では開示されていない項目がある場合は，開示の必要性を含めて会社と協
議のうえで対応方針を詰めていく必要があるため，会社との事前調整が実務上
重要になってくると考える。

　監査人にとっては，多額ののれんを有する会社の監査において，のれんの減
損テストは重要な判断を行使した事項であるにもかかわらず，どのようなグ
ルーピングが行われ，どのように兆候の判定がなされたかなど，減損テストが
合理的に実施されたことを示す情報が開示されていなければ，KAMを記載す
るとしても「減損テストは合理的に実施された」旨の記載しかできない可能性
がある。たとえば3や4で紹介したような事例と同様の状況になった場合，監
査人としてどの項目についてどの情報まで開示すべきとするか，もしくは同じ
ようなKAMの記載ができるのかについて，慎重な検討を要するであろう。し
たがって，KAMが導入されたとしても，現行実務では，財務諸表利用者に対
して有用な情報提供を行いうるかどうかは不透明であり，実務上どのように対
応していくべきか，今後検討が必要と考えられる。

（富田　真史）

引当金・退職給付債務

1 概要

　本章においては引当金および退職給付債務に関連するKAMを分析・紹介する。分析対象会社187社のうち,主観的分類によれば,引当金(引当て)に関連するKAMは192個,退職給付債務に関連するKAMは42個であった。2において引当金と退職給付債務に関する監査上の留意点を確認し,3では引当金,4では退職給付債務に関するKAMおよび関連する注記をそれぞれ分析するとともに,5において特徴的なKAMを紹介する。

2 監査上の留意点

　引当金は,ほとんどの会社で認識される項目である。引当金は会計上の見積りに関連する項目であり,仮定の設定などに関して主観的な判断を伴うことから,固有リスクの程度は一般に高いとされる領域である。そのため,KAMを選定する過程においても検討対象に挙がりやすい項目であると考えられる。監査上の取扱いについては,監基報540「会計上の見積りの監査」の第7項から第22項にかけて,大きく9つの要求事項が定められている。具体的には,会計上の見積りに関連するプロセス(内部統制)の理解を行い,前年度の見積りの確定額について検討することでリスク評価を行ったうえで,当該リスクに対応

する手続として，経営者の偏向に留意し，重要な仮定の合理性，使用される
データの正確性・網羅性および測定方法の妥当性の検討などを実施し，また，
財務諸表上の開示が適切であるかについて，十分かつ適切な監査証拠に基づい
て判断する必要がある。会計上の見積りに特別な検討を必要とするリスクが生
じていると判断した場合には，実証手続や開示の検討において追加的な取扱い
が求められている。

　また，退職給付債務も会計上の見積りを要する項目であり，仮定の設定など
に主観的な判断を伴うことから，固有リスクは一般的に高いとみなされる。ま
た，退職給付債務はほとんどの会社で計上される項目であることから，KAM
を選定する過程において検討対象となりやすい項目であると考えられる。退職
給付債務の計算は，年金数理に関する専門的かつ複雑な計算が必要であること
から，監査実務においてはアクチュアリーを専門家として関与させる事例が多
くみられる。監査において専門家の業務を利用する場合，監基報620「専門家
の業務の利用」に従い，専門家の適性や能力，客観性についての評価や専門家
の専門分野の十分な理解を行ったうえで，専門家が実施する手続の種類，時期
および範囲を決定することになる。

3　Lloyds Banking Group社の事例

3.1　会社の概要

　Lloyds Banking Group社（巻末付録1の103番）は，本社をイギリスのロンド
ンに置く銀行・保険グループ会社であり，ロンドン証券取引所に上場している。
会計の基準（連結）は，EU-IFRSsおよびイギリス会社法であり，分析対象年
度である2017年12月期の同社の主要財務数値（連結）は，総収益34,237百万ポ
ンド，親会社株主に帰属する利益3,457百万ポンド，総資産812,109百万ポンド，
および純資産49,143百万ポンドである。監査の基準はISAs（UK）であり，監
査人はPricewaterhouseCoopers LLPである。

190◆ 第Ⅱ部 事例分析編

3.2 KAMの記載事例

　同社の2017年12月期の連結財務諸表に対する監査報告書には8個のKAMが記載されている。このうち，貸倒れに対する減損引当金（Loan loss impairment provisions）に関するKAM（年次報告書の160頁）を**資料11－1**に示す。

資料11－1　貸倒れに対する減損引当金

KAM
貸倒れに対する引当金
グループ
73頁（監査委員会報告書），173頁（会計方針）および195頁（注記20および重要な会計上の見積りおよび判断）を参照のこと。
 　減損引当金の決定は複雑であり，減損引当金の認識の時期，および貸借対照表日に生じた損失事象に対して必要となる引当金の額の見積りの双方に関して，重大な判断が必要となる。 　小口金融部門の貸出金（loans and advances）に関する減損引当金は，減損モデルを使用し，一括ベースで決定されている。これらのモデルは，損失発現期間，デフォルトの確度，デフォルト時損失率（抵当の所有傾向や強制処分割引を含む），および回収額のバリュエーションなどに関する主要な前提に基づく減損引当金の計算に使用される。これらは，過去の経験その他の報告日時点で入手可能なデータに基づいて見積られる。経営者は，過去の経験に基づいて計算された前提が，新たに生じている傾向により，または貸出金ポートフォリオのリスクをモデルが把捉できていないことにより適切でないと判断する場合，追加的要素（overlay）を適用する。この例としては，現在の低金利環境に関連するイギリスモーゲージポートフォリオに関する減損モデル結果への追加的要素の適用がある。こうした追加的要素の適用には重大な判断が求められ，したがって主要な注目すべき分野である。 　商業銀行部門の貸出金に関する減損引当金は，主として個別に決定される。貸出金が減損したとみなされる場合を特定し，そのうえで当該貸出金に関して予想される将来キャッシュ・フローを見積るためには判断が必要となる。また，未特定の減損（すなわち，発生したもののまだ特定されていない損失）をカバーするため，一括引当金も計算される。経営者は，モデル化された結果に対して，当該モ

第11章　引当金・退職給付債務　◆191

デルによって把捉されないリスクに対処するため追加的要素を適用する。

監査上，KAMにどのように対処したか

私たちは，以下を含めて，経営者のプロセスを把握し，減損引当金の決定に関する主要な統制をテストした。

―減損事象の特定

―減損プロセスに対するガバナンス（モデルに対する正式に認められていない改変に対する統制および減損モデルが当グループの貸出金ポートフォリオの減損リスクに対して適切な方法で継続して調整されていることの経営者による再評価を含む）

―基礎となる元のシステムと当グループが運用する減損モデルとの間でのデータの移行

―当グループの減損モデルの結果を評価するために整備されているレビュー，批判的検討および承認の各プロセス，ならびに適用される追加的要素

私たちは，これらの主要な統制が実効的に設計，適用および運用されていることを確認し，したがって私たちによる監査の目的に関して，これらの主要な統制に依拠できると判断した。

さらに，私たちは以下の実証手続を実施した。

小口金融

私たちは，使用されたモデルの適切性を把握し，批判的に評価した。これには，ポートフォリオが適切に分類されているかどうか，および過去の経験で現在の状況を表すことができるかどうかについての批判的検討が含まれた。また，私たちは，基礎となるシステムのデータの網羅性および正確性に対するテストを実施し，顧客支払猶予制度が減損モデルに適切に反映されていたかどうかを評価するとともに，テストを実施して担保の存在およびバリュエーションに関する証拠を入手した。

私たちは，リスクの集中（期間が終了したインタレストオンリーローン，猶予された貸出金，個人契約購買ローンなど）に対する引当てが適切に行われているかどうかについての批判的検討を含め，経営者が提案する追加的要素の網羅性を評価した。また，計算の適切性，使用された前提の合理性，および基礎となるデータの信頼性に対する批判的検討を含め，用意された追加的要素の測定に関するテストも実施した。

入手した証拠を基に，私たちは，各手法，モデル化された前提，モデル内で使用

されたデータ，およびモデル化された結果に加味された追加的要素が適切であることを確認した。

商業銀行

　私たちは，減損事象が生じたかどうかを判断する基準について，従って個別の減損引当金を計算するうえでの要件があるかどうかについて，批判的に評価した。私たちは，減損の兆候を示す可能性がある特性を有する貸出金（財務上の困難を経験している，またはコベナンツに違反している顧客など）のサンプルに加え，無作為に選択された追加の貸出金のサンプルをテストし，これらの貸出金に経営者が特定していなかった何らかの減損の兆候があるかどうかを評価した。

　個別に減損された貸出金のサンプルに関しては，それぞれのケースに関する最新の動向と減損引当金の測定基礎を把握するとともに，主要な判断が借り手の状況に鑑みて適切であるかを検討した。私たちは経営者による減損計算を再実施し，予想される将来キャッシュ・フロー，割引率，保有担保のバリュエーションなどの主要なインプットをテストした。担保のバリュエーションに関する私たちのテストは，バリュエーションが最新であり，特定の借り手に関して準拠されている戦略に合致しているかどうかをとくに検討し，主要な前提の適切性および感度を評価した。私たちは，以前の引当金に対するバックテストを行い，それらと減損された貸出金が売却または回収された際に生じた利益または損失とを比較した。

　未特定の一括減損引当金に関しては，詳細情報を当グループの元のシステムと照合すること，およびモデル化された引当金の計算を再実施することにより，減損モデルで使用される，基礎となる貸出金情報の網羅性および正確性をテストした。モデルにおける主要なインプットおよび前提に関して，私たちはそれらの適切性を裏づける客観的な証拠を入手し，テストした。モデル化された結果に対する追加的要素に関しては，批判的検討のため，経営者に対して，それら追加的要素が適切であることの客観的な証拠を提供するよう求めた。

　さらに，最近の特定の事象およびマクロ経済要因（コモディティ価格の継続的な変動および不安定性，英ポンドの為替相場の動向および低金利など）が適切に検討され，把捉されているかどうかを検討した。

　入手した証拠を基に，私たちは，各手法，モデル化された前提，モデル内で使用されたデータ，およびモデル化された結果に加味された追加的要素が適切であることを確認した。

第11章　引当金・退職給付債務　◆193

　このKAMにおいてまず目を引くのは，記載の詳細さ，情報量の豊富さであろう。「監査上，KAMにどのように対処したか」の区分において，まず貸倒引当金に関する内部統制の評価について全般的に記載するとともに，監査人が実施した監査手続については事業分野ごと，すなわち小口金融部門と商業銀行部門に分けて記載している点に特徴がある。小口金融部門については，使用モデルの評価，システム由来データの評価，計算の妥当性，使用された仮定の合理性，基礎データの信頼性などが記載されており，商業銀行部門については，兆候のテスト，減損計算の再実施，主要なインプットデータの検証，感応度の評価，過去の引当金と実績との比較などが記載されている。これらの監査手続は，現行の日本基準では要求されていない感応度分析を除きおおむね想定される手続であることから，IFRSsに準拠した財務諸表と同程度の注記がなされると仮定すると，貸倒引当金に関するKAMは日本でも記載しやすいのではないかと推察する。

3.3　関連する開示

　資料11－1に記載されているとおり，このKAMに関連する開示は，監査委員会の報告書，会計方針および財務諸表注記である。このうち注20に，貸倒引当金の設定方法やその前提となる事項や仮定の説明，感応度に関する情報，債権分類ごとの残高の増減表が記載されている。当該注記の内容（抜粋）を**資料11－2**に示している。

資料11－2　貸倒引当金（抜粋）

20　貸倒引当金
重要な会計上の見積りと判断
　貸出金および債権の減損引当金は，貸借対照表日にポートフォリオに発生した損失に関する経営者による最善の見積りである。必要な減損引当金の水準を決定する際に，当グループはさまざまな統計モデルからのアウトプットを使用する。これらのモデルからのアウトプットの頑健性を評価し，必要に応じて適切な調整を行うために経営判断が必要である。減損引当金は，個別に決定されたものと一括ベースで決定されたものの2つの要素で構成されている。

(1) 要求される注記情報水準の相違

現行の日本基準による財務諸表では，資料11－2に示されているような貸倒引当金の設定方法やその仮定といった詳細な情報の開示は求められておらず，会計方針に関する事項の重要な引当金の計上基準の注記において定性的な情報を記載することが一般的である。また，引当金残高の増減表に関しては，現行の日本基準による財務諸表では，引当金明細において勘定科目レベルでの増減情報に関する開示を行うこととなっているが，Lloyds Banking Group社は債権の種類レベルで増減を開示するなど，詳細な情報を開示している。

(2) 注記項目の要求水準の相違

現行の日本基準に基づく開示実務において，貸倒引当金をはじめとする引当金項目の開示が要求されるのは，退職給付引当金や工事損失引当金を除き，会計方針に関する記載における重要な引当金の計上基準の注記および附属明細表の引当金明細表となっている。さらに，重要な引当金の計上基準についても詳細な記載までは要求されておらず，財務会計基準機構が発行している『有価証券報告書の作成要領（平成30年3月期提出用）』においても「売上債権，貸付金等の貸倒損失に備えるため，一般債権については貸倒実績率により，貸倒懸念債権等特定の債権については個別に回収可能性を検討し，回収不能見込額を計上している。」(192頁）という記載例にとどまっており，Lloyds Banking Group社のような海外における開示実務とは大きな相違がみられる。

KAMの記載は，財務諸表注記を前提とするものではないが，注記の有無およびその記載内容に影響を受けることから，現行の日本基準に基づく注記でもってKAMに十分な情報を記載できるかどうか，疑問に思うところが多分にある。現行では開示されていない項目があるような場合は，会社と協議のうえで詰めていく必要があることから，実務においては会社との事前調整が重要になってくることが想定される。

なお，2019年1月31日に公布された「企業内容等の開示に関する内閣府令」によれば，「連結財務諸表の作成に当たって用いた会計上の見積り及び当該見積りに用いた仮定のうち，重要なものについて，当該見積り及び当該仮定の不確実性の内容やその変動により経営成績等に生じる影響など，『第5 経理の状況』に記載した会計方針を補足する情報を記載すること。」(第二号様式 記載上

の注意(32a(g)) が求められており，今後は会計上の見積りにかかる開示の拡充も期待されるが，海外における開示実務との相違がどこまで埋まるかは現時点では言及できない。

3.4 特　徴

会計上の見積りの領域においては，大きくとらえると比較的共通した監査手続を立案することが多いと考えられ，その意味ではKAMに記載しやすいが，その反面，記載事例に基づいて各社同じようなKAMの記載となってしまうことも懸念され，監査プロセスの「見える化」を図るというKAMの導入の趣旨を汲み切れない可能性もあるのではないだろうか。KAMの記載により，実施した監査手続に関する具体的な記載がない現行の監査報告書と比べると，監査報告書の有用性は高まるとは思われるが，各企業において実施した監査の実情を適切に反映していくには，試行錯誤を通じて実務経験を蓄積していく必要があると考えられる。

Deutsche Lufthansa社の事例

4.1 会社の概要

Deutsche Lufthansa社（巻末付録1の58番）はドイツのケルンに本拠を置く航空会社であり，フランクフルト証券取引所に上場している。会計の基準（連結）はEU-IFRSsおよびドイツ商法典であり，分析対象年度である2017年12月期の同社の主要財務数値（連結）は，売上高35,579百万ユーロ，親会社株主に帰属する利益2,364百万ユーロ，総資産36,267百万ユーロ，および純資産9,598百万ユーロである。監査の基準はドイツ監査基準を含むドイツ商法典であり，監査人はPricewaterhouseCoopers AGである。

4.2 KAMの記載事例

同社の連結財務諸表に対する監査報告書には，2016年12月期および2017年12月期ともに，①未使用の航空券およびボーナスマイルプログラムに関する債務

を含む運賃収入の認識，②年金引当金，③固定資産，とくにのれんおよび耐用
年数が確定できない無形固定資産の回収可能性，④ヘッジ取引に関する会計処
理という 4 個のKAMが記載されている。しかし，これらのKAMの記載内容は，
各年度における状況の変化を反映したものとなっており，たんに年度や金額を
変えただけの記載ではない。同社の年金引当金に関するKAM（2016年度年次報
告書の171-172頁および2017年度年次報告書の184頁）を 2 期比較することによっ
て，このことを確認しよう。**資料11－3**を参照されたい。

　なお，同社の監査報告書では，KAMは，事項と問題点(a)，監査アプローチ
と発見事項(b)および詳細情報の参照(c)に区分して記載されている。

資料11－3　年金引当金

2016年12月期	2017年12月期
ａ．連結財務諸表では，84億ユーロの年金引当金が計上されており，さまざまな制度における債務215億ユーロおよび制度資産の公正価値131億ユーロの純額で構成されている。 （中略） 　さらに，報告期間中においてDeutsche Lufthansa社の客室乗務員に対する退職年金および経過退職年金約定の再交渉が，団体交渉パートナー間で行われた事実を考慮する必要があった。払込拠出保証の下では，再交渉された約定における新たな要求事項は，雇用主および従業員による強制拠出および制度資産に係る収益から生じる制度資産の控除項目に相当する。測定における個々の仮定を変更することに加え，経過退職年金の調整に対する客室乗務員の要求事項について，当初の構成部分を経由して新しい年金制度に移行することに合意した。当初の構成部分を含む年金債務の再測定により，移行日における年金債務は 8 億800万ユーロ減少した。 （中略）	ａ．会社の連結財務諸表では，51億ユーロの年金引当金が計上されており，さまざまな制度における債務210億ユーロおよび制度資産の公正価値159億ユーロの純額で構成されている。 （中略） 　この測定では，報告期間中においてDeutsche Lufthansa社および他のグループ会社の操縦室乗務員に対する退職年金および経過退職年金の再交渉が行われた事実を考慮する必要があった。移行日以降に成立した企業年金約定は，払込拠出保証および生命保険会社の上限評価計算利率に対応する最低利率に対応するとともに，雇用主および従業員による強制拠出および制度資産に係る収益から生じる制度資産の市場価値に対応する。さらに，経過退職年金引当金の一括支払期間は 2 年間短縮された。経過退職年金引当金を含め，測定における個々の仮定の変更を考慮した退職給付債務の再測定により，移行日における年金引当金は13億800万ユーロ減少した。 （中略）

第11章　引当金・退職給付債務　◆197

さらに，貸借対照表項目である「年金引当金」は，当グループの債務の一部として，当グループの格付に関連する指標である「動態償還率」（dynamic redemption ratio）に組み込まれていることから，年金債務の測定は，格付機関によって設定された要件の遵守に重要な影響を及ぼす。	
ｂ．私たちの監査において，当社はそれぞれのグループ会社が入手した数理計算報告書について評価した。数理評価の特性を考慮して，私たちはキャピタル・マーケッツ・アンド・アカウンティング・アドバイザリー・サービス（CMAAS）の年金専門家の支援を受けた。私たちは，当該年金専門家の職業的専門家としての資格と使用された測定方法および仮定に基づき，数理計算報告書を利用することについて評価した。これを踏まえて，貸借対照表における偏向，年金引当金の認識および連結財務諸表の注記における開示について検証した。私たちは，客室乗務員の枠組み合意を評価するために評価者が使用した原則を詳細に評価した。私たちは，妥当性テスト（plausibility test）および適切なサンプルベースの詳細テストを実施することにより，数理計算報告書において正しく適用されていることを検討した。制度資産の公正価値の評価は，それぞれの銀行確認状に基づいて行われた。これらの監査手続に基づいて，私たちは，金額的に重要なこれらの項目が適切に認識，測定されており，連結財務諸表の注記における開示がIAS 19に従い網羅的であることを確認した。	ｂ．私たちの監査において，入手した数理専門家の報告書および外部専門家の職業的専門家としての資格について評価した。数理計算の特徴から，私たちは年金専門家の支援を受けた。彼らとの協力により，私たちは数値データ，数理計算上のパラメーター，評価の基礎となっている評価方法および仮定について，基準の遵守および適切性の観点から評価した。これを踏まえて，貸借対照表に計上された数値の計算，引当金の会計処理および連結財務諸表の注記における開示について，専門家の意見に基づいて評価した。また，操縦室乗務員を対象とする退職年金および経過退職年金の測定にあたって専門家が使用した原則を詳細に評価するとともに，妥当性テスト（plausibility test）およびサンプルベースでの個別のチェックを実施することにより測定額について検証した。制度資産の公正価値の評価は，私たちに提出された銀行確認状に基づいて行われた。これらの監査手続に基づいて，私たちは，経営者による見積りおよび仮定が実証され，適切に文書化されていることについて十分な心証を得た。
ｃ．年金引当金の開示は，連結財務諸表注記の注32の注に記載されている。	ｃ．年金引当金の開示は，連結財務諸表注記の注32に記載されている。

（注）　下線は筆者による。

198◆　第Ⅱ部　事例分析編

(1)　KAMの年度比較

　資料11－3の下線部分において，2016年12月期と2017年12月期のKAMで異なる記載となっている部分を明示した。いずれの年度においても，対象者は異なるものの従業員との間で約定の再交渉による債務の再測定が行われており，それぞれの年度における状況の変化を反映したものとなっている。また，2016年12月期において記載されていたが2017年12月期では記載されていなかった事項として，格付指標への影響（「事項と問題点」の最下部）や，注記の網羅性への言及（「監査のアプローチと発見事項」の最下部）がある。これらの違いが状況の変化を反映したものであるかは，KAMや注記，その他の開示情報からは読み取れなかったが，単に年度や金額を変えるだけではなく，各年度において記載内容の検討が行われていることが窺える。

(2)　KAMの記載内容

　Deutsche Lufthansa社のKAMで注目すべきは，「事項と問題点」区分の記載が充実している点である。2017年12月期のKAMにおいては，年金引当金残高に関する情報，年金制度の概要，見積りの要素の説明とともに，監査人が考慮した事項として当年度における変更点に関する記載がなされている。なお，本情報は注32（後掲の資料11－4参照）にも記載されていることから，いわゆる未公表情報でなく，会社の注記の内容を受けたKAMの記載となっている。

　また「監査アプローチと発見事項」区分には，監査人が実施した監査手続として，後述する専門家の業務の利用のほか，数値データや数理計算におけるパラメーターの検証，評価方法や基準の妥当性の検証，また，これらの検証に基づく計算の正確性や開示の妥当性の検証といった手続が記載されている。さらには，前掲の当年度における変更点に対する検証手続や制度資産の公正価値の評価手続として金融機関への確認手続について言及されている。これらの監査手続は，現行の日本基準でもおおむね想定される手続であることから，IFRSsに準拠した財務諸表と同程度の注記がなされると仮定すると，退職給付に関するKAMは日本でも記載しやすいのではないかと推察する。

(3)　専門家の業務の利用

　他の領域と同様に，退職給付債務においても専門家の業務の利用が想定され，

本事例においても「監査アプローチと発見事項」にその関与が明記されている。2016年12月期と2017年12月期では表現の仕方は異なっているが、PwCが提供している助言サービス（CMAAS）や年金に関する助言といった専門家の関与について記載されている。KAM導入の本来の趣旨からすると、監査プロセスの「見える化」は監査手続の実施に対して影響しないはずであるが、実務上は、KAMへの記載を念頭に置くことでより厳格に、またはより保守的に監査手続を立案することも考えられることから、とくに重要な領域における専門家の業務の利用は多くなるのではないかと推察する。日本では、本事例のようにバリュエーションの専門家となると、大手監査法人においては法人内部あるいはグループ会社内で対応できる可能性があるが、中小監査法人や個人事務所においては容易に対応することができない可能性もあり、専門家の業務の利用が想定されるような場合には、十分な事前準備やネットワークの構築などといった対応が必要になると考えられる。

4.3　関連する開示

　資料11－3に記載されているとおり、このKAMに関連する開示は注32である。Deutsche Lufthansa社の注32は年金引当金に関する注記であるが、膨大かつ詳細な注記となっている。分量は約7ページにわたっており、そのなかに11個の図表とともに、異なる年金制度を採用しているグループ会社ごとの制度概要、当年度における変更点の内容、退職給付債務や年金資産、年金引当金の金額情報（内訳情報を含む）、退職給付費用の内訳、割引率や昇給率といった退職給付計算の基礎となる仮定、仮定の感応度、年金資産の内訳、年金支払年度予測情報といった事項が記載されている。このうち、当年度における変更点（資料11－3の二重下線部分）に関する注記の一部を**資料11－4**に示している。

　資料11－4に示した注記は、年金制度の概要に関する説明に含まれるものであり、約7ページある注32のうちの4分の1ページ分、すなわち全体の3％ほどの分量である。現行の日本基準による開示実務においては、Deutsche Lufthansa社のような注記開示を行っている会社は多くないであろう。**資料11－5**は、「連結財務諸表の用語、様式及び作成方法に関する規則」（以下、連結財規という）第15条の8（確定給付制度に基づく退職給付に関する注記）と、IAS 19「従業員給付」（IASB［2011］, paras. 135-147）の規定を対比したものである。

200◆　第Ⅱ部　事例分析編

資料11－4　関連注記の記載事例－年金引当金－（抜粋）

32　年金引当金

　2017年12月21日に，操縦室乗務員の賃金に関する合意書である「Lufthansa Pension Cockpit」がパイロット組合により署名された。同時に，新しい賃金合意書「Traditional Benefit Cockpit」も署名された。

　2017年1月1日より前に採用された従業員については，2016年12月31日までに権利確定した年金受給資格は維持されている。2017年1月1日以降の勤務期間については，従業員は給与総額に応じて雇用主による企業年金制度への拠出金を受け取る。すべての従業員は自主的に自ら拠出することもできる。拠出資本は資本市場に投資され，元本保証および生命保険会社が提供する保証利率（現在は0.9%）が追加約定となる。

資料11－5　退職給付に関する注記規定の比較

連結財規第15条の8	IAS19
一　確定給付制度の概要 二　退職給付債務の期首残高と期末残高の調整表 三　年金資産の期首残高と期末残高の調整表 四　退職給付債務および年金資産の期末残高と連結貸借対照表に計上された退職給付に係る負債および退職給付に係る資産の調整表 五　退職給付費用およびその内訳項目の金額 六　退職給付に係る調整額およびその内訳項目の金額 七　退職給付に係る調整累計額およびその内訳項目の金額 八　年金資産に関する事項 九　数理計算上の計算基礎に関する事項 十　その他の事項	(a)　確定給付制度の特徴および関連するリスク（制度が支給する給付の内容，制度によってさらされているリスク，制度改訂，縮小および清算の記述など） (b)　財務諸表上の金額の説明（制度資産や確定給付制度債務の現在価値などの期首残高から期末残高への調整表，制度資産の公正価値，重要な数理計算上の仮定など） (c)　将来キャッシュ・フローの金額，時期および不確実性（数理計算上の仮定の感応度分析，確定給付制度債務の満期分析など）

　これにより，IAS 19の方が確定給付制度に係るより詳細な情報の開示を求めていることがわかる。注記の要求水準がKAMの記載に及ぼす影響については，

前述のLloyds Banking Group社の事例と同様である。

4.4 特　　徴

　2016年12月期および2017年12月期における記載状況を分析した結果，2期連続して退職給付債務がKAMとして記載された会社は数社程度しか見られなかった（株価指数構成銘柄は毎年入れ替えが行われるが，その数はわずかである）。このことから，退職給付債務は，制度移行やその他の仮定・評価方法の変更がなければKAMとして選定されにくい項目であるように思われる。ここでは，その数社に含まれるDeutsche Lufthansa社の事例を取り上げたが，同社では，それぞれの年度において従業員との間で約定の再交渉が行われ，その影響が重要であることから，2期連続して記載されたものと考えられる。

　なお，退職給付については注記の要求水準が異なってはいるものの，現行の日本の開示においても詳細な注記がなされていることから，その点では開示情報に基づいてKAMの記載をすることは容易であると考えられる。ただし，先にも触れたとおり，各社同じようなKAMの記載となることによってKAM導入の趣旨を汲み切れない可能性があることに留意しなければならない。

5　その他の特徴的な事例

5.1　類似案件に係るKAMの同業他社比較

　ここでは，同一業界に属し，監査事務所も同じ（担当事務所は異なる）であるDaimler社とBMW社の製品保証引当金に関するKAMの記載内容を比較する。ただし，両社の背景は異なることから，記載の適切性については言及しない。

　Daimler社（巻末付録1の53番）は本社をドイツのバーデン＝ヴュルテンベルク州シュトゥットガルトに，BMW社（巻末付録1の30番）は本社をドイツのバイエルン州ミュンヘンに置く。両社ともに自動車製造企業であり，フランクフルト証券取引所に上場している。会計の基準（連結）も両社ともにEU-IFRSsおよびドイツ商法典を採用している。分析対象年度である2017年12月期のDaimler社の主要財務数値（連結）は，売上高164,330百万ユーロ，親会社株

202◆　第Ⅱ部　事例分析編

主に帰属する利益10,525百万ユーロ，総資産255,605百万ユーロ，および純資産65,314百万ユーロであり，監査の基準はISAs，監査人はKPMG AGである。一方のBMW社の主要財務数値（連結）は，売上高98,678百万ユーロ，親会社株主に帰属する利益8,620百万ユーロ，総資産193,483百万ユーロ，および純資産54,548百万ユーロであり，監査の基準はドイツ経済監査士協会が設定したドイツにおいて一般に認められた財務諸表監査の基準，監査人はKPMG AGである。

　Daimler社およびBMW社の2017年12月期の連結財務諸表に対する監査報告書には，それぞれ4個のKAMが記載されている。**資料11－6**はDaimler社の製品保証引当金の測定についてのKAM（年次報告書の329頁），**資料11－7**はBMW社の法定および任意の保証債務および製品保証に対する引当金の評価についてのKAM（年次報告書の242頁）である。

資料11－6　製品保証引当金の測定

財務諸表上のリスク

　Daimler AGは製品保証引当金を設定しており，これはその他の引当金139億8,100万ユーロのなかに含まれている。

　Daimler AGは，製品保証に基づくさまざまなクレームを受けており，また，販売した製品または提供したサービスが一定期間にわたって過誤なく機能することを保証するようなさまざまな種類の製品保証を提供している。将来の保証費用，製品保証費用および信用維持（goodwill）に係る費用（goodwill costs）について確認または再評価するため，発生した不具合の内容，数量および改善策に関する情報が継続的に更新され，ビジネスユニット，モデルシリーズ，損傷要因および販売年度レベルで記録および分析されている。

　将来の損失事象に関して，引当金の計算に関する重要な不確実性が生じる。財務諸表上のリスクとしては，当該引当金が適切に測定されないというリスクである。

監査アプローチ

　私たちの監査手続には，特に，製品保証引当金の計算プロセスの評価，関連する仮定および引当金の測定における派生事項についての評価などが含まれた。これらには，主として，予想される損害による影響の受けやすさおよび損害の経過に関する仮定に加え，実際の保証費用，製品保証費用および信用維持に係

第11章　引当金・退職給付債務　◆203

る費用に基づく車両1台当たりの損害額が含まれる。私たちは、過去の分析に基づいて、過去の保証費用、製品保証費用および信用維持に係る費用についての予想の正確性を評価した。また、将来の修繕費用および手順に関する評価の更新すべき事項が考慮されていることも確認した。私たちは、実際の販売台数から基礎となる車両数量に関する理解を得た。

私たちの見解

　計算方法および仮定は適切である。

資料11-7　法定および任意の保証債務および製品保証に対する引当金の評価

財務諸表上のリスク

　法定および任意の保証債務および製品保証に対する引当金は、BMWグループの連結財務諸表において「その他の引当金」の重要な要素として含まれている。法定および任意の保証債務および製品保証に対する引当金は、2017年12月31日時点で48億2,500万ユーロ計上された。

　BMWグループは、各販売市場において、法的に定められた製造物責任および保証義務を負っている。さらに、程度はそれぞれ異なるものの追加の保証も行っている。販売した車両に対する保証や製品保証、信用維持から生じる法的責任を評価するため、損害の種類および数量に関する情報、ならびに改善策に関する情報が、車両モデルレベルで記録および評価されている。保証請求によって生じる債務の予想額は、過去の費用から推定され、それに対する引当てが行われる。たとえばリコールなどの具体的なまたは予期される個々の状況に関しては、すでに考慮されていなければ追加の引当てが行われる。引当金に関する決定は、見積りに関する不可避的な不確実性を伴い、複雑であるほか、検知され顕在化した不具合や車両所有者のクレームなどの要素に応じて変化するリスクが高い。

　財務諸表上のリスクとして、法定および任意の保証債務および製品保証に対する引当金の評価が適切でないというリスクが存在する。

監査アプローチ

　法定および任意の保証債務および製品保証に対する引当金の決定にあたり使用される仮定やパラメータといった評価方法の適切性を評価するため、担当部署との協議を通じて、主として仮定およびパラメーターの決定プロセスに関する理

204◆　第Ⅱ部　事例分析編

解を得た。私たちは，仮定およびパラメーターを決定するための統制の適切性
および有効性について監査した。また，IT専門家の関与を得て，ITシステムを
レビューし，その適切性を検証した。

　私たちは，予想の正確性に係る結論に達するために，前年度の引当金の金額と，
損害賠償請求および技術的施策に係る実際発生費用とを，リスクに応じて選択
したうえで比較した。

　特定の車両モデルを選択し，レートベースの計画のためのツールなど，グルー
プ全体で使用する評価モデルの計算の正確性を私たちのアクチュアリーの支援
を受けて検証した。費用項目のような測定におけるパラメーターについては実
際発生費用と照合した。私たちは，予想される損害への感応度，材料費および
人件費の観点から車両1台当たりの予想損害額，ならびに予想される損害賠償
請求，といった過年度の数値が代表する程度に関する仮定を評価した。

私たちの結論

　法定および任意の保証債務および製品保証に対する引当金の評価方法は適切
であり，首尾一貫して適用されている。測定において適用されるパラメーター
および仮定は，全体として適切である。

　同業種に属する会社の引当金について同じ会計事務所が記載したKAMの
詳細さと情報量にこれだけの違いがあることは注目に値する。Daimler社の
KAMは事実関係や必要な情報を簡潔に記載しているのに対し，BMW社の
KAMは，必要な情報に加えて，これを補足する情報も記載している（たとえば，
将来の予測損害額をとっても，BMW社では材料費や人件費といった具体的な構成要
素にまで言及している）ことから記載分量が多くなっており，さらに，IT専門
家やアクチュアリーの支援といった専門家の関与についても言及している。

5.2　詳細に説明されているKAM

　資料11－8は，National Grid社（電気・ガス業，ロンドン証券取引所上場）（巻
末付録1の115番）の純年金債務に関するKAM（年次報告書の86頁）である。

第11章　引当金・退職給付債務　◆205

資料11-8　純年金債務

KAMの説明

　当グループのすべての従業員は，実質的にイギリスまたはアメリカにおける
いくつかの年金制度のいずれかに加入している。これらの年金制度には確定給
付制度と確定拠出制度の両方が含まれる。医療保険および生命保険の給付は，
適格なアメリカの退職従業員に提供される。

　私たちは，とくに，2018年3月31日現在，237億ポンドの債務および239億ポ
ンドの制度資産である確定給付制度の評価に使用される仮定に関連してKAMを
認識した。

　年金債務に関する主な判断には，インフレ率，割引率，死亡率，および現在
の従業員に適用される将来の給与変更が含まれる。

　これらの仮定の設定は複雑であり，これらの仮定の変更は年金債務の価値に
重大な影響を及ぼす可能性がある。主要な仮定それぞれの変更に起因する当グ
ループの純資産額の増減は以下のとおりである。

	2018		2017	
	損益 計算書 百万 ポンド	純資産 百万 ポンド	損益 計算書 百万 ポンド	純資産 百万 ポンド
年金その他の退職後給付（税引前）：				
イギリスの割引率が0.5％変化	8	1,075	9	1,305
アメリカの割引率が0.5％変化	15	623	17	669
イギリスの小売物価指数が0.5％変化	5	965	8	1,114
イギリスの長期給与上昇率が0.5％変化	－	61	2	80
アメリカの長期給与上昇率が0.5％変化	3	44	3	51
イギリスの平均寿命65歳が1歳変化	2	588	2	673
アメリカの平均寿命65歳が1歳変化	4	359	4	365
アメリカの医療費変動率が1％変化	31	448	37	510

　年金制度には，公正価値の計算に使用する市場で観察可能なインプットが存
在しない「レベル3」資産も多数含まれている。そのため，評価方法やその他
の重要な仮定の選択を含めて，これらの資産の公正価値を決定する際に重要な
判断がなされる。

206◆　第Ⅱ部　事例分析編

　　私たちは，金利の変動に対する残高の感応度および見積りの不確実性の水準，ならびに負債水準の決定に伴う判断のため，純年金債務に適用される割引率を監査計画における「重大な」リスクとして特定した。私たちは，監査計画において，純年金債務に係るその他の領域を「より高い」リスクまたは「より低い」リスクとして評価した。

　　さらに，私たちは，当年度において，当グループがイギリスの年金制度における純年金債務を計算するために利用する年金数理計算の専門家が代わったことに留意する。

　　当グループの純年金債務の詳細については注23を，感応度分析については注33を参照されたい。

5.3　その他の引当金に関するKAM

　引当金に関連するKAMをさらに分類した結果，製品保証，訴訟・法的手続，リストラクチャリングに関するKAMが多くみられた。特殊な項目としては，環境引当金や航空機保守引当金などに関するKAMがあり，企業を取り巻く法規制や事業環境によってさまざまであった。

　また，記載方法についても，Reckitt Benckiser Group社（製造業，ロンドン証券取引所上場）（巻末付録1の130番）の法的捜査に起因する負債に対する引当金の評価のKAM（年次報告書の102頁，**資料11－9**）を例にとると，特定の案件に関する法的捜査および行政機関による継続的な調査という重要な問題を2件抱えており，その両方を1つのKAMのなかで記載する方法もあり，1つの案件に対して1つのKAMの記載が要求されるわけではないという点において，日本において導入された際に参考とすることができるであろう。

資料11－9　　法的捜査に起因する負債に対する引当金の評価（抜粋）

KAM

　2017年度に，当グループは，加湿器殺菌剤問題に関して法的捜査の対象となっており，また，アメリカ司法省による継続的な調査を受けている。貸借対照表日において，当グループはこれらの問題の双方に対する引当金を計上した。

　これらの調査から生じる債務に対する引当金計上の必要性および金額の決定

には，経営者による高度な判断を伴う。当グループは，加湿器殺菌剤問題の案件ではラウンド4の申請者に対する補償を公約しておらず，そのためラウンド4の補償に対する引当金は計上していない。このため，私たちは貸借対照表上における引当金の金額が不正確に計上されるリスク，およびこれらの事案が財務諸表に与える可能性のある影響について，年次報告書における開示が不十分となるリスクがあると考えている。

（筆者注）　加湿器殺菌剤により肺障害を発症した疑いのある被害者について，韓国政府が被害申請の窓口を期間を区切って開設しており，「ラウンド4」として2016年4月22日から4回目の申請を受けている。

6　日本の実務への示唆

　本章において取り上げた引当金・退職給付債務は，ともに会計上の見積りに関連する項目である。会計上の見積りについては，共通的な監査手続の立案がなされることが多いと想定され，また，多くの会社で記載されることにより，記載内容やその方法などさまざまな事例が出てくると考えられることから，KAMの記載は比較的容易となるのではないだろうか。しかし，これらの記載事例を参照するあまりに，各社似たようなKAMの記載となることも懸念点の1つとして挙げられる。

　また，とくに引当金に関しては，引当金として計上するか否か，計上しないとして偶発債務などの注記による開示を行うか否かについては，経営戦略的な観点からも慎重な判断を要することも考えられ，現状の日本の実務においては会社による開示がなされない項目をKAMとして選定する状況も十分に考えられる。このような場合には，会社が開示していない，いわゆる未公表情報をKAMとして記載することとなり得ることから，このような項目が識別される場合には監査役等や経営者との綿密なコミュニケーションを期初時点から図ることが重要となる。

（猪原　匡史）

第Ⅱ部　事例分析編

第 **12** 章

税金・税効果

1　概　　要

　本章においては税金および税効果に関連するKAMについて取り上げる。分析対象会社187社のうち，主観的分類によれば，税金・税効果に関連するKAMは92個であった。2において税金・税効果に関する監査上の留意点を確認し，3では税金，4および5では税効果に関するKAMおよび関連する注記をそれぞれ分析するとともに，6において特徴的なKAMを紹介する。

2　監査上の留意点

　税金は，実務上，金額的な重要性が高く，検討すべき課題は多い。とくに，法人税，住民税および事業税等（以下，法人税等という）については，一般的に金額的な重要性が高く，追徴税額や還付税額などを見積りで計上することもあり，監査実務上の論点となりやすい。また，計算過程が複雑であること，税制改正の影響を受けること，海外子会社との取引に対する移転価格税制上の指摘を受けることなども，監査実務上の論点となりやすい。

　なお，日本では，企業会計基準第27号「法人税，住民税及び事業税等に関する会計基準」が公表されており，実務上これに基づき税金の会計処理が検討される。

第12章　税金・税効果　◆209

　税効果会計は，企業会計と課税所得計算上の資産または負債の額との間に相違がある場合，法人税等の期間配分を適切にさせる会計処理であり，とくに繰延税金資産については，将来支払う税金の減額効果（回収可能性）を毎期見直すものとされている。

　こうした繰延税金資産の回収可能性の検討は，将来の課税所得の見積りなど経営者の将来への見積りに依存したものであり，監査上これを慎重に取り扱わなければならない。さらに算定過程に税法の知識が求められ，専門性も求められるため，監査上も難易度が高く，論点にもなりやすい。

　なお，日本の実務では，企業会計基準適用指針第26号「繰延税金資産の回収可能性に関する適用指針」に基づき繰延税金資産の回収可能性が検討される。

3　Rio Tinto社の事例

3.1　会社の概要

　工業・資源分野の多国籍企業であるRio Tinto社（巻末付録1の135番）の本店所在地はイギリスのロンドンであり，ロンドン証券取引所に上場している。会計の基準（連結）はEU-IFRSsであり，分析対象年度である2017年12月期の同社の主要財務数値（連結）は，売上高40,030百万USドル，親会社株主に帰属する利益8,762百万ドル，総資産95,726百万USドル，および純資産51,115百万USドルである。監査の基準はISAs（UK），オーストラリア監査基準および関連法令であり，監査人はPricewaterhouseCoopers LLPおよびPricewaterhouseCoopersである。

3.2　KAMの記載事例

　Rio Tinto社の2017年12月期の連結財務諸表に対する監査報告書には，3個のKAMが記載されている。このうち，不確実な税務ポジションに対する引当金に関するKAM（年次報告書の216頁）を**資料12－1**に示す。

　このKAMでは，不確実な税務ポジションの内容として，Rio Tinto社は複数の国で事業を展開し，移転価格，間接税などの幅広い税務上の論点で税務当局

210◆　第Ⅱ部　事例分析編

資料12−1　　不確実な税務ポジションに対する引当金

KAM

不確実な税務ポジションに対する引当金

　当グループは多数の法域で事業を行っており，通常の事業過程において，移転価格，間接税および取引に関連する問題を含む税務上の問題について，地域税務当局の定期検査を受けている。

　2017年12月31日現在，当グループは，流動負債および固定負債に未払税金を2,248百万USドル計上している。将来に支払う税額が不確実な場合，当グループは，もっとも可能性の高い結果に関する経営者の最善の見積りに基づいて引当金を計上する。

　具体的には，不確実な税務ポジションに関して，私たちは，オーストラリアに拠点を置く当グループの事業体とシンガポールにある当グループの商業施設との間の特定の取引の移転価格に関する事項に焦点を合わせた。過去1年間に，当グループは，これらの問題に関してオーストラリア国税当局と継続的に協議してきた。

　注2および注9，ならびに64頁に記載されている監査委員会の見解を参照されたい。

私たちの監査はどのようにKAMに対処したか

　私たちは，不確実な税務ポジションを特定するための経営者のプロセスおよび税務上のエクスポージャーに関連する会計方針を評価した。

　私たちは，税額の評価および税務調査の現状を理解し，進行中の紛争の進展を注意深く確認するために税務専門家を利用した。私たちは，最新の外部の動向を反映するために税金引当金が適切に計上または調整されたかについての私たちの心証を形成するために，関連する場合，当グループにより入手された外部の助言と同様に，現地税務当局との最近の裁定ややり取りを閲覧した。

　上記のリスクに対する全般的な対応に加えて，私たちは，当グループのシンガポール商業センターに関する以下の追加手続を実施した。

—経営者によって認識された引当金の継続的な適切性を評価するために，経営者と税務当局の最新の入手可能なやり取りおよび専門家の報告書を閲覧した。

—経営者の引当金計算の正確性を確認し，関連する入力データが裏づけ記録と整合しているか検討した。

—引当金の計上基礎を評価するために，移転価格について内部の専門家を利用した。

—該当する場合は税務当局への支払いをテストした。

　実施した手続に基づき，私たちは，引当金は予想される経済的資源の流出に対する経営者の現在の最善の見積りを反映していると判断した。

　私たちは，財務諸表に対する注2および注9の関連する開示の妥当性を検討した。

　実施した手続に基づいて，私たちは，私たちの業務に起因する重大な問題には気づかなかった。

（注）　下線は筆者による。

から指摘を受けていることが記載されている。

　KAMにここまで書き込めるのは，注１（後掲の資料12－２を参照）に「不確実な税金ポジション」という旨の開示がなされているからであろう（ただし，KAMの参照先としては示されていない）。IFRSsによる財務諸表では，会計上の見積りの不確実性の発生要因に関する具体的な情報の開示が求められている（IAS 1「財務諸表の表示」（IASB［2014］）paras. 125, 129, and 130）。さらに，2019年１月以降に開始する事業年度から強制適用されるIFRIC解釈指針23「法人所得税の税務処理に関する不確実性」（IFRIC［2017］）のparas. A4 and A5でも同様の開示が求められている。一方で，日本基準による財務諸表では，見積りの不確実性の発生要因に関する具体的な情報開示までは求められておらず，実務上もそのような開示はまず見られない。

　監査上の対応については，複雑な論点に関する税務部門の専門家の関与，最新の税務当局とのやり取りの閲覧や計算の正確性および税金の支払いの検証など，具体的な監査手続が列挙されているが，これらの手続は税務ポジションについて通常想定される手続である。そのような手続を詳細に開示することにより監査プロセスは「見える化」されるが，この「見える化」にどのような意義が認められるかは，監査報告書の読者として誰を想定するかによるであろう。

3.3　関連する開示

　資料12－１に記載されているように，このKAMに関連する開示は注２（事業セグメント），注９（課税）および監査委員会報告書である。また，KAMでは参照先として示されていないが，注１（重要な会計方針）に課税やセグメント報告に関する記述がある。**資料12－２**に注１（年次報告書の130頁）を，**資料12－３**に注９（年次報告書の138頁）を，それぞれ示す。

　注１は，法人所得税の税務処理に関する不確実性がある場合に，課税所得（税務上の欠損金），税務基準額，税務上の繰越欠損金，繰越税額控除および税率を決定する際に行った判断（IAS 1, para. 122）もしくはそれらの仮定および見積りに関する情報（IAS 1, paras. 125-129）を受けたものと考えられる。これらは，2019年１月以降に開始する事業年度から強制適用されるIFRIC解釈指針23でも求められている。Rio Tinto社の事例では，多くの課税法域にわたって事業展開し，移転価格税制，間接税などの広い範囲の税務上の問題で税務当

212◆　第Ⅱ部　事例分析編

資料12－2　主な会計方針（抜粋）

注1　主な会計方針

(s) セグメント報告（注2および注3）

（ⅵ）不確実な税務ポジション

　当グループは，多数の法域で事業を展開しており，通常の事業の過程において，移転価格，間接税および取引に関する問題を含む幅広い税務上の問題について，地域税務当局の定期検査を受けている。未払税金または回収可能額が不確実である場合，当グループによる税法の解釈およびもっとも可能性の高い未払額または回収額に関する判断に基づいて，引当金を設定する。

資料12－3　課税（抜粋）

注9　課税

	注	2017 百万USドル	2016 百万USドル	2015 百万USドル
税金費用				
―当期税金費用		3,270	2,115	1,132
―繰延税金費用	17	695	(548)	(139)
		3,965	1,567	993

税額調整表	2017 百万USドル	2016 百万USドル	2015 百万USドル
税引前利益（損失）	12,816	6,343	(726)
控除：持分法による投資損益	(339)	(321)	(361)
親会社および子会社の税引前利益	12,477	6,022	(1,087)
イギリスの税率19%での税額（還付額）（2016年度：20%，2015年度：20%）	2,371	1,204	(217)
（中略）	…	…	…
税金費用合計	3,965	1,567	993

局から指摘を受けていることが明記されている。それに不確実性がある場合は，Rio Tinto社の解釈に基づいて税金費用が見積計上されていることが明記され

ている。この記述を受けてKAMの第1段落が展開されている。いずれも現行の日本基準の財務諸表ではあまり見られない注記である。

　一方，注9は，税金費用に関連する情報である。日本基準による注記でこれに近いのは税率差異の注記である。しかし，日本基準は，会計方針（連結財務諸表作成のための基本となる重要な事項）として記載することまでは求めていない。注記が求められている会計方針（財務諸表等規則第8条の2，連結財務諸表規則第13条第5項）には税金費用に係る会計方針は含まれておらず，経営者が「その他（連結）財務諸表作成のための重要な事項」に該当すると判断しない限り，税金費用に係る会計方針が記載されることはない。

　KAMは，財務諸表注記を前提とするものではないが，関連する注記の有無および内容に影響を受けることはいうまでもない。関連注記が記載されておらず，当該注記を求める明確な規定がない場合，KAMを適切に記載するためには，会社と十分な協議をするなどの実務的な対処が必要と考えられる。

3.4　特　　徴

　本事例は，将来支払う税額に不確実性があり経営者の見積りを要するためにKAMであると判断されたものである。今回の分析対象における税金に関するKAMの大半は，このような不確実性や経営者の見積りに焦点が合わせられている。本事例の特徴としては，経営者の見積りに関してとくに監査人が注目した内容（たとえば，移転価格）が言及されており，かつ，それに対する具体的な監査手続が記載されている点が挙げられる。

4　Commerzbank社の事例

4.1　会社の概要

　商業銀行であるCommerzbank社（巻末付録1の46番）の本店所在地はドイツのフランクフルトであり，フランクフルト証券取引所に上場している。会計の基準（連結）はEU-IFRSsおよびドイツ商法典であり，分析対象年度である2017年12月期の同社の主要財務数値（連結）は，金利収入8,423百万ユーロ，親

214◆　第Ⅱ部　事例分析編

会社株主に帰属する利益156百万ユーロ，総資産452,493百万ユーロ，および純資産30,041百万ユーロである。監査の基準（連結）はドイツ経済監査士協会が設定するドイツにおいて一般に認められた監査基準（ISAsも考慮），監査人はPricewaterhouseCoopersである。

4.2　KAMの記載事例

同社の2017年12月期の連結財務諸表に対する監査報告書には６個のKAMが記載されている。そのうち繰延税金資産の認識および測定に関するKAM（年次報告書の294頁）を**資料12－4**に示す。前年度も繰延税金資産の認識および測定に関するKAMが記載されており，内容に大きな変化はない。

なお，同社の監査報告書では，KAMは，事項と問題点(a)，監査アプローチと発見事項(b)および詳細情報の参照(c)に区分して記載されている。

資料12－4　繰延税金資産の認識および測定

> 繰延税金資産の認識および測定
>
> a）　Commerzbank社の連結財務諸表には，金額的に重要性のある繰延税金資産が計上されている。タックス・プランニング立案の起点となる，IFRSsに準拠した業績予想は，2018年から2021年までの複数年計画を基にしている。法解釈を変更したことにより，当連結会計年度に国外の繰越欠損金に対する国内の繰延税金資産が減額された。Commerzbank社（国内のグループ会社）に関して，IFRSsの業績予想に基づいて認識される可能性のある繰延税金資産は，現在，実際に報告された繰延税金資産を上回っている。私たちの意見では，繰延税金の回収可能性の基礎となる複数年計画は，業務執行取締役による見積りおよび前提に高度に依存しており，相当程度の不確実性が存在するため，この事項は私たちの監査においてとくに重要であった。
>
> b）　繰延税金資産の適切な認識および測定に対する監査のために，私たちは内部の税務およびバリュエーションの専門家を監査チームに加えた。彼らの支援のもと，私たちは同社が繰延税金資産の記録および測定のために設けているプロセスおよび統制を評価した。私たちは，業務執行取締役が作成した複数年計画に基づく繰延税金資産の回収可能性を評価するとともに，使用された計画上の前提の適切性を評価した。私たちの評価には，予定と実

第12章　税金・税効果　◆215

際の課税額との照合の正確性，繰延税金の計算に使用された手法がIAS 12に準拠していること，および計算の数学的正確性も対象として含まれた。私たちの監査手続に基づけば，私たちは，業務執行取締役による見積りおよび前提が，私たちが許容可能とみなす範囲内に収まっているという十分な確証を得た。

c）　繰延税金資産に関する会社の開示は，連結財務諸表の注2および注48に含まれている。

　a）の記述で特徴的なのは，「2018年から2021年までの複数年にわたる事業計画」に基づいて繰延税金資産の回収可能性を検討しているとの記載がある点である。KAMにここまで書き込めるのは，注47（後掲の資料12－5を参照）に「複数年にわたる事業計画に基づいて回収可能性を検討している」という旨の踏み込んだ開示がなされているからであろう。日本基準による財務諸表では，回収可能性の判断基礎に関する具体的な情報の開示はまず見られない。日本では，企業会計基準適用指針第26号「繰延税金資産の回収可能性に関する適用指針」（以下，適用指針という）に基づき，企業の分類に応じて繰延税金資産の回収可能性が判断されているが，改訂『監査基準』（2018年7月5日）に基づくKAMの記載実務において，経営者の判断のどの過程までKAMに記載するか，あるいは記載できるかは，重要な論点である。

　たとえば，回収可能性の判断の基礎となる将来計画や対象年度に関する上述のような記載以外にも，将来計画上の利益数値に重要な永久差異項目のような加減算項目の調整が加えられている場合の当該項目や，将来計画上の利益そのものの実現可能性が重要であれば，それらをどこまで記載するかが問題となり得る。また，繰延税金資産の回収可能性を企業分類に従って判定するのは日本基準の特徴であり，KAMにこの分類を具体的に記載するのかということも論点の1つであろう。

　次に，b）の記述で注目すべきは，税務部門の専門家の関与を明記している点であり，監査プロセスの一部が明らかになっている。監査人は表明する監査意見に単独で責任を負うものであるため，無限定意見の監査報告書において監査人の専門家の業務を利用したことを記載してはならない（監基報620「専門家の業務の利用」第13項）。また，除外事項付意見を表明する場合において，除外

216◆　第Ⅱ部　事例分析編

事項付意見の理由に関連するために，監査報告書において監査人の専門家の業務を利用したことに言及するときは，当該記載が監査意見に対する監査人の責任を軽減しないことを監査報告書において示さなければならない（同第14項）。そのため，従来の監査報告書からは専門家の利用の有無を読み取ることはできなかった。

　しかし，ISA 701「独立監査人の監査報告書における重要な監査事項のコミュニケーション」（IAASB［2015e］para. A49）では，監査人が専門家の業務を利用した旨をKAMに記載することが想定されており，そのような記載により監査意見に対する監査人の責任が軽減されるものではないと明記されている。したがって，改訂『監査基準』に基づくKAMの記載実務においては，十分かつ適切な監査証拠を入手するために会計または監査以外の分野の専門知識が必要な場合の監査手続を強調するために，監査人が専門家の業務を利用した旨をKAMに記載することが想定される。

4.3　関連する開示

　このKAMに関連する開示は注 2（重要な方針および見積りの不確実性）および注48（税金資産）である。**資料12－ 5** に注 2（年次報告書の151頁）を，**資料12－ 6** に注48（年次報告書の213頁）を，それぞれ示す。

資料12－ 5　重要な方針および見積りの不確実性（抜粋）

（2）重要な方針および見積りの不確実性
　以下の財務諸表の項目も，経営者の判断に影響される。

（中略）

• 税務リスクのポジションを示すことと同様，IAS 12のpara. 24以下に従った繰延税金資産の回収可能性テスト。とくにタックス・プランニングに使用される方法論の決定と将来の期待される税効果が実際に発生する蓋然性の評価（注48および注49を参照されたい）。

第12章　税金・税効果　◆217

資料12－6　税金資産および税金負債（抜粋）

税金資産および税金負債

　将来減算一時差異，未使用の税務上の繰越欠損金および未使用の税額控除に関する繰延税金資産は，同一の課税対象企業が同一の税務当局の管轄内で予見しうる将来において課税対象となる利益を獲得する可能性が高い場合にのみ，その範囲内で認識される。繰延税金資産の回収可能性を評価するために，取締役会によって承認された複数年にわたる事業計画に基づいて5年間の収益性の詳細な予測が行われる。さらに，5年を超える期間については，十分な課税所得が得られる可能性が高い場合，繰延税金資産が認識される。

（中略）

(48)　税金資産

（単位：百万ユーロ）	2017.12.31	2016.12.31[1]	増減率（%）
当期の税金資産	767	629	21.9
ドイツ国内	658	540	21.9
ドイツ国外	109	89	22.5
繰延税金資産	2,950	3,035	△2.8
損益計算書で認識されている税金資産	2,483	2,662	△6.7
損益計算書で認識されていない税金資産	467	373	25.2
合計	3,717	3,664	1.4

1　前年度の法人所得税に係る修正再表示に伴い，内訳についても修正再表示している（152頁以降を参照）。

　繰延税金資産は，繰り越された未使用の税額控除から生じる将来の税額減額効果と同様に，IFRSsに準拠した連結貸借対照表の資産および負債に割り当てられた価額と税務会計上の価額との間の一時差異から生じる潜在的な法人税を表している。

　以下の税務上の繰越欠損金については計画期間が限られており，結果として活用される可能性が低いため，繰延税金資産および既存の繰延税金資産の減額は，2017年12月31日現在，認識されていない。

注2は，繰延税金資産はIAS 12「法人所得税」（IASB［2016］）に基づいて計上されている旨を記載したものであり，現行の日本基準による財務諸表に同様の注記はない。念のため，上述と同様に過去5年の有価証券報告書の「その他（連結）財務諸表作成のための重要な事項」を対象に「税効果」をキーワードとして検索した結果，日本基準で作成された財務諸表には適用指針の適用開始が追加情報として記載されているのみで，KAMに参照されるような税効果会計に関する会計方針は記載されていなかった（IFRSsで作成されている財務諸表には記載されていた）。また，注48を含む「税金資産および税金負債」の区分の冒頭では，取締役会によって承認された複数年にわたる事業計画に基づいて5年間の収益性の詳細な予測が行われることや，5年を過ぎても十分な課税対象の結果が得られる可能性が高い場合には認識される可能性があることなど，回収可能性の判断にまで踏み込んだ開示がなされている。これも現行の日本基準であまり見られないものである。一方，注48は，税効果会計に関連する内訳情報であり，日本企業でも繰延税金資産および負債の主な原因別の内訳など，同様の注記がなされている。

IFRSsでは，開示すべき会計方針は示されておらず，「経営者は，その開示が，取引，その他の事象および状況が業績や財務状態の報告にどのように反映されているのかを利用者が理解するのに役立つかどうかを検討」し，さらに「各企業は，自らの営業の性質および財務諸表の利用者がその種類の企業に開示を期待するであろう方針を考慮する。」（IAS 1「財務諸表の表示」para. 119）とされている。一方，日本基準では，注記が求められている会計方針（財務諸表等規則第8条の2，連結財務諸表規則第13条第5項）には税効果に関する会計方針は含まれておらず，経営者が「その他（連結）財務諸表作成のための重要な事項」に該当すると判断しない限り，税効果に関する会計方針が記載されることはない。

4.4 特 徴

本事例は，経営者による将来の課税所得の見積りと繰延税金資産の回収可能性に関するKAMであり，今回の分析対象における税効果に関するKAMの多くは同様の論点を含んでいる。本事例の特徴は，判断の拠り所である将来年度の計画を具体的に明示していることである。また，Rio Tinto社と同様に，専

第12章　税金・税効果　◆219

門家の業務の利用を含めて具体的な監査手続が記載されている点も特徴的である。

5　BAE Systems社の事例

5.1　会社の概要

　イギリスの国防・情報セキュリティ・航空宇宙関連企業であるBAE Systems社（巻末付録1の25番）の本店所在地はイギリスのハンプシャー州ファーンボローにある旧ブリティッシュ・エアロスペース本社であり，ロンドン証券取引所に上場している。会計の基準（連結）はEU-IFRSsであり，分析対象年度である2017年12月期の同社の主要財務数値（連結）は，売上高18,322百万ポンド，親会社株主に帰属する利益854百万ポンド，総資産22,453百万ポンド，および純資産4,784百万ポンドである。監査の基準はISAsおよび関連法令であり，監査人はKPMG LLPのロンドン事務所である。

5.2　KAMの記載事例

　同社の2017年12月期の連結財務諸表に対する監査報告書には6個のKAMが記載されている。本節で分析する繰延税金資産に関するKAM（年次報告書の138頁）を**資料12－7**に示す。

　なお，同社の監査報告書では，それぞれのKAMについて前年度からのリスクの増減が矢印（▲▼など）で示され，読者が視覚的に判断しやすいように工夫されている。

　このKAMで注目すべきは，繰延税金資産残高の大部分はグループの退職給付債務に係るものであり，その評価額が減少したため，これに関連する繰延税金資産が前年度末より減少し，これに係る監査上のリスクが前年度より減少したと明記されている点である。繰延税金資産をリスクとして挙げるだけでなく，そのリスクの主因を丁寧に説明し，さらに前年度との対比を示すことで，時系列的に当該リスクの変化を主因と絡めて説明しようとする姿勢が窺い知れる。なお，注14（後掲の資料12－8を参照）にもその旨が述べられており，いわゆる

220◆ 第Ⅱ部 事例分析編

資料12－7 繰延税金資産

2.5. 繰延税金資産

　85頁（監査委員会報告書）および169頁から171頁（会計方針および財務情報の開示）を参照。

　繰延税金資産：7億2,400万ポンド（2016年：12億5,100万ポンド）

対前年度リスク：▼

リスク：主観的な見積り

　取締役は，繰延税金資産の評価を見積ることと，それらの資産を回収が見込まれる程度まで計上することが求められる。これには重要な判断が求められている。

　繰延税金資産残高の大部分は，当グループの退職給付債務と関連している。当グループの退職給付債務の正味負担分の評価額の減少に伴い，当グループのこれに関連する繰延税金資産も減少した。昨年と比較して，当グループが繰延税金資産を回収するのに要する期間が短くなった。この理由から，私たちは監査リスクが前年から減少したと判断した。

私たちの対応

　私たちの監査手続は，以下を含む。

予測の評価：私たちは，以下を考慮しつつ，認識された繰延税金資産が回収される可能性が高いと考える理由について，取締役の判断を批判的に評価した。

―経営者が回収期間の見積りを行う上で使用した将来予想の適切性および信頼性

―年金赤字の解消計画のおおよその期間

―この判断と，取締役による他の前提および見積り（のれんなどの資産の減損テストに使用されるものなど）との一貫性

ベンチマーキングの前提：私たちは，当グループがイギリスの年金制度の信託受託者と合意した資金拠出に関する取決めを検討した。私たちは，取締役が最終的に決定した見方および見積り（上述のとおり）を，当グループが赤字解消期間にわたって提供したコベナンツに関する資金拠出上の取決めをまとめるにあたって信託受託者から受けた助言と比較した。

詳細に関するテスト：私たちは，解消期間の見積りの決定に使用した計算を分析し，それら計算の正確性をテストした。

結果

　監査手続の結果，私たちは認識された繰延税金資産の水準が許容可能であると判断した（2016年の結果：許容可能）。

第12章　税金・税効果　◆221

未公表情報でなく，注記の内容を受けたKAMの記載となっている。

　現行の日本基準の財務諸表では，税効果の注記は，繰延税金資産の残高の内訳など，貸借対照表や損益計算書に記載された数値の内訳などの情報にとどまった開示が主であり，その増減の要因を文章で丁寧に解説した開示まではなかなかみられない。『監査基準』が改訂されてKAMの記載実務が日本でも始まり，財務諸表利用者が数値だけでなくその背景を解説することまで期待するようになれば，それに応じた記載がKAMや関連する注記に求められるようになるとも考えられる。

5.3　関連する開示

　このKAMの参照先である年次報告書の169頁から171頁には，注14「繰延税金資産」が記載されている。注14には，繰延税金資産の主な増減要因が退職給付債務の減少であることが明示されており，日本基準の財務諸表注記ではあまり見かけない繰延税金資産および負債の算定根拠に関する記述がなされている。**資料12－8**を参照されたい。この後，繰延税金資産・負債の残高の内訳や増減明細などが表形式で示されている。

　　　　　　　資料12－8　繰延税金の算定根拠（抜粋）

注14　繰延税金

　繰延税金資産は，未使用の税務上の控除，税額控除および控除可能な一時差異について，将来利用可能な課税所得が利用可能となる可能性が高い範囲で認識される。繰延税金資産は，各報告日に再検討され，関連する税効果が実現する可能性がなくなったところまで減額される。

　認識されたもっとも重要な繰延税金資産は，当グループの年金／退職制度の赤字に関連する（下記参照）（訳者注：原文では繰延税金資産・負債の明細表が示されている）。退職給付費用は，従業員の勤務に応じて会計上の利益を決定する際に控除されるが，課税所得を決定する際には，拠出金が年金/退職制度に支払われたとき，または退職給付が支払われたときに控除されるためである。そのような拠出／支払を控除することができる課税所得が将来利用可能となる可能性を検討するにあたり，2021年から2026年における赤字解消を見込んでいる，2017年11月に関連制度の受託者と合意した新たな赤字回復計画を考慮した（注

222◆　第Ⅱ部　事例分析編

記21参照）。

> 繰延税金資産および負債は，現在の税金負債および資産を相殺する法的強制力があり，同じ課税対象企業または異なる課税対象企業に対して同じ税務当局から課税される法人所得税に関連する場合は相殺されるが，現行の税金負債および資産を純額で決済するか，またはそれらの税金資産および負債を同時に実現する予定である。

　税効果のように将来の見積りに基づくものについては，監査人と経営者の見解が対立することもありえる。たとえば，評価損・引当金などの将来損金算入時期や金額の見込みや，その前提となる収益計画への見解など，経営者には将来の事象に関する判断が求められる。KAMが導入されると，どこまでKAMで開示するかについて監査計画時や期中監査など早い段階から十分なコミュニケーションを図ることとそれに対する十分な時間の確保への理解が求められる。

5.4　特　　徴

　本事例もCommerzbank社と同様に経営者による見積りに焦点が置かれているが，退職給付債務の変動というリスク要因を丁寧に説明している点，当該リスクに対応した監査手続が具体的に示されている点，および，繰延税金資産・負債の算定根拠が注記に明示されている点に特徴がある。

6　その他の特徴的な事例

　ここでは，税制改正の影響に関するKAMを紹介する。日本でも税制改正は頻繁に行われており，進出先の税制改正の影響が重要であることも想定される。

　多国籍ホテルグループであるInterContinental Hotels Group社（巻末付録1の90番）の本店所在地はイギリスのロンドンであり，ロンドン証券取引所に上場している。会計の基準（連結）はEU-IFRSsであり，分析対象である2017年12月期の同社の主要財務数値（連結）は，売上高1,784百万USドル，親会社株主に帰属する利益592百万USドル，総資産3,175百万USドル，および純資産△851百万USドルである。監査の基準はISAs（UK）であり，監査人はErnst &

第12章　税金・税効果　◆223

資料12－9　アメリカ税制改革の影響（抜粋）

リスク
アメリカ税制改革の影響 　監査委員会報告書（56頁）および連結財務諸表注記の注7（111頁から114頁）を参照のこと。 　2017年12月22日，アメリカ政府はアメリカの税制を大幅に変更した。この変更により，2017年度連結損益計算書の特別項目に1億800万ドルの税務上の利益が計上された。 　税法改正による変更が複雑であること，年末近くの改正公表であること，および当グループにとって重要性があることから，この領域に焦点を合わせた。

Young LLPのロンドン事務所である。

　同社の2017年12月期の連結財務諸表に対する監査報告書には，5個のKAMが記載されている。このうち，アメリカ税制改革の影響に関するKAM（年次報告書の83頁）を**資料12－9**に示す。

7　日本の実務への示唆

　日本の現行実務を前提として考えると，欧州企業の記載事例分析を通じて次のような特徴が確認された。

　まずは，税金計算には不確実性が伴うため，経営者の見積りに基づいている旨がKAMに記載されていることである。確かにIFRSs（IFRIC解釈指針23など）と日本基準とでは税金費用の認識時点や会計処理は全く同一ではないが，認識に際して合理的な見積りが用いられる点では共通しており（企業会計基準第27号「法人税，住民税及び事業税等に関する会計基準」第6項など），その見積りがKAMになりえると考えられる。日本のKAMの記載実務において，税金費用に対する見積りに関する経営者の判断をどの過程までKAMに記載するか，あるいは記載できるかは，重要な論点である。

　もう1つは，KAMに関連づけられた開示情報として，日本基準の財務諸表のような金額に関する注記だけでなく，日本基準の財務諸表ではあまり見られ

ない税金費用の不確実性に関する注記も見られたことである。繰延税金資産に関するKAMに限ったことではなく，一般論として，KAMの記載内容は，当該KAMに関連する情報開示に影響される。このことは，日本におけるKAM記載実務においてもっとも重要な課題であると考えている。

次に税効果会計について，少なくとも以下の2点が指摘できる。

まずは，経営者による回収可能性の判断に関して，将来課税所得の見積りが「2017年度から2020年度にかけての複数年にわたる事業計画」や「最新の承認された戦略計画」といった具体的な経営計画に基づいている旨がKAMに記載されていることである。ただし，繰延税金資産の回収可能性の見積方法を具体的に示した情報が開示されているわけではない。とはいえ，日本では，「繰延税金資産の回収可能性に関する適用指針」に基づく分類に応じて回収可能性が判断されており，今後これらを踏まえてKAMをどのように記載するかが重要な論点である。

もう1つは，KAMに関連づけられた開示情報として，日本基準の財務諸表でもお馴染みの繰延税金資産・負債の金額（内訳）に関する注記だけでなく，日本基準の財務諸表ではあまり見られない繰延税金資産および負債の具体的な算定根拠に関する注記も見られたことである。繰延税金資産に関するKAMに限ったことではなく，一般論として，KAMの記載内容は，当該KAMに関連する情報開示に影響される。このことは，日本におけるKAM記載実務においてもっとも重要な課題であると考えている。

また，税効果会計に関するKAMに限定されるものではないが，監査人が利用した専門家の業務に関する記載も実務上一定のインパクトがあるものと思われる。

（田中　知幸）

第13章

収益認識

1 概 要

　本章においては，収益認識に関連するKAMについて取り上げる。分析対象会社187社のうち，主観的分類によれば，収益認識に関連するKAMは86個であった。本章では，そのうち2個のKAMおよび関連する開示を分析し，1個のKAMを紹介する。

2 監査上の留意点

　収益認識項目は，売上高や営業収入など，その呼称は業種や取引の種類により異なるが，収益は，企業の主な営業活動からの成果を表示するものとして，一般的に財務数値のなかでも経営者および投資家からとくに重要視される項目である。そのため，会計不正等の対象になることも多く，監査人は，不正による重要な虚偽表示リスクを識別し評価するにあたって，収益認識には不正リスクがあるという推定を基礎とすることが求められている（監基報240「財務諸表監査における不正」第25項）。また，工事契約の計上方法や本人取引か代理人取引かといった論点もある。したがって，日本でも収益認識に関する事項をKAMとするかどうか検討される場面は多いものと考える。

226◆　第Ⅱ部　事例分析編

3　Associated British Foods社の事例

3.1　会社の概要

　食料品・衣料品販売などを展開するAssociated British Foods社（巻末付録1の20番）の所在地はイギリスのロンドンであり，ロンドン証券取引所に上場している。会計の基準（連結）はEU-IFRSsであり，分析対象年度である2017年12月期の同社の主要財務数値（連結）は，売上高15,357百万ポンド，親会社株主に帰属する利益1,198百万ポンド，総資産12,810百万ポンド，純資産8,412百万ポンドである。監査の基準はISAs（UK）および関連法令であり，監査人はErnst & Young LLPのロンドン事務所である。

3.2　KAMの記載事例

　同社の2017年12月期の連結財務諸表に対する監査報告書には4個のKAMが記載されている。同社の経営者による内部統制の無効化リスクを含む収益認識に関するKAM（年次報告書の101頁）を**資料13－1**に示す。

資料13－1　　経営者による内部統制の無効化リスクを含む収益認識

リスク
経営者による内部統制の無効化リスクを含む収益認識（15,357百万ポンド，2016年：13,399百万ポンド） 　当グループには，期待や目標を達成するためのプレッシャーが継続して存在する。また，利益目標の達成に基づく経営者の報酬やインセンティブ制度も，収益認識を不正操作するプレッシャーとなる可能性がある。 　当グループの販売契約の多くは，販売時点管理（筆者注：POS）を基礎とし，判断をほとんど要しない簡単なものである。しかし，食料品セグメントにおいては，経営者は顧客への販売に対して適用されるトレード・プロモーションやリベートの見積りを行っており，収益認識に関する一定レベルの判断を加えている。<u>当グループの収益総額のおよそ3％（2016年：4％）</u>が，そうした取決めの対象となっている。 　経営者が内部統制を無効化し，食料品セグメントにおけるリベートの見積りを通

じて，または，事業全体にわたる虚偽の収益取引の計上により，収益に関する意図的な虚偽表示を行うリスクがある。

会計方針（113頁）および連結財務諸表注記の注1（117〜119頁）を参照されたい。

リスクに対する私たちの対応

私たちは，各事業の収益認識に関する会計方針およびその適用方法について関連する内部統制も含めて把握するとともに，必要に応じて収益認識に関する内部統制をテストした。(a)

私たちは，⑦リベートおよび返品を含む主要な契約上の取決めについて経営者と協議するとともに，関連する書類を入手した。リベートに関する取決めが存在する場合，私たちは，①外部への確認手続または⑦契約のレビューおよび①リベート額の再計算などの適切な代替的手続を実施した。また，⑦前期のリベート見積りに対してバックテストを実施し，見積り評価に対する経営者の偏向を検討するなど，策定された見積りの前提を批判的に検討した。(b)

Primark社を含む多くの会社について，収益に対するオーバーオールテストの一環として，年間の収益取引の100%についてデータ分析ツールを用いて収益と現金収入との相関関係をテストし，収益の発生を検証した。これにより，私たちは，認識された収益のうち108億ポンド（71%）超に対して高水準の保証を得た。対象となった事業のうち，データ分析ツールを使用しなかった会社については，収益認識について適切な代替的手続を実施した。(c)

私たちは，収益が適切な期間に認識されていることを確認するために，期末日前後の収益取引のサンプルに対してカットオフテストを実施した。(d)

経営者による内部統制の無効化リスクに対応するために特別に計画された他の監査手続には，収益取引の認識時点に焦点を合わせた仕訳テストが含まれる。(e)

私たちは，とくにリベートと返品に関する取決めに関する開示の要件に関して，IAS 18「収益」の要件に照らして開示事項を評価した。

私たちは，このリスク領域に関して，当グループの収益の89%を占める94の事業範囲についてフルスコープまたは特定スコープの監査手続を実施した。

監査委員会に伝達した主要な見解

食料品セグメントの取引における控除およびリベートに対する手続も含め，実施した手続に基づき，当期に認識された収益について重要な虚偽の表示の証拠は認められなかった。

(注)　下線，(a)〜(e)，および⑦〜⑦は筆者による。

228◆　第Ⅱ部　事例分析編

　前述のとおり，監査人は，収益認識には不正リスクがあるとの推定に基づき，どのような種類の収益，取引形態などに関連して不正リスクが発生するのかを判断する必要がある。当KAMにおいて特定されているリスクは，以下の2つの不正リスクに分類される。

　①　事業全体にわたる虚偽の収益取引の計上
　②　食料品セグメントにおける（収益から控除される）リベートの見積り

(1)　収益認識に関するリスクの内容

　上記①のような一般的に存在するとされる不正リスクについては，KAMとして取り上げていない会社もあるが，当事例は①に加えて②特定セグメントにおけるリベートの見積りという，個別の不正リスクとあわせて，経営者の内部統制の無効化による収益認識の不正リスクをKAMとしている事例である。

　これらのリスクの要因として，リスクの内容に関する説明の冒頭において，業績目標等の達成に対するプレッシャーが存在し，また利益目標の達成に基づいた経営者報酬等が設定されている旨が記載されており，収益認識の不正な操作を促すプレッシャーが存在している旨が述べられている。

　一般的に，反復して行われる多数の取引によって形成される定型的な取引に係る収益認識については，高度にシステム化された業務フローの構築により，意図的であるものやたんなる誤謬も含めて判断や処理誤りのリスクは軽減されていることが多い。一方で，会計上の見積りを要求されるようなリベート等についてはシステム化することが難しい側面があり，経営者の無効化による虚偽表示リスクを，とくに容易にさせる可能性がある。

　日本においても，複雑なリベート等の商慣習がある業種もあり，また，リベート等の契約期間が会計期間と異なる可能性もあることなどにより，見積りの要素が存在している場合もある。収益認識におけるリベートなどについては，日本でもKAMとして記載される可能性が十分に考えられる項目である。

(2)　リスクへの対応

　監基報240の付録2において，「不正な財務報告による重要な虚偽表示に関するリスク対応手続」として，**図表13－1**のような収益認識に関するリスク対応手続例が示されている。当例示項目は監査人が行う監査手続のすべてを反映

第13章　収益認識　◆229

しているわけではないが，資料13-1の「事業全体にわたる虚偽の収益取引の計上」リスクへの監査人の対応（(a)～(e)）と比較すると，例示項目として挙げられているリスク対応手続とおおむね整合していることがわかる。

図表13-1　収益認識に関するリスク対応手続

リスク対応手続例	KAM
①　各種データを利用して，収益に関する分析的実証手続を実施する。たとえば，月別および製品別または事業セグメント別に，当年度の収益を前年度の収益と比較する。CAATは，通例でない，または予期せぬ収益間の関係や取引の識別に有用な場合がある。	(c)
②　会計処理は特定の条件または契約により影響を受けるが，これらの事項，たとえば，リベートに関する算定基礎や算定期間が十分に明記されていないことが多いため，契約条件および付帯契約がないことを取引先に確認する。検収条件，引渡条件，支払条件，製品の返品権，保証された再販金額，解約条項または払戻条項がある場合には，このような状況が当てはまる。	(b)
③　販売担当者，マーケティング担当者または法務部門担当者に，期末日近くの売上と出荷，およびこれらの取引に関連する通例でない条件や状況について質問する。	(d)
④　期末日に複数の事業所を往査し，出荷準備が完了したもしくは返品処理待ちの商品を観察するか，または売上や棚卸資産のカットオフ手続を実施する。	(d)
⑤　収益に関する取引がコンピューター処理されている場合には，計上された収益に関する取引の発生と記録に関する内部統制の有効性を検討する。	(a)

　また，監基報240の第31項などでは，経営者による内部統制の無効化に関係したリスク対応手続として，仕訳入力およびその他の修正の実施が求められているが，これには資料13-1の(e)が該当する。

　また，「②食料品セグメントにおける（収益から控除される）リベートの見積り」に関しては，(b)において，⑦経営者との協議，⑦外部確認，⑦契約レビュー，⑦再計算，⑦バックテストと，会計上の見積りに係る一般的な手続が記載されている。

(3)　その他の特徴

　当KAMにおいては，以下のとおり，具体的な金額や割合が記載されており，

230◆　第Ⅱ部　事例分析編

リスク対象や監査手続の金額感・カバレッジを示しているという特徴がある。

- リスクの対象となる売上金額（15,357百万ポンド（2016年：13,399百万ポンド））
- リベート等の取決め対象収益（収益総額のおよそ3％（2016年：4％））
- データ分析ツールの対象（収益取引の100％）
- 検証により高水準の保証を得た金額および割合（収益のうち10,800百万ポンド（71％）超）
- 手続実施事業所の割合（収益の89％を占める94の事業範囲）

また，本事例ではバックテスト，オーバーオールテスト，カットオフテスト，仕訳テストといった監査手続に関する専門用語が使用されているが，どのような財務諸表利用者を想定するかによって，記載方法が変わってくるものと考える。これらは，KAMの明瞭性・簡潔性と財務諸表利用者の理解可能性，他の開示内容との整合性などを比較して，今後の実務に委ねられるところであろう。

なお，収益認識に関するリスク対応手続の記載にあたっては，KAMの導入趣旨からすると，会社に存在する固有の情報やリスクへの対応手続を，個々の会社の状況に応じて具体的に記載することが必要と考える。かりに本事例においてさらに具体的に記載するのであれば，リベートを見積る際の具体的な契約条件や前提となる仮定，それらに対する実施した監査手続などを記載することが考えられる。

⑷　監査委員会に伝達した主要な見解

「実施した手続に基づいて，当期に認識された収益について重要な虚偽の表示の証拠は認められなかった」旨の対応結果が簡潔に記載されている。もっとも，財務諸表監査における監査意見はあくまでも個別項目の金額や表示などに関する実施結果について表明するものではなく，すべての重要な点において財務諸表が適正かどうかという観点に基づいて表明するものである。監基報701「独立監査人の監査報告書における監査上の主要な検討事項の報告」第10項⑵に記載されているようにKAMは個別に意見表明するものではないとされているため，このような見解を記載する場合には，財務諸表利用者が個別の項目について適正との保証が与えられたかのような誤解を招かない書き方が求められる。

第13章 収益認識 ◆231

3.3 関連する開示

このKAMの参照先は会計方針と事業セグメントの注記である。まず，重要な会計方針の「収益」に関する記載（年次報告書の113頁）を**資料13－2**に示す。

資料13－2 収益に関する重要な会計方針

収益

収益は，顧客への販売額から値引き，売上税，および返品に対する引当てを差し引いたものである。値引きには売上リベート，価格の値引き，顧客インセンティブ，特定の販促活動および類似の事項が含まれる。収益には，グループ会社間の売上は含まれない。収益は，基礎となる商品のリスクと報酬が実質的に顧客に移転され，かつそれが確実に測定可能な場合に認識される。

食料品事業において，物品の販売による収益は通常，発送条件に応じて，顧客への発送時または配達時に認識される。値引きおよび返品は，顧客による申し立てに対応するために必要となる額に関する，契約上および法律上の責務，これまでの傾向ならびに過去の経験を考慮した経営者の最善の見積りに基づき，売上が記録される際に収益から控除される形で示される。

小売事業において，物品の販売から生じる収益は，顧客が店舗で商品を購入した際に認識される。返品は，顧客による申し立てに対応するために必要となる額に関する，これまでの傾向および過去の経験を考慮した経営者の最善の見積りに基づき，売上が記録される際に収益から控除される形で示される。

この開示には，収益取引にはリベートや値引き，顧客インセンティブなどが存在している旨，収益認識の方針，経営者の見積りに基づいて売上の減額処理が行われる旨などが記載されている。しかし，日本の会計基準のもとでは，工事契約や割賦販売等の特殊な取引の収益認識の会計方針についての記載はあるが，このようなリベート等に関する記載は，引当金として計上される場合を除き，実務上あまり見受けられない。そのため，KAMを日本に導入する際，これらの会計方針の注記がないと，監査人によるいわゆる未公表情報の提供に該当する可能性がある。資料13－1のようなKAMの記載については，まず会社と開示についての検討を行うなど，慎重を期することが必要であろう。

232◆ 第Ⅱ部 事例分析編

　次に，事業セグメントの注記の記載内容については，**資料13－3**（年次報告書の117頁）を参照されたい。なお，資料13－3の文章のあとには，事業セグメントと地域セグメントごとの損益や資産・負債の状況を示した明細表が示されている。

資料13－3　セグメント情報（抜粋）

１．事業セグメント

　以下に説明するように，当グループは５つの事業セグメントを有する。これらは経営管理および内部報告の体制に基づく，共通の特性（主に各事業が提供する商品の種類，関係する生産プロセス，ならびに物品の流通および販売の方法に関して）を有する事業を組み合わせた当グループの事業部門である。取締役会は，最高経営意思決定機関である。

（中略）

　当グループは，以下の事業セグメントで構成される。

食料品

　小売，卸売およびフードサービス企業向けに販売される，温かい飲料，砂糖・甘味料，ベジタブルオイル，パン・焼き菓子，シリアル，エスニックフード，食肉製品などの食料品の製造。

砂糖

　業務用および食料品セグメントに含まれるシルバースプーン（Silver Spoon）向けに販売される，テンサイおよびサトウキビの栽培および加工。

農業

　動物飼料の製造，ならびに農業セクターに対する他の商品およびサービスの提供。

材料

　パン・菓子類製造用の酵母および材料，酵素，脂質，酵母エキスおよび独自のシリアル製品の製造。

小売

　小売チェーン「プライマーク（Primark）」および「ペニーズ（Penney）」を通じた，低価格の衣料品およびアクセサリーの買い取りおよび販売。

第13章　収益認識　◆233

　Associated British Foods社には，食料品・砂糖・農業・材料・小売のセグ
メントがあり，この事業セグメントの注記には，それらの事業内容が記載され
ている。前述のとおり，収益認識に係るリスク評価にあたっては，どのような
種類の収益か，その取引形態はどのようなものかといった，事業・ビジネスに
ついての理解が必要であり，そのため，収益認識のKAMが関連する注記とし
て，そうした事業・ビジネスの概要についての記載のある事業セグメントの注
記が参照しているものと考えられる。

3.4　特　　徴

　本節で対象としたKAMは，経営者による内部統制の無効化のリスクを含む
収益認識について取り上げた事例であった。本事例では，リスク内容および対
応手続などを具体的に記載していることに加えて，リスク対象や監査手続の金
額・カバレッジを具体的な金額や割合で示すことで，財務諸表利用者によりわ
かりやすくなるように記載されている点が特徴であると考える。

4　TechnipFMC社の事例

4.1　会社の概要

　エネルギー関連事業等を展開するTechnipFMC社（巻末付録１の170番）は，
2016年にフランス・パリに本社を置くTechnip社とアメリカ・ヒューストンに
本社を置くFMC Technologies社の合併により設立された会社である。本社所
在地はイギリスのロンドンであり，ユーロネクスト・パリ証券取引所に上場し
ている。会計の基準（連結）はIFRSsであり，分析対象年度である2017年12月
期の同社の主要財務数値（連結）は，売上高15,057百万ドル，親会社株主に帰
属する利益△65百万ドル，総資産28,396百万ドル，純資産13,227百万ドルであ
る。監査の基準はISAsであり，監査人はPricewaterhouseCoopers LLPである。

4.2　KAMの記載事例

　同社の2017年12月期の連結財務諸表に対する監査報告書には，収益認識，企

234◆　第Ⅱ部　事例分析編

資料13－4　　工事契約に関する収益認識の妥当性

KAM
一括請負契約における収益認識の妥当性 　当グループでは，期末時点において多数の重要な一括請負工事契約が進行中である。工事契約収益は，契約期間にわたり，各期末時点までの進捗度に従って認識される。進捗度の計算に関する判断は複雑である場合があり，総契約原価の適切な予測が求められる。設計変更や付随契約により収益認識にさらなる複雑性が増加する。経営者の判断のかかわる程度により，不正操作が可能な領域となる可能性がある。
監査人はKAMにどのように対応したか
期中を通して内部統制が運用されている場合には，私たちは，プロジェクト別利益計算に関する見直しおよび承認，ならびに技術的な変更条件の検証などの重要な内部統制をテストした。(a) 　工事契約サンプルについては，私たちは，計算された進捗度，合意された主要契約条件を入手するとともに，計算を行う上での工事原価の妥当性をテストし，さらに進捗度に基づく収益計上額の再計算を行った。(b) 　私たちは，抽出した工事契約のサンプルについて，プロジェクト管理者その他の上級管理職と協議を行い，契約の状況，過年度からの変更，収益および原価の基礎となる主要な前提ならびに訴訟その他の申し立ての存在について把握した。(c) 　私たちは，現時点で発生している工事原価については，適切な証憑書類に基づくサンプルテストを実施した。完成までに予測される原価をテストするため，工事見積原価の内訳を入手し，実行された発注書および契約書の入手，見積原価と他の類似のプロジェクトとの比較，経営者の判断および仮定の適切な証憑書類による裏付けにより，見積りの各要素をテストした。私たちは，プロジェクトのエンジニアの能力および客観性を評価し，バックテストを実施して過去の報告期間における予測の適切性を評価した。(d) 　私たちは，設計変更のサンプルについては，締結された修正契約を入手した。 　私たちは，契約固有のリスクに対する引当ておよび遅延したプロジェクトに関して生じる損害賠償の可能性に関する，経営者による評価の妥当性を評価した。(e) 　全体として，工事契約の収益認識に関する当グループの会計方針は合理的であり，適切に適用されていると私たちは判断している。

(注)　(a)～(e)は筆者による。

業結合，のれんという３個のKAMが記載されている。本章で分析する一括請負契約における収益認識の妥当性に関するKAM（年次報告書の86頁）を**資料13－4**に示す。

(1) KAM

このKAMは，工事契約に関する収益認識について取り上げた事例である。KAMと決定された理由は，工事契約収益を計算するうえで進捗度の計算に関する判断は複雑である場合があり，総契約原価の適切な予測が求められる点，設計変更や付随契約において収益認識にさらなる複雑性が増加する点，これらは経営者の判断がかかわるため不正操作が可能な領域が存在する可能性があるという点である。

また，冒頭では，期末時点において多数の重要な一括請負工事契約が進行中であるという会社の状況が述べられている。このことから，監査人の判断において，不正操作が行われた場合などに財務諸表に与える金額的な影響が大きい可能性があることも考慮されていると考える。

一般的な監査上の論点としても，工事契約に関する収益の認識には見積りの要素が存在していることから，経営者が適切に信頼性をもって予測，見積りを行っているかが重要視されることが多いと考える。

日本においても同様に，工事進行基準を適用する場合には，「工事収益総額，工事原価総額及び決算日における工事進捗度を合理的に見積り，これに応じて当期の工事収益および工事原価を損益計算書に計上する。」（企業会計基準第15号「工事契約に関する会計基準」第14項）とされており，見積りの要素が存在している。

先の事例と同様，日本においても工事契約に関する収益認識は，KAMとして記載される可能性が十分に考えられる項目であろう。

(2) 監査人の対応とその結果

監査人の対応については，KAMの説明に示されている性質に対応して，監査人が実施した監査手続が記載されている。必ずしも明確に区分できない箇所もあるが，

- 進捗度の計算に関する判断は複雑である点：(a)・(b)

236◆ 第Ⅱ部 事例分析編

- 総契約原価の適切な予測が求められる点：(a)・(c)・(d)
- 設計変更や付随契約において収益認識にさらなる複雑性が増加する点：(a)・(e)

というように区分できるのではないだろうか。このように，経営者の判断がかかわるため不正操作の可能性が存在する各項目について，監査人の対応のなかで検証が行われている。

なお，本事例では，このような手続を実施した結果について独立した区分は設けられていないが，監査人の対応のなかで「工事契約の収益認識に関する当グループの会計方針は合理的であり，適切に適用されていると当監査人は判断している。」旨が記載されている。なお，収益認識の金額そのものについて妥当かどうかの直接の言及がなされていない点は，先の事例と同様である。

4.3　関連する開示

本事例ではKAMの参照先は明記されていない。しかし，会社の工事契約に関する会計方針の注記は1ページ程度を割いて記載されており，本事例は，この記載を踏まえて述べられているものであろう。

4.4　特　　徴

本節で対象としたKAMには，工事契約に関する収益認識の適切性について取り上げられているが，「工事契約」とは，「仕事の完成に対して対価が支払われる請負契約のうち，土木，建築，造船や一定の機械装置の製造等，基本的な仕様や作業内容を顧客の指図に基づいて行うもの」をいい（企業会計基準第15号第4項），受注制作のソフトウェアについても，「工事契約」に準じて本会計基準を適用することが求められる（同第5項）とされていることから，建設業に限らず会計基準が適用されている。前述のとおり，一般的に「工事契約」が存在する場合には収益認識の過程で予測や見積りの要素が存在するため，工事契約に関する収益認識をKAMとするかどうか，検討される機会は比較的多いものと考える。

第13章　収益認識　◆237

5 その他の特徴的な事例

　一般消費財メーカーであるUnilever社（巻末付録1の176番）の所在地はオランダのロッテルダムおよびイギリスのロンドンであり，Unilever N.V.はアムステルダム証券取引所に，Unilever plc.はロンドン証券取引所に上場している。年次報告書もそれに含まれる監査報告書もこの2社共通のものである。会計の基準（連結）はEU-IFRSsおよびオランダ民法であり，分析対象年度である2017年12月期の同社の主要財務数値（連結）は，売上高53,715百万ユーロ，親会社株主に帰属する利益6,053百万ユーロ，総資産60,285百万ユーロ，純資産14,387百万ユーロである。監査の基準はオランダ監査基準を含むオランダ法であり，監査人はオランダではKPMG Accountants N.V.，イギリスではKPMG LLPである。

　同社の2017年12月期の連結財務諸表に対する監査報告書に記載されたKAMは7個あり，このうち収益認識に関するKAM（年次報告書の79頁）を**資料13－5**に示す。

資料13－5　収益認識（抜粋）

収益認識
　41頁（監査委員会報告書），93頁（会計方針）および94頁から95頁（財務情報の開示）を参照。
リスク
　収益は，当グループの売上から顧客が得た値引き，インセンティブおよびリベートを引いて算定される。当グループが活動する複数の市場内において，年間の売上に基づいて認識される値引き，インセンティブおよびリベートの見積りは重要であり，複雑かつ判断を要するものであるとみなされている。そのため，値引き，インセンティブおよびリベートの不正な見積りの結果，収益の虚偽の表示が生じるリスクがある。これは，重大な判断がかかわるとともに，取決めの内容に応じて複雑性が変化する領域である。また，現地の経営者が業績目標達成へのプレッシャーを感じ，その結果，認識される値引き，インセンティブおよびリベートの操作を通じた不正によって収益が過大に計上されるリスクもある。

238◆ 第Ⅱ部　事例分析編

> 収益は，基礎となる商品のリスクと便益が顧客に移転された時点で認識される。報告期間末に現地の経営者が業績目標達成へのプレッシャーを感じ，その結果不正によって収益が過大に計上されるリスクがある。

（注）　下線は筆者による。

資料13－6は，このKAMの参照先として記載されている監査委員会報告書（年次報告書の41頁）の該当部分である。

資料13－6　　**監査委員会報告書**

財務諸表

　本委員会は，公表前の時点で，四半期決算のプレスリリースならびに最高財務責任者および開示委員会からの関連する社内の四半期報告書のレビューを行い，半期・通期の業績については外部監査人の報告書のレビューを行った。また，本年次報告書ならびにForm 20-Fによる2017年度年次報告書のレビューも行った。これらのレビューの対象には，90～93頁の注1に記載されている，財務諸表の基礎となる会計方針および重要な判断や見積りが含まれる。財務諸表に関する以下の重要事項については，特別な注意が払われた。

- 収益の認識─当期中の売上に係る値引きやインセンティブの見積り，93～95頁の注2を参照
- 直接税引当金，105～107頁の注6を参照
- 間接税引当金および偶発債務，130頁の注19を参照
- Carver Korea社の買収の会計処理─公正価値で取得した資産および債務の測定（特に無形資産），132～135頁の注21を参照
- スプレッド事業の表示，136頁の注22を参照
  外部監査人は本委員会が検討した重要事項のリストに同意している。
  上記の各領域に関し，本委員会は，主な事実および経営者が概要を説明した判断を検討した。経営者は，本委員会会合において対象項目が議論されるときに出席し，本委員会が提起する質問や指摘に答えた。また，これらの事項は外部監査人とも協議され，その詳細は78～85頁に記載されている。本委員会は，これらの重要事項に関連する会計方針が整備され，経営者がそれらの会計方針を正しく適用していることに満足している。

（注）　下線は筆者による。

本事例も収益認識をKAMとしている事例であるが，冒頭で会計方針および財務情報の開示に加えて，監査委員会報告書の記載を参照している。この背景には，イギリス特有の制度として，監査委員会が重要と判断した財務諸表に関連する事項およびそれにどう対処したかを記載する仕組みの存在がある。参照先の監査委員会報告書の記載では，監査委員会として財務諸表に関する特別な注意を払った項目に収益認識が挙げられており，また外部監査人と協議した旨，詳細についてはKAMを含めた外部監査人の監査報告書に記載（78-85頁）がなされている旨が述べられている。このように，収益認識をKAMとするにあたって，会計方針および財務情報の開示に加えて監査委員会報告書の記載を参照し，監査委員会との連携を明示している点が特徴的であると考える。

　もっとも，日本におけるKAMの記載は，金融商品取引法に基づく監査報告書に求められており，会社法に基づく監査報告書に記載することは可能であるものの必須ではない。一方で，監査役会等による監査報告書は会社法について求められていることから，金融商品取引法のKAMの記載時に，監査役等による監査報告書を参照することは想定していないと考える。しかし，KAMは「監査の過程で監査役等と協議した事項の中から」決定し，「リスク・アプローチに基づく監査計画の策定段階から監査の過程を通じて監査役等と協議を行うなど，適切な連携を図ることが求められており」（企業会計審議会「監査基準の改訂に関する意見書」（2018年7月5日）二・1(2)），「財務諸表の利用者は監査人と監査役等との間でなされた双方向のコミュニケーションのなかで，とくに重点的に議論がなされた事項に関心を有しており，そのようなコミュニケーションの内容が透明性をもって報告されることを求めている」（監基報701，第A2項）。収益認識には不正リスクがあるという推定を基礎とし，一般的に監査人は監査役等と監査計画の策定段階から協議を行うことが多い項目であると考えられるため，監査人がKAMのなかで監査役等との連携を行ったことを示すことは有意義であると考える。

6　日本の実務への示唆

　本章で紹介した事例を含めて，収益認識に関するKAMでは，認識や会計処

理が複雑であったり，見積りの要素が介入したりするような収益認識方法についての記載を行っている事例が多く見られる。監査人として収益認識のこのような領域に監査上のリスクを認識し，財務諸表監査においてとくに重要であると判断していることが多いものと推測される。しかし，日本の現行実務では，このような複雑な収益認識方法について，資料13－2のような詳細な会計方針や注記の記載は必ずしも求められていない。すなわち，工事契約や割賦販売などの特殊な取引の会計方針は開示されるが，リベート等に関する詳細な会計方針は，筆者のこれまでの経験ではほとんど記載されていないように思われる。

　もっとも，今後日本において適用が予定されている企業会計基準第29号「収益認識に関する会計基準」においては，「顧客との契約から生じる収益については，企業の主要な事業における主な履行義務の内容及び企業が当該履行義務を充足する通常の時点（収益を認識する通常の時点）を注記する。なお，当該注記は，重要な会計方針の注記には含めず，個別の注記として開示する。」（第80項）との記載があり，同基準の「結論の背景」によれば「本会計基準が適用される時（平成33年4月1日以後開始する連結会計年度および事業年度の期首）まで（準備期間を含む。）に，注記事項の定めを検討することとした。」（同第156項）とされ，今後の議論により開示の拡充が図られる方向性にあると考える。金融庁が公表した「記述情報の開示に関する原則」（金融庁［2019a］）および「記述情報の開示の好事例集」（金融庁［2019b］）の重要な会計上の見積りの開示例のなかでも収益認識が取り上げられており，このような記載が今後参考にされるであろう。

　収益認識に関するKAMを記載する際には，現行の開示で記載されていない収益認識に関する情報を含めて，取引・事象の内容や監査人が識別したリスク内容などをどこまで具体的に記載するのか，また監査人が実施した監査手続の記載については，具体的に実施した監査手続をどのような記載で示すか，監基報に記載されているような監査に関する専門的な用語をどの程度使用するかなども含めて，論点となると考える。これらの点については，簡潔かつ理解可能な様式で有用な情報を提供する観点から，今後検討されるべきであろう。

（西岡　修平）

第 **14** 章

訴訟・法令違反等に関する偶発債務

1 概　要

　本章においては，訴訟・法令違反等に関する偶発債務に関連するKAMについて取り上げる。分析対象会社187社のうち，主観的分類によれば，訴訟・法令違反等に関する偶発債務に関連するKAMは46個であった。本章では，そのうち2個のKAMおよび関連する開示を分析し，1個のKAMについて紹介する。

2 監査上の留意点

　会計基準上，訴訟や法令違反等による偶発債務については，財務諸表への注記，または引当金の計上が要求される。企業会計原則（注解18）では「将来の特定の費用又は損失であって，その発生が当期以前の事象に起因し，発生の可能性が高く，かつ，その金額を合理的に見積ることができる場合には，当期の負担に属する金額を当期の費用又は損失として引当金に繰入れ，当該引当金の残高を貸借対照表の負債の部又は資産の部に記載するものとする。」とされている。一般に，訴訟等による損害賠償等は，将来において訴訟に敗訴することで支払うものであることから，将来の費用または損失であって，当期以前において原告と被告との間で生じた問題をめぐって提起されるものであり，当期以前の事象に起因している。このため，損害賠償等の損失が発生する可能性が高

242◆　第Ⅱ部　事例分析編

く，その金額を合理的に見積もることができる場合には，企業は引当金を計上しなければならない。

　一方，連結財務諸表規則第39条の２（財務諸表等規則第58条，会社計算規則第103条第５号も同様）では，「連結会社に係る偶発債務（債務保証，係争事件に係る賠償義務その他現実に発生していない債務で，将来において事業の負担となる可能性のあるものをいう。）がある場合には，その内容及び金額を注記しなければならない。ただし，重要性の乏しいものについては，注記を省略することができる。」とされている。このため，引当金を計上しない場合であっても財務諸表に注記することが求められる。

　訴訟に関する偶発債務を例にとると，監査人は，訴訟手続に関する法務部門，経理部門および経営者評価に係る内部統制を評価するとともに，企業が評価した賠償義務の発生可能性や金額の合理的見積可能性，算定された賠償予想額の合理性などを確かめ，引当金の計上額や注記の合理性を検討しなければならない。

　これら訴訟関係に関する監査手続は，実務上かなり難易度が高いと考えられる。訴訟は多くの企業にとって毎期経常的に発生するものではなく，訴訟の経験が少ない企業にとっては内部統制の整備状況が弱い場合も少なくない。また，敗訴の可能性を予測することや賠償額を想定することは実務上困難である場合が多く，一般的には第一審判決や第二審判決で敗訴した場合に，判決文をもとに引当金を計上する例が多い。しかし，提起された訴訟が他の訴訟と同一の事実関係を含んでおり，過去の判例等により結果がある程度明確に予想される場合には，他の訴訟の判決内容を参考にし，訴訟が提起された時点で引当金を計上することを検討することも必要である。

　このため，引当金の計上時期も画一的なものではなく，経営者の判断が介入し，また訴訟の解決には判決のほかに和解の可能性もあり，訴訟の進捗に応じてその状況は変化していくため，監査人は一定時点だけではなく，監査報告書の発行時点までその状況変化を評価していく必要がある。さらに監査手続として，企業の顧問弁護士への質問や内部専門家としての企業から独立した弁護士に見解を求めることも想定されるが，訴訟案件ごとにその専門性は異なり，常に外部の弁護士から意見を聴取することは，監査人にとっては一定の労力を要する。

第14章　訴訟・法令違反等に関する偶発債務　◆243

　このように，訴訟等に関する偶発債務については，損失の発生可能性や損失
発生予想額の計算に経営者の見積りや判断が介入し，またその状況は訴訟の進
捗によって変化し，監査人の監査手続も難易度が高いことから，その金額的重
要性が高い場合はKAMとして取り上げる事例が多いのではないかと考える。

3　Smiths Group社の事例

3.1　会社の概要

　医療機器や爆発物探知機，計測器などの製造を手がけるSmiths Group社（巻
末付録1の159番）の本店所在地はイギリスのロンドンであり，ロンドン証券取
引所に上場している。会計の基準（連結）はEU-IFRSsであり，分析対象年度
である2017年7月期の同社の主要財務数値（連結）は，売上高3,280百万ポンド，
親会社株主に帰属する利益562百万ポンド，総資産5,157百万ポンド，純資産
2,104百万ポンドである。監査の基準はISAs（UK）および関連法令であり，監
査人はPricewaterhouseCoopers LLPのロンドン事務所である。

3.2　KAMの記載事例

　同社の2017年7月期の連結財務諸表に対する監査報告書には8個のKAMが
記載されている。このうち，John Crane社の石綿製品およびTiteflex社の柔軟
ガス配管製品に関する製品訴訟引当金に関するKAM（年次報告書の131頁）を
資料14－1に示す。

資料14－1　John Crane社の石綿製品およびTiteflex社の柔軟ガス配管製品に関す
る製品訴訟引当金

> 主要監査事項
> John Crane社の石綿製品およびTiteflex社の柔軟ガス配管製品に関する製品訴訟
> 引当金
> 注22も参照されたい。
> 　アメリカに所在する当グループの子会社であるJohn Crane社は現在，過去に

244◆　第Ⅱ部　事例分析編

製造されたアスベストを含む製品に関する訴訟の共同被告人である。

当グループが負担すると見込まれる将来の防御費用およびJohn Crane社に将来不利な判決が下された場合の見込費用に対して，237百万ポンドの引当金が計上されている。

アメリカに所在するもう1つの子会社であるTiteflex社は，その柔軟ガス配管製品への落雷によって引き起こされたとされる損害の代位弁済について，保険会社から多くの請求を受けている。

また，この製品に関する製造物責任賠償請求もいくつか受けており，その一部は集団訴訟となっている。これらの請求に関して当グループが負担すると予想される費用に対して，84百万ポンドの引当金が計上されている。

これらの引当金の見積りに使用される仮定，とくに将来の請求水準および防御費用などのアメリカにおける訴訟状況に関連する仮定には重要な判断が含まれるため，私たちはこの領域に焦点を合わせた。その結果，引当金には時々重大な修正が行われる可能性がある。

私たちの監査は主要な監査事項にどのように対処したか

John Crane社について，私たちは内部の専門家を利用し，不利な判決および防御費用に係る引当金計上の前提となっている経営者の仮定を批判的に検証した。これには，経営者の利用するバリュエーション専門家が使用する評価モデルの検討および専門家の作業の評価が含まれる。私たちは，使用された方法論の妥当性，仮定の合理性（10年という期間の使用を含む）の検討，および代替案の検討，感応度分析を行った。さらに，計上額の基礎となる計算の正確性や入力データと基礎証憑との一致を検討した。

私たちは，Titeflex社の引当金の基礎にある経営者が採用した仮定を批判的に検討した。これには，算定の基礎となる計算の正確性や過去の請求実績を検証することにより合理的に見積もられた平均決済額，将来の決済数や支出期間のような入力データの検証を行うことによる評価モデルの検討が含まれる。

また，私たちは，これらの事項について当社の内部弁護士に相談し，外部弁護士から書簡を得て，連結財務諸表の開示の妥当性を評価した。

私たちは，これらの仮定が一貫しており，かつ過去の請求と一致していることを確かめた。私たちは当グループの開示を確認し，それらが監査の過程で得た情報と一致していることを確かめた。

第14章　訴訟・法令違反等に関する偶発債務　◆245

⑴　KAMの性質に関する記述

　このKAMは，海外子会社2社における製品関連訴訟に関するものである。2つの訴訟それぞれについて引当金が計上されていること，各引当金について，防御費用，敗訴時の見込費用，代位弁済の請求額や製造物責任に関する請求額などが見積計上されていることを述べたうえで，引当金の見積りに使用される仮定には重要な判断が含まれ，ときに重要な訂正が行われる可能性があるため，KAMであると判断されている。

　この事例では，訴訟に係る事項をKAMとして記載する場合に必要と考えられる最低限の情報が記載されており，その意味では典型的な訴訟事項に関連するKAMの記載事例といえる。不利な判決の可能性を見積り，その金額について引当金を計上し，その内容を開示するという実務事例は日本では少ないと思われるが，企業がそのような会計処理と開示を行っていれば，監査人にとってこの事例のようなKAMを記載することはそれほど難しくないと考える。

⑵　監査上の対応

　まず，John Crane社の事例について，内部の専門家を利用し，経営者が行った見積りの仮定を批判的に検討した旨が記載されている。訴訟関連の監査手続においては，日本でも，大手監査法人の場合，メンバーファーム内の弁護士等の専門家を使って経営者が行った見積りの仮定を評価することはあるが，内部に弁護士等の専門家を抱えていない監査事務所は外部の弁護士に評価を依頼しなければならず，労力やコストの増加につながる。

　また，監査人は，経営者が利用した内部専門家が使用した仮定や引当金の計算の基礎となる各指数，代替案の検討，感応度分析，引当金計算の正確性，入力データと基礎データの整合性の確認などを行っている。これらは，訴訟等に係る引当金に対する過不足ない手続と考えられる。ただし，John Crane社および親会社であるSmiths Group社の内部統制の評価に関する記述がまったくないのは特徴的である。

　次に，Titeflex社の事例では，経営者が行った見積りの仮定の批判的検討，引当金算定の基礎となる計算や各種数値の正確性の検討，過去の請求実績から見積られた各種数値の合理性の検討が行われている。また，この事例では，内部の弁護士への相談のほかに外部の弁護士からも書簡を入手して財務諸表の開

246◆　第Ⅱ部　事例分析編

示の妥当性が評価されている。これらの手続も訴訟に係る引当金について一般に過不足ない監査手続だと思われる。ただし，ここでも内部統制の評価については記載されていない。

　Smiths Group社の製品関連訴訟の監査上の対応に関するKAMの記載は，引当金の計上を前提とし，引当金計算の基礎となっている各種見積数値の検討に主眼に置かれている。

3.3　関連する開示

　資料14－1のKAMで参照されている連結財務諸表注記の注22（年次報告書の180-184頁）を**資料14－2**に示す。この注記には引当金の増減明細表が記載されており，John Crane社の訴訟，Titeflex社の訴訟，貸倒引当金，その他の引当金が独立して掲記されている。また，John Crane社の引当金については，その内訳明細表も記載されている。

資料14－2　引当金および偶発債務（抜粋）

22　引当金および偶発債務

John Crane社の訴訟引当金

　引当金は，John Crane社に対する過年度請求の過去の歴史およびアスベスト関連の疾病発生率予測の十分に確立された表に基づいている。引当金は，アスベスト評価の専門家であるBates White社の助言を用いて決定される。引当金の適切な水準を評価する際の仮定には，支出を確実に見積ることができる期間，訴訟費用の今後の傾向，今後の請求の割合，請求の解決率，そして下された判決の平均値が含まれる。

（中略）

John Crane社の訴訟引当金の感応度

　将来事象の結果として新しい情報が利用可能になった場合，引当金は時々大幅に改訂される可能性がある。引当金の見積りに使用された仮定が実際の引当金の正確な予測をもたらすという保証はない。

10年間にわたる予測の統計的信頼性

　予測の統計的信頼性を評価するために，無作為化された判決結果を使用して，

結果の母集団をモデル化する。これにより，5％の231百万ポンドの将来支出と95％の304百万ポンドの将来支出（それぞれ2016年：236百万ポンドと311百万ポンド）という結果の分布が得られた。これらの結果の分布を統計的に分析すると，引当総額260百万ポンド（2016年：267百万ポンド）に対して，将来の支出総額が243百万ポンドから272百万ポンド（2016年：250百万ポンドから280百万ポンド）になる確率は50％である。

（中略）

Titeflex社の訴訟引当金

　最近の市場での活動と相まって，請求に対する継続的な支払いおよび和解のパターンは，負債を認識するのに十分な証拠を提供する。したがって，将来の請求に関して当グループが負担すると予想される費用について，かかる費用を確実に見積ることができる範囲で引当金が計上されている。Titeflex社は，製品の安全性を確保し，落雷による損傷のリスクを最小限に抑えるように設計された，広範な設置および安全に関するガイダンス（2008年に改訂）を備えた柔軟ガス配管を販売している。

（中略）

Titeflex社の訴訟引当金の履歴

　落雷による損害の補償を求めている保険会社からの将来における請求の見積費用の変更に関して，Titeflex社により追加の引当金8百万ポンド（2016年：12百万ポンド）が認識された。1,300万ポンドの相殺引当金繰入は，主に割引率の上昇による。

　2016年には，請求の和解費用に対する1百万ポンドの過剰引当金が発生し，年間11百万ポンドの純費用であった。

Titeflex社の訴訟引当金の感応度

　しかしながら，将来の請求の水準および関連する訴訟から生じる費用に関連する重大な不確実性のため，引当金を見積るために使用される仮定が実際の費用の正確な予測をもたらすという保証はない。その結果，将来の出来事の結果として新しい情報が利用可能になった場合，引当金は時々大幅に改訂される可能性がある。

　予測には，柔軟ガス管の安全な設置の促進が将来の請求に与える影響についての長期的な仮定が組み込まれている。配管促進による推定年間利益が0.5％高

くなれば，引当金は500万ポンド（2016年：6百万ポンド）少なくなり，利益が0.5％低くなれば，引当金は5百万ポンド（2016年：7百万ポンド）多くなる。

　上記の注22「引当金および偶発債務」は年次報告書約5ページにわたっているが，そのうち約4ページはKAMに記載された2つの訴訟案件に関する説明である。そこでは，引当金計算の仮定や使用した数値の算出過程，その根底にある考え方，引当金計算の不確実性の内容，感応度分析，仮定が変動した場合の影響額などが述べられている。しかし，訴訟の原因となった製品の欠陥の状況や裁判の進捗状況については簡単な記載にとどまっている。

　日本の現行実務では，訴訟について引当金を計上した場合，その計算の仮定や使用した数値の算出過程，考え方を財務諸表に注記する事例はほとんどなく，また不確実性の内容の記載や感応度分析の注記は記載されない。現状，日本の開示基準では，見積りおよび当該見積りに用いた仮定の不確実性の内容やその変動による影響の注記は求められていないため当然のことではある。

　しかし，2019年1月に「企業内容等の開示に関する内閣府令」が改正され，「連結財務諸表の作成に当たって用いた会計上の見積り及び当該見積りに用いた仮定のうち，特に重要なものについて，当該見積り及び当該仮定の不確実性の内容やその変動により経営成績等に生じる影響など」の会計方針の補足情報を「経営者による財政状態，経営成績及びキャッシュ・フローの状況の分析」に記載することとされた（2020年3月期から適用予定）。これにより日本の実務においても見積りの過程や仮定の不確実性の内容が記載されるようになれば，引当金の計上額のほか，その開示の合理性や十分性について，監査人は経営者と多くの議論の時間をもつことになると考えられ，また，その記録の内容が少なからずKAMの記載にも影響を与えると考える。

3.4　特　　徴

　Smiths Group社のKAMは，対象とした2つの訴訟案件の内容や各訴訟に対する引当金の計上額が明確であり，その計算にどのような仮定が使用され，その1つひとつについて監査人が検討し，また代替案の検討や感応度分析を行っていること等，監査手続の内容も明確である。訴訟引当金の注記における訴訟の内容や引当金の額，計算の仮定や不確実性の内容の記載も充実している。本

第14章　訴訟・法令違反等に関する偶発債務　◆249

事例は，会社の注記に後押しされ，KAMの内容および対応する監査手続が明確に記載されたモデルケースとなる事例であると考える。

4　Bayer社の事例

4.1　会社の概要

　ヘルスケアと農業の領域を中核事業とするBayer社（巻末付録１の29番）の本店所在地はドイツのレバクーゼンであり，フランクフルト証券取引所に上場している。会計の基準（連結）はEU-IFRSsおよびドイツ商法典第315e条第１項に基づき適用される補足的なドイツの法的規制であり，分析対象年度である2017年12月期の同社の主要財務数値（連結）は，売上高35,015百万ユーロ，親会社株主に帰属する利益7,336百万ユーロ，総資産75,087百万ユーロ，純資産36,861百万ユーロである。監査の基準はドイツ商法典第317条およびEU監査規制ならびにドイツ公認会計士協会発布のドイツで一般に認められている財務諸表の監査基準であり，監査人はDeloitte GmbHである。

　なお，同社は，過去に東京証券取引所に上場していた経緯から，日本での上場廃止後の現在でも有価証券報告書を提出している。

4.2　KAMの記載事例

　同社の2017年12月期の連結財務諸表に対する監査報告書には５個のKAMが記載されている。このうち，同社の製品関連の法的紛争に起因するリスクの説明に関するKAM（年次報告書の311-312頁）を**資料14－３**に示す。

　なお，同社監査報告書のKAMは，それぞれ，ａ）KAMの説明（連結財務諸表における対応情報の参照を含む）とｂ）監査人の対応からなる。

250◆　第Ⅱ部　事例分析編

資料14－3　　製品関連の法的紛争に起因するリスクの説明

２．製品関連の法的紛争に起因するリスクの説明

　a）　バイエルグループの企業は，公的当局，同業者およびその他の当事者と
　　の法的手続および裁判外手続に関与している。これにより，特に製造物責
　　任，競争および独占禁止法，特許法，税法および環境保護の分野における
　　法的リスクが生じる。

　　　ミレーナ™に関連した係属中および予想される製造物責任訴訟を背景
　　に，2018年1月30日までにミレーナ™の使用者約2,900名（前年：2,600
　　名）（女性）からの訴訟がアメリカにおいてバイエルグループに送達さ
　　れている。さらに，2018年1月30日までに，イグザレルト™の使用者約
　　22,000名（前年：16,400名）からの損害賠償および懲罰的損害賠償の請
　　求がアメリカにおいてバイエルグループに送達されている。また，2018
　　年1月30日までに，イグザレルト™に関連する10件の訴訟がカナダにお
　　いてバイエルグループに送達されており，これらの訴訟ではそれぞれ，
　　集団訴訟認定が申請されている。2018年1月30日までに，Essure™の使用
　　者約16,100名（前年：3,700名）（女性）による訴訟および2件の訴訟がカ
　　ナダにおいてバイエルグループに送達されており，それぞれの訴訟におい
　　て，集団訴訟認定が申請されている。

　　　係属中の法的紛争によりリスクをカバーする引当金の認識が必要となる
　　か，また，必要な場合にどの程度認識すべきかについては，かなりの程度
　　が法定代表者の見積りおよび仮定により決定される。こうした背景および
　　主張されている請求の金額により，私たちの監査の観点から，上記のバイ
　　エルグループの製品関連の紛争は特に重要であった。

　　　上述の法的紛争に関する開示および説明は，連結財務諸表に対する注記
　　の32に記載されている。

　b）　監査の枠組みにおいて，私たちは特に，確実に法的紛争を認識し，手続
　　の結果を見積り，会計的に表示するために会社が確立したプロセスの評価
　　を実施した。さらに，私たちはまた，会社の内部の法務部門と定期的な議
　　論を行い，最新の動向や対応する見積りの根拠に関する最新情報を入手し
　　た。手続の可能性のある結果に関する法定代表者の見積りを含む重要な
　　法的紛争の動向は，バイエルAGの内部の法務部門から書面で私たちに提

第14章　訴訟・法令違反等に関する偶発債務　◆251

> 供される。決算日現在，私たちは，さらに外部の弁護士の確認書を入手し，
> これを「事実の説明」のセクションで挙げた製品関連の紛争に関して法定
> 代表者が実施したリスク評価と比較した。

（注）　翻訳は，バイエル・アクツィーエンゲゼルシャフトの有価証券報告書（事業年度：2017年1月
　　　1日～2017年12月31日），448-449頁による。

⑴　KAMの性質に関する記述

　このKAMは3つの製品関連の訴訟に関するものである。KAMの説明には，
これらの製品の使用者から集団訴訟を受けていることやその使用者数など，訴
訟の内容や規模感を記載したうえで，引当金の認識が必要かどうか，必要な場
合にどの程度認識すべきかについては，かなりの程度が法定代表者の見積りお
よび仮定に依拠する旨とともに，こうした背景や訴訟の請求金額の重要性から
監査人は当該訴訟をKAMと判断した旨が記載されている。

　このKAMの性質に関する記述の特徴は，引当金ではなく訴訟自体の内容や
規模感を詳細に記載していることである。経営者の見積りが介入するという記
述は，訴訟等の偶発債務を対象としたKAMにおいては一般的であると考える
が，引当金の計上や金額にかかわらず，偶発債務としての重要性を重視し，訴
訟自体の規模感を記載する事例は少ないように思われる。しかし，計上された
引当金に重要性がなくても訴訟による請求額自体に重要性がある場合，監査人
は引当金の計上の要否やその開示について慎重に監査を行う必要性があり，そ
のような状況をKAMに記載することは，情報として有用であると考える。

⑵　監査上の対応

　監査人は，法的紛争の認識から見積り，開示に至る内部統制の評価を実施し
ている。また，法務部門との定期的議論，法的紛争の動向についてBayer社か
ら書面にて提供されていること，訴訟の説明に関して外部の弁護士から確認書
を入手したことが記載されている。

　この監査上の対応の特徴的な点は，内部統制の検証の記述に終始しているこ
とである。しかし，偶発債務の監査手続においては，引当金計上額の算定以前
に，まず，発生可能性や金額の合理的見積可能性が焦点であり，会社が判断し
た仮定に至る内部統制の評価に焦点が置かれることは監査手続として問題はな

252◆　第Ⅱ部　事例分析編

い。また，法務部門と数度となく議論が行われていることが窺え，記述として
はシンプルなものであるが，監査人として会社との調整に多くの労力を要した
ことが窺える。引当金の計上の可否に焦点が置かれ引当金の計上額自体に重要
性がない場合は，当該KAMの記述に過不足はないと考える。また，このKAM
には「私たちは特に，確実に法的紛争を認識し，手続の結果を見積り，会計的
に表示するために会社が確立したプロセスの評価を実施した。」と記載されて
おり，会社の法的紛争に係る会計処理，開示のプロセスがしっかりと構築され
ていることが読み取れる。

4.3　関連する開示

　このKAMの参照先は，連結財務諸表注記の注32である。注32（年次報告書の
296-300頁）を**資料14－4**に示す。

資料14－4　法的リスク（抜粋）

---

32. 法的リスク

製品関連訴訟

　ミレーナ™：2018年1月30日現在，長期の避妊を可能とする子宮内黄体ホル
モン放出システム「ミレーナ™」の使用者約2,900名による訴訟がアメリカ国内
でバイエルに送達されていた（すでに係属していない訴訟を除く）。原告は，「ミ
レーナ™」を用いた結果，子宮穿孔，子宮外妊娠または特発性頭蓋内圧亢進症
を含む人身被害を受けたと主張し，補償的および懲罰的損害賠償を求めてい
る。原告は，特に，「ミレーナ™」には欠陥があること，およびバイエルは「ミ
レーナ™」に関するリスクを知っていたかまたは知っているべきであったとこ
ろ，使用者への適切な警告を怠ったと主張している。

（中略）

　2018年1月30日現在，「ミレーナ™」に関して集団訴訟の認定を求める5件の
カナダの訴訟がバイエルに送達されていた。バイエルは実体上の抗弁を有して
いると信じており，積極的に防御していく意向である。

　イグザレルト™：2018年1月30日現在，血栓を治療，予防する経口抗凝固剤
「イグザレルト™」の服用者約22,000名によるアメリカにおける訴訟がバイエル

第14章　訴訟・法令違反等に関する偶発債務　◆253

に送達されていた。原告は，「イグザレルト™」の使用により，脳，消化管または他の出血および死亡を含む人身被害を受けたと主張し，補償的および懲罰的損害賠償を求めている。原告は，特に，「イグザレルト™」には欠陥があること，およびバイエルは「イグザレルト™」の使用に伴うこれらのリスクを知っていたかまたは知っているべきであったところ，使用者への適切な警告を怠ったと主張している。

(中略)

2018年1月30日現在，「イグザレルト™」に関して集団訴訟の認定を求める10件のカナダの訴訟がバイエルに送達されていた。バイエルは実体上の抗弁を有していると信じており，積極的に防御していく意向である。

EssureTM：2018年1月30日現在，手術を行わない方法による永続的避妊を提供する医療器具「Essure™」の使用者約16,100名によるアメリカにおける訴訟がバイエルに送達されていた。原告は，「Essure™」の使用により，子宮摘出，穿孔，疼痛，出血，体重増加，ニッケル過敏症，抑うつおよび望まない妊娠を含む人身被害を受けたと主張し，補償的および懲罰的損害賠償を求めている。新たな訴訟の提起も予想されている。

2018年1月30日現在，「Essure™」に関して集団訴訟の認定を求める2件のカナダの訴訟がバイエルに送達されていた。バイエルは実体上の抗弁を有していると信じており，積極的に防御していく意向である。

(中略)

バイエルは，上記の訴訟に関連して，各業界における通常の範囲内で，バイエルを相手取った法定の製造物責任訴訟に対して保険を掛けており，現在入手可能な情報に基づき，予想される防御費用に対して適切な会計上の対策を講じている。しかしながら，「Essure™」の訴訟に関する会計上の対策は，適用可能な保険の保障範囲を超えている。

(注)　翻訳は，バイエル・アクツィーエンゲゼルシャフトの有価証券報告書（事業年度：2017年1月1日～2017年12月31日），230-231頁による。

注32には，4つの製品関連訴訟，6つの特許権に関する争い，1件の税金関連訴訟，その他の訴訟などが記載されている。これらのうち資料14-4に示し

た3つの訴訟が資料14－3のKAMに関係する。この注記では，訴訟の内容や進捗状況が細かく記載されており，訴訟の重要性が感じ取れる。また，積極的に防御していく予定である旨が記載されているが，引当金を計上しているか否かについて明確な言及はなかった。

なお，注26「その他引当金」では，393百万ユーロの訴訟引当金が計上されているが，その詳細は注32「法的リスク」を参照することとされており，その詳細については読み取れない状況である。訴訟案件については，訴訟による将来の損失を企業がどう予測しているかを開示することについては裁判との関係上慎重さを要し，訴訟に係る引当金を計上した場合，その仮定や計算根拠を開示することも，事案の状況によっては慎重さを要するものと考える。当該項目をKAMとして抽出した場合，監査人もその記載について企業との間で多くの調整を必要とすると考える。

4.4　特　　徴

Bayer社のKAMは，4つの訴訟案件の内容について詳細に記載されており，その重要性や規模感などは推察されるが，会社の会計的手当の内容については明確に記載されていない。また，実施した監査手続については，会社の会計的な訴訟プロセスの評価について記載しており，引当金計上の有無や計上額，計算の仮定などの検証については記載していない。また，会社の注記についても各訴訟案件の内容について詳細に記載されているものの，当該訴訟についての引当金の有無や計上額，その計算の仮定については記載されていない。

当該KAMの事例は，これらの訴訟の評価が監査上重要であり，監査人として各訴訟に対する会社の会計的手当の評価プロセスの内容やその結果を検討したことを示しており，会社の注記の範囲内で最大限の情報提供を行った事例であると考える。

5　AstraZeneca社の事例

ここでは上記2社の分析とは異なり，訴訟・法令違反に関する偶発債務に関するKAMの事例を簡潔に紹介する。

第14章　訴訟・法令違反等に関する偶発債務　◆255

　医薬品の研究・開発・製造販売を中核事業とするAstraZeneka社（巻末付録
1の21番）の本店所在地はイギリスのケンブリッジであり，ロンドン証券取引
所，ストックホルム証券取引所，ニューヨーク証券取引所に上場している。会
計の基準（連結）はEU-IFRSsであり，分析対象年度である2017年12月期の同
社の主要財務数値（連結）は，売上高22,465百万ドル，親会社株主に帰属する
利益3,001百万ドル，総資産63,354百万ドル，純資産16,642百万ドルである。監
査の基準はISAs（UK）であり，監査人はPricewaterhouseCoopers LLPのロン
ドン事務所である。

　同社の2017年7月期の連結財務諸表に対する監査報告書には6個のKAMが
記載されている。このうち，同社の訴訟および偶発債務に関するKAM（年次
報告書の131頁）を**資料14－5**に示す。

資料14－5　訴訟および偶発債務

KAM

訴訟および偶発債務

103頁（監査委員会報告），143頁（会計方針）とグループ財務諸表の183頁（注
28）を参照されたい。

　製薬業界は厳しく規制されており，固有の訴訟リスクが高い。当グループは，
特許訴訟，製造物責任，独占禁止法および関連訴訟を含む多くの訴訟を抱えて
いる。

　2017年12月31日現在，当グループは法的請求に関して654百万ドルの引当金を
計上している（2016年12月31日：438百万ドル）。

　これらの引当金は，その請求の可能性や規模を決定するにあたり経営者が行っ
た判断および会計上の見積りに基づいている。したがって，予測しない不利な
結果により，当グループの利益や貸借対照表に重大な影響を及ぼす可能性がある。

私たちの監査は主要な監査事項にどのように対処したか

　私たちは，引当金の決定に関する内部統制の整備状況を評価し，運用の有効
性テストを実施した。私たちは，統制の運用により，完全性，正確性および評
価に関する証拠が得られたと判断した。

　私たちは，経営者から提供された訴訟事項の概要を読み，当グループの弁護

256◆　第Ⅱ部　事例分析編

士と協議した。概要に記載されている事項について，当グループの外部法務顧問に法的書面を求めた。また適切な場合には，事案に応じて対応を検討した。

　訴訟引当金について，私たちは，引当金の計算を検証し，入手可能な場合は第三者のデータに照らして仮定を評価し，過去の傾向と比較し見積りを評価した。

　私たちは，引当金に関する経営者の判断は適切であると考えた。私たちはまた，注19および注28の開示の適切性を評価した。

　このKAMの特徴は，資料14－1や資料14－3のKAMのように個別の訴訟案件を対象とせず，AstraZeneka社が抱える特許訴訟，製造物責任，独占禁止法および関連訴訟全体を対象としている。しかし，監査人として監査手続を実施する場合，訴訟の性質や規模によりその重要性は異なるはずであるが，本事例は個別事案については記載していない。KAMで参照している注28「コミットメントと偶発債務」（年次報告書の182頁から188頁）では特許訴訟15件，製品関連訴訟7件，商業訴訟5件のほか，合計約50件程度の訴訟案件が注記されているが，各訴訟についての規模感や引当金の有無は読み取れない。また，注19「引当金」（年次報告書の164頁）においても訴訟引当金の合計額が記載されているが，その内訳は記載されておらず，見積りの仮定や不確実性の内容等も記載されていない。

6　日本の実務への示唆

　本章では，訴訟・法令違反に関する偶発債務に関する2社の個別の製品訴訟案件を対象とした事例分析と1社の訴訟案件全般を対象とした事例の紹介を行った。

　Smiths Group社の事例では，注記に2つの製品の訴訟ごとに引当金の額や計算過程が細かく開示されているが，引当ての原因となった訴訟自体については簡単にしか記載されていない。KAMの記載もその引当金の見積りの仮定や使用した数値の検証が中心となっている。Bayer社の事例では，注記に3つの製品についての訴訟の内容や規模感が詳細に開示されているが，訴訟ごとの引当金の有無や金額，計算過程等は記載されていない。KAMには訴訟の内容

が詳細に記載され，その対応は内部統制の評価手続が中心になっている。また，AstraZeneka社の事例では，注記に訴訟の規模や案件ごとの引当金の額は記載されておらず，KAMの記載は訴訟関連の引当金全体を対象としたものとなっている。

このように，KAMの性質・内容や監査人の対応手続の開示は，企業の開示姿勢や考えに少なからず左右されることが確認される。

日本では，訴訟については，その内容や規模感，進捗状況を詳細に記載することは諸外国に比べて少なく，また引当金の計算の仮定や見積りに使用した各指標を詳細に開示する実務も現時点ではみられない。KAMの導入は監査の質を明確にするものであるといわれるが，併せて企業の開示姿勢や内部統制の状況も明らかにする可能性がある。監査の質には企業の開示姿勢や適切な内部統制の構築を指導する能力も含まれると考えると，監査人にとって大きな負荷となることは避けられないと考える。

（髙見　勝文）

第**15**章

過年度修正

1 概　　要

　本章では，過年度修正に関連するKAMについて取り上げる。分析対象会社187社のうち，主観的分類によれば，過年度修正に関連するKAMは3個であり，それらはすべてFTSE100の構成銘柄発行会社の監査報告書に記載されたものである。不正等の発生は，会計監査の品質への疑問にとどまらず，監査制度の見直しのきっかけとなりうる事象である。

2 監査上の留意点

　修正を要するような不正等が発覚した場合は，まず会社により原因究明が行われ，影響額を算定し修正後の財務諸表を作成したうえで，監査人による監査手続が実施される。そのうえで監査上，類似取引の有無の検討，経営者が利用した専門家の業務の評価，監査人による専門家の業務の利用の検討，過年度に実施した監査手続の見直しの要否の検討および開示・表示の検討が必要となる。とくに重要な点は，想定される態様等に直接対応した監査手続が求められることであり，そのような監査手続は個別性が高い。監基報240「財務諸表監査における不正」や監査・保証実務委員会研究報告第25号「不適切な会計処理が発覚した場合の監査人の留意事項について」（日本公認会計士協会［2012］），同第

28号「訂正報告書に含まれる財務諸表等に対する監査上の留意事項について」（日本公認会計士協会［2013］）ならびに子会社や事業所などでの発生であれば監基報600「グループ監査」が参考となる。

3 Glencore社の事例

3.1 会社の概要

Glencore社（巻末付録１の77番）は，本社をスイスのバールに置く鉱山開発および商品取引を営む企業であり，ロンドン証券取引所に上場している。会計の基準（連結）はEU-IFRSsであり，分析対象年度である2017年12月期の同社の主要財務数値（連結）は，総収益205,476百万USドル，親会社株主に帰属する利益5,777百万USドル，総資産135,593百万USドル，および純資産49,455百万USドルである。監査の基準はISAs（UK）および関連法令であり，監査人はDeloitte LLPである。

3.2 KAMの記載事例

同社の2017年12月期の連結財務諸表に対する監査報告書には７個のKAMが記載されている。このうち，海外上場子会社であるKatanga社の不適切な会計処理に起因した修正再表示に関するKAM（年次報告書の118頁）を**資料15－1**に示す。

資料15－1　Katanga社に関する修正再表示

Katanga社に関する修正再表示
KAMに関する説明

　カナダで上場するKatanga社は，コンゴ民主共和国における銅およびコバルトの採掘会社であり，Glencore社とその連結子会社に支配されている。監査対象年度において，Katanga社の非業務執行取締役が，2014年12月期，2015年12月期および2016年12月期を対象としてKatanga社の会計処理に対する独立レビューを開始した（「独立レビュー」）。

このレビューでは，経営者による内部統制の無効化を含め，不適切な会計処理（inappropriate accouting practices），ならびにKatanga社の財務報告および棚卸資産の評価・計上に関する内部統制環境の重要な不備（significant weaknesses）により，2014年度，2015年度および2016年度において複数の財務諸表項目に虚偽の表示が生じたと結論づけた。累積的再表示により，総資産ならびに負債および資本が純額で60百万ドル（18百万ドルの税効果考慮後）減少し，この金額はGlencore社の2017年度連結財務諸表に当期の修正額として計上された。これらの修正は，Glencore社の連結上の利益，財政状態およびキャッシュ・フローに重要な悪影響を及ぼさない。

Glencore社の取締役会は委員会を開き，Katanga社の「独立レビュー」の発見事項がGlencore社グループの内部統制に与える影響について評価した（「Glencoreレビュー」）。これは，同様の問題がGlencore社の他の事業に存在する可能性などの評価に加え，統制環境の改善に向けた適切な対応，および過年度の財務諸表への虚偽表示に関与したGlencore社の従業員に対する処分の決定を目的としたものであった。

当グループおよび関連する構成単位レベルにおける私たちの監査手続には，Katanga社の「独立レビュー」とGlencore社の取締役会での発見事項の影響を検討する追加的な監査手続が含まれる。

本事項に関する取締役会の協議については92頁および97頁を，上記の修正によるGlencore社の財務諸表への累積的影響については注4を，それぞれ参照されたい。

私たちの監査範囲のKAMへの対応

Katanga社の「独立レビュー」への対応として，当グループおよび関連する構成単位の監査チームが実施した追加的な監査手続には，以下が含まれる。

- 当グループおよび構成単位レベルにおける，Deloitteの不正調査専門家を利用した，非業務執行取締役が契約しKatanga社の「独立レビュー」を支援した独立の会計専門家の業務範囲および能力の把握と批判的検討，ならびにグループ監査チームが実施した監査手続についての理解と批判的検討
- 経営者による内部統制の無効化などの内部統制に関する発見事項を含む虚偽表示の内容を理解するための，Katanga社の「独立レビュー」に参加した独立の会計専門家が作成した報告書のレビュー

- Katanga社の財務諸表の修正再表示に必要な修正仕訳に関する追加的な監査手続
- Glencore社の他の資産，および，とくにアフリカの銅資産に対する経営者による内部統制の無効化のリスクを検討した「Glencoreレビュー」の対象範囲，ならびに調査結果を把握するための，Glencore社の取締役会および上級管理者との会合
- Katanga社と同様のリスクプロファイルを抱える構成単位の監査人と，増大する経営者による内部統制の無効化のリスクについて情報共有し，構成単位の監査手続に<u>Deloitteの採掘（事業）専門家を関与</u>させるなどの追加的な監査手続の実施を要請
- 本件支援のために契約した専門家による提言の実施の検討と，経営者による内部統制の無効化にかかわる虚偽表示が<u>他の構成単位にも存在するか否かを判断</u>するためのKatanga社およびGlencore社の取締役会による他の措置への適用状況の検討

主要な見解

　私たちは，Glencore社の連結財務諸表に計上されている修正額の累積的影響が，IFRSsに準拠して，すべての重要な点において適正に表示されている（fairly stated）ことを確かめた（concur）。私たちが実施したテストの結果に基づき，私たちの監査において，経営者による内部統制の無効化にかかわる報告すべき新たな虚偽の表示は識別されなかった。

（注）　下線は筆者による。

　このKAMは，会社が実施した調査の信頼性を確認する監査手続の記述が多く，また，経営者による内部統制の無効化に対して実施した監査手続も記載されている。経営者による内部統制の無効化のリスクは特別な検討を必要とするリスクであり，その程度は異なるもののすべての企業に存在するが，「本レビューにおいて識別された会計上の修正の一部は，当時在任中であった上級経営者および業務執行取締役が当社の統制プロセスを無視したことに起因している。」（後掲の資料15-3を参照）とあることから，このKAMは，事象の顕在化により内部統制の無効化リスクの程度を見直すこととなったため，記載したものと推測する。

262◆ 第Ⅱ部　事例分析編

3.3　関連する開示

資料15－1のKAMで参照されている注記開示等を紹介する前に，本事例の状況を理解するために必要なKatanga社の修正再表示の内容を確認する。

Katanga社は，カナダのユーコン準州に本拠を置く銅，コバルト鉱業および関連活動に従事する会社である。トロント証券取引所に上場しており，Glencore社グループはその株式の86.3％を保有する。2017年12月期の同社の主要財務数値（連結）は，総収益25,292千USドル，親会社株主に帰属する利益△573,496千USドル，総資産5,899,396千USドル，および純資産△374,375千USドルである。

同社は，2017年11月20日に，2015年度と2016年度の修正再表示を行った財務諸表を公表し，同日付で報道発表も行っている。本事例を理解するうえで参考となるため，修正再表示がなされたKatanga社の財務諸表注記を**資料15－2**に，報道発表の内容を**資料15－3**に示す。

資料15－2　Katanga社の財務諸表注記（抜粋）

2　以前に公表した連結財務諸表の修正再表示

　当社は，2016年12月31日，2015年12月31日および2015年1月1日現在の連結財政状態計算書，ならびに2016年12月31日および2015年12月31日に終了した年度の連結損益および包括損益計算書，連結キャッシュ・フロー計算書，ならびに連結持分変動計算書を修正再表示した。2017年度第2四半期の終了後に，オンタリオ州証券委員会による調査の過程で，当社の会計処理の一部における適切性に疑問を呈する情報が当社の独立社外取締役の注目するところとなった。この情報に基づき，当社の取締役会は，独立社外取締役であるRobert G. Wardell氏，Terry Robinson氏およびHugh Stoyell氏（以下，「独立社外取締役ら」という）に対し，それらの実務のレビューを実施するよう要請した。独立社外取締役らの指示のもとで，内部レビュー（以下，「本レビュー」という）が実施された。独立社外取締役らは，本レビューを実施するにあたって自身を補佐すべく，カナダの法律顧問および多国籍の会計事務所を関与させた。本レビューにより，とりわけ，2016年度，2015年度，およびそれ以前の期間における，銅陰極の完成品の合計トン数を不正確に記録する会計処理（製品在庫の過大表

第15章 過年度修正 ◆263

示につながる），仕掛在庫に含まれる銅精鉱の評価額，貯蔵在庫に含まれる鉱石の評価額，および有形固定資産の金額を不正確に記録する会計処理が識別された。これらの実務は適切でなく，修正が要求された。

以下の項目に関連する修正再表示は，以下の表の後の段落で説明される。

- 売掛金
- 棚卸資産
- 有形固定資産
- 非流動棚卸資産（Non-current inventories）
- 繰延税金資産
- 関連当事者の修正された貸付金（Amended loan facilities-related parties）
- 買掛金および未払債務
- 累積赤字
- 非支配持分
- 損失および包括損失
- 売上原価
- 営業費用
- 減価償却費　および
- 法人税

（注）　下線は筆者による。
（出典）　Katanga Mining Limited, Consolidated Financial Statements as at and for the years ended December 31, 2016 and 2015 Restated, Notes to the Consolidated Financial Statements.

資料15-3　Katanga社の報道発表内容（抜粋）

財務報告に関する内部統制

本レビューでは，上記の修正再表示につながった会計処理が，当社の財務報告に係る内部統制（以下，「ICFR」という）における以下のような重大な欠陥（material weakness）を明らかにしていると結論づけられた。

- 統制環境に関する重大な欠陥—統制環境は，上級経営者の責任であり，組織風土を方向づけ，組織の従業員の統制に対する意識に影響を及ぼし，ICFRにおける他の構成要素の基礎となる。当社は，コンプライアンスおよび統制の強固な文化（IFRSに準拠した財務諸表の表示のために不可欠な方針，手続および統制の遵守を含む）を当社が十分に確立・実行していないと結

264◆ 第Ⅱ部　事例分析編

論づけた。

- 経営者による内部統制の無効化に関する重大な欠陥―当社は，統制の無視または無効化を防止または発見するための有効な統制を維持していなかった。本レビューにおいて識別された会計上の修正の一部は，当時在任中であった上級経営者および業務執行取締役が当社の統制プロセスを無視したことに起因する。

- モニタリング活動に関する重大な欠陥―モニタリング活動は，内部統制システム全体が継続的に監視され，問題が適時に対処されることを確実にする。本レビューにおいて識別された会計上の修正の一部がより早期に識別されなかった理由は，不十分なモニタリング統制（仕掛精鉱在庫の価値を適切に定量化・検証するにあたっての不十分な統制および手続，四半期末および年度末の売上のカットオフ手続に関連する不十分な統制，外部財務報告の正確性のテストに対する内部監査の不十分な関与，ならびにとくに金属会計に関連する高リスク領域に対する内部監査の勧告の効果的な実施を確実にするにあたっての不十分な手続を含む）であると，当社は判断した。

(注)　下線は筆者による。
(出典)　Katanga Mining Limited, News release No. 16/2017, Katanga Mining Provides Results of Independent Director Review of Certain Past Accounting, Files Restated Financial Statements and Second and Third Quarter 2017 Interim Filings, November 20, 2017, p.6.

　なお，Katanga社は財務諸表を修正再表示したが，その影響はGlencore社の2017年12月期の連結財務諸表にとって重要性ではないと判断され，その他費用（純額）（594百万ドル）のなかにKatanga社の修正再表示（78百万ドル）が含まれていることが注4に記載されている。

　グループ財務諸表全体の重要性（200百万ドル（2017年12月期連結））や財務数値を考慮すると，グループ監査におけるKatanga社の修正再表示に関する金額的重要性は高くないと推測されるが，監査人はKAMを選択するにあたり，事象の顕在化により，グループ内において類似した状況が他に発生していないことについて，十分な検討を要するという質的な要素を考慮したと推測する。Katanga社のように上場子会社であれば公表済みの情報も多く，記載上のハードルはそれほど高くないと考える。

　また，コーポレート・ガバナンス報告書および監査委員会報告書にKatanga

第15章　過年度修正　◆265

社の修正再表示に関する説明が記載されている。Glencore社のコーポレート・ガバナンス報告書（年次報告書の92頁）を**資料15－4**に，そして監査委員会報告書（年次報告書の97頁）を**資料15－5**に示す。

| 資料15－4 | Glencore社のコーポレート・ガバナンス報告書（抜粋） |

Katanga社の修正再表示

　グループの内部統制環境の強固さにもかかわらず，Katanga社において，過去の財務諸表の修正再表示が要求された。これは，Katanga社における過去の会計処理の一部に係る内部レビューを受けたものである。当該レビューは，Katanga社における独立社外取締役の指示のもとで，かかる独立社外取締役を補佐すべくカナダの法律顧問および国際的な会計事務所を関与させる形で実施された。当該事項はGlencore社の連結利益，財政状態またはキャッシュ・フローに重要な悪影響は及ぼさないものの，取締役会は当該事項を重大なものとみなし，これに従い当該レビューの指摘事項を注意深く検討すべく，会長が率いる取締役委員会を設置するとともに，Katanga社の財務報告に係る内部統制において識別された重大な欠陥（material weaknesses）に注目した。その結果，Katanga社の業務執行取締役のうち３人が辞任し，Glencore社は代わりとなる３人の新たな取締役を指名した。加えて，Glencore社によるレビューの結果として，銅部門の財務プロセスおよび手続を改善・強化するため，当該部門全体にわたってさまざまな構造上および内部統制上の変更が実施された。Glencore社の取締役会は，識別された欠陥が対処され再発しないことを確実にすべく，尽力した。

（注）　下線は筆者による。

| 資料15－5 | Glencore社の監査委員会報告書（抜粋） |

1．Katanga社の修正再表示

　監査委員会の重点領域は，以下のとおりである。

- 当該虚偽の表示を生じさせた内部統制環境の重大な欠点（material defeats）について理解すること
- 提案された内部統制の是正措置は識別された欠陥が再発しないことを確実にするために十分である旨を，CEOおよびCFOならびに内部監査人および外部監査人との議論において確認すること

- 内部統制を強化するための外部専門家および取締役会からの勧告の実施お
  よびモニタリングを監視すること
- これらの問題の結果として生じる事項について，当社の財務諸表における
  適切な取扱いを検討すること

3.4　特　　徴

(1)　監査人による特殊な領域での専門知識の利用

　このKAMには，Deloitteの不正調査専門家と採掘（事業）専門家の業務を利
用した旨が記載されている。

　「監査人は，例えば，不正調査の専門家やITの専門家のような専門的な知識
と技能をもったメンバーを追加し，または豊富な経験を有するメンバーを配置
することによって対応する場合がある。」（監基報240，第A32項）とされており，
日本の実務でも不正調査の専門家の業務を利用する場合が想定される。

(2)　会社の実施した作業や資料の利用

　このKAMでは，監査人は独立した会計専門家の業務範囲と能力の評価を実
施したうえで，Katanga社の「独立レビュー」を利用したと記載している。こ
のKAMにある「Glencoreレビュー」と「独立レビュー」は，日本における会
社の内部調査委員会の調査報告書や第三者委員会の調査報告書に類似するもの
と推測する。

　内部調査委員会の調査報告書はあくまで経営者自身による経営者のための内
部調査と位置づけていることから「内部監査の利用」（監基報610）として，ま
た第三者委員会の調査報告書は専門性を有していることから経営者の利用する
専門家の利用として，監基報500「監査証拠」の要求事項（第7項）に従っ
た手続が求められる。留意すべき事項として，専門家が実施していたとしても，
監査人はその結果を鵜呑みにすることなく職業的懐疑心の発揮が求められる。
つまり，これらの調査報告書のみをもって十分かつ適切な監査証拠を入手した
こととはならないため，たとえば第三者委員会の適性，能力および客観性の評
価や実施業務の理解などが求められる。

第15章　過年度修正　◆267

(3)　類似する事象・取引等の検討

このKAMでは，他の構成単位に対してもKatanga社の本案件と類似する取引が存在するか否かを検討したことが記載されている。一般論としても，不正においては経営者の業績へのプレッシャーが存在する場合には，同時期に複数拠点で同種の事象が発生することがある。また，実行者の配置転換に伴い不正等が拡散する場合もある。よって，不正等が発覚した場合には，発生した地域や事項の特徴および関与者などの観点から同様の問題が発生していないかの検討が重要となる。検討の結果，類似項目が発生する可能性のある領域を特定した場合には，追加の監査手続を実施することとなる。

4　BT Group社の事例

4.1　会社の概要

BT Group社（巻末付録１の39番）は，イギリスのロンドンに本拠を置く大手電気通信事業者であり，ロンドン証券取引所とニューヨーク証券取引所に上場している。会計の基準（連結）はEU-IFRSsであり，分析対象年度である2018年３月期の同社の主要財務数値（連結）は，売上高23,723百万ポンド，親会社株主に帰属する利益2,032百万ポンド，総資産41,678百万ポンド，および純資産10,304百万ポンドである。監査の基準はISAs（UK）であり，監査人はPricewaterhouseCoopers LLPである。

4.2　KAMの記載事例

同社の2017年３月期の監査報告書には，海外事業における通例でない会計実務に関するKAM[1]が記載されており，2018年３月期の監査報告書には，当該実務に係る内部統制の重大な欠陥が改善されたことに関するKAMが記載されている。通例でない会計実務に関するKAM（2017年度年次報告書の159-160頁）を

1　2017年３月期の財務諸表の監査に適用された監査基準はISA（UK and Ireland）であるため，厳密にいえばKAMではなく「重要な虚偽表示リスクに関する記載」である。

268◆　第Ⅱ部　事例分析編

資料15－6に，内部統制の欠陥の改善に関するKAM（2018年度年次報告書の195頁）を**資料15－7**に示す。

資料15－6　BT Italia[1] 社における通例でない会計実務（2017年3月期）

重点領域

BT Italiaでの通例でない会計実務（Irregular accounting practices in BT Italia）

　年次報告書の6頁に詳細に説明されているとおり，BT社は，2016年10月27日に，同社のイタリア事業における会計処理に関する当初の内部調査により，過年度の特定の会計上の誤謬および再評価を必要とする経営判断の領域が識別されたと発表した。当該時点で，経営者は，イタリアの貸借対照表上の項目に係る評価減を145百万ポンドと公表した。

　2017年1月，経営者は，イタリア事業の財政状態の調査が実質的に完了し，さらなる修正が認識されたと報告した。影響額の合計は，過年度の誤謬に関連するものが268百万ポンド，会計上の見積りの変更に関連するものが245百万ポンドであった。過年度の誤謬は，該当する比較期間に反映され，その影響は注1に示されている。具体的な項目は注8に示されている。

　取締役会により委任され，監査・リスク委員会の委員長およびBTグループ会長宛に報告された当該調査のさらなる詳細は，112-113頁に示されている。当該調査の指摘事項（識別された関連する統制の不備（control deficiencies）を含む）に対する経営者の対応は，148-149頁に示されている。

　私たちの監査は，財務諸表への影響の評価，および他の報告単位における類似の問題に係るリスクへの対処に焦点を合わせた。

重点領域への監査上の対応方法

　私たちは，取締役会によって開始された調査の構造，範囲，アプローチおよび独立性を評価するため，ならびに識別された各問題がBTグループ全体に及ぶリスクが当該調査において検討され，最終結論が適切であることを確認するため，不正調査専門家を監査チームに加えた。また私たちは，当該調査において識別された各項目から生じる関連する監査リスクを検討し，監査リスクの評価への影響を判断し，適切な監査対応を策定するにあたって支援を受けるために，不正調査専門家を利用した。

　私たちは，監査の範囲を検討し，とくにどの報告単位（とくにイタリアにお

第15章　過年度修正　◆269

ける報告単位を含む）が追加の監査手続の実施を必要とするかを評価した。また私たちは，不正リスクに対応するための追加の監査手続（年度を通じた追加的な手作業による仕訳テストを含む）を実施するよう，各構成単位の監査チームに指示した。

　私たちは，当該調査がイタリアとその他の場所の両方における経営者の内部統制環境に及ぼす影響を検討した。統制に不備（deficiencies in controls）が識別された場合，私たちは補完統制（存在する場合）をテストし，適切な補完統制がない場合は追加の実証手続を実施した。

　上記を考慮し，当初の監査計画に基づき，私たちは，当該報告単位の完全な財務情報に関するフルスコープ監査を実施するようイタリアの構成単位の監査チームに指示するとともに，当該チームの作業を評価した。さらに私たちは，構成単位監査の計画，実施および完了にわたってグループ監査チームのシニア・メンバーをイタリアに滞在させ，相当な水準の監督を行った。それらの関与活動の一環として，私たちは，重要な虚偽表示を引き起こす特別な検討を必要とするリスクを識別するために構成単位の監査チームのリスク評価に関与し，識別された特別な検討を必要とするリスクに対応するために構成単位の監査チームによって実施される監査手続の適切性を評価した。私たちは，実施された作業を評価するために構成単位の監査チームの特定の監査調書を査閲し，チームの作業および指摘事項を検討するために構成単位の監査チームとの定期的なミーティングの実施に加え，現地，グローバル・サービスおよびグループの経営者との間でも定期的なミーティングを実施した。また，イタリアにおける構成単位の監査チームは，過年度の修正および計上済みの特定の項目に対して特別なテストを実施した（specifically tested）。

　監査手続の結果として，私たちは，当該調査を受けて経営者が計上した修正が重要な点において適切であることを確認した。また私たちは，財務諸表（とくに注1）における経営者による開示の適切性を検討し，それらの開示が当該問題および経営者の調査の結果に関する十分な説明を提供していると判断した。

1）BT Group社の年次報告書では，BT Italia社とBT Italy社の表記が混在している。
（注）　下線は筆者による。

270◆ 第Ⅱ部　事例分析編

資料15－7　BT Italy社─統制環境の変化と2016/17年度に行われた見積りのレビュー（2018年3月期）

KAM

BT Italy社─統制環境の変化と2016/17年度に行われた見積りのレビュー

年次報告書145頁の監査・リスク委員会報告書

　2016/17年度において，当グループはイタリアでの通例でない会計実務に関する調査結果を開示し，そのなかで2017年3月31日時点におけるイタリア事業に関する統制上の不備（control deficiencies）を報告した。

　2017/18年度において，当グループはイタリア事業に関連する統制環境に関して複数の変更を行った。この変更には，前年に有効に運用されていなかった統制の強化および新たな統制の実施が含まれる。

　以前に報告したとおり，前年の調査に従って，当グループは2016/17年度にイタリア事業に関して総額513万ポンドを修正した。そのうち，245万ポンドは2016/17年度の連結損益計算書の特定項目の費用として認識された。268万ポンドは2016/17年度より以前に関するものであった。

　経営者は，通例でない会計実務および統制の欠陥（control weaknesses）により，2016/17年度に計上された修正額を決定するうえで複数の見積りと判断を下すことを求められた。2017/18年度において，経営者は以前の見積りを再評価するために追加の作業を実施し，それ以上の重要な修正は不要であると判断した。

私たちの監査のKAMへの対処

　私たちは，イタリア事業に関する強化された統制と新たな統制の整備状況を評価し，それらの運用状況の有効性をテストした。

　私たちのイタリアの構成単位の監査チームが，2018年3月期のグループ監査目的で<u>フルスコープの監査を実施し</u>，実施結果についてグループ監査チームへの報告を行った。またイタリアの構成単位の監査チームの支援のもと，私たちは，イタリア事業の当期または過年度の財務情報にさらなる修正を行う必要を示す新たな情報を提供するような事象または状況が，2018年3月期に生じた証拠があるかどうかを評価した。

　私たちは，2018年3月31日時点の連結貸借対照表でイタリア事業に関して計上された重要な見積りが，以前に認識された金額の再評価も含め，適切に裏づけられていることについて確信した。

（注）　下線は筆者による。

4.3 関連する開示

2017年3月期のKAMの参照先である注1（2017年度年次報告書の172頁）には，通例でない会計実務の経緯と2017年3月期を含む過年度への影響額と修正再表示の明細が示されている。それによると，複雑な一連の不適切な販売，購入，ファクタリング，およびリース取引などの不適切な行為を原因とした過年度の誤謬（the prior years' errors）により前年度以前の数年間にわたる利益および資本の過大計上がなされ，この結果，前年度末における連結貸借対照表の資本合計は268百万ポンドの減少となる。これらの誤謬は公表済みの財務諸表全体において重要ではないが，誤謬の累積的影響額の修正は重要であるため，当年度に修正再表示を行うことが適切と判断されたことが注1に示されている。

イタリア事業に係る通例でない会計実務については，監査・リスク委員会報告書（2017年度年次報告書の115頁）に，イギリスのコーポレートガバナンス・コードおよびアメリカのSOX法に基づく内部統制の構築義務に関する説明がある。また，年次報告書にはPCAOB基準による監査報告書も添付されており，2017年3月期の監査報告書には，「当グループのイタリア事業に関連する共謀による統制の無視または無効化を防止または発見するための有効な統制をグループが維持できなかったことに関連する内部統制の重大な欠陥（material weakness）が2017年3月31日現在で存在していたことから，（中略）財務報告に係る有効な内部統制を維持していないと認める。」という意見が述べられている。

このような指摘を受けて，2018年3月期においてBT Group社の監査・リスク委員会は，当該調査の結果として経営者が行った判断および見積りの会計処理に対する経営者による再評価を観察し，過年度の修正の一部または特定の項目として2016/17年度に計上された累積的影響額は依然として適切であるため，追加の修正は要求されないと結論づけた。また経営者は，前年度末における統制環境の重大な欠陥（material weakness）に関連して，イタリアに係る調整表，仕訳帳，損益および財政状態のレビューを強化した。具体的には，イタリアおよびBT Group社のシェアード・サービス・センターにおけるすべての仕訳帳のレビュー時の詳細なチェックリストの必須利用などの詳細な方針および手続の導入，貸借対照表の勘定科目の調整表や滞留項目のレビューの強化およびイ

272◆　第Ⅱ部　事例分析編

タリアやその他の重要な海外拠点の損益および財政状態のレビューのための新しい監視コントロールの導入である。また，その他の重要な海外拠点にもイタリアと類似する統制の強化を行った。監査・リスク委員会はこれらの見直し後の内部統制は有効に運用されていると結論している（監査・リスク委員会報告書（2018年度年次報告書の145頁））。

4.4　特　　徴

⑴　内部統制報告制度とKAM

このKAMは，SOX法に基づく評価結果も踏まえた内部統制に関連するKAMである。内部統制報告制度の評価結果が直接的にKAMと結びつくわけではないが，財務諸表監査においてリスク・アプローチが採用されており，内部統制の評価が有効ではない場合には追加すべき監査手続が増え，また監査アプローチの変更等をもたらすためKAMになる可能性が高くなると考える。

また，本事例では，事象が発覚した年度に加え，内部統制評価の改善年度においてもそれをKAMとして扱っている。内部統制報告制度を採用している場合には，内部統制評価の改善に関連して監査意見を表明するにあたり，その改善のプロセスに対する財務諸表利用者の関心は高いと考える。

⑵　監査の範囲の概要

このKAMは，外部監査人がBT Italy社に対してフルスコープの監査を実施したことを記載している。外部監査人監査報告書における監査範囲の説明では，グループ監査をフルスコープの監査を含む3つのカテゴリーに区分し，フルスコープの監査範囲にはイタリアの主要報告単位を含むことが記載されている。監査範囲の記載はイギリスの監査報告書の特徴であるが，日本の監査実務上も，複数のカテゴリーに区分しそれぞれの重要性に応じた監査手続を実施することとなる。ISA 700「財務諸表に対する意見の形成と監査報告」（IAASB［2015d］）および日本の『監査基準』・監基報ではこの記載は求められていないが，特定の構成単位の事象に関連するKAMの場合は，本事例のようなグループ監査の範囲の記載は財務諸表利用者へより有用な情報を提供することとなると筆者は考える。

第15章 過年度修正 ◆273

⑶ 構成単位の監査人との連携

このKAMでは監査手続のなかで構成単位の監査人との連携が詳細に記載されている。たとえば，構成単位の監査人への作業の伝達や作業の適切性の評価，作業への関与，監査調書の査閲および構成単位の監査人とのコミュニケーションである。本事例のような事象が発覚した場合は，それに直接対応した監査手続が求められるため個別性が高いことから，このような詳細な記載は有意義である。

5 日本の実務への示唆

紹介した事例は修正再表示を行っているが，日本では金融商品取引法において修正再表示ではなく訂正報告書を提出することになるため，訂正報告書における監査報告書とKAMの取扱いが問題となる。訂正報告書に監査報告書を添付した場合のKAMの取扱いについては必ずしも明確ではないため，今後の検討がまたれるところである。

また，紹介したKAMの参照先に記載のある事象の発覚後の経緯，調査結果や再発防止策は，日本の実務ではプレスリリース，内部調査委員会または第三者委員会による調査報告書，改善報告書および改善状況報告書で開示することが多い。これらは会社による公表情報としてKAMを記載する上で参考となりうる。しかしながら，監査人による直接的な監査意見の表明対象ではない箇所を参照先とする場合に特有の留意事項があろう。つまり会社が独自で公表する情報であるため，かりにこれらの資料のなかに事実関係と齟齬する内容や誤解を与える表現があれば，監査人のKAMの記載にも少なからず影響を与える。監査人による直接的な監査意見の表明対象ではないため，会社によりいったん開示されるとそれに対し修正が困難となる可能性もある。よって，会社の作成したドラフトを事前に入手し検証するなど慎重に対応することが重要である。

最後に，このような事象が発覚すると，会社は調査や財務諸表修正の対応に迫られる。有価証券報告書の法定提出期間の経過後，証券取引所の定める一定期間内に有価証券報告書を提出できない場合には，上場廃止基準に抵触することとなるため，とくに決算作業や決算監査期間中に発覚した場合には，監査人

の対応にも厳しい時間的制約が生じる。KAMは監査役等とコミュニケーションしたなかから選択されるため，通常は監査計画段階からKAMについて連携を行っていくが，KAMの本格的導入後にこのような事象が発覚した場合には，時間的制約のなかで，監査人と監査役等は連携し，KAMの記載について検討することが求められる。よって今後はよりいっそう，常日頃から監査人と監査役等との連携を行うことが望まれる。

（疋田　鏡子）

その他の特徴的なKAM

1 概　　要

本章では，これまでに分析・紹介したKAM以外の特徴的なものとして，情報技術，組織再編，特別項目および再測定，有形固定資産の減損，ならびに固定資産の資産計上および耐用年数に関するKAMを取り上げる。

2 情報技術

2.1 監査上の留意点

ほとんどの企業は財務報告プロセスに情報技術（以下，ITとする）を適用しており，ITは，監査人が実施するリスク評価およびリスク対応に大きな影響を与える。そのため，監査人には，企業が構築した業務プロセスとITに関する知識，およびそれに対応できる技術的な能力が求められる。また，監査人がIT専門家の業務を利用する場合においても，監査人は，IT専門家の能力と業務の客観性を評価し，その業務の結果が監査証拠として十分かつ適切であることを確かめる必要がある。このため，監査人には，IT専門家が実施した業務の内容と指摘事項を理解するに足る能力が求められている（日本公認会計士協会［2011a］）。

276◆　第Ⅱ部　事例分析編

2.2　Informa社の事例

(1)　会社の概要

　学術出版事業やビジネスイベント運営事業の多国籍企業であるInforma社（巻末付録1の88番）の本店所在地はイギリスのロンドンであり，ロンドン証券取引所に上場している。会計の基準（連結）はEU-IFRSsであり，分析対象年度である2017年12月期の同社の主要財務数値（連結）は，売上高1,758百万ポンド，親会社株主に帰属する利益311百万ポンド，総資産4,892百万ポンド，および純資産2,231百万ポンドである。監査の基準はISAs（UK）であり，監査人はDeloitte LLPのロンドン事務所である。

(2)　KAMの記載事例

　同社の2017年12月期の連結財務諸表に対する監査報告書には4個のKAMが記載されている。このうち，新しいグローバルERPシステムの導入に関するKAM（年次報告書の124頁）を**資料16－1**に示す。

資料16－1　新しいグローバルERPシステムの導入

KAMの説明

　2017年に，当グループは，従来の総勘定元帳システムCODAに代えて，全シェアードサービスセンターを対象とした新型SAPシステムを段階的に導入し始めた。

　この新しい財務システムの導入に関するリスクには，2つの要素がある。1つは，新型SAPシステムへのデータの移行が完全にまたは正確になされない可能性があることである。もう1つは，実施されるITおよび業務プロセスの統制が，財務情報の効果的な処理および報告をする形で整備，実施または運用されない可能性があることである。

　私たちは当初，他の構成単位の監査チームにより実施される本格的な実証手続と併せて，イギリスのシェアードサービスセンターについては統制に依拠した監査アプローチを採用することを計画していた。しかし，新型SAPシステムに対するIT全般統制に対する監査業務の結果を受けて，私たちはイギリスにおける監査アプローチを実証的なアプローチに変更し，システムの変更という事

象を特別な検討を必要とするリスクかつKAMへと引き上げた。その監査結果には，新しいSAPシステム内における特権ユーザーのアクセス権の付与に関する内部統制の重要な不備が含まれていた。

実装フェーズにおいて特定の個人に対するユーザーアクセス権が当初計画を超えて設定されており，このことが不正または誤謬によって不適切な財務取引が計上されるリスクを高め，当該SAPシステムに含まれるデータに私たちが依拠できる可能性に潜在的に影響している。

私たちの監査範囲のKAMへの対応

私たちが当初監査計画のもとでIT監査専門家と協力して実施した手続には，以下が含まれている。

プログラムに関するガバナンス

- 段階的なデータ移行に関する会社のガバナンスと統制の検討。
- 内部監査によるプログラム保証作業の検討。

データの移行

- 各データ移行前後の運営委員会へのプレゼンテーションおよび関連する議事録のレビュー。
- 関連する統制の整備状況をテストし，移行されたデータの完全性と正確性がITおよび／または財務担当の経営管理者の適切な上級者によって検証および承認されたことの確認。
- すべてのデータが適切に転送され，完全かつ正確であることを確認するために，移行されたデータと移行前後の総勘定元帳の関連するデータとのサンプリングによる照合。

財務情報の有効な処理および報告への役立ち

- 独自のIT全般統制に関する監査ツールを用いた，アクセス・セキュリティ，変更管理，およびIT運用に係るIT全般統制のテスト。
- 統制がプロジェクト計画およびリスク・コントロール・マトリックスにおいて設計されたとおりに適用されていることを確認するための，SAPに係る統制を評価するための独自のツールを用いた，SAPシステムに組み込まれた自動化された業務プロセス統制のテスト。

新しいSAPシステムに関するIT全般統制の監査作業の結果を受けて，私たちは，イギリスにおいても実証的な監査アプローチを採用することにした。私たちは，発見事項が構成要素の監査において考慮されるように，発見事項とリス

278◆　第Ⅱ部　事例分析編

ク評価を見直した旨を，以前は実証的な監査アプローチの採用を予定していた
アメリカおよびシンガポールの構成単位チームに伝達した。

　識別した内部統制の不備の潜在的な影響を調査・評価するために，私たちは，
当グループの技術チームと協力しながら，以下の追加手続を実施した。

- エンドユーザーに割り当てられた2つのもっともリスクの高い特権アクセスから，データの完全性を損なう不適切な活動が実際に行われたかどうかの調査。これは，実行されたこの種のすべてのアクティビティを示すシステムログと，管理者から提出された関係書類および／またはこれらの特権アクセスに対する管理者の承認に関する監査証跡とを照合することにより実施された。
- SAPシステムから生成された報告書に含まれる情報が完全かつ正確であることを確認するための，当該報告書に対する追加のサンプルテストの実施。

このリスク評価のテストは，SAPシステム内のデータの完全性が損なわれていたというリスクを低減する保証を提供し，それにより私たちはシステムが生成する財務データと報告書を実証的な監査テストに使用することができた。しかし，私たちは重要なIT統制の不備に気づいたので，監査基準に従って監査計画を作成し直し，勘定残高および取引種類に対する重要な虚偽表示のリスクを再評価しなければならなかった。私たちが専門家と協議して実施した手続には，以下が含まれる。

- 特定の勘定残高および取引種類に関連づけたリスク分類の再検討および見直し。
- 内部統制の運用の有効性に依拠することを計画していた場合，追加の実証手続の実施。
- 重要な説明できない項目を識別するための経営者との詳細な討議を通じて，対象企業の損益計算書および貸借対照表の詳細な分析的レビューを含めるために，収益が10百万ポンドを超えるようなレビュー対象企業にまで手続の範囲を拡大すること。
- 監査手続におけるデータ分析技法のより一層の利用。
- 適切な職務の分離，仕訳が適切に承認されていること，および当該仕訳には事業活動上の正当な根拠があったことを確かめるための，仕訳に対する追加テストの実施。

第16章　その他の特徴的なKAM　◆279

主要な見解

　私たちは，追加の対応手続が満足に実施されたこと，および，追加手続は監査目的を達成したが，経営者はSAPの運用を安定させるためのさらなる活動を行うべきことを，監査委員会に報告した。

　この事例では，特定の個人に付与されたユーザーアクセス権が当初計画を超えて設定されているため，不正または誤謬による重要な虚偽表示のリスクが高く，また監査人がSAPシステムに含まれるデータに依拠しうる程度に影響することがKAMとされている。

　KAMの記載内容については，新しいグローバルERPシステムに対するIT全般統制の監査結果を受けて，監査アプローチを内部統制に依拠したアプローチから実証手続を中心とするアプローチに変更したことを具体的に記述しているところに特徴がある。この監査アプローチの変更については，監査報告書のKAMの区分の前に「監査アプローチの概要」と題された区分が設けられており，当初の監査アプローチは2017年5月に監査委員会と協議されたものであり，2017年11月の監査委員会で最終決定された旨が説明されている。また，特権ユーザーのアクセス権について検出された内部統制の重要な不備（significant deficiencies）の内容とそれがもたらすリスクが具体的に記述され，最終的に監査人の手続に影響があったことが説明されている。

　監査人の対応については，当初計画した手続と追加手続のそれぞれについて具体的な監査手続が列挙されている。とくに，IT全般統制で検出された特権アクセスに係る不備を受けて，特権アクセス権を割り当てられた2人のシステムログにまでさかのぼるという不備に個別に対応した手続内容が示されている。これらの説明によって，ブラックボックスと呼ばれる監査業務のプロセスや監査判断が「見える化」されるが，監査報告書の読み手にも監査業務やITシステムに関する知識が求められる。

(3)　関連する開示

　このKAMには参照すべき注記等は示されていない。そこで同社の年次報告書を確認したところ，戦略報告書の「部門別業績レビュー」（59頁）にSAPに移行した旨が記述されている。

280◆ 第Ⅱ部 事例分析編

2.3 Standard Chartered社の事例

(1) 会社の概要

世界的な銀行金融グループであり，香港ドル発券銀行の１つである Standard Chartered社（巻末付録１の166番）の本店所在地はイギリスのロンドンであり，ロンドン証券取引所に上場している。会計の基準（連結）はEU-IFRSsであり，分析対象年度である2017年12月期の同社の主要財務数値（連結）は，金利収入14,435百万米ドル，親会社株主に帰属する利益1,219百万米ドル，総資産663,501百万米ドル，および純資産51,807百万米ドルである。監査の基準はISAs（UK）であり，監査人はKPMG LLPのロンドン事務所である。

(2) KAMの記載事例

同社の2017年12月期の連結財務諸表に対する監査報告書には６個のKAMが記載されている。**資料16－２**は，そのうち情報技術に関するKAM（年次報告書の196頁）を示している。

資料16－2　情報技術

KAM

情報技術
66頁（監査委員会報告書）を参照。

リスク

処理エラー

　当グループの重要な財務会計・報告プロセスは，情報システムの自動化された統制に高度に依存しており，そのためIT統制環境における不備が，財務会計・報告に関する記録における重要な虚偽の表示につながるリスクがある。

　私たちは，主要な財務会計・報告システムに関するユーザーアクセス管理，職務の分離，およびシステム変更に関する統制に焦点を合わせた。

監査人の対応

　私たちの監査手続は，以下を含む。

第16章　その他の特徴的なKAM　◆281

> *IT全般統制の整備，観察および運用*：システムへのアクセスおよびシステム変更の管理，プログラムの開発およびコンピューターの運用など，財務会計・報告システムに関する情報技術に関して運用されている主要な統制のサンプルをテストした。
>
> *ユーザーアクセス管理の運用*：私たちは，財務会計・報告システムに関連する申請に対して付与されるアクセス権についての経営者の評価結果を入手し，例外的な評価結果が出たものに対してはその合理性をテストした。また，アクセス権の付与，取消および適切な運用に関する統制の運用の有効性を評価した。
>
> *監査結果*：私たちは，財務会計・報告システムに関するユーザーアクセス管理，職務の分離およびシステム変更の管理に関する統制は許容しうるものであると考える（2016年：受入可能）。

　この事例では，グループの重要な財務会計・報告プロセスはITシステムの内部統制に大きく依存しており，IT統制環境における不備から生じる重要な虚偽表示のリスクがKAMとされている。これに対する監査上の対応としては，IT全般統制の整備・運用状況の評価や，アクセス・コントロールの評価が行われている。

(3)　関連する開示

　このKAMの参照先は，財務諸表注記ではなく監査委員会報告書（年次報告書の66頁）である。そこでは監査委員会の2017年度の活動内容が説明されており，内部統制という見出しを付して「内部監査人の指摘事項に照らして，当グループにおける情報技術およびその運用に係る統制環境の強化計画の状況を議論した」旨が書かれている。しかし，資料16－2に示したKAMの性質や監査手続に直接あるいは個別に対応する開示内容ではない。

　このようなシステム変更に関する開示事例を見つけるために，過去5年間（2013年3月31日から2018年3月31日）の内国法人の有価証券報告書の経理の状況を対象に，「業務システム・変更」をキーワードとして検索した結果38件が検出されたが，いずれも業務システムの変更により会計処理に影響を及ぼす事例（セグメント情報の変更，棚卸資産の評価方法など）であった。

282◆　第Ⅱ部　事例分析編

　監査報告書にKAMを適切に記載するためには，KAMに対応した情報が適切に開示されていることが望まれる。KAMに関連する情報の開示を求める明確な規定がなく，経営者による自発的な開示も行われていない場合，監査人はまず経営者と十分に協議をする必要がある。とくにITに関するKAMの場合には，IT特有の知見が求められ，会計や財務のみならずITの知見を有する者との協議が必要と考えられる。また，システム変更など臨時的に発生するITリスクもあるため，それらの洗い出しに漏れが生じないように注意が必要である。

2.4　その他の特徴的な事例

　ここでは，ITに関するその他の特徴的な事例について，KAMの性質の説明部分のみを紹介する。

(1)　ABN AMRO Group社の事例

　大手投資銀行であるABN AMRO Group社（巻末付録1の3番）の本店所在地はオランダのアムステルダムであり，ユーロネクスト・アムステルダム証券取引所に上場している。会計の基準（連結）はEU-IFRSsであり，分析対象年度である2017年12月期の同社の主要財務数値（連結）は，金利収入12,502百万ユーロ，親会社株主に帰属する利益2,721百万ユーロ，総資産393,171百万ユーロ，および純資産21,303百万ユーロである。監査の基準はオランダの監査基準

資料16－3　電子データ処理の信頼性と継続性

リスク

　適切なITインフラストラクチャーは，当行の業務プロセスおよび財務報告の信頼性と継続性を確保する。当行は，IT環境およびITシステムをさらに改善するために絶えず投資を行っている。財務報告や規制報告などの外部報告の役割，ならびに財務および非財務データの精度（granularity）の向上は，質の高いデータと適切なIT環境を必要とする関係者にとって重要である。ITシステムの信頼性と継続性は自動化されたデータ処理に影響を与える可能性があるため，私たちはこれをKAMとみなす。

　情報技術およびIT環境の概要は，執行役会報告書の事業レビューの区分に記載されている。

を含む法律であり，監査人はErnst & Young Accountants LLPのアムステルダム事務所である。

同社の2017年12月期の連結財務諸表に対する監査報告書には，4個のKAMが記載されている。このうち，電子データ処理の信頼性と継続性に関するKAM（年次報告書の302頁）を**資料16－3**に示す。

(2) ING Groep社の事例

ING Groep社（巻末付録1の89番，会社概要は第9章4を参照）の2017年12月期の連結財務諸表に対する監査報告書には，4個のKAMが記載されている。このうち，情報技術およびシステムへの不適切なアクセスまたは変更のリスクに関するKAM（年次報告書の312頁）を**資料16－4**に示す。

資料16－4　**情報技術およびシステムへの不適切なアクセスまたは変更のリスク**

> INGグループは，事業活動と財務報告の信頼性と継続性を保つために，ITインフラストラクチャーに依存している。INGグループは，ITインフラストラクチャーの効率性と有効性，およびIT処理の信頼性と継続性を向上させるとともに，前年度に指摘された欠陥を是正するために，ITシステムおよびプロセスを改善し続けた。

3　組織再編

3.1　監査上の留意点

本節では，組織再編に関するKAMのうち，企業結合の事例を分析・紹介する。企業結合（business combination）とは，IFRS 3「企業結合」（IASB [2018]）付録Aにおいて，「取得企業が1つ又は複数の事業に対する支配を獲得する取引又はその他の事象」と定義されている。大型の買収は財務諸表への影響が大きく，また非定型取引であること，とくに識別可能な取得資産および引受負債の認識と測定に経営者の見積りや判断を伴うことから，監査上も重要な論点で

284◆ 第Ⅱ部　事例分析編

ある。

3.2　Wolters Kluwer社の事例

(1)　会社の概要

情報サービス事業や出版事業を営むWolters Kluwer社（巻末付録1の186番）の本店所在地はオランダのアムステルダムであり，アムステルダム証券取引所に上場している。会計の基準（連結）はEU-IFRSsおよびオランダ民法であり，分析対象年度である2017年12月期の同社の主要財務数値（連結）は，売上高4,422百万ユーロ，親会社株主に帰属する利益670百万ユーロ，総資産8,486百万ユーロ，および純資産2,325百万ユーロである。監査の基準はオランダ監査基準を含むオランダ法であり，監査人はDeloitte Accountants B.V.のアムステルダム事務所である。

(2)　KAMの記載事例

同社の2017年12月期の連結財務諸表に対する監査報告書には5個のKAMが記載されている。このうち，重要な新規の企業結合に関する会計処理に関するKAM（年次報告書の176頁）を**資料16－5**に示す。

> **資料16－5**　**重要な新規の企業結合に関する会計処理**

KAM

　当グループは，2017年12月31日に終了した事業年度において，注7―取得と売却―に詳述されている多数の取得を行った。とくに重大な取得はTagetik社の取得であり，その対価合計は291百万ユーロであった。また，経営者は，2016年度の取得について作成された暫定的な取得価格の配分を見直した。

　会社は，第三者であるバリュエーション専門家の支援を受け，被取得企業から取得した識別可能取得資産および引受負債の公正価値を評価した。取得した識別可能な無形資産の公正価値の決定および認識には重大な経営者の判断が必要である。取得した識別可能な無形資産の識別に関する重要な会計上の判断は，注7―取得と売却―に開示されている。

　取得したその他の資産の帳簿価額に適用される公正価値調整に関連して識別された資産および負債の網羅性については，デュー・デリジェンスを含む注意

第16章　その他の特徴的なKAM　◆285

深い検討が要求される。

　完了した取得原価の配分および暫定的な取得原価の配分に関するより詳しい
情報は，注7—取得と売却—に記載されている。

KAMへの監査上の対応

　私たちは，Wolters Kluwer社において実施されている取得に係る主要なプロ
セスおよび手続を検討した。私たちは，重要な企業結合に係る株式購入契約を
評価し，経営者が第三者であるバリュエーション専門家の支援を受けて行った
取得会計上の評価を批判的に検討した。

　私たちの監査手続には，取得した識別可能な無形資産およびその他の諸資産
ならびに取得した負債の公正価値を決定するにあたって経営者が適用した手法
の適切性を評価するための，内部のバリュエーション専門家の関与が含まれて
いる。私たちが批判的に検討した主要な仮定は，割引率，（永続）成長率，キャッ
シュ・フロー予測，取得した純資産，および割り当てられた耐用年数であった。

　また，私たちは，売却および購入契約書，取締役会文書，デュー・デリジェ
ンス報告書などを閲覧することにより，認識された公正価値調整の網羅性を評
価した。

　私たちは，前年度中に行われた暫定的な取得原価の配分に対して実施された
調整（要求される開示を含む）を慎重に検証し，評価した。

　私たちはさらに，取得に関連して当グループが注7—取得と売却—に記載し
た開示の妥当性も評価した。

　このKAMは，Wolters Kluwer社のTax & Accounting事業部門が2017年4
月6日にTagetik Software Srl社（企業の業績管理ソリューションを提供）の株
式を100％取得したことに関連した内容である。Wolters Kluwer社は，これ以
外に2016年中に複数の小規模な買収と2件の事業売却を実施したことを注7に
記載している。

①　買収のリスク

　このKAMでは，買収に伴うリスクを1つに絞ることなく複数列挙している。
具体的には，Tagetik社の買収が重要であること，識別可能な無形資産の公正
価値の決定および認識には経営者の重大な判断が必要であること，ならびに前
年度の暫定的な取得原価の配分を見直した旨を記載している。ISA 701「独立

監査人の監査報告書における重要な監査事項のコミュニケーション」(IAASB [2015e], para. 9) では，監査人がKAMを決定する際の考慮事項として，①特別な検討を必要とするリスクおよび重要な虚偽表示のリスクが高いと評価された領域，②見積りの不確実性が高いと識別された会計上の見積りを含む，経営者の重要な判断を伴う財務諸表の領域に関連する監査人の重要な判断，ならびに③当年度に発生した重要な事象または取引が監査に与える影響が示されている。

なお，「KAMへの監査上の対応」の区分において，公正価値評価について個別論点となりうるインカム・アプローチ評価のパラメーター（割引率，（永続）成長率，キャッシュ・フロー予測，および耐用年数など）を確認した旨が記載されている。

②　監査人の対応─経営者の利用する専門家および詳細な監査証拠への言及

監査人が利用する専門家の業務について記載しているKAMの事例はいくつかみられるが，それに加えてこのKAMには，経営者が利用する専門家の利用に関する記載がなされている。他社事例にも同様の記載がみられることから，これは企業結合に関するKAMの特徴といえる。

企業結合会計における無形資産の評価は，高い客観性が求められるとともに専門性の高い業務であることから，会社が外部に業務委託することは珍しくない。また，無形資産の評価に対する監査においても専門知識が必要となることから，監査人が専門家の業務を利用することも一般的である。監査人は，監査証拠として利用する情報が経営者の利用する専門家業務により作成されている場合には，当該専門家の業務の重要性も勘案して必要な範囲で手続を実施することが要求される。ISA 500「監査証拠」(IAASB [2009b], para. 8) では，経営者の利用する専門家の適性，能力および客観性の評価や当該専門家の業務の理解などの手続が指示されており，他社事例ではあるが，専門家の適性などを評価した旨を記載したKAMもある。

次に，監査人が契約書，取締役会文書およびデュー・デリジェンス報告書を確認した旨を明記している点も，このKAMの特徴であろう。これらは監査手続において確認する一般的な資料ではあるが，従来の定型的な文言を記載する監査報告書に慣れ親しんでいる日本の監査実務から考えると，一般投資家も読むKAMに具体的な資料名を記載するのはそれ相応の神経を使う作業であると

思われる。

⑶ 関連する開示

このKAMに関連する開示は，連結財務諸表注記の注7である。注7には，企業結合の概要（被取得企業の名称およびその事業の内容，取得日，取得した資本持分の割合など）や，取得日現在における取得資産，引受負債および支払対価の公正価値などが記載されている。

3.3 その他の特徴的な事例

⑴ 会社の概要

AkzoNobel社（巻末付録1の11番）は，オランダのアムステルダムに本社を置く医薬品，塗料，化学品のメーカーであり，ユーロネクスト・アムステルダム証券取引所に上場している。会計の基準（連結）はEU-IFRSsであり，分析対象年度である2017年12月期の同社の主要財務数値（連結）は，売上高9,612百万ユーロ，親会社株主に帰属する利益832百万ユーロ，総資産16,178百万ユーロ，および純資産6,307百万ユーロである。監査の基準はドイツ監査基準を含むドイツ商法典であり，監査人はPricewaterhouseCoopers Accountants N.V.である。

⑵ KAMの記載事例

AkzoNobel社の2017年12月期の連結財務諸表に対する監査報告書には，4個のKAMが記載されている。このうち，売却目的保有の特殊化学品事業および非継続事業（IFRS 5）に関連するKAM（年次報告書の158頁）を**資料16−6**に示す。

これは，IFRS 5に規定されている「売却目的で保有する非流動資産及び非継続事業」の事例である。日本基準にはこれに相当する規定はないが，日本のIFRSs任意適用会社の実務上の参考として本章で取り上げた。

288◆　第Ⅱ部　事例分析編

資料16－6　売却目的保有の特殊化学品事業および非継続事業（IFRS 5）

KAM
───────────────────────────────
売却目的保有の特殊化学品事業および非継続事業（IFRS 5）

注2

　2017年4月，AkzoNobel社は特殊化学製品事業を分離する計画を発表し，2017年11月30日には会社分割または相対売買を通じた分割を進めることについて臨時株主総会の承認を得た。経営者は，2017年の連結財務諸表において，特殊化学製品事業がIFRS 5「売却目的で保有する非流動資産及び非継続事業」に従って報告されると結論づけた。

　IFRS 5「売却目的で保有する非流動資産及び非継続事業」の適用は，分類の評価が複雑であり，取引とその会計が非定型的で経営者による重大な判断がかかわるため，私たちの監査にとって重大なものである。そうした判断には，売却目的で保有する非流動資産の分類日，処分グループの特定，および非継続事業としてのその業績の表示が含まれる。これらの結論の結果，処分グループの資産の評価および連結財務諸表の開示および注記における表示，特殊化学製品事業に配分される収支の特定，配分に関する仮定および見積り，ならびに計上されるべき調整（共通費配分，減価償却費の把握など）をめぐる要件が存在する。

監査上，当該事項にどのように対処したか

　私たちの監査手続には，売却目的で保有される処分グループの分類，および非継続事業としての特殊化学製品事業の業績に関するクライアントの結論の評価などが含まれた。これには，特殊化学製品事業が1つの処分グループとして分類されているかどうかの評価に加え，帳簿価額または売却費用を控除した公正価値のうちのいずれか少ない方としての処分グループの資産の評価，財務諸表における資産の表示，ならびに特殊化学製品事業が売却目的で保有されると分類された日付の評価が含まれた。さらに，私たちは，非継続事業としての特殊化学製品事業の業績の表示，配分された収支（配分に関する前提および見積りを含む）に加え，共通費配分および減価償却費の戻入れに関して計上された調整を評価した。監査の一環として，私たちは，当該会計組織の専門家（technical accounting specialists）を利用した。

第16章　その他の特徴的なKAM　◆289

4 特別項目および再測定

4.1 監査上の留意点

　IFRSsでは，経営成績の指標以外に，独自に算定する代替的業績指標を開示することがある。日本の開示実務では，目標とする経営指標等に会社が重視する代替的業績指標を記載している事例はあるが，監査人の対象となっている事例は筆者が調査したところでは見当たらなかった。今後，日本において代替的業績指標が監査人の対象となる部分に記載された場合，代替的業績指標が会社の実態をより表すのかを検討し，必要に応じて，監査人はKAMとして監査報告書に記載することになると考える。

4.2　Anglo American社の事例

⑴　会社の概要

　Anglo American社（巻末付録１の14番）はイギリスに本社を置く鉱業資源等の採鉱の会社であり，ロンドン証券取引所に上場している。会計の基準（連結）は，適用法およびEU-IFRSsであり，分析対象年度である2017年12月期の同社の主要財務数値は，売上高26,243百万ドル，親会社株主に帰属する利益3,166百万ドル，総資産54,561百万ドル，純資産28,882百万ドルである。監査は，ISAs（UK）および関連法令に基づいて実施されており，監査人はDeloitte LLPである。

⑵　KAMの記載事例

　同社の2017年12月期の連結財務諸表に対する監査報告書には３個のKAMが記載されている。このうち，特別項目および再測定に関するKAM（年次報告書の119頁）を**資料16－7**に示す。

290◆ 第Ⅱ部　事例分析編

資料16－7　特別項目および再測定

特別項目および再測定

　監査委員会報告書の80-87頁および134-135頁の注８の開示を参照。

KAM－説明

　当グループは，連結損益計算書において「特別項目および再測定」を開示した。これらの項目は，主として減損損失の戻入れ，事業の売却または取得にあたって生じる調整，過去の事業活動に関する調整，ならびに財務諸表の注８で詳しく定義されている財務上の特別項目および再測定に関連している。「特別項目および再測定」に開示されている科目の適切性の評価は，当グループが達成した定常的な財務業績（underlying financial performance）の報告に影響するため，重要な判断であり，それゆえに経営者の偏向が生じ得る領域である。また，経営者は，この評価を行うにあたって欧州証券市場監督局（ESMA）の指針を検討した。

私たちの監査範囲のKAMへの対応

　損益計算書全体に対する監査において，私たちは，ESMAの指針を参照しつつ，「特別項目および再測定」に開示された各項目を批判的に検討した。

　私たちは，それらの項目が適切であり，そうした項目の認識に関して当グループが表明している方針および過去の実務に合致しているかどうか，ならびに，全体として，損益計算書がその表示に関して公正かつバランスの取れたものであるかどうかを判断した。

重要な所見

　私たちは，「特別項目および再測定」に記載されているすべての項目について，分類における経営者の偏向を示す徴候は確認されなかったこと，および該当する場合，当該分類が過去の実務と合致していたことについて納得した。

　さらに，私たちは，関連する開示も適切であると考えている。

⑶　**関連する開示**

　注８には，特別項目の金額の内訳，特別項目とした理由および再測定を行うケース・方法が記載されていた。

第16章　その他の特徴的なKAM　◆291

5　有形固定資産の減損

5.1　監査上の留意点

　有形固定資産の減損は，グルーピングや減損の兆候の把握の方法，減損損失の認識段階では将来キャッシュ・フローの見積り，測定段階では割引率の決定など，経営者の判断や見積りが多く介入する項目である。とくに多店舗展開をする小売業においては重要な論点となることが多く，監査上は経営者の判断や見積りの仮定を慎重に判断する必要があり，KAMとして記載されることが十分にあると考える。

5.2　Morrison（WM）Supermarkets社の事例

(1)　会社の概要

　Morrison（WM）Supermarkets社（巻末付録1の113番）はイギリスのブラッドフォードに本社を置く小売業（スーパーマーケット）を営む会社であり，ロンドン証券取引所に上場している。会計の基準（連結）はEU-IFRSsであり，分析対象年度である2018年2月期の同社の主要財務数値は，売上高17,262百万ポンド，親会社株主に帰属する利益311百万ポンド，総資産9,667百万ポンド，および純資産4,545百万ポンドである。監査は，ISAs（UK）および関連法令に基づいて実施されており，監査人はPricewaterhouseCoopers LLPである。

(2)　KAMの記載事例

　同社の2018年2月期の連結財務諸表に対する監査報告書には6個のKAMが記載されている。このうち，有形固定資産の減損に関するKAM（年次報告書の56頁）を**資料16−8**に示す。

292◆ 第Ⅱ部　事例分析編

資料16－8　有形固定資産の減損

KAM

有形固定資産の減損

　69頁（見積りの不確実性の源泉），注3.1（会計方針）および注3.3（有形固定資産）を参照されたい。

　当グループは，多額の自社保有の店舗用不動産を所有している（2018年2月4日時点で5,770百万ポンド）。近年のイギリスにおける食料雑貨小売市場での厳しい取引状況とそれに伴う従来型のスーパーマーケット店舗用不動産の市場価値に対する悪影響により，これらの資産および関連する営業用資産の減損の可能性と店舗の取引状況が改善した場合における以前に計上した減損を戻し入れる可能性が，経営者にとって焦点となる領域である。

　私たちは，減損テストに判断の要素が含まれていることと保有不動産の計上金額の重要性から，この領域に焦点を合わせた。

　経営者は，各店舗を資金生成単位（「CGU」）とみなしており，各CGUの回収可能額を使用価値または処分費用控除後の公正価値のいずれか高い方として算定している。

使用価値

　使用価値は割引将来キャッシュ・フローの予測に基づいている。経営者は割引率や長期成長率など特定の主要インプットに関する判断を下す必要がある。

処分費用控除後の公正価値

　処分費用控除後の公正価値は，個々の店舗，およびそれらの店舗が売りに出された際に食料品雑貨販売業者その他の小売業者から見込まれる需要に関する知識に基づき，第三者が実施する評価も踏まえて経営者によって見積られる。この公正価値の計算において取締役が下す主要な判断は，見積られた店舗の賃貸価格および収益に関連する。

　経営者は，2018年2月4日時点で1億1,800万ポンドの減損が必要であると計算した。また，特定の店舗の成績の改善を受けて，過年度に計上した減損の戻入れは1億2,600万ポンドであると計算された。

当監査上，KAMにどのように対処したか

使用価値

第16章　その他の特徴的なKAM　◆293

　　私たちは，当グループの承認された予算（使用価値の計算の基礎になる予想はこれに基づく）を入手した。私たちの監査手続には，経営者の割引キャッシュ・フローモデルの評価が含まれている。私たちは，各予想モデルを基にした計算の数学的正確性をテストするとともに，経営者の予想，業界の報告書，および内部のバリュエーション専門家の意見を参考に，9％の割引率をはじめとする主要なインプットを評価した。私たちは，小さな変化が使用価値の評価とその結果生じる減損費用に重要な影響を与える可能性があるため，これらの主要な仮定に焦点を合わせた。私たちは，監査を実施した結果に基づき，経営者が使用する主要な仮定は支持できるものであり，現在の環境に照らして適切であることを確認した。

処分費用控除後の公正価値

　　経営者は，市場価値の計算に利用する各店舗の賃貸価格および収益について自ら見積りを行っている。経営者は，これらの仮定を，マーケットの状況に関する業界のデータ，不動産に関して最近受けた購入の申し出，および独立した第三者の評価者からの情報など，利用可能な情報に基づいて検討した上で導き出している。私たちは，使用された仮定および手法にとくに焦点を合わせ，仮定に対応する外部証拠や市場データを入手して経営者側の裏づけとなる情報を評価し，内部の専門家を利用してこれらを検討した。私たちは，経営者が実施した評価は合理的であると判断した。

開示

　　さらに，私たちは，重要な仮定および当該仮定の変化に対する感応度に関する開示を含めて，財務諸表に対する注3.3の開示の適切性をIAS 36「資産の減損」の要求事項と比較することにより評価し，それらが首尾一貫していると判断した。

(3)　関連する開示

　関連する開示では，日本基準で減損を行った場合に求められている注記事項がより詳細に記載されている。具体的には，グルーピングの方法や割引率の決定方法，将来キャッシュ・フローの測定方法などが記載されている。

294◆　第Ⅱ部　事例分析編

6　固定資産の資産計上および耐用年数

6.1　監査上の留意点

　固定資産の資産計上，とくにソフトウェアの資産計上について，日本では「研究開発費等に係る会計基準」により，資産計上する際に考慮すべき事項があり，監査上も資産計上について検討することとなる。

　また，日本基準では固定資産の耐用年数について税務上の法定耐用年数を使用することが一般的であるが，本来あるべき経済的耐用年数によって減価償却を行う場合には，その経済的耐用年数の妥当性を監査上検討する必要がある。

6.2　Vodafone Group社の事例

(1)　会社の概要

　通信事業を営むVodafone Group社（巻末付録１の182番）の本店所在地はイギリスのバークシャーニューベリーであり，ロンドン証券取引所に上場している。会計の基準（連結）はEU-IFRSsであり，分析対象年度である2018年３月期の同社の主要財務数値は，売上高46,571百万ポンド，親会社株主に帰属する利益2,439百万ポンド，総資産145,611百万ポンド，および純資産68,607百万ポンドである。監査はISAs（UK）および関連法令に基づいて実施されており，監査人はPricewaterhouseCoopers LLPのロンドン事務所である。

(2)　KAMの記載事例

　同社の2018年３月期の連結財務諸表に対する監査報告書には５個のKAMが記載されている。このうち，費用の資産計上と資産の耐用年数に関するKAM（年次報告書の97頁）を**資料16－9**に示す。

第16章　その他の特徴的なKAM　◆295

資料16－9　費用の資産計上と資産の耐用年数

KAM

費用の資産計上と資産の耐用年数（グループ）

　経営者による判断が，有形固定資産およびソフトウェア無形資産の帳簿価額，ならびにそれぞれの減価償却に影響を与える領域が複数存在する。そうした領域には以下が含まれる。

—費用と資産のどちらに計上するかの決定

—当グループの戦略変更の影響を含む，資産の耐用年数に関する年次レビュー

—「建設仮勘定」からの振り替えの適時性

　連結財務諸表注記の注1―「表示の基礎」，注10―無形資産，および注11―「有形固定資産」を参照されたい。

私たちの監査はKAMにどのように対処したか

　私たちは，固定資産の計上プロセスに対して適用されている統制をテストし，資産の計上方針の適切性を評価し，資産に計上された費用の詳細テストを実施し，建設仮勘定からの振り替えの適時性および資産の経済的耐用年数の決定を評価した。

　これらの実証手続を実施する際，私たちは，以下を含む経営者の判断を批判的に検討した。

—ネットワーク・ロールアウトの費用の一部として資産に計上された費用の性質

—減価償却計算に適用された資産の耐用年数の適切性

—欧州全体で実施されているネットワーク現代化プログラムを踏まえた加速度償却の必要性の評価

　私たちが実施したテストにおいて指摘された問題はなかった。

---

(3)　関連する開示

　関連する注記には，耐用年数の見積方法，資産計上方法，実際の耐用年数，減価償却方法が詳細に記載されている。

7 日本の実務への示唆

ITは，財務諸表項目ではなく，必ずしも財務諸表に明記されない事項であり，KAMの決定にあたってはその洗い出しを漏らさないようにする必要がある。とくに，新システムへの移行や，ITシステムへの依存度が高い場合は，財務報告への影響も大きいため，KAMに記載されることがあり得ると考えられる。監基報701「独立監査人の監査報告書における監査上の主要な検討事項の報告」においても，「例えば，当期において新しいITシステムが導入された場合又は既存のITシステムに重要な変更が行われた場合，監査の基本的な方針に重要な影響を与えることがある。また，収益認識に影響するシステムの更新又は変更のように，特別な検討を必要とするリスクに関連することもある。そのようなときには，ITシステムの新規導入や重要な変更が監査人の特に注意を払った事項となることがある。」（A18項）と言及されている。

また，ITに関する情報が財務諸表以外の場所に開示されている場合もあり，KAM導入後，どのようにKAMと関連づけるかが留意すべきところである。

収益認識や引当金のような経常的に発生する会計事象に関するKAMは，適用初年度においては監査人と監査役等とのコミュニケーションに時間をかけて検討されるであろうが，適用2年目以降は，状況の変化がない限り前年度と似通った文言となる可能性は否定できない。しかし，買収のような非経常的な事象では少し様子が異なる。とくに，頻繁に買収を繰り返す企業の監査人は，当該事象やその会計処理をKAMとするか否かを毎年検討することとなる。Wolters Kluwer社はKAM導入前の4年間に繰り返し買収を行っているが，買収に関するKAMが記載されたのは2016年度と2017年度のみであった（2013年はKAMの記載なし。2014年以前の監査人はKPMG，2015年以降はDeloitteである）。なお，同様の傾向は他社事例でも見られる。たとえば，Randstad社（巻末付録1の129番，人材サービス業）では，2016年に実施した買収はKAMに記載されたが，2017年は買収が実施されていたにもかかわらずKAMに記載されず，KAMの欄外に「2017年に買収した事業体は2016年に取得した事業体に比べて財務的に重要性が低いという事実により，企業結合の監査はもはやKAMとはみなされない。」旨の説明が記載されている。

監査人は，質的・量的重要性を勘案したうえで，年度ごとにKAMに記載するか否かの判断をすることになるが，この重要性は絶対的な重要性ではなく，個々の企業ごと，そして事業年度ごとの相対的な重要性となる（ISA 701, para. A28）。また「どの事項が当年度の財務諸表監査においてもっとも重要であるか」（ISA 701, para. 10）とされているため，同一規模の企業結合であっても，年度ごとに相対的重要性を判断した結果，KAMに記載するか否かの違いが生じる。このように，適用2年目以降は相対的重要性をどのように設定するのかという点も課題となる。

代替的業績指標については，筆者が調べたところ，日本では監査対象となる部分での記載事例がないため，今後同様の記載があった場合にKAMとするかどうか，監査人が判断することになるだろう。

有形固定資産の減損は，日本の開示実務では減損を実施した際に詳細な注記を損益計算書注記に記載することが求められているが，減損を行わなかった場合には検討過程等を注記することは求められていない。そのため，減損を行わなかった事業年度に，KAMとして監査報告書に記載する場合は参照する注記が財務諸表にないため，減損を行わなかった事業年度においても減損の検討過程を注記するような開示実務が必要と考える。

固定資産の計上方法や耐用年数の決定方法についても，日本の開示実務では，計上方法についてはとくに記載されない。耐用年数の決定方法については，ソフトウェアについては会計基準で求められているものの，具体的な記載までは求められておらず，有形固定資産についてはとくに基準上求められていないため，記載がない会社も少なくない。

今後，KAMで記載するほど重要な事項については，会社からの積極的な開示が望まれる。

（田中　知幸，谷間　薫，疋田　鏡子）

終　章

より良い実務慣行の確立に向けて

1 KAM導入の目的と意義

　監基報701「独立監査人の監査報告書における監査上の主要な検討事項の報告」は，監査報告書にKAMを記載する目的ないし効果について，以下を示している（2-3項）。

---

① 想定される財務諸表の利用者に対して，当年度の財務諸表監査において監査人が職業的専門家として特に重要であると判断した事項を理解するのに役立つ追加的な情報を提供し，実施された監査に関する透明性を高めることにより，監査報告書の情報伝達手段としての価値を向上させること。
② 想定される財務諸表の利用者が企業や監査済財務諸表における経営者の重要な判断が含まれる領域を理解するのに役立つこと。
③ 想定される財務諸表の利用者と，経営者や監査役もしくは監査役会，監査等委員会または監査委員会（以下，監査役等という。）との間で行われる，企業，監査済財務諸表または実施された監査に関連する特定の事項についての対話が促進されること。

　このように，KAMの記載の目的は，財務諸表の想定利用者を意識したものであり，監査報告書の情報伝達手段としての価値向上であるとされている。ISA 701「独立監査人の監査報告書における重要な監査事項のコミュニケーション」（IAASB［2015e］）においても同様の目的が示されている。

日本においては，2016年3月に公表された金融庁「会計監査の在り方に関する懇談会」提言書『会計監査の信頼性確保のために』（金融庁［2016］）（以下，『在り方懇提言』という）がKAM導入の契機のひとつとなっている。『在り方懇提言』では「会計監査の内容等に関する情報提供の充実」に関して，以下のような好循環の確立が謳われている（5頁）。

> ①　会計監査の透明性の向上を通じて，企業の株主によって監査人の評価が適正に行われるようになり，高品質と認められる会計監査を提供する監査法人等が評価され，企業がそのような評価に基づいて監査を依頼するようになる。
> ②　より高品質な監査を提供するインセンティブの強化や，そのような監査に株主や企業が価値を見出すことによる監査法人等の監査報酬の向上等を通じて，市場全体における監査の品質の持続的な向上につながっていく。

そして，次のようにKAM導入の提言がされている（6-7頁）。

> 現在の監査報告書は，財務諸表が適正と認められるか否かの表明以外の監査人の見解の記載は限定的となっている。一方，例えばイギリスでは，会計監査の透明性を高めるため，財務諸表の適正性についての表明に加え，監査人が着目した虚偽表示リスクなどを監査報告書に記載する制度が導入されている。EUも本年から同様の制度を導入する予定であり，アメリカにおいても，導入に向けた検討が進められている。
> 　このような，いわば「監査報告書の透明化」について，株主等に対する情報提供を充実させる観点から，我が国においても検討を進めるべきである。

このように，日本におけるKAMの導入は，監基報701に記載されている「監査報告書の情報伝達価値の向上」だけではなく，『在り方懇提言』に謳われている「市場全体における監査の品質の持続的な向上につながっていく好循環が確立されること」をも目的としている。監査人は，監査報告書にKAMを記載するにあたって，このことを十分理解し，認識しておくことが必要である。KAMの記載に真摯に取り組むことにより，結果として好循環が実現されることが望まれる。

KAMとして何を記載するのか，どのような内容を記載するのかを判断していくにあたっては，財務諸表利用者として誰を想定するのか，その財務諸表利

用者にとってどのような情報が有用であるのかしっかりと考慮すべきである。KAMとしてどの項目を記載するのか，何を記載するのかは，『監査基準』や監基報に従って判断をしていくことになる。監査人は虚偽表示リスクを識別し評価するが，その多くは被監査会社のビジネスリスクに大きく関連しており，それゆえにKAMはさまざまな財務諸表利用者にとって有用な情報となる。その反面，KAMに未公表情報が含まれる場合には経営者から抵抗感を示される可能性もある。

　経営者（財務諸表作成者）は，提供した情報が財務諸表利用者にどのように受けとめられるのかに関心があり，開示する項目や内容を慎重に検討していることを考えると，監査人が提案するKAMについて再検討が求められる可能性は少なくないと思われる。

　KAMの記載をめぐる経営者とのコミュニケーションは，妥協点を見出すプロセスではなく，経営者とともに提供する情報の価値を客観的に判断していくプロセスと考える。一定の配慮が必要なセンシティブな情報を回避しながら，必要な情報が過不足なく伝わるような記載を考えることは，監査人の能力に大きく依存する創造的なプロセスであり，正解が用意されているものではない。監査人にとってこれまでにないチャレンジングなプロセスになると思われるが，果敢にトライをしていくことが求められていると考える。

2　実務上の課題

2.1　日本の開示実務を踏まえてのKAMの記載

　本書第Ⅱ部のKAMの事例分析から，KAMの記載が具体的で詳細であることを感ずるが，それに対応する注記等にも日本の開示実務と比較してはるかに多くの情報が詳細に記載されている。日本において欧州企業並みのKAMの記載をすることは，その前提となる財務諸表の開示レベルの差から困難さを伴うと思われる。このような開示レベルの差は，会計基準が求めている注記事項や内容の差だけでなく，情報開示に対する意識の違いから生じていると考えられる。日本の開示レベルと欧米での開示レベルの差をKAMの記載により埋める

ことが求められているわけではない。

　欧州企業のKAMの記載を見ると，財務諸表には非常に多くの情報が提供されているが，その情報の重要さやリスクの程度に関して客観的な情報をKAMが提供しているのではないかと感ずる。非常に多くの情報が提供されるがため，財務諸表の利用者はどの情報がその会社にとって重要な情報かを判断することが困難である可能性があり，KAMの記載により会社にとって重要なリスクを見落とすことなく財務諸表を利用することが可能となる。つまり，情報の提供ではなく，情報のウェイトづけという役割をKAMが提供しているという見方もできる。

　KAMの記載は，詳細な情報を示しながら詳しく記載するレベルから，開示されている事実だけに基づき，それを要約し，抽象的な表現により記載をするレベルまで，さまざまなレベルが考えうる。事例分析においてもさまざまな記載がされていることが読み取れる。日本の開示実務を踏まえたうえで，どのようなKAMの記載を行うのかはこれからの課題であるが，未公表情報を含めて詳細な記載をすることが必ずしも有用であるとは限らない。監査報告書の情報伝達価値の向上と，監査の品質の持続的な向上につながる好循環の確立というKAMの目的を達成する記載となっているかどうかを判断基準として，監査人自らが判断をしていくことが求められている。

2.2　KAMにおける未公表情報の記載

　本書第Ⅱ部で紹介されている欧州でのKAMの事例分析に基づき，日本の開示実態を踏まえて考えると，利用者にとって有用なKAMにするためには，会社が注記に開示している以上の情報をKAMに記載する必要が出てくる可能性が高い。その場合，記載内容によっては会社から記載することについて同意が得られるのかという懸念があり，守秘義務違反となる懸念を会社より示されることも考えられる。

　KAMの記載により，財務諸表利用者が監査のプロセスを適切に理解することを可能とするためには，未公表情報を記載することが必要であると判断することがあるかもしれない。そのような場合に，『監査基準』に基づいて監査人としての責任を果たすためのものであれば，守秘義務違反の責めを受けることはないということをしっかりと監査人は認識すべきである。たとえば，会社が

終章　より良い実務慣行の確立に向けて　◆303

訴訟を受けていて偶発債務として注記は行っているものの，その不確実性を説明するために注記には含まれていない未公表情報をKAMに記載する必要があると監査人が判断した場合など，守秘義務の陰に隠れたりせず，必要であれば臆することなくKAMを記載していくことが必要であると考える。また，このことを社会の共通の認識としていくための努力も必要であろう。

　ただ，開示は，監査人の問題である以前に財務諸表作成者の問題である。KAMとして記載が必要であると監査人が判断するような事項は，財務諸表等において会社が開示をしておく必要性がある可能性があり，その場合，会社の開示責任を果たすために会社自らが開示することを監査人が求めていくことが必要であることはいうまでもないことである。公共の利益に資するためには，開示義務が適切に果たされていない情報に守秘義務は生じないという姿勢を監査人は保持し，強く会社と協議をしていくことが求められていることを心に留めておく必要がある。

2.3　KAMに関するコミュニケーション

　監査人は，これまでも監査計画や監査結果の概要説明において，経営者や監査役等に重点監査項目として特別な検討を必要とするリスクとその対応について説明を行ってきている。KAMは，そのなかからさらに絞り込まれた事項になる。そのような項目が監査報告書に記載されるとなれば，経営者は，未公表情報の記載の問題がなかったとしても，KAMとして公表されることにより生じる影響も考慮して，記載することそのものや記載内容について修正を求めてくるケースが少なからず生じるものと思われる。

　KAMの記載に関して監査人と経営者との間に意見の相違が生じた場合，その調整は容易ではないことも考えられるが，監査報告書の提出までには合意に至っておくことが必要である。そのため，KAMの記載内容については期中から定期的かつ継続的に十分なコミュニケーションをとっておくことが必要であることはいうまでもないが，期末において新たなKAMの対象となるような事象が生じたり，記載内容を再検討する必要性が生じたりする可能性があり，そのためのコミュニケーションの時間を確保しておくことも必要である。このため，これまで以上に期末監査における監査期間の確保が求められる。

　ただし，このコミュニケーションは，監査人，監査役等，経営者にとって会

社のリスクを正しく理解するために有意義なものとなるはずである。KAMに記載される事項の多くは，経営者が適時，適切にそのリスクに対応しておくことが必要な事項であり，この点からKAMとなる可能性のある事項については可能な限り早期にコミュニケーションが行われることが望まれ，新たな事項が認識された場合には，その時点でコミュニケーションを行うことが望ましい対応であると考える。

3 より良い実務慣行の確立に向けて

　KAMの記載は，監査人が財務諸表利用者に直接具体的な事項を語りかける初めての取組みである。監査手続を粛々と実施し，無限定適正意見を表明するという従来の殻を破り，財務諸表が歪められてしまう重要なリスクとして何を認識したのか，それについてどのような監査手続を実施したのかといった自ら実施した監査の内容について，さまざまな財務諸表利用者の要求を十分理解したうえで，必要であれば未公表情報も含めて，具体的でわかりやすく社会に対して情報を発信していく，ものを言う監査人への意識変革が求められている。

　KAMの記載内容がボイラープレート化しないことが求められているが，たんにひな型や他社例によらないというだけでなく，毎期ゼロベースで何をKAMとするのか，どのような記載をするのかを検討する姿勢が求められる。

　KAMは，財務諸表に重要な虚偽の表示が生ずる可能性に関連しているが，そのようなリスクは被監査会社のビジネスリスクに深くかかわっており，KAMの識別だけではなくKAMの記載にあたっても会社のビジネスに関する深い理解は不可欠である。その深い理解に基づいてさまざまな財務諸表利用者が理解できるようにKAMを明瞭に記載をすることが監査人に求められている。また，重要な虚偽表示リスクに対応した監査手続については，専門用語に頼るのではなく，監査の原点に立ち戻る気持ちでその手続の内容や必要性について一般的な財務諸表利用者が理解できるような記載が必要である。そして，これらの記載にあたって，未公表情報の記載が必要と判断した場合には，経営者や監査役等と十分なコミュニケーションを行い会社の開示内容も含めて最適な情報が最適な場所に記載されるよう最善を尽くすことが求められていると考える。

終章　より良い実務慣行の確立に向けて　◆305

　KAMの価値は，監査人が作るとともに利用者が作り出していくものであり，KAMからさまざまな情報を汲み取り投資行動や監査人の選択に適切に利用されて初めて生きた価値が作り出される。特に，日本においては，「市場全体における監査の品質の持続的な向上につながっていく好循環が確立されること」が期待されており，KAMの記載における監査人の対応については，どのような監査が実施されたかを利用者が理解することができるように記載することが必要であり，これにより監査が適切に行われているという心証を財務諸表利用者に与えることができるとすれば，監査の信頼性の確保と同時に財務諸表の信頼性の確保にも寄与すると考えられる。

　KAMの記載の良し悪しは，監査を担当した監査責任者に対する評価につながり，監査責任者の評価は所属する監査事務所の評価へとつながっていく。監査事務所の評価は，監査事務所の選任にあたっての考慮要件になると考えるが，KAMを契機として監査や監査人に対する関心が高まり，さらなる要請が監査人に向けられていくことは，監査人として望むところである。

　本書が，日本におけるKAMのより良い実務慣行の確立のため，関係者の参考となることを期待するものである。

（後藤　紳太郎）

◆307

付録1　分析対象会社一覧

会社番号	株価指数	会社名	参照した書類の名称	業種（10分類）	監査事務所	KAM個数
1	FTSE	3I Group Plc.	3I Group Plc Annual Report And Accounts 2018	金融・保険業	EY	3
2	AEX	Aalberts Industries N.V.	Annual Report 2017	サービス業	DTT	2
3	AEX	ABN AMRO Group N.V.	ABN AMRO Group N.V Annual Report 2017	金融・保険業	EY	4
4	CAC	Accor S.A.	Registration Document and Annual Financial Report 2017	サービス業	共同	2
5	DAX	adidas AG	adidas Annual Report 2017	製造業	KPMG	3
6	FTSE	Admiral Group Plc.	Annual Report ＆ Accounts 2017	金融・保険業	DTT	2
7	AEX	Aegon N.V.	Annual Report 2017	金融・保険業	PwC	5
8	AEX	Ahold Delhaize N.V.	Better Togerther Annual Report 2017	商業	PwC	3
9	CAC	Air Liquide S.A.	2017 Reference Document including the Annual Financial Report	製造業	共同	4
10	CAC	Airbus S.A.S.	Financial Statements 2017	製造業	EY	5
11	AEX	AkzoNobel N.V.	Report 2017	製造業	PwC	4
12	DAX	Allianz SE	Competence Change Future Allianz Group Annual Report 2017	金融・保険業	KPMG	4
13	AEX	Altice Europe N.V.	Altice N.V. Annual Report 2017	運輸・情報通信業	DTT	4
14	FTSE	Anglo American Plc.	Annual Report 2017	鉱業	DTT	3
15	FTSE	Antofagasta Plc.	Annual Report and Financial Statements 2017	鉱業	PwC	3
16	AEX	ArcelorMittal N.V.	Annual Report 2017	製造業	DTT	4
	CAC	ArcelorMittal S.A.				
17	FTSE	Ashtead Group Plc.	Annual Report ＆ Accounts 2018	サービス業	DTT	3
18	AEX	ASML Holding N.V.	ASML Integrated Report 2017	製造業	KPMG	2
19	AEX	ASR Nederland N.V.	2017 Annual Report	金融・保険業	EY	6
20	FTSE	Associated British Foods Plc.	Annual Report and Accounts 2017	製造業	EY	4

21	FTSE	AstraZeneca Plc.	AstraZeneca Annual Report and Form 20-F Information 2017	製造業	PwC	6
22	CAC	AtoS S.A.	Registration document 2017	運輸・情報通信業	共同	4
23	FTSE	AVIVA Plc.	Aviva plc Annual Report and Accounts 2017	金融・保険業	PwC	4
24	CAC	AXA S.A.	Registration document 2017 Annual Financial Report	金融・保険業	共同	4
25	FTSE	BAE Systems Plc.	Annual Report 2017	製造業	KPMG	6
26	FTSE	Barclays Plc.	Barclays PLC Annual Report 2017	金融・保険業	KPMG	5
27	FTSE	Barratt Developments Plc.	Annual Report and Accounts 2017	製造業	DTT	2
28	DAX	BASF SE	BASF Report 2017 Economic, environmental and social performance	製造業	KPMG	4
29	DAX	Bayer AG	Annual Report 2017	製造業	DTT	5
30	DAX	Bayerische Motoren Werke (BMW) AG	Annual Report 2017	製造業	KPMG	4
31	DAX	Beiersdorf AG	Annual Report 2017	商業	EY	3
32	FTSE	Berkeley Group Holdings Plc.	Annual Report 2018	製造業	KPMG	4
33	FTSE	BHP Billiton Plc.	BHP Annual Report 2017	鉱業	KPMG	4
34	CAC	BNP Paribas Act.A	Registration Document and Annual Financial Report 2017	金融・保険業	共同	8
35	CAC	Bouygues S.A.	2017 Registration Document Business Activities and CSR Full-Year Financial Report	建設業	共同	3
36	FTSE	BP Plc.	BP Annual Report and Form 20-F 2017	電気・ガス業	EY	4
37	FTSE	British American Tobacco Plc.	Annual Report and Form 20-F 2017	製造業	KPMG	3
38	FTSE	British Land Company Plc.	Annual Report and Accounts 2018	不動産業	PwC	4
39	FTSE	BT Group Plc.	BT Group plc Annual Report & Form 20-F 2018	運輸・情報通信業	PwC	8
40	FTSE	Bunzl Plc.	Welcome To The Bunzl Plc Annual Report 2017	サービス業	PwC	4
41	FTSE	Burberry Group Plc.	Annual Report 2017/18	製造業	PwC	4
42	CAC	Cap Gemini S.A.	Registration Document Annual Financial Report 2017	運輸・情報通信業	共同	5

付録1　分析対象会社一覧　◆309

43	CAC	Carrefour S.A.	Registration Document 2017 Annual Financial Report	商業	共同	3
44	FTSE	Centrica Plc.	Annual Report and Accounts 2017	電気・ガス業	DTT	5
45	FTSE	Coca-Cola HBC AG	2017 Integrated Annual Report	製造業	PwC	3
46	DAX	Commerzbank AG	Annual Report 2017	金融・保険業	PwC	6
47	FTSE	Compass Group Plc.	Annual Report 2017	サービス業	KPMG	3
48	DAX	Continental AG	2017 Annual Report	製造業	KPMG	1
49	DAX	Covestro AG	Annual Report 2017	製造業	PwC	4
50	CAC	Crédit Agricole S.A.	Annual Financial Report Registration Document 2017	金融・保険業	共同	6
51	FTSE	CRH Plc.	2017 Annual Report and Form 20-F	建設業	EY	4
52	FTSE	Croda International Plc.	Annual Report and Accounts 2017	製造業	PwC	3
53	DAX	Daimler AG	Annual Financial Report 2017	製造業	KPMG	4
54	CAC	Danone S.A.	2017 Registration Document Annual Financial Report	製造業	共同	4
55	FTSE	DCC Plc.	DCC plc Annual Report and Accounts 2018	サービス業	KPMG	2
56	DAX	Deutsche Bank AG	Annual Report 2017	金融・保険業	KPMG	5
57	DAX	Deutsche Börse AG	Financial Report 2017	金融・保険業	KPMG	3
58	DAX	Deutsche Lufthansa AG	Annual Report 2017	運輸・情報通信業	PwC	4
59	DAX	Deutsche Post AG	2017 Annual Report	運輸・情報通信業	PwC	3
60	DAX	Deutsche Telekom AG	Deutsche Telekom The 2017 Financial Year	運輸・情報通信業	PwC	4
61	FTSE	Diageo Plc.	Annual Report 2017	製造業	PwC	5
62	FTSE	Direct Line Insurance Group Plc.	Annual Report & Accounts 2017	金融・保険業	DTT	3
63	FTSE	DS Smith Plc.	Annual Report & accounts 2018	製造業	DTT	3
64	DAX	E.ON SE	Annual Report 2017	電気・ガス業	PwC	4
65	FTSE	easyJet Plc.	Annual Report and Accounts 2017	サービス業	PwC	4
66	CAC	ENGIE S.A.	2017 Registration Document including annual financial report	電気・ガス業	共同	5
67	CAC	Essilor International S.A	2017 Registration Document	製造業	共同	2

68	FTSE	EVRAZ Plc.	Annual Report & Accounts 2017	製造業	EY	2
69	FTSE	Experian Plc.	Annual Report 2018	サービス業	KPMG	4
70	FTSE	Ferguson Plc.	Welcome to Ferguson plc Annual Report and Accounts 2017	サービス業	DTT	3
71	DAX	Fresenius Medical Care AG & Co. KGaA	Annual Report 2017	製造業	KPMG	3
72	DAX	Fresenius SE & Co. KGaA (St.)	Annual Report 2017	製造業	KPMG	3
73	FTSE	Fresnillo Plc.	FRESNILLO PLC Annual Report and Accounts 2017	鉱業	EY	6
74	AEX	Galapagos N.V.	Annual Report 2017	製造業	DTT	3
75	AEX	Gemalto N.V.	Annual Report 2017	運輸・情報通信業	KPMG	4
76	FTSE	GlaxoSmithKline Plc.	Annual Report 2017	製造業	PwC	7
77	FTSE	Glencore Plc.	Annual Report 2017	鉱業	DTT	7
78	FTSE	GVC Holdings Plc.	GVC Holdings Annual Report 2017	サービス業	GT	5
79	FTSE	Halma Plc.	Halma plc Annual Report and Accounts 2018	製造業	PwC	3
80	FTSE	Hargreaves Lansdown Plc.	Hargreaves Lansdown／Report and Financial Statements 2017	金融・保険業	PwC	1
81	DAX	HeidelbergCement AG	Annual Report 2017	製造業	EY	4
82	AEX	Heineken N.V.	HEINEKEN Annual Report 2017	製造業	DTT	5
83	DAX	Henkel AG & Co. KGaA	Annual Report 2017	製造業	KPMG	3
84	CAC	Hermès International S.A.	2017 Registration Document including the Annual Financial Report	製造業	共同	3
85	FTSE	HSBC Holdings Plc.	HSBC Holdings plc Annual Report and Accounts 2017	金融・保険業	PwC	6
86	FTSE	Imperial Brands Plc.	Annual Report and Accounts 2017	製造業	PwC	3
87	DAX	Infineon AG	Annual Report 2017	製造業	KPMG	3
88	FTSE	Informa Plc.	Annual Report and Financial Statement 2017 PERFORMANCE AND POSSIBILITIES	運輸・情報通信業	DTT	4

89	AEX	ING Groep N.V.	ING Groep Annual Report 2017	金融・保険業	KPMG	4
90	FTSE	InterContinental Hotels Group Plc.	Annual Report and Form 20-F 2017	サービス業	EY	5
91	FTSE	International Consolidated Airlines Group, S.A.	Annual Report and accounts 2017	サービス業	EY	4
92	FTSE	Intertek Group Plc.	Annual Report 2017	サービス業	PwC	4
93	FTSE	ITV Plc.	ITV plc Annual Report and Accounts for the year ended 31 December 2017	運輸・情報通信業	KPMG	4
94	FTSE	J Sainsbury Plc.	Annual Report and Financial Statements 2018	商業	EY	5
95	FTSE	Johnson Matthey Plc.	2018 Annual Report and Accounts	製造業	KPMG	4
96	FTSE	Just Eat Plc.	Annual Report & Accounts 2017	商業	DTT	2
97	CAC	Kering S.A.	Reference Document 2017	商業	共同	4
98	FTSE	Kingfisher Plc.	2017/18 Annual Report & accounts	商業	DTT	6
99	FTSE	Land Securities Group Plc.	Annual Report 2018	不動産業	EY	2
100	FTSE	Legal & General Group Plc.	LEGAL & GENERAL GROUP PLC｜ANNUAL REPORT AND ACCOUNTS 2017	金融・保険業	PwC	2
101	CAC	Legrand S.A.	Registration Document 2017	製造業	共同	2
102	DAX	Linde AG	Financial Report 2017	電気・ガス業	KPMG	3
103	FTSE	Lloyds Banking Group Plc.	Lloyds Banking Group Annual Report and Accounts 2017	金融・保険業	PwC	8
104	FTSE	London Stock Exchange Group Plc.	Annual Report 31 December 2017	金融・保険業	EY	4
105	CAC	L'Oréal S.A.	L'Oréal 2017 Registration Document Annual Financial Report - Integrated Report	製造業	共同	3
106	CAC	LVMH Moët Hennessy Vuitton SE	December 31, 2017 Financial Statements Consolidated Financial Statements	製造業	共同	4
107	FTSE	Marks and Spencer Group Plc.	Annual Report & Financial Statements 2018	商業	DTT	6
108	FTSE	Melrose Industries Plc.	Annual Report 2017	建設業	DTT	2
109	DAX	Merck KGaA	Annual Report 2017	製造業	KPMG	4

110	CAC	Michelin S.A.	2017 Registration Document	製造業	共同	3
111	FTSE	Micro Focus International Plc.	Annual Report and Accounts 2017	運輸・情報通信業	PwC	4
112	FTSE	Mondi Plc.	Mondi Group Integrated Report and financial statements 2017	製造業	PwC	4
113	FTSE	Morrison (WM) Supermarkets Plc.	Wm Morrison Supermarkets PLC Annual Report and Financial Statements 2017/18	商業	PwC	6
114	DAX	Münchener Rückversicherungs-Gesellschaft AG	Group Annual Report 2017	金融・保険業	KPMG	3
115	FTSE	National Grid Plc.	Annual Report and Accounts 2017/18	電気・ガス業	DTT	7
116	FTSE	Next Plc.	Annual Report and accounts JANUARY 2018	商業	PwC	5
117	FTSE	NMC Health Plc.	NMC Health plc Annual Report and Accounts 2017	サービス業	EY	2
118	AEX	NN Group	NN Group N.V. 2017 Financial Report	金融・保険業	KPMG	5
119	FTSE	Ocado Group Plc.	Ocado Group plc Annual Report and Accounts for the 53 weeks ended 3 December 2017	商業	DTT	3
120	CAC	Orange S.A.	2017 Registration document Annual financial report	運輸・情報通信業	共同	4
121	FTSE	Paddy Power Betfair Plc.	Annual Report & Accounts 2017	サービス業	KPMG	2
122	FTSE	Pearson Plc.	Pearson Annual report and accounts 2017	運輸・情報通信業	PwC	8
123	CAC	Pernod Ricard S.A.	Registration Document 2016 – 2017	製造業	共同	4
124	FTSE	Persimmon Plc.	Annual Report 2017	製造業	EY	3
125	CAC	Peugeot S.A.	2017 Annual Results	製造業	共同	3
126	FTSE	Prudential Plc.	Prudential plc Annual Report 2017	金融・保険業	KPMG	4
127	CAC	Publicis Groupe S.A.	Registration Document 2017 Annual Financial Report	運輸・情報通信業	共同	4
128	FTSE	Randgold Resources Limited	Randgold Resources ANNUAL REPORT 2017	鉱業	BDO	2
129	AEX	Randstad N.V.	Annual Report 2017	サービス業	DTT	3

付録1　分析対象会社一覧　◆313

130	FTSE	Reckitt Benckiser Group Plc.	Reckit Benckiser Group plc (RB) Annual Report and Financial Statements 2017	製造業	PwC	6
131	AEX	RELX N.V.	RELX Group Annual Reports and Financial Statements 2017	運輸・情報通信業	EY	5
	FTSE	RELX Plc.				
132	CAC	Renault S.A.	Registration Document Including the annual financial report 2017	製造業	共同	5
133	FTSE	Rentokil Initial Plc.	Rentokil Initia Annual Report 2017	サービス業	KPMG	4
134	FTSE	Rightmove Plc.	Rightmove plc｜annual report 2017	運輸・情報通信業	KPMG	2
135	FTSE	Rio Tinto Plc.	2017 Annual Report	鉱業	PwC	3
136	FTSE	Rolls-Royce Holdings Plc.	Annual Report 2017	製造業	KPMG	10
137	FTSE	Royal Bank of Scotland Group Plc.	Annual Report and Accounts 2017 Becoming simple, safe and customer focused	金融・保険業	EY	8
138	AEX	Royal DSM N.V.	Royal DSM Integrated Annual Report 2017	製造業	KPMG	3
139	AEX	Royal Dutch Shell Plc.	ANNUAL REPORT Royal Dutch Shell plc Annual Report and Form 20-F for the year ended December 31, 2017	電気・ガス業	EY	8
	FTSE	Royal Dutch Shell Plc. 'A' ORD／'B' ORD				
140	AEX	Royal KPN N.V.	KPN Integrated Annual Report 2017	運輸・情報通信業	EY	4
141	FTSE	Royal Mail Plc.	Royal Mail plc Annual Report and Financial Statements 2017-18	運輸・情報通信業	KPMG	5
142	AEX	Royal Philips N.V.	Philips Annual Report 2017	製造業	EY	6
143	AEX	Royal Vopak N.V.	Annual Report 2017	運輸・情報通信業	DTT	1
144	FTSE	RSA Insurance Group Plc.	RSA Insurance Group plc Annual Report and Accounts 2017	金融・保険業	KPMG	5
145	DAX	RWE AG	Annual Report 2017	電気・ガス業	PwC	4
146	CAC	Safran S.A.	2017 Registration Document including the Annual Financial Report	製造業	共同	4
147	FTSE	Sage Group Plc.	Annual Report and Accounts 2017	運輸・情報通信業	EY	4

148	CAC	Saint-Gobain S.A.	Registration Document and Annual Financial Report 2017 including the annual financial report	製造業	共同	4
149	DAX	SAP SE	SAP Integrated Report 2017	運輸・情報通信業	KPMG	3
150	CAC	Schneider Electric S.A.	Financial and Sustainable Development Annual Report, Registration Document 2017	製造業	共同	4
151	FTSE	Schroders Plc.	Annual Report and Accounts 2017	金融・保険業	PwC	3
152	FTSE	SEGRO Plc.	SEGRO PLC Annual Report & Accounts 2017	不動産業	PwC	2
153	FTSE	Severn Trent Plc.	Severn Trent Plc Annual Report and Accounts 2018	電気・ガス業	DTT	4
154	FTSE	Shire Plc.	Annual Report 2017	製造業	DTT	3
155	DAX	Siemens AG	Annual Report 2017	製造業	EY	4
156	AEX	Signify N.V.	Philips Lighting Annual Report 2017	製造業	EY	5
157	FTSE	SKY Plc.	Annual Report 2017	運輸・情報通信業	DTT	3
158	FTSE	Smith & Nephew Plc.	Supporting healthcare professionals Annual Report 2017	製造業	KPMG	5
159	FTSE	Smiths Group Plc.	Smiths Group Plc Annual Report 2017	製造業	PwC	8
160	FTSE	Smurfit Kappa Group Plc.	Annual Report 2017	製造業	PwC	4
161	CAC	Societe Generale S.A.	2018 REGISTRATIONDOCUMENT ANNUAL FINANCIAL REPORT 2017	金融・保険業	共同	5
162	CAC	Sodexo S.A.	Fiscal 2017 Registration DocumentIncluding the Integrated Report	サービス業	共同	5
163	CAC	Solvay S.A.	2017 Annual Integrated Report	製造業	DTT	5
164	FTSE	SSE Plc.	SSE plc Annual Report 2018	電気・ガス業	KPMG	3
165	FTSE	St. James's Place Plc.	Annual Report & Accounts 2017	金融・保険業	PwC	2
166	FTSE	Standard Chartered Plc.	Annual Report 2017 Driving commerce and prosperity through our unique diversity	金融・保険業	KPMG	6

付録1　分析対象会社一覧　◆315

167	FTSE	Standard Life Aberdeen Plc.	Building a diversifid world-class investment company Annual Report and accounts 2017	金融・保険業	KPMG	7
168	CAC	STMicroelectronics S.A.	STMicroelectronics N.V. Annual Report 2017	製造業	EY	4
169	FTSE	Taylor Wimpey Plc.	Delivering quality Annual Report and Financial Statements 2017	製造業	DTT	3
170	CAC	TechnipFMC Plc.	U.K. Annual Report and IFRS Financial Statements for the year ended December 31, 2017	電気・ガス業	PwC	3
171	FTSE	Tesco Plc.	Serving shoppers a little better every day. Annual Report and Financial Statements 2018	商業	DTT	7
172	DAX	ThyssenKrupp AG	Engineering. Tomorrow. Together. Annual Report 2016 / 2017	製造業	PwC	5
173	CAC	Total S.A.	2017 Registration Document including the Annual Financial Report	電気・ガス業	共同	2
174	FTSE	TUI AG	Annual Report 2017	サービス業	DTT	7
175	AEX / CAC	Unibail-Rodamco-Westfield S.A.	SHAPING TOMORROW: Registration Document 2017	不動産業	共同	2
176	AEX / FTSE	Unilever N.V. / Unilever Plc.	unilever-Annual-Report-and-accounts-2017	製造業	KPMG	7
177	FTSE	United Utilities Group Plc.	United Utilities Group PLC Annual Report and Financial Statements for the year ended 31 March 2018	電気・ガス業	KPMG	5
178	CAC	Valeo S.A.	2017 Registration Document	製造業	共同	3
179	CAC	Veolia Environnement S.A.	Registration Document 2017 Annual financial Report	電気・ガス業	共同	4
180	CAC	VINCI S.A.	Consolidated Financial Statements At 31 December 2017	製造業	共同	3
181	CAC	Vivendi S.A.	2017 VIVENDI Annual Report	運輸・情報通信業	共同	5
182	FTSE	Vodafone Group Plc.	Vodafone Group Plc Annual Report 2018	運輸・情報通信業	PwC	5
183	DAX	Volkswagen AG	Annual Report 2017	製造業	PwC	5
184	DAX	Vonovia SE	Vonovia SE Annual Report 2017	不動産業	KPMG	3

185	FTSE	Whitbread Plc.	Whitbread Plc Annual Report and Accounts 2017/18	サービス業	DTT	3
186	AEX	Wolters Kluwer N.V.	Annual Report 2017	運輸・情報通信業	DTT	5
187	FTSE	WPP Plc.	WPP Annual Report & Accounts 2017	運輸・情報通信業	DTT	3

（凡例）　AEX：AEX-Index　　　　　　　DTT：Deloitte touche Tohmatsu
　　　　　CAC：CAC 40　　　　　　　　　EY：Ernst & Young
　　　　　DAX：DAX 30　　　　　　　　　GT：Grant Thornton
　　　　　FTSE：FTSE 100　　　　　　　　PwC：Pricewaterhouse Coopers

付録2 KAM一覧

会社番号	KAMの見出し	キーワード（勘定科目・項目，会計処理・表示，取引・事象・活動，性質など）
1	取引価格のない投資の不適切な評価	投資，評価，IFRS 13
	繰延利息の不正確な計算	投資，繰延利息
	ポートフォリオ・インカムおよび投資の処分にかかる実現利益の不適切な認識	投資，収益認識，不正リスク
2	グローバルなグループ構造に関連するリスク	内部統制，組織構造，統制環境
	のれんの評価	のれん，無形資産，評価
3	貸付金および受取債権に対する減損引当金に関する見積りの不確実性	貸付金，売掛金，金融商品，減損，見積り，IFRS 9
	引当金に関する見積りの不確実性	引当金，見積り
	仮勘定の使用	その他の負債，差異の検討
	電子データ処理の信頼性と継続性	IT・情報システム，信頼性，継続性
4	無形資産および有形固定資産の評価	無形資産，有形固定資産，減損，評価，IAS 36
	AccorInvest部門の売却目的および非継続事業に分類された資産・負債の再分類	事業単位の再編，非継続事業，金額的重要性，IFRS 5
5	売却したTaylormade社およびCCM HockeyブランドのIFRS 5に準拠した評価および表示	評価，組織再編，IFRS 5
	株式に基づく報酬プログラムの評価と正確性	認識，測定，株式に基づく報酬，IFRS 2
	税務監査によるリスクの評価	税金，引当金，他国の税制
6	総保険給付支払準備金の評価	保険契約負債，評価，負債計上，保険契約
	収益認識—手数料収入	収益認識，契約・取引内容，不正リスク
7	複雑な評価モデルの設計および適用ならびに計算を裏付ける経済的および保険数理上の仮定を含む，保険契約者の保険契約および保険契約の評価	保険契約負債，評価，負債計上，保険契約
	繰延新契約費（DPAC）および買収事業価値（VOBA）の評価	繰延新契約費，評価，組織再編
	「評価が困難な」金融商品の公正価値	投資不動産，金融商品，公正価値
	保険契約者の請求および訴訟における不確実性	引当金，訴訟・法的手続，請求，偶発債務，IAS 3
	アメリカの税制改革	税金，税制改正の影響
8	のれんの減損テスト	のれん，無形資産，減損，評価
	仕入先からのリベートの認識	売上原価，認識，測定，契約・取引内容
	従業員給付制度の測定と開示	退職給付債務，引当金，表示・開示
9	大口顧客事業：契約の適格性および関連する収益認識手法	収益認識，リース，契約・取引内容，IFRIC 4

	大口顧客事業：生産装置の耐用年数および回収可能額の測定	有形固定資産，減損，回収可能性，耐用年数の決定
	のれんの減損テスト	のれん，無形資産，減損
	アメリカの税制改革	税金，本国還流税，税制改正の影響
10	訴訟および請求ならびに法令規則違反のリスク	引当金，訴訟・法的手続，請求，偶発債務
	収益認識および損失引当金を含む工事契約に関する会計処理	引当金，収益認識，工事契約
	IAS 18に基づいて会計処理された契約に関する棚卸資産の評価および契約損失引当金の網羅性	棚卸資産，見積り，評価，IAS 18
	デリバティブ金融商品	評価，表示・開示，デリバティブ，ヘッジ
	IFRS 15	収益認識，新会計基準の適用，IFRS 15
11	売却目的保有の特殊化学品事業および非継続事業（IFRS 5）	組織再編，非継続事業，IFRS 5
	のれんおよびその他の耐用年数を確定できない無形資産の減損テスト	のれん，無形資産，減損，評価
	退職給付引当金の評価	退職給付債務，引当金
	繰延税金資産および不確実な税務ポジションの評価	繰延税金資産・負債，税務ポジション，回収可能性，税制改正の影響
12	のれんの減損テスト	のれん，無形資産，減損，評価
	評価区分レベル3の公正価値により評価する金融資産の定期的な公正価値の決定	金融商品，評価，公正価値，レベル3
	損失準備金および損失調整費用の評価	引当金，評価
	生命保険／健康保険セグメントにおける繰延新契約費および総準備金の評価	繰延新契約費，保険給付積立金，減損，評価，保険契約，回収可能性
13	のれんおよび無形資産の評価における感応度	のれん，無形資産，評価
	フランスとアメリカにおけるリストラクチャリング	引当金，リストラクチャリング，希望退職計画
	第三者からの請求に対する会計上の感応度	引当金，請求，偶発債務
	収益認識—システムの複雑さを考慮した収益計上額の正確さ	収益認識，（システムの）複雑性，価格変更の影響
14	減損	減損，IAS 36
	税金	繰延税金資産・負債，評価，他国の税制
	特別項目および再測定	表示・開示，再測定
15	AntucoyaおよびCentinelaプロジェクトにおける減損の兆候の評価	減損，IAS 36
	Twin Metals（訳者注：アメリカにおける鉱物採掘プロジェクトの名称）	埋蔵資源，減損
	CentinelaプロジェクトおよびZaldívarプロジェクトにおける備蓄品の評価	棚卸資産，見積り
16	のれん，有形固定資産（「PP&E」）の減損	のれん，有形固定資産，無形資産，減損，評価

	繰延税金資産の評価	繰延税金資産・負債, 評価, 回収可能性
	年金その他の退職給付制度に対する引当金	退職給付債務, 引当金
	レベル3の金融商品— 強制転換社債のコールオプション	金融商品, レベル3
17	貸借している船団の帳簿価額	減損, リース
	買収の会計	組織再編, IFRS 3
	収益認識	賃貸収入, 収益認識, 不正リスク
18	複数要素契約の収益認識と収益の期間帰属	収益認識, 期間帰属, 不正リスク, 契約・取引内容
	Carl Zeiss SMT Holding社における持分の取得	連結, 組織再編
19	複雑さおよび仮定の使用による保険契約負債の評価および妥当性（シャドウ・アカウンティングを含む）	保険契約負債, 評価, 負債計上, 保険契約
	投資の公正価値測定および関連する開示	投資不動産, 金融商品, 公正価値, 表示・開示
	ソルベンシーIIに関する開示	表示・開示, 規制事項
	ユニット・リンク（変動保険）にかかる訴訟リスク	見積り, 訴訟・法的手続, 偶発債務
	Generali NL（GNL）社の買収に関する後発事象の開示	表示・開示, 組織再編, 後発事象, IFRS 3
	電子データ処理の信頼性と継続性	IT・情報システム, 信頼性, 継続性
20	のれん, その他の無形資産および有形固定資産の帳簿価額の評価	のれん, 有形固定資産, 無形資産, 減損, 評価
	税金引当金	税金, 引当金, 他国の税制
	経営者による内部統制の無効化リスクを含む収益認識	収益認識, 内部統制, 不正リスク
	システム導入コストの資産計上を含む財務システムおよびプロセスの変更	無形資産, 費用の資産計上, 減損, IT・情報システム, 新システムの導入
21	収益認識—売上割戻, 売上取消, および返品	売上控除項目, 収益認識
	無形資産の帳簿価額	無形資産, 減損
	外部化および共同研究契約	収益認識, 契約・取引内容
	不確実な税務ポジション	税金, 税務ポジション, 他国の税制
	訴訟および偶発債務	引当金, 訴訟・法的手続, 偶発債務
	財務システムの移行およびその他のプログラム変更の影響	IT・情報システム, 新システムの導入
22	長期固定価格契約における収益認識	引当金, 収益認識, 工事契約, IAS 11
	のれんの評価	のれん, 評価
	確定給付制度の評価	退職給付債務, 引当金
	株式に基づく報酬制度の評価	測定, 公正価値, 株式に基づく報酬
23	生命保険契約負債の評価	保険契約負債, 評価, 負債計上, 保険契約
	損害保険契約負債の評価	保険契約負債, 評価, 負債計上, 保険契約

	評価の困難な投資の評価	投資，評価
	子会社および合弁事業への投資の評価	投資，評価，合弁事業，子会社
24	長期金融保証契約の繰延新契約費を含む将来の保険給付積立金の測定	繰延新契約費，保険給付積立金，減損，測定，保険契約，回収可能性
	損害保険事業における損害賠償責任準備金の測定	準備金，引当金，測定，保険請求，偶発債務
	のれんの回収可能価額の測定	のれん，減損，回収可能性
	繰越欠損金に関する繰延税金資産の回収可能価額	繰延税金資産・負債，回収可能性
25	純退職給付債務	退職給付債務，引当金
	長期契約における収益および利益の認識	収益認識，長期契約
	のれんの評価	無形資産，減損，評価
	税金の発生高	税金，偶発債務
	繰延税金資産	繰延税金資産・負債，回収可能性
	グループ関連会社の金額（訳者注：親会社の投資額）	投資，関連会社
26	顧客に対する貸付融資の減損	貸付金，引当金，減損
	訴訟および規制事項	引当金，訴訟・法的手続，偶発債務
	支払補償保険（「PPI」）による救済	引当金，製品保証，偶発債務
	金融商品の評価（売買目的，公正価値保有，およびデリバティブ）	金融商品，評価，公正価値，デリバティブ
	ユーザーアクセス管理（「UAM」）	IT・情報システム，アクセス管理
27	土地の帳簿価額	棚卸資産，土地，見積り，IAS 11
	のれんおよび無形資産の減損	のれん，無形資産，減損
28	BASF社の石油・ガス価格シナリオ：資産およびのれんの回収可能性に関する見積りの不確実性に対する仮定の影響	のれん，見積り，回収可能性
	のれんの回収可能性	のれん，無形資産，評価，回収可能性
	年金引当金に関する会計処理	退職給付債務，引当金
	石油・ガス事業に関する会計処理	セグメント報告，組織再編
29	Covetro社の株式売却およびCovestroグループの連結除外	連結，組織再編
	のれんおよび商標権の減損	のれん，無形資産，減損，評価
	金融商品—ヘッジ会計	金融商品，ヘッジ
	製品関連の法的紛争に起因するリスクの説明	引当金，訴訟・法的手続，偶発債務
	特別項目のEBITDAへの調整	代替的業績指標，調整計算，表示・開示，恣意性
30	リース物件の残存価額の評価	評価，リース
	割賦販売金融にかかる受取債権の評価	売掛金，金融商品，評価，貸倒れ
	法定および任意の保証債務および製品保証に対する引当金の評価	引当金，評価，製品保証
	移転価格リスクに関連する当期未払法人所得税の評価	未払税金，評価，移転価格，他国の税制

付録2　KAM一覧　◆321

31	商製品の販売による収益認識	売上控除項目，収益認識
	当期のおよび繰り延べた法人所得税，輸入税および関税	繰延税金資産・負債，回収可能性
	終了した独占禁止法手続に関する法的紛争	引当金，訴訟・法的手続，偶発債務
32	棚卸資産の帳簿価額および利益の認識	棚卸資産，見積り
	収益認識	収益認識，期間帰属
	引当金	引当金，偶発債務
	投資の帳簿価額	投資，金額的重要性
33	資産評価	有形固定資産，無形資産，減損，評価
	税金	税金，他国の税制
	サマルコ（訳者注：災害に見舞われたダムの名称）	引当金，訴訟・法的手続，偶発債務
	閉鎖および復旧に対する引当金	引当金，環境負債，鉱山の汚染
34	信用リスクの特定と評価	債権，金融商品，減損，信用リスク
	IFRS 9—金融商品の初年度適用の影響の評価	金融商品，新会計基準の適用，IFRS 9
	金融商品の評価	金融商品，評価
	のれんの減損	のれん，減損
	規制上および行政上の捜査ならびに集団訴訟に関する法的リスクの分析	引当金，訴訟・法的手続，当局による調査等，偶発債務
	繰越欠損金に対する繰延税金資産	繰延税金資産・負債，評価，回収可能性
	IT全般統制	IT・情報システム，内部統制，信頼性，セキュリティ
	保険会社の責任準備金	保険契約負債，評価，保険契約
35	のれんおよび関連会社への投資の測定	のれん，投資，減損，関連会社
	工事契約に関する会計処理	収益認識，工事契約
	訴訟引当金	引当金，訴訟・法的手続
36	メキシコ湾における原油流出事故にかかる負債，偶発債務および開示の決定	その他の負債，埋蔵資産，引当金，表示・開示，偶発債務
	石油およびガスの埋蔵量ならびに資源の見積りは，財務諸表，とくに減損テストならびに減価償却，減耗償却および償却（「DD＆A」）費用に重要な影響を及ぼす	埋蔵資産，減損，見積り
	統合された仕入・販売活動における未承認の取引は，収益および利益に影響を与える可能性がある	組織再編，不正リスク
	アメリカの税制改革	税金，税制改正の影響
37	訴訟および偶発債務	訴訟・法的手続，偶発債務
	取得原価の配分—商標権の評価	無形資産，PPA，組織再編
	子会社に対する親会社の投資の回収可能性	投資，子会社，回収可能性
38	投資および開発用不動産の評価	投資不動産，投資，評価
	収益認識	収益認識，賃貸取引，手作業の介在

	諸取引に関する会計処理	さまざまな取引，金額的重要性，（契約の）複雑性
	税金	税金，引当金，不動産投資信託
39	グローバル・サービス事業におけるのれんの帳簿価額の評価	のれん，減損
	グローバルサービス，民間事業およびパブリックセクターならびにEEブランドにおける主要な契約	その他の資産，評価，契約・取引内容
	複雑な課金システムによる収益の正確さ	収益認識，（システムの）複雑性
	BT社の年金制度における年金債務および非上場投資の評価	退職給付債務，引当金
	規制その他の引当金の妥当性	引当金，訴訟・法的手続
	潜在的な税務上のリスクおよび繰延税金資産の認識および測定	繰延税金資産・負債，認識，他国の税制
	BT Italy社─統制環境の変化と2016/17年度に行われた見積りのレビュー	見積り，組織再編，不正リスク
	有形固定資産およびソフトウェアの資産計上と耐用年数	有形固定資産，無形資産，費用の資産計上
40	法人所得税のエクスポージャー	税金，引当金，税務ポジション，他国の税制
	企業結合	組織再編
	のれんおよびその他の無形資産の減損	のれん，無形資産，減損
	確定給付型年金制度	退職給付債務，引当金
41	棚卸資産引当金	棚卸資産，引当金，見積り
	有形固定資産の減損および不利なリース契約にかかる引当金	有形固定資産，減損，リース，不利な契約
	Coty社への美容業務の移転に関する会計処理	繰延ロイヤリティ収入，組織再編
	業績および非GAAP指標の表示	代替的業績指標，表示・開示
42	長期役務契約に関連する収益および費用の認識	引当金，収益認識，長期契約，外部委託契約
	のれんの測定	のれん，評価
	繰越欠損金で認識された繰延税金資産の回収可能性	繰延税金資産・負債，回収可能性
	税務監査	税金，当局による調査等，他国の税制
	年金およびその他の退職給付に対する引当金	退職給付債務，引当金
43	売上割戻およびサービス契約の測定と認識	売上控除項目，売上原価，認識，測定
	ブラジル子会社の税金引当金：引当金および偶発債務の見積り	税金，引当金，見積り，偶発債務，子会社，訴訟・法的手続
	イタリアおよびポーランドに配賦されたのれんの回収可能価額の評価	のれん，評価，回収可能性
44	長期性資産およびのれんの減損の評価	のれん，有形固定資産，無形資産，減損

	エネルギー供給収入の見積り	未請求債権，収益認識，期間帰属，不正リスク
	商品取引の評価	金融商品，見積り，評価
	例外項目および特定の再測定に関する表示	代替的業績指標，表示・開示
	Bayerngas社の探鉱および生産資産の取得に関する会計処理	組織再編，（契約の）複雑性
45	のれんおよび耐用年数を確定できない無形資産の減損の評価	のれん，無形資産，減損，評価
	不確実な税務ポジション	税金，引当金，税務ポジション，他国の税制
	引当金および偶発債務	引当金，偶発債務，訴訟・法的手続
46	船舶金融ローンの測定	貸付金，引当金，測定
	有価証券およびデリバティブの公正価値の評価	有価証券，評価，公正価値，デリバティブ
	Commerz Finanz社の割賦ローン事業の買収	組織再編，合弁事業，データ処理システムの大規模な移行
	繰延税金資産の認識および測定	繰延税金資産・負債，認識，測定，回収可能性
	「Commerzbank 4.0」戦略との関連で必要とされる引当金の監査	引当金，リストラクチャリング
	配当期日またはその近くで決済された取引により生じた税金の還付請求	税金，還付請求
47	税金―不確実な直接税引当金	税金，引当金，移転価格，他国の税制
	仕入割戻と仕入値引	仕入控除項目，収益認識
	親会社財務諸表	子会社に対する投資，総資産のほとんどを占める特定重要資産
48	のれんの帳簿価額の回収可能性	のれん，無形資産，評価，回収可能性
49	耐用年数が確定できるのれんおよび資産の減損	のれん，有形固定資産，減損，評価
	年金引当金	退職給付債務，引当金
	その他の引当金および債務	引当金，認識，測定
	Bayer Business Services社からCovestro社への会計シェアード・サービスの開発および移転プロジェクト	IT・情報システム，シェアード・サービスの社内への移行
50	のれん	のれん，測定，減損
	法律，税務および法令遵守に関するリスク	税金，引当金，当局による調査等
	特定分野および特定取引先に関する信用リスク	貸付金，引当金，減損，信用リスク
	保険会社の責任準備金	準備金，引当金，保険契約
	デリバティブの測定	金融商品，見積り，測定，デリバティブ，レベル3
	ITシステムへのアクセス権の管理	IT・情報システム，アクセス管理
51	のれんの帳簿価額の評価	のれん，減損，評価
	有形固定資産および金融資産の帳簿価額の評価	有形固定資産，金融商品，評価

	工事契約の収益認識	収益認識，工事契約，不正リスク
	買収に関する会計処理	のれん，無形資産，PPA，組織再編
52	環境対策引当金	環境負債，引当金，訴訟・法的手続，土壌および地下水汚染の可能性
	確定給付年金制度負債の評価	退職給付債務，引当金
	税金	税金，引当金，移転価格，他国の税制
53	オペレーティング・リースに係る減損リスク	減損，リース
	金融サービス債権引当金	債権，引当金
	製品保証引当金の測定	引当金，測定，製品保証
	法的手続に関する会計処理	引当金，表示・開示，訴訟・法的手続，偶発債務
54	収益認識	売上控除項目，収益認識
	のれん，商標権および関連会社への投資	のれん，投資，評価，関連会社
	税金資産および負債— 税務リスクに対する引当金	繰延税金資産・負債，税制改正の影響
	WhiteWave Foods社の買収に関する会計処理	評価，組織再編，IFRS 3
55	のれんおよび無形資産の評価	無形資産，のれん，減損，評価
	合計692百万ポンドの企業結合に関する会計処理	組織再編，IFRS 3
56	レベル3の金融商品およびそれに関する観察不能なインプットの評価	金融商品，評価，レベル3
	特定産業におけるクレジット・ポートフォリオに対する貸倒引当金	引当金，貸倒れ
	繰延税金資産の認識および測定	繰延税金資産・負債，認識，測定，回収可能性
	財務諸表における法的リスクの表示	引当金，表示・開示，訴訟・法的手続，偶発債務
	財務報告プロセスにおけるITアクセス管理	IT・情報システム，内部統制，アクセス管理
57	のれんの減損	のれん，減損，評価
	その他の無形資産の減損	無形資産，減損
	税務リスクに対する引当金の評価	税金，評価，他国の税制
58	未使用の航空券およびボーナスマイルプログラムに関する債務を含む，運賃収入の認識	売上控除項目，収益認識，見積り，業界特有の事情
	年金引当金	退職給付債務，引当金
	固定資産，とくにのれんおよび耐用年数が確定できない無形資産の回収可能性	のれん，無形資産，有形固定資産，減損，評価，回収可能性
	ヘッジ取引に関する会計処理	金融商品，ヘッジ
59	のれんの回収可能性	のれん，無形資産，評価，回収可能性
	年金債務および年金資産	退職給付債務，引当金
	将来減算一時差異および繰越欠損金に対する繰延税金	繰延税金資産・負債，回収可能性

付録 2　KAM一覧　◆325

60	のれんの回収可能性	のれん，無形資産，減損，評価，回収可能性
	IFRS 15の初年度適用により予想される影響に関する収益認識および開示の妥当性	収益認識，表示・開示，IFRS 15
	現金生成単位「USA」の無形資産に認識された減損損失の戻入れ	のれん，無形資産，減損，戻入れ
	料金徴収にかかる法的紛争に関する会計処理	引当金，表示・開示，訴訟・法的手続，偶発債務
61	のれんおよび無形資産の帳簿価額	のれん，無形資産，減損
	税務事項	未払税金，繰延税金資産・負債，引当金，他国の税制
	例外項目の表示	代替的業績指標，表示・開示
	引当金および偶発債務	引当金，偶発債務，訴訟・法的手続
	退職給付債務	退職給付債務，引当金
62	保険準備金の評価	引当金，評価，規制事項
	無形資産の評価	無形資産，有形固定資産，減損，評価
	公正価値で保有されていない投資の評価	投資，評価，公正価値
63	調整項目の分類と表示	代替的業績指標，分類，表示・開示
	税金	税金，引当金
	買収の会計	修正再表示，組織再編
64	のれん，有形固定資産および無形資産の回収可能性	のれん，有形固定資産，無形資産，評価，回収可能性
	Uniper社に対する投資の計画的売却	売却目的保有資産，組織再編，IFRS 5
	資金調達活動	金融商品，ヘッジ，債券発行
	非流動引当金	引当金，廃炉費用
65	航空機保守引当金	引当金，リース
	デリバティブの公正価値	公正価値，デリバティブ，総資産のほとんどを占める特定重要資産
	EU 261引当金（訳者注：EU運行補償規則261に基づく引当金）	引当金，飛行機遅延・欠航補償
	のれんおよび空港発着権の減損の評価	のれん，無形資産，減損，評価
66	長期供給契約ポートフォリオの契約，保管および輸送の変更に関する会計処理	事業経営モデルの変更，長期ガス供給契約
	のれん，無形資産および有形固定資産の回収可能価額の測定	のれん，有形固定資産，無形資産，評価，回収可能性
	ベルギーにおける核燃料サイクルのバックエンド（訳者注：使用済燃料および廃棄物）および原子炉の解体に関する引当金の測定	引当金，原子力施設の解体
	訴訟，請求および税務上のリスクに関連する引当金の評価	引当金，評価，訴訟・法的手続，請求

	未請求および未計測収益の見積り（メーター内のエネルギー）	売掛金，収益認識，見積り
67	買収に関する会計処理	組織再編，IFRS 3
	のれんの減損テスト	のれん，減損，評価
68	のれんおよび固定資産の減損	のれん，無形資産，有形固定資産，減損，戻入れ
	関連当事者取引の網羅性	表示・開示，関連当事者取引，網羅性
69	税金—不確実な税務ポジションとタックス・プランニング	税金，引当金，税務ポジション，他国の税制
	訴訟および偶発債務	引当金，訴訟・法的手続，偶発債務
	EMEAという現金生成単位（CGU）に関するのれんの減損の評価	のれん，減損，評価
	子会社に対する親会社の投資および子会社からの支払額の回収可能性	投資，子会社，回収可能性
70	仕入割戻の妥当性	仕入控除項目，売上原価，複雑性
	滞留在庫および陳腐化在庫に対する引当金	棚卸資産，見積り，滞留・腐敗化
	リストラクチャリング費用に関する会計処理	その他の費用，リストラクチャリング
71	のれんの減損	のれん，無形資産，減損，評価
	自家保険プログラム引当金の網羅的な認識と測定	引当金，認識，測定，自家保険，網羅性
	アメリカ海外腐敗行為防止法に基づく調査に関連する引当金の認識と測定	引当金，認識，測定，当局による調査等，偶発債務，アメリカ海外腐敗行為防止法
72	のれんの減損	のれん，無形資産，減損，評価
	Quironsalud社および後発生物製剤事業の買収，Akorn社の買収発表に関する貸借対照表の表示	表示・開示，組織再編
	アメリカ海外腐敗行為防止法に基づく調査に関連する引当金の認識と測定	引当金，認識，測定，当局による調査等，偶発債務，アメリカ海外腐敗行為防止法
73	収益認識を含む関連当事者取引の認識	収益認識，関連当事者取引
	シルバーストリーム契約（訳者注：デリバティブ）の評価	評価，デリバティブ
	El Bajío Ejido（訳者注：メキシコの地名）を巡る訴訟および土地紛争から生じる開示，引当金および資産の回収可能性	埋蔵資産，減損，訴訟・法的手続，回収可能性
	鉱物資産の回収可能価額	埋蔵資産，減損，回収可能性
	税務当局による検査および法令の変更に起因する潜在的な税金の不確実性	税金，当局による調査等，税制改正の影響
	子会社への投資の回収可能価額	投資，子会社，回収可能性
74	研究開発費	研究開発費，費用の資産計上
	収益認識	収益認識，契約・取引内容
	現金および現金同等物	現金および現金同等物，総資産のほとんどを占める特定重要資産
75	のれんの評価	のれん，無形資産，評価

付録2　KAM一覧　◆327

	3 M社のアイデンティティ管理事業の買収	PPA，組織再編
	複雑な契約に関する収益認識	収益認識，契約・取引内容，複雑性
	資産計上された開発費	開発費，費用の資産計上
76	アメリカにおける医薬品およびワクチン事業にかかる売上割戻，売上割引，売上値引および返品	売上控除項目，収益認識
	のれんおよび無形資産の帳簿価額	のれん，無形資産，減損
	買収関連負債	その他の負債，組織再編
	不確実な税務ポジション，移転価格，アメリカ税制改革の影響	税金，引当金，税務ポジション，他国の税制，税制改正の影響
	訴訟	引当金，訴訟・法的手続
	財務システムの変更	IT・情報システム，新システムの導入
	当グループの事業活動に対する調査	引当金，当局による調査等，偶発債務
77	減損	有形固定資産，無形資産，減損，戻入れ，合弁事業
	収益認識	収益認識，不正リスク
	マーケティング業務における公正価値測定	金融商品，公正価値
	金融商品の分類	金融商品，分類
	信用リスクと契約履行リスク	貸付金，売掛金，信用リスク，契約履行リスク
	税金	繰延税金資産・負債，他国の税制
	Katanga社に関する修正再表示	修正再表示，組織再編，不正リスク
78	ギャンブル税	税金，当局による調査等，偶発債務，ギャンブル税
	直接税および間接税に関する会計処理	税金，他国の税制
	法律および規制	引当金，規制事項，罰金・罰則，偶発債務
	のれんおよびその他の無形資産の減損	のれん，無形資産，減損
	収益認識—発生	収益認識，不正リスク，（システムの）複雑性
79	のれんの減損	のれん，減損，IAS 36
	買収の会計	評価，組織再編，IFRS 3
	確定給付型年金制度に関連する負債に関する会計処理	退職給付債務，引当金
80	収益認識	収益認識，不正リスク，手作業の介在
81	のれんの減損テスト	のれん，無形資産，減損，評価
	繰延税金の認識および測定	繰延税金，認識，測定，回収可能性
	判断を伴う引当金の網羅性と測定	退職給付債務，引当金，網羅性
	Italcementi社の取得原価の配分	PPA，組織再編
82	買収の会計：無形資産の識別および評価ならびに負債の評価	無形資産，評価，組織再編
	収益認識—販売促進引当金および売上割戻の計上	売上控除項目，収益認識

	（のれんを含む）無形資産および有形固定資産の減損テスト—経営者による回収可能性の評価	有形固定資産，無形資産，のれん，減損，評価，回収可能性
	税金—不確実な税務ポジションに対する引当金および繰延税金資産の評価	繰延税金資産・負債，引当金，他国の税制
	財務報告にかかる内部統制	内部統制
83	耐用年数を確定できないのれんおよび無形資産の帳簿価額の回収可能性	のれん，無形資産，減損，回収可能性
	当期に実施された買収に関する会計処理	公正価値，組織再編，IFRS 3
	セグメント報告における業績指標の調整に関する説明	代替的業績指標，セグメント報告，表示・開示
84	棚卸資産および仕掛品の評価	棚卸資産，評価
	外国為替ヘッジの認識	外国為替，ヘッジ
	偶発事象に対する引当金	引当金，偶発債務，請求
85	ITアクセス管理	IT・情報システム，アクセス管理
	関連会社への投資—Bank of Communications（'BoCom'）社	投資，関連会社
	IFRS 9による予想損失額	金融商品，新会計基準の適用，IFRS 9
	貸付金および前払金の減損	貸付金，前払金，減損，評価
	HSBC社の戦略的行動の影響	事業戦略期間の最終年度，経営者による内部統制の無効化
	訴訟および規制当局による執行措置	引当金，訴訟・法的手続，罰金・罰則，偶発債務
86	のれんおよび無形資産の減損の評価	のれん，無形資産，減損，評価
	リストラクチャリング引当金に関する会計処理	引当金，期間帰属，複数年にわたるリストラクチャリングの最終年度
	税務会計リスクに対する税金引当金の水準	繰延税金資産・負債，引当金，税務ポジション，他国の税制
87	Qimonda社の破産に関連するリスク	引当金，訴訟・法的手続，偶発債務
	のれんの減損テスト	のれん，無形資産，減損，評価
	繰延税金資産の測定	繰延税金資産・負債，測定，回収可能性
88	収益認識の時期	収益認識，期間帰属
	のれんおよび無形資産の帳簿価額の回収可能性	のれん，無形資産，減損，回収可能性
	企業結合により取得した無形資産および関連するのれんの識別および評価	のれん，無形資産，PPA，組織再編
	新しいグローバルERPシステムの導入	IT・情報システム，新システムの導入
89	顧客および銀行に対する貸付金の減損損失に関する見積りの不確実性	債権，金融商品，減損，見積り
	法的事項に対する引当金に関する見積りの不確実性	引当金，見積り，罰金・罰則，偶発債務
	情報技術およびシステムへの不適切なアクセスまたは変更のリスク	IT・情報システム，信頼性，継続性

付録2　KAM一覧　◆329

	IFRS 9の影響の見積り	金融商品，見積り，会計基準の変更，IFRS 9，IAS 8
90	販売サイクルの一部として集約されたホテルの資産評価の会計処理ならびにマーケティング，広告およびSystem Fundに対するロイヤリティ・プログラムに関連する経費の配分	評価，費用配分，収益の過大計上，費用の過少計上
	IHG Rewards Club ポイント負債の将来の交換可能性の評価	ポイント負債，評価
	ソフトウェア資産の計上と帳簿価額	無形資産，研究開発費，費用の資産計上，ソフトウェア開発
	有形固定資産，無形資産および関連会社および合弁事業への投資の帳簿価額	有形固定資産，無形資産，投資，減損，合弁事業，関連会社
	アメリカ税制改革の影響	税金，税制改正の影響
91	旅客収入およびその他の収益の認識	収益認識，不正リスク，手作業の介在
	British Airways社およびIberia社の従業員債務の評価	退職給付債務，引当金
	のれんおよび耐用年数を確定できない無形資産の帳簿価額の評価	のれん，無形資産，減損，評価
	航空機保守債務の評価額	その他の負債，リース債務，負債計上，評価，リース
92	のれんおよび無形資産の帳簿価額	のれん，無形資産，減損
	当期のおよび繰り延べた税金残高の評価	繰延税金資産・負債，評価，回収可能性
	顧客からのクレームの網羅性と評価	引当金，評価，顧客からのクレーム，網羅性
	買収に関する表示と評価	表示・開示，評価，組織再編
93	純広告収入（「NAR」）	契約負債，収益認識，契約・取引内容
	その他の収益源（「NAR以外の収益」）	収益認識，契約・取引内容
	総確定給付年金債務	退職給付債務，引当金
	子会社に対する親会社の投資の回収可能性	投資，子会社，回収可能性
94	仕入先との取り決め	仕入控除項目，手作業での複雑な会計処理，契約・取引内容
	収益認識	収益認識，不正リスク，手作業の介在
	顧客向け金融サービス債権の減損	貸付金，前払金，引当金，減損，評価
	Nectar社の買収	組織再編，IFRIC 13
	IT環境	IT・情報システム，内部統制
95	精製プロセスと棚卸資産	棚卸資産，見積り
	税務会計	税金，他国の税制
	製品に対する賠償請求および不確実性	引当金，請求，偶発債務
	のれんおよびその他の無形資産の帳簿価額	のれん，無形資産，減損

96	オーストラリア・ニュージーランドにおけるのれんおよび無形資産ならびにメキシコの現金生成単位の減損レビュー，およびオーストラリア・ニュージーランドの現金生成単位ののれんの減損	のれん，無形資産，減損
	デンマーク当局による進行中の移転価格に関する調査に関連する税の不確実性	税金，引当金，税務ポジション，移転価格，当局による調査等
97	耐用年数を確定できないのれんおよび無形資産の減損テスト	のれん，無形資産，減損，評価
	棚卸資産の評価	棚卸資産，評価
	アイウェア事業におけるRichemontグループとの戦略的パートナーシップ契約	連結，見積り，事業戦略，非支配株主との取引
	税務上のリスク	引当金，他国の税制
98	棚卸資産の評価	棚卸資産，見積り，評価
	売上割戻の認識	売上控除項目，認識
	店舗資産の減損：フランスの事業単位	有形固定資産，減損
	のれんの減損：フランスにおける現金生成単位	のれん，減損
	税務事項：移転価格	税金，引当金，他国の税制
	例外的な調整項目の分類および表示	代替的業績指標，分類，表示・開示
99	投資不動産，合弁事業が保有する投資不動産および販売目的不動産を含む不動産ポートフォリオの評価	投資不動産，評価，合弁事業
	収益認識の時期，賃料や報奨金の取扱い，および販売用不動産収益の認識を含む収益認識	収益認識，不正リスク
100	未払保険契約負債の評価—退職	保険契約負債，負債計上，保険契約
	複雑な投資の評価	投資，評価
101	耐用年数を確定できないのれんおよび商標権の測定	のれん，無形資産，評価
	Milestone社の買収に関する取得資産および引受負債の公正価値の認識および測定	PPA，公正価値，組織再編
102	のれんの回収可能性	のれん，無形資産，評価，回収可能性
	リストラクチャリング引当金の認識および測定	引当金，認識，測定，リストラクチャリング
	エンジニアリング部門の収益認識	引当金，収益認識，工事契約
103	貸倒れに対する減損引当金	引当金，減損，貸倒れ
	業務遂行上のリスクおよび引当金	引当金
	保険数理計算上の仮定	保険契約負債，負債計上，保険契約
	確定給付債務	退職給付債務，引当金
	ヘッジ会計	金融商品，ヘッジ
	重要な取引	連結，事業再編，単発の取引，複雑性
	ITシステムへの特権アクセス	IT・情報システム，アクセス管理
	IFRS 9の影響の開示	金融商品，IFRS 9

付録2　KAM一覧　◆331

	のれんおよび購入した無形資産が減損するリスク	のれん，無形資産，減損
104	流通市場取引に関する収益認識，決済手続に関する収入シェア，および情報サービスに関する見込み収益の計上にかかる不正リスク	収益認識，不正リスク，経営者による内部統制の無効化
	企業買収の会計処理が不正確であるリスク	繰延新契約費，組織再編，回収可能性
	Oracle社の財務システムの導入によりデータの完全性，会計または財務報告に誤りが発生しうるリスク	IT・情報システム，新システムの導入
105	無形資産の測定	のれん，無形資産，測定，評価
	負債および費用ならびに偶発債務に対する引当金の測定	引当金，偶発債務，訴訟・法的手続
	純売上高の認識―売上控除項目の見積り	売上控除項目，収益認識，見積り
106	Christian Dior Couture社の買収	組織再編，関連当事者取引，金額の重要性
	固定資産，とくに無形資産の評価	有形固定資産，無形資産，評価
	棚卸資産および仕掛品の評価	棚卸資産，評価，滞留・陳腐化
	偶発事象および損失に対する引当金	引当金，偶発債務，税制改正の影響，IAS 12，IAS 37
107	財務業績の報告	代替的業績指標，調整計算
	イギリスにおける店舗合理化プログラムに関する会計処理	有形固定資産，減損
	イギリスにおける店舗資産の減損	有形固定資産，減損
	イギリスにおける衣料品および家庭用品の棚卸資産に対する引当金	棚卸資産，見積り，滞留・陳腐化
	退職給付	退職給付債務，引当金
	報告された収益の手作業による調整	収益認識，契約・取引内容，手作業の介在
108	のれんおよびその他の固定資産の帳簿価額	のれん，無形資産，有形固定資産，減損
	非基礎的項目の分類	代替的業績指標，分類，表示・開示
109	後発バイオ医薬品事業の売却に関する変動買取対価（未収入金）の測定	未収入金，測定，組織再編，変動対価
	未払法人所得税および繰延税金負債の認識および測定	未払税金，繰延税金資産・負債，移転価格，他国の税制，税制改正の影響
	のれんの減損テスト	のれん，無形資産，減損，評価
	特許紛争引当金の測定	引当金，測定，訴訟・法的手続，偶発債務
110	確定給付制度に基づく従業員給付債務	退職給付債務，引当金
	非金融資産の減損	非金融資産，減損
	ドイツにおける税務監査およびブラジルにおける訴訟に関する偶発事象	税金，引当金，偶発債務，当局による調査等，訴訟・法的手続
111	収益認識	収益認識，契約・取引内容，手作業の介在
	買収の会計における公正価値	公正価値，組織再編
	例外的なコストとリストラクチャリング引当金	引当金，リストラクチャリング
	税金	税金，引当金，他国の税制

112	のれんおよび有形固定資産の減損	のれん，有形固定資産，減損
	税金	税金，引当金，他国の税制
	有形固定資産の資産計上	有形固定資産，費用の資産計上
	林業資産の評価	林業資産，評価
113	有形固定資産の減損	有形固定資産，減損
	不利なリース契約にかかる引当金および不利な財産契約	引当金，リース，不利な契約
	商業収入および販売促進費の手作業による処理	売上控除項目，収益認識，手作業の介在
	無形資産の減損	無形資産，減損
	株式の評価	投資，引当金，評価
	年金会計	退職給付債務，引当金
114	損害保険事業における未払債権引当金の評価	引当金，評価
	将来の保険給付に対する引当金，未払保険金に対する引当金，および生命保険／健康保険部門における繰延新契約費の評価	繰延新契約費，引当金，評価，回収可能性
	投資の評価	投資，評価，IFRS 13
115	内部統制刷新プログラム	内部統制
	ITユーザーアクセス管理のコントロール	IT・情報システム，アクセス管理
	環境引当金	引当金
	純年金債務	退職給付債務，引当金，年金資産
	収益認識	収益認識，不正リスク，初度監査
	資本的支出の分類	分類，恣意性
	資金のデリバティブ取引	評価，デリバティブ
116	オンライン顧客に対する債権の回収可能性	債権，減損，貸倒れ，回収可能性
	正味実現可能価額を超える棚卸資産	棚卸資産，見積り，滞留・陳腐化
	その他の引当金の妥当性	引当金，リース資産，返品
	金融商品の評価	金融商品，評価
	確定給付型年金制度に関する会計処理	退職給付債務，引当金
117	収益認識	収益認識，期間帰属，契約・取引内容
	買収に関する会計処理	のれん，無形資産，見積り，組織再編，複雑性
118	Delta Lloyd社の買収	PPA，表示・開示，組織再編
	保険契約負債の評価および準備金の十分性テスト（RAT）	保険契約負債，準備金，評価，負債計上，保険契約
	ユニット・リンク（変動保険）にかかる訴訟リスク	見積り，訴訟・法的手続，偶発債務
	ソルベンシーIIの資本およびリスク・マネジメントに関する開示	表示・開示，リスク・マネジメント，規制事項
	Delta Lloyd社の統合	内部統制，罰金・罰則，事業統合，不正リスク

付録 2　KAM一覧　◆333

119	販売協力収入に関する会計処理	収益認識，見積り，契約・取引内容，複雑性
	内部開発費の資産計上	開発費，費用の資産計上，ソフトウェア開発
	Ocado Solutionsに関する契約の会計処理	収益認識，セグメント報告，不正リスク
120	電気通信事業からの収益認識および第三者事業者との重要な契約	収益認識，（システムの）複雑性，契約・取引内容
	のれん，無形資産および有形固定資産の評価	のれん，有形固定資産，無形資産，評価
	繰越欠損金にかかる繰延税金資産の認識	繰延税金資産・負債，評価，回収可能性
	競争および規制上の紛争に対する引当金の測定	引当金，測定，訴訟・法的手続，罰金・罰則，規制事項
121	収益認識	収益認識，不正リスク，（計算過程の）複雑性
	税金に対する引当て	税金，引当金，移転価格，他国の税制
122	不正リスクを含む収益認識	収益認識，長期契約，不正リスク，デジタル・コンテンツ
	のれんおよび無形資産の帳簿価額	のれん，無形資産，減損
	返品引当金	引当金
	営業外項目の性質と表示	代替的業績指標，表示・開示
	不確実な税金負債に対する引当金	税金，引当金，税務ポジション，他国の税制
	開発中の無形資産の回収可能性	無形資産，棚卸資産，減損，回収可能性
	主要な取引	投資，売却目的保有事業
	退職給付およびその他の退職債務	退職給付債務，引当金
123	商標権の評価	無形資産，評価
	税務上のリスク	税金，引当金，偶発債務，当局による調査等，他国の税制
	繰越欠損金に関する繰延税金資産の回収可能性	繰延税金資産・負債，回収可能性
	退職給付義務	退職給付債務，引当金
124	収益認識	収益認識，期間帰属，経営者の偏向
	棚卸資産の評価と利益の認識	棚卸資産，評価
	証券化債権の評価	債権，評価
125	Opel Vauxhall社の取得原価の配分	PPA，組織再編
	固定資産の回収可能性の評価	のれん，有形固定資産，減損，回収可能性
	自動車事業に関する持分法適用会社の評価	投資，評価，連結
126	保険契約者債務の評価	保険契約負債，評価，保険契約
	投資の評価	投資，評価
	繰延新契約費（「DAC」）の回収可能性および償却	繰延新契約費，組織再編，回収可能性
	年金資産の決定	退職給付債務，引当金，年金資産

	収益認識	収益認識，契約・取引内容
	のれんおよび無形資産の評価	のれん，無形資産，減損，評価
127	負債および費用に対する引当金	引当金，訴訟・法的手続
	当期のおよび繰り延べた税金：アメリカ税制改革の影響の評価	繰延税金，税制改正の影響，IAS 12
	マリ共和国における税金支払請求に対して重要な引当金が必要となるリスクおよび開示が不完全であるリスク	引当金，表示・開示
128	マリ共和国およびコンゴ共和国における付加価値税債権が回収不能であるリスク，回収時期に関する判断が不適切であるかまたは開示が不完全であるリスク	債権，引当金，表示・開示，回収可能性
	収益	収益認識，不正リスク，手作業の介在
129	繰延税金資産の評価	繰延税金資産・負債，評価，回収可能性
	のれんの評価	のれん，無形資産，評価
	顧客との取引に関する諸支出に関する会計処理	未払債務，負債計上，網羅性
	不確実な税務ポジションに対する引当金	税金，引当金，税務ポジション，他国の税制
130	法的捜査に起因する負債に対する引当金の評価	引当金，評価，訴訟・法的手続
	Mead Johnson Nutrition社の買収に関する会計処理	組織再編
	調整項目の分類	代替的業績指標，調整計算，分類
	のれんおよび無形資産の減損の評価	のれん，無形資産，減損，評価
	不確実な税務ポジション	税金，引当金，税務ポジション，移転価格，当局による調査等，他国の税制
	社内で開発された無形資産	無形資産，研究開発費，自己創設無形固定資産
131	収益認識	収益認識，不正リスク，手作業の介在
	のれんおよび取得した無形資産の帳簿価額	のれん，無形資産，評価，金額的重要性
	財務システム	IT・情報システム，IT環境の理解の困難さ
	自動車部門（AVTOVAZ部門を除く）における製造活動に固有の無形資産および有形固定資産（車両）の評価	無形資産，有形固定資産，減損，評価
	日産に対するRenault社による持分投資の連結方法および回収可能価額	投資，連結，回収可能性
132	AVTOVAZ社の連結：取得原価の配分	PPA，組織再編，回収可能性
	フランス税務グループに関する繰延税金資産の回収可能性	繰延税金資産・負債，回収可能性
	販売金融債権の回収可能価額	債権，回収可能性
	イギリスにおける未使用の税務上の損失に対する繰延税金資産の認識	繰延税金資産・負債，認識，回収可能性
133	税務リスクに対する引当金	税金，引当金，他国の税制

	のれんを含む現金生成単位の減損の評価およびテスト	のれん，減損，評価
	親会社財務諸表	子会社に対する投資，総資産のほとんどを占める特定重要資産
134	収益認識	収益認識，契約・取引内容，（取引の）複雑性
	子会社に対する親会社の投資の回収可能性	投資，子会社，回収可能性
135	減損または減損の戻し入れの評価	無形資産，有形固定資産，減損，戻入れ
	閉鎖，復旧および環境債務に関する引当金	引当金，環境負債
	不確実な税務ポジションに対する引当金	税金，引当金，税務ポジション，他国の税制
136	収益，利益および現金の目標値を達成するための経営者に対する圧力とインセンティブ	組織再編，不正リスク
	民間航空宇宙事業における収益および利益の会計処理基準	収益認識，契約・取引内容
	民間航空宇宙事業の収益および利益の測定	収益認識，見積り
	民間航空宇宙事業における無形資産（認証費用および加盟金，開発費および契約アフターマーケット権）の回収可能性	無形資産，減損，回収可能性
	海外市場における贈収賄・汚職容疑に関連する訴追延期および課徴金減免合意の帰結	引当金，表示・開示，罰金・罰則，偶発債務
	「基礎利益」の表示	代替的業績指標，調整計算，表示・開示
	頻度や金額が均一ではない品目の利益動向への影響の開示	表示・開示
	Industria De Turbo Propulsores（ITP Aero）社の支配持分の取得から生じる利益	評価，公正価値，組織再編
	IFRS 15の適用による影響の開示	収益認識，表示・開示，長期契約，IFRS 15
	親会社の子会社に対する投資の回収可能性	投資，子会社，回収可能性
137	業務，訴訟および規制事項，顧客救済，ならびに請求に対する引当金	負債，引当金，訴訟・法的手続，規制事項，IAS 37
	繰延税金の認識，のれんの減損，親会社勘定における子会社への投資に影響する将来の収益性の見積り	繰延税金，のれん，投資，減損，見積り，子会社，回収可能性
	貸付金および前払金の減損	貸付金，前払金，引当金，減損
	トレーディング業務に関連する収益を含む高リスク金融商品の評価	金融商品，見積り，評価
	非金利収入への影響を含むヘッジの有効性テスト	金融商品，ヘッジ
	リストラクチャリング引当金	引当金，リストラクチャリング
	年金の評価および債務	退職給付債務，引当金
	ITアクセス管理	IT・情報システム，アクセス管理

138	のれんの評価	のれん，無形資産，評価
	合弁事業であるPOET―DSM Advanced Biofuels社の減損	投資，減損，連結，合弁事業，IFRS 11
	Patheon社の売却	投資，組織再編
139	減価償却，減耗償却および償却（DD&A）の計算に使用される埋蔵量を含む石油およびガス埋蔵量の見積り	埋蔵資産，減損，見積り
	探鉱および生産資産の回収可能額，Upstream and Integrated Gas セグメントにおける合弁事業および関連会社への投資	埋蔵資産，投資，減損，関連会社，合弁事業，回収可能性，石油・ガス価格の低迷
	廃炉および復旧（D&R）引当金の見積り	引当金，見積り
	Shell社の売却プログラムに係る資産の会計処理	売却目的保有資産，有形固定資産，表示・開示，減損，資産の売却，IFRS 5
	繰延税金資産の認識および測定	繰延税金資産・負債，認識，測定，回収可能性
	アメリカ税制改革の影響	税金，税制改正の影響
	未実現のトレーディング損益に関する収益認識	収益認識，不正なトレーディング活動，意図的な虚偽表示
	Shell社システムのIT全般統制の強化	IT・情報システム，内部統制
140	のれんを含む有形（無形）資産の評価	のれん，有形固定資産，無形資産，評価
	税金	繰延税金資産・負債，回収可能性
	IFRS 15	収益認識，新会計基準の適用，IFRS 15
	セキュリティ，サイバー犯罪，データプライバシーを含むITシステムの信頼性	IT・情報システム，内部統制，信頼性
141	販売された切手に関する前受金にかかる繰延収益	前受金，繰延収益，収益認識，契約・取引内容
	年金制度の資産および負債の評価	退職給付債務，引当金
	産業疾病訴訟引当金	引当金
	Ofcom（訳者注：監督官庁の名称）による競争調査に関する偶発債務	引当金，当局による調査等，罰金・罰則，偶発債務
	子会社に対する親会社の投資およびグループ会社による負債の回収可能性	投資，子会社，回収可能性
142	のれんの評価	のれん，無形資産，評価
	繰延税金資産に関する評価および開示	繰延税金資産・負債，評価，回収可能性
	収益認識―複数要素の販売契約および販売促進	収益認識，契約・取引内容，複数要素契約
	法的請求，訴訟，規制事項および偶発事象の発生可能性の評価および開示	引当金，評価，表示・開示，規制事項，訴訟・法的手続，偶発債務
	買収	PPA，組織再編
	事業の処分および廃止に関する会計処理	組織再編，廃止事業
143	端末資産および合弁事業の減損テスト	有形固定資産，投資，減損，合弁事業

付録2　KAM一覧　◆337

144	保険負債	保険契約負債，負債計上，保険契約
	ITシステムと統制環境	IT・情報システム，内部統制
	年金および退職債務	退職給付債務，引当金
	繰延税金資産	繰延税金資産・負債，回収可能性
	子会社に対する親会社の投資の回収可能性	投資，子会社，回収可能性
145	セグメント報告の変更	セグメント報告，表示・開示，分類，セグメント変更
	のれんの回収可能性	のれん，無形資産，減損，評価，回収可能性
	年金引当金の認識と測定	退職給付債務，引当金
	税金項目の認識と測定	繰延税金，認識，測定
146	時間単位契約における収益と利益の認識	収益認識，工事契約
	契約負債：契約履行保証引当金および販売契約引当金	契約負債，引当金，製品保証
	外貨建てデリバティブの測定と網羅性	測定，デリバティブ，ヘッジ，網羅性
	無形資産の減損テスト（のれんおよびプログラム）	のれん，無形資産，減損，評価
147	収益認識	収益認識，期間帰属，ソフトウェア，契約・取引内容
	Intacct社の買収—取得した無形資産の暫定的な評価	無形資産，PPA，組織再編
	のれんの帳簿価額	のれん，減損
	当グループの事業変革の結果としてのリストラクチャリング費用の非継続項目への分類	リストラクチャリング，費用の分類
148	負債および訴訟に対する引当金の測定	引当金，測定，訴訟・法的手続，偶発債務
	のれん，無形資産および有形固定資産の測定	のれん，有形固定資産，無形資産，測定，評価
	Sika社の支配持分の計画的取得	組織再編，ヘッジ，IAS 39
	Building Distribution部門における仕入割引の測定	売上原価，仕入控除項目，測定
149	収益	収益認識，契約・取引内容
	法人所得税エクスポージャーに対する引当金の測定	税金，引当金，税務ポジション，他国の税制
	SAP事業ネットワークに関するのれんの帳簿価額の回収可能性	のれん，無形資産，評価，回収可能性
150	耐用年数を確定できないのれんおよび商標権の測定	のれん，無形資産，測定，評価
	開発費の資産計上と測定	研究開発費，無形資産，費用の資産計上，測定
	繰越欠損金に関連する繰延税金資産の認識および回収可能性	繰延税金資産・負債，認識，回収可能性
	リスク評価ならびに引当金および偶発債務の測定	引当金，偶発債務

151	収益および売上原価の虚偽表示リスク	収益認識，契約・取引内容，虚偽表示リスク，手作業の介在
	不確実な税金負債の評価と網羅性	税金，評価，税務ポジション，他国の税制，網羅性
	買収の会計	のれん，評価，公正価値，組織再編
152	投資不動産の評価	投資不動産，評価
	大規模で複雑な取引	投資不動産，社債，認識，測定，資産の取得と売却，さまざまな取引
153	新しい水市場における個人以外の顧客に対する卸売収益の正確性	収益認識，手作業の介在，不正リスク
	Severn Trent Water社における営業債権に対する引当金の評価	引当金，評価，貸倒れ
	当グループの退職給付債務の評価	退職給付債務，引当金
	Severn Trent Water社における設備投資の分類と評価	有形固定資産，費用の資産計上，分類，設備投資，資本的支出
154	CINRYZE事業の減損の兆候	無形資産，減損
	アメリカ合衆国における契約上および規制上の要件による収益に対する売上割戻の見積り	売上控除項目，収益認識，見積り
	変更の波及的リスク	組織再編，不正リスク
155	Siemens社の風力発電事業とGamesa社の合併	組織再編，IFRS 3
	工事契約の収益認識	収益認識，工事契約
	契約違反およびコンプライアンス違反に関する申立手続に対する引当金ならびに資産除却債務に対する引当金	資産除却債務，引当金，訴訟・法的手続，偶発債務
	不確実な税務ポジションと繰延税金	繰延税金，税務ポジション
156	不適切な収益認識と経営者による内部統制の無効化リスク	収益認識，期間帰属，不正リスク
	のれんの評価	のれん，評価
	不確実な税務ポジションに対する繰延税金資産・負債の評価	繰延税金資産・負債，税務ポジション，他国の税制
	組織変更	減損，組織再編
	サウジアラビア王国における事業活動	収益認識，内部統制，特定ビジネスのリスク
157	小口の受信料収入におけるバンドル商品の収益認識	収益認識，契約・取引内容
	エンターテインメント・プログラミング費用	研究開発費，費用の資産計上，ソフトウェア開発
	資本プロジェクトの会計処理	有形固定資産，無形資産，減損損失，費用の資産計上，減損
158	当期の未払税金に含まれる不確実な税金引当金の認識および測定	税金，引当金，他国の税制
	metal-on-metal hip（訳者注：インプラントの製品名）の負債性引当金	引当金，訴訟・法的手続，偶発債務

付録2　KAM一覧　◆339

	高度な創傷治療品，生理活性品および装置の収益に関連する売上割戻	売上控除項目，収益認識，契約・取引内容
	整形外科用棚卸資産の滞留および陳腐化引当金	棚卸資産，引当金，滞留・陳腐化
	親会社財務諸表：親会社の子会社に対する投資の回収可能性	子会社株式，減損，回収可能性，総資産のほとんどを占める特定重要資産
159	Smiths Detection事業部およびSmiths Interconnect事業部における複雑なプログラムおよび契約の会計処理と収益認識（発生）	収益認識，プログラムの複雑性，契約・取引内容
	買収の会計	組織再編，内部統制
	事業売却に関する会計処理	組織再編，内部統制
	John Crane社の石綿製品およびTiteflex社の柔軟ガス配管製品に関する製品訴訟引当金	引当金，訴訟・法的手続，偶発債務
	運転資本および関連する引当金	売掛金，棚卸資産，引当金，評価，回収可能性
	税金引当金および繰延税金資産の認識	繰延税金資産・負債，引当金，回収可能性
	のれんおよび無形資産の減損の評価	のれん，無形資産，減損
	確定給付型年金制度の純資産および負債	退職給付債務，引当金
160	のれんの減損の評価	のれん，減損
	ベネズエラ―政治的リスクおよび関連リスク	のれん，固定資産，減損，カントリーリスク
	税務―繰延税金資産の評価	繰延税金資産・負債，評価，回収可能性
	従業員給付―退職給付債務の評価	退職給付債務，引当金
161	法的紛争に対する引当金の測定	引当金，測定，訴訟・法的手続，偶発債務
	フランス税務グループおよびアメリカに関する事業体の繰延税金資産の回収可能性	繰延税金資産・負債，回収可能性
	公正価値階層におけるレベル3に分類された複雑な金融商品の評価	金融商品，評価，公正価値，レベル3
	デリバティブおよび仕組金融商品に関するITリスク	デリバティブ，仕組金融商品
	経済状況に大きく左右される特定分野の法人顧客に対する貸付金その他の約定に関する減損の測定	貸付金，売掛金，引当金，減損，信用リスク
162	オンサイト・サービス事業のセグメント情報の新規表示およびのれんへの影響	のれん，セグメント報告，表示・開示，セグメント変更
	のれんの回収可能額の測定	のれん，無形資産，減損，評価，回収可能性
	仕入割引に対する引当金	仕入控除項目，売上原価，引当金
	退職給付	退職給付債務，引当金
	税務上のリスク	税金，引当金，他国の税制
163	のれんの減損テスト	のれん，無形資産，減損，評価
	アメリカ税制改革	税金，税制改正の影響
	Acetow事業の売却	組織再編，（取引の）複雑性

	ポリアミド（訳者注：ポリマーの一種）事業の計画的売却—IFRS 5の適用	組織再編，IFRS 5
	確定給付債務	退職給付債務，引当金
164	連結財務諸表の特定の固定資産の帳簿価額	有形固定資産，無形資産，減損
	推定収益認識に関する会計処理	収益認識，見積り，業界特有の事情
	グループおよび親会社の年金債務	退職給付債務，引当金
165	外部委託業者における管理プラットフォームの開発に関する前払金の評価	前払金，費用の資産計上，評価，ソフトウェア開発
	投資不動産およびデリバティブについて判断に基づく評価を伴う投資の評価	投資不動産，投資，評価，デリバティブ
166	法律および規制事項	引当金，規制事項，罰金・罰則，偶発債務
	顧客向け貸付金その他の金銭債権の減損	貸付金，その他の金銭債権，減損，滞留・陳腐化
	のれんの減損	のれん，減損
	公正価値で保有される金融商品の評価	金融商品，評価，公正価値，レベル3
	情報技術	IT・情報システム，内部統制
	子会社に対する親会社の投資の回収可能性	投資，子会社，回収可能性，金額的重要性
167	Aberdeen Asset Management社の買収—のれんおよび無形資産	のれん，無形資産，表示・開示，組織再編
	無配当保険契約負債の評価	保険契約負債，評価，金額的重要性
	年金販売実績に対する引当金の評価	年金資産，引当金，評価
	無形資産の評価	無形資産，減損，評価，内製ソフトウェア
	レベル3の金融商品および投資不動産の評価	投資不動産，商業用不動産ローン，未上場株式および債権，評価，レベル3
	イギリスにおける確定給付年金制度の現在価値の評価	退職給付債務，引当金
	子会社に対する親会社の投資の回収可能性	投資，子会社，総資産のほとんどを占める特定重要資産
168	収益認識	収益認識，OEM契約
	不確実な税務ポジション	税金，税務ポジション，他国の税制
	資産計上された開発費の発生と評価	研究開発費，費用の資産計上，評価
	転換社債に関する会計処理および事後の公正価値再測定	金融商品，公正価値
169	棚卸資産の原価計算と利益の認識	棚卸資産，原価配分，不正リスク
	確定給付年金制度の会計	退職給付債務，引当金
	定期賃貸権に対する引当金の会計処理	投資不動産，引当金，評価，見積り，定期賃貸権，複雑性
170	工事契約に関する収益認識の妥当性	収益認識，工事契約
	FMC Technologies社の取得原価の配分	PPA，組織再編

付録 2　KAM一覧　◆341

	のれんの帳簿価額―海底事業セグメント	のれん，無形資産，セグメント報告，評価
171	店舗固定資産の減損レビュー	有形固定資産，減損，回収可能性
	商業収入の認識	売上原価，収益認識，契約・取引内容，複雑性
	棚卸資産の評価	棚卸資産，評価，滞留・陳腐化
	年金債務の評価	退職給付債務，引当金，IAS 19
	偶発債務	引当金，訴訟・法的手続，偶発債務
	連結損益計算書の表示	代替的業績指標，不正リスク
	ITセキュリティを含む小売に関する技術環境	IT・情報システム，内部統制
172	のれんの回収可能性	のれん，無形資産，評価，回収可能性
	繰延税金資産の表示	繰延税金資産・負債，表示・開示，回収可能性
	Steel Americas事業の売却	減損，組織再編，非継続事業，IFRS 5
	訴訟に対する引当金および反トラストリスクに対する引当金	引当金，訴訟・法的手続，偶発債務
	ATLAS Elektronik社の初年度連結	連結，組織再編
173	探鉱および生産用の非流動資産の減損テスト	有形固定資産，減損
	探査・生産資産の認識における，証明済みおよび証明済み・開発済み炭化水素埋蔵量の見積りの影響	埋蔵資産，実在性，複雑性
174	のれんの回収可能性	のれん，回収可能性
	ホテル前払金の回収可能性	前払金，見積り，回収可能性
	繰延税金資産の回収可能性	繰延税金資産・負債，回収可能性
	特定引当金	引当金，飛行機保守，リース，不利な契約
	Transat France社の買収に関する会計処理	PPA，組織再編
	Travelopiaグループ会社の株式の売却	投資，非継続事業，契約・取引内容，IFRS 5
	EBITAの調整	代替的業績指標，調整計算，恣意性
175	建設中の投資不動産（IPUC）を含む投資不動産ポートフォリオの評価	投資不動産，評価
	金融負債および関連するデリバティブに関する会計処理	金融商品，ヘッジ，デリバティブ
176	収益認識	売上控除項目，収益認識，不正リスク
	間接税に関する偶発債務	税金，偶発債務，（法規制の）複雑性
	直接税引当金	税金，引当金，移転価格，他国の税制
	企業結合―Carver社	評価，組織再編
	スプレッド（食品）事業の売却―財務諸表の表示	表示・開示，非継続事業
	子会社への投資	投資，子会社，回収可能性，金額的重要性
	無形資産	無形資産，評価，金額的重要性

177	収益認識および個人顧客の債務に対する引当金	未収収益，引当金，収益認識，貸倒れ，契約・取引内容，業界特有の事情
	（水道規制当局と合意した）資本プログラムに関する費用の資産計上	費用の資産計上，規制事項
	退職給付債務の評価	退職給付債務，引当金
	Water Plus合弁事業への投資および貸付の帳簿価額	投資，貸付金，見積り
	United Utilities社に対する会社間債務および投資の回収可能性	投資，評価，子会社，回収可能性
178	のれんおよび現金生成単位の減損テスト	のれん，有形固定資産，減損
	特定の品質リスクに対する引当金の評価	引当金，評価，見積り
	市光工業株式会社の連結初年度の会計処理	連結，事業再編，複雑性
179	ポーランド，チェコ共和国/スロバキア，ドイツおよびメキシコにおける現金生成単位ならびに中国におけるコンセッションに関するのれんの減損テスト	のれん，減損，コンセッション
	利幅の薄い契約に関連する無形資産，有形固定資産，営業金融資産の評価	無形資産，有形固定資産，評価
	無価値株式控除に関するアメリカ税務監査	税金，当局による調査等，税務ポジション，金額的重要性
	アメリカ（フリント），ルーマニア，リトアニアおよびトランスデューブ（地域援助）における訴訟に関連する訴訟・偶発債務引当金	引当金，訴訟・法的手続，偶発債務
180	長期工事契約ならびに完成時の損失およびプロジェクト・リスクに対する引当金の測定	引当金，工事契約
	のれんおよびコンセッション無形資産，ならびに持分法によって処理されているコンセッション会社の持分の測定	のれん，無形資産，測定，評価，コンセッション
	負債および訴訟に対する引当金	引当金，訴訟・法的手続，偶発債務
181	のれんの評価	のれん，無形資産，減損，評価
	持分法適用会社であるTelecom Italia社の評価	投資，評価，連結
	上場株式および非上場株式の認識と評価	投資，評価
	IFRS 10に基づくTelecom Italia社への影響力の評価	投資，連結，IFRS 10
	とくにMediaset社および過去の少数株主との紛争の分析	引当金，訴訟・法的手続，偶発債務
182	収益認識—システムの複雑さとIFRS 15の初年度適用により予想される影響に関する開示を考慮した収益計上額の正確さ	収益認識，表示・開示，新会計基準の適用，（システムの）複雑性，IFRS 15
	のれんおよび売却目的で保有しているVodafone India社の評価	のれん，売却目的保有資産，減損，評価，子会社
	税務事項	繰延税金資産・負債，回収可能性
	引当金および偶発債務	引当金，偶発債務，訴訟・法的手続，規制事項

付録 2　KAM一覧　◆343

	費用の資産計上と資産の耐用年数	有形固定資産，無形資産，費用の資産計上
183	ディーゼル問題のリスク引当金に関する会計処理	引当金，訴訟・法的手続
	のれんおよび商標権の回収可能性	のれん，無形資産，評価，回収可能性
	資産計上された開発費の減損	開発費，減損，費用の資産計上，評価
	販売によって生じる債務保証引当金の網羅性および測定	引当金，測定，網羅性
	金融商品—ヘッジ会計	金融商品，ヘッジ
184	ドイツにおける投資不動産の測定	投資不動産，測定
	のれんの減損テスト	のれん，無形資産，減損，評価
	Conwertグループの買収過程で取得した資産および負債の認識および測定	連結，PPA，組織再編
185	年金債務の評価	退職給付債務，引当金
	（代替業績指標の表示のための）非基礎的項目	代替的業績指標，表示・開示
	新しい財務システムの導入	IT・情報システム，新システムの導入
186	のれんおよび取得した識別可能な無形資産の評価	のれん，無形資産，評価
	重要な新規の企業結合に関する会計処理	組織再編，網羅性
	収益認識	収益認識，手作業の介在，IAS 18
	複雑な当期のおよび繰り延べた法人所得税に関する会計処理（不確実性のある税務ポジションを含む）	繰延税金，税務ポジション，他国の税制
	財務報告に係る内部統制	IT・情報システム，多くの国・地域での運用
187	収益認識—大口メディア収入に関する会計処理	収益認識，契約・取引内容
	のれん	のれん，減損
	課税準備金	税金，引当金，他国の税制

（注）　図表 7 -10「KAMの分類」に示したキーワード2,254個に会計基準・法規の名称（のべ51個）を加えている。

参考文献

Advisory Committee on the Auditing Profession [2008] Final Report of the Advisory Committee on the Auditing Profession to the U.S. Department of the Treasury, Oct. 6, 2008, the Department of the Treasury. <https://www.treasury.gov/about/organizational-structure/offices/Documents/final-report.pdf> (最終閲覧日2019年1月15日)

Association of Chartered Certified Accountants (ACCA) [2018] Key audit matters: unlocking the secrets of the audit, ACCA <https://www.accaglobal.com/content/dam/ACCA_Global/professional-insights/Key-audit-matters/pi-key-audit-matters.pdf> (最終閲覧日2019年1月10日)

BASF SE [2017] Bericht 2017. 〈https://bericht.basf.com/2017/de/serviceseiten/downloads/files/BASF_Bericht_2017.pdf〉 (最終閲覧日2019年1月8日)

BÉDARD Jean et Nathalie GONTHIER-Besacier [2013a] "Le Paragraphe de Justification des Appréciations dans le Rapport des Commissaires aux Comptes, Première partie : d'une "erreur de plume" à une référence qui s'exporte pour réduire l'Audit Expectation Gap", Revue Française de Comptabilité, No.470, pp.23-26.

――――[2013b] "Le Paragraphe de Justification des Appréciations dans le Rapport des Commissaires aux Comptes, deuxième partie : contenu et lisibilité-théorie et pratique", Revue Française de Comptabilité, No.471, pp.44-48.

Bravidor, M./Rupertus, H. [2018] Key Audit Matters im "neuen" Bestätigungsvermerk. Erste Erkenntnisse zur Berichtspraxis von Public Interest Entities in Deutschland, in WPg 05/2018, S.271-280.

Brouwer, Arjan, Peter Eimers en Henk Langendijk [2016] De kernpunten uit de uitgebreide controleverklaring in relatie tot de risico's in het bestuursverslag en de schattingen en oordelen in de toelichting, Maandblad voor Accountancy en Bedrijfseconomie 90(2) : 594-609.

Brouwer, A.J., P. W. A. Eimers, J. de Groot and F. de Groot [2014] Klare Taal! Benchmark controleverklaring 'nieuwe stijl' onder Nederlandse beursfondsen, PwC Geraadpleegd op, Pricewaterhouse Coopers. 〈https://www.pwc.nl/nl/assets/documents/pwc-klaretaal.pdf.〉 (最終閲覧日2019年1月8日)

Burgerlijk Wetboek Boek 2 (Geldend van 01-01-2019 t/m heden).

Compagnie Nationale des Commissaires aux Comptes (CNCC) [2006] Norme d'Exercice Professionnel 705, Justification des Appréciations, CNCC.

――――[2007] Norme d'Exercice Professionnel 700, Rapports du commissaire aux comptes sur les comptes annuels et consolidés, CNCC.

――――[2010] Les Rapports du Commissaire aux Comptes sur les Comptes Annuels et Consolidés, Compagnie Nationale des Commissaires aux Comptes, CNCC.

――――[2017a] Les Rapports du Commissaire aux Comptes sur les Comptes Annuels et Consolidés (2ème édition), Compagnie Nationale des Commissaires aux Comptes,

CNCC.

───[2017b] Norme d'Exercice Professionnel 570, Continuité d'exploitation, CNCC.

───[2017c] Norme d'Exercice Professionnel 700, Rapports du commissaire aux comptes sur les comptes annuels et consolidés, CNCC.

───[2017d] Norme d'Exercice Professionnel 701, Justification des appréciations dans les rapports du commissaire aux comptes sur les comptes annuels et consolidés des entités d'intérêt public, CNCC.

───[2017e] Norme d'Exercice Professionnel 702, Justification des appréciations dans les rapports du commissaire aux comptes sur les comptes annuels et consolidés des personnes et entités qui ne sont pas d'intérêt public, CNCC.

Deutsche Lufthansa AG [2017a] Geschäftsbericht 2017. 〈https://investor-relations.lufthansagroup.com/fileadmin/downloads/de/finanzberichte/geschaeftsberichte/LH-GB-2017-d.pdf〉（最終閲覧日2019年1月8日）

───[2017b] annual report 2017. 〈https://investor-relations. lufthansagroup.com/fileadmin/downloads/en/financial-reports/annual-reports/LH-AR-2017-e.pdf〉（最終閲覧日2019年1月8日）

Eimers, Peter [2014] Lessons learned Ervaringen uit de audit praktijk, Nederlandse Beroepsorganisatie van Accountants.

Ernst and Young (EY) [2018]《Key audit matters》en France : quelles tendances dans les rapports d'audit 2017?, EY <https://www.ey.com/fr/fr/services/assurance/ey-key-audit-matters>（最終閲覧日2019年1月8日）

(Das) Europäischen Parlaments und des Rates [2014] Verordnung (EU) Nr. 537/ 2014 des Europäischen Parlaments und des Rates vom 16. April 2014 über spezifische Anforderungen an die Abschlussprüfung bei Unternehmen von öffentlichem Interesse und zur Aufhebung des Beschlusses 2005/909/EG der Kommission, in: Amtsblatt der Europäischen Union. L 158/77 vom 27. 5. 2014.

(the) European Parliament and the Council of the European Union (European Parliament) [2014a] Directive 2014/56/EU of The European Parliament and of The Council of 16 April 2014 amending Directive 2006/43/EC on statutory audits of annual accounts and consolidated accounts, Official Journal of the European Union, L 158, 27.5.2014, pp.196-226.

───[2014b] Regulation (EU) No 537/2014 of The European Parliament and of The Council of 16 April 2014 on specific requirements regarding statutory audit of public-interest entities and repealing Commission Decision 2005/909/EC, Official Journal of the European Union, L 158, 27.5.2014, pp.77-112.

Financial Reporting Council (FRC) [2013] International Standard on Auditing (UK and Ireland) 700, The Independent Auditor's Report on Financial Statements, FRC.

───[2015] Extended Auditor's Reports: A Review of Experience in the First Year, FRC.

───[2016a] Extended auditor's reports: A further review of experience, FRC.

───[2016b] Guidance on Audit Committees, FRC.

───[2016c] International Standard on Auditing (UK) 315 (Revised June 2016), Identifying and Assessing the Risks of Material Misstatement Through Understanding of the Entity and Its Environment, FRC.

————[2016d] International Standard on Auditing (UK) 570 (Revised June 2016),
Going Concern, FRC.

————[2016e] International Standard on Auditing (UK) 700 (Revised June 2016),
Forming an Opinion and Reporting on Financial Statements, FRC.

————[2016f] International Standard on Auditing (UK) 701, Communicating Key
Audit Matters in the Independent Auditor's Report, FRC.

————[2016g] International Standard on Auditing (UK) 705 (Revised June 2016),
Modifications to the Opinion in the Independent Auditor's Report, FRC.

————[2018] The UK Corporate Governance Code, FRC.

Gonthier-Besacier Nathalie [1998] "Contribution à l'analyse de l'information transmise
par les rapports d'audit", Actes du XIXe Congrès (Association Française de
Comptabilité), Vol.1, pp.259-276.

————[2001] "Une mesure de l'impact de la reformulation du rapport général des
commissaires aux comptes", Comptabilité-Contrôle-Audit (Association Française de
Comptabilité), Tom 7, Vol.1, pp.161-182.

Institut der Wirtschaftsprüfer in Deutschland (IDW) [2015] IDW Prüfungsstandard:
Ziele und allgemeine Grundsätze der Durchführung von Abschlussprüfungen
(IDW PS 200), Stand: 03.06.2015, in: IDW Prüfungsstandards (IDW PS) IDW
Stellungnahmen zur Rechnungslegung (IDW RS) IDW Standards (IDW S): CD-ROM
Ausgabe 2015/2016.

————[2017a] IDW Prüfungsstandards: Bildung eines Prüfungsurteils und Erteilung
eines Bestätigungsvermerks (IDW PS 400 n.F.) (Stand: 30.11.2017), in IDWLIFE
01/2018.

————[2017b] IDW Prüfungsstandards : Mitteilung besonders wichtiger
Prüfungssachverhalte im Bestätigungsvermerk (IDW PS 401) (Stand: 30.11.2017), in
IDWLIFE 01/2018.

International Auditing and Assurance Standards Board (IAASB) [2009a], Background
Papers for San Francisco, CA-United States Meeting (Dec. 7, 2009 - Dec. 11, 2009),
Agenda Item 4-A, Auditor's Report–IAASB Working Group Report, International
Federation of Accountants (IFAC).

————[2009b] International Standard on Auditing 500, Audit Evidence, IFAC.

————[2009c] International Standard on Auditing 700, Forming an Opinion and
Reporting on Financial Statements, IFAC.

————[2011] Consultation Paper, Enhancing the Value of Auditor Reporting: Exploring
Options for Change, IFAC.

————[2012a] International Standard on Auditing 315 (Revised), Identifying and
Assessing the Risks of Material Misstatement through Understanding the Entity and
Its Environment, IFAC.

————[2012b] Invitation to Comment, Improving the Auditor's Report, IFAC.

————[2013] Reporting on Audited Financial Statements: Proposed New and Revised
International Standards on Auditing (ISAs), IFAC.

————[2015a] Auditor Reporting – Illustrative Key Audit Matters, IFAC.

————[2015b] Auditor Reporting on Going Concern, IFAC.

————[2015c] International Standard on Auditing 570 (Revised), Going Concern, IFAC.

————[2015d] International Standard on Auditing 700 (Revised), Forming an Opinion and Reporting on Financial Statements, IFAC.

————[2015e] International Standard on Auditing 701, Communicating Key Audit Matters in the Independent Auditor's Report, IFAC.

————[2015f] International Standard on Auditing 705 (Revised), Modifications to the Opinion in the Independent Auditor's Report, IFAC.

————[2015g] International Standard on Auditing 720 (Revised), The Auditor's Responsibilities Relating to Other Information, IFAC.

————[2015h] The New Auditor's Report: Greater Transparency into the Financial Statement Audit, IFAC.

————[2016] Determining and Communicating Key Audit Matters ("KAM"), IFAC.

International Accounting Standards Board (IASB) [2005] International Accounting Standards 8, Accounting Policies, Changes in Accounting Estimates and Errors, IASB.

————[2011] International Accounting Standards 19, Employee Benefits, IASB.

————[2013] International Accounting Standards 36, Impairment of Assets, IASB.

————[2014a] International Accounting Standards 1, Presentation of Financial Statements, IASB.

————[2014b] International Accounting Standards 38, Intangible Assets, IASB.

————[2014c] International Financial Reporting Standards 9, Financial Instruments, IASB.

————[2016] International Accounting Standards 12, Income Taxes, IASB.

————[2018] International Financial Reporting Standards 3, Business Combinations, IASB.

International Federation of Accountants (IFAC) [2012] Statements of Membership Obligations (SMOs) 1-7 (Revised), IFAC.

International Financial Reporting Interpretations Committee (IFRIC) [2017] IFRIC Interpretations 23, Uncertainty over Income Tax Treatments, IFRIC.

International Organization of Securities Commissions (IOSCO) [2007] Transcript of IOSCO Roundtable: Quality of Public Company Audits from a Regulatory Perspective, IOSCO. 〈https://www.iosco.org/library/videos/pdf/transcript1.pdf〉（最終閲覧日2019年2月28日確認）

————[2009] Technical Committee, Auditor Communications, Consultation Report, IOSCO. 〈https://www.iosco.org/library/pubdocs/pdf/IOSCOPD303.pdf〉（最終閲覧日2019年2月28日確認）

Knappstein, J. [2017] Berichterstattung über key audit matters – Erste Einblicke in die Umsetzung der erweiterten Anforderungen an den Bestätigungsvermerk des Abschlussprüfers –in DB Nr.32, 11.08., S.1792-1796.

KPMG [2018] Analyse thématique des 《points clés de l'audit》 dans les nouveaux rapport d'audit, KPMG.

Nederlandse Beroepsorganisatie van Accountants (NBA) [2014] Standaard 702N, Aanvullingen met betrekking tot het rapporteren bij een volledige set van financiële overzichten voor algemene doeleinden bij een organisatie van openbaar belang, NBA.

————[2015] Inzicht in de uitgebreide Controleverklaring, Toepassing van Standaard 702N over boekjaar 2014, NBA.

————[2016a] Standaard 700 Het vormen van een oordeel en het rapporteren over financiële overzichten（herzien），NBA.

————[2016b] Standaard 701 Het communiceren van kernpunten van de controle in de controleverklaring van de onafhankelijke accountant，NBA.

————[2016c] publiceert de Standaarden over de controleverklaring voor alle controles，NBA.〈https://www.nba.nl/nieuws-en-agenda/nieuwsarchief/2016/januari/nba-publiceert-de-standaarden-over-de-controleverklaring-voor-alle-controles/〉（最終閲覧日2019年1月10日）

（Le）Parlement Européen et le Conseil de l'Union Européenne [2014] Règlement No.537/2014 relatif aux exigences spécifiques applicables au contrôle légal des comptes des entités d'intérêt public et abrogeant la décision 2005/909/CE de la Commission.

PricewaterhouseCoopers（PwC）[2015] An overview of the new global auditor reporting model: Delivering the value of the audit（New insightful audit reports），PwC.

Public Company Accounting Oversight Board（PCAOB）[2011] PCAOB Release No.2011-003, Concept Release on Possible Revisions to PCAOB Standards Related to Reports on Audited Financial Statements and Related Amendments to PCAOB Standards（PCAOB Rulemaking Docket Matter No.34），PCAOB.

————[2013] PCAOB Release No. 2013-005, Proposed Auditing Standards – The Auditor's Report on an Audit of Financial Statements When the Auditor Expresses an Unqualified Opinion ; The Auditor's Responsibilities Regarding Other Information in Certain Documents Containing Audited Financial Statements and the Related Auditor's Report ; and Related Amendments to PCAOB Standards（PCAOB Rulemaking Docket Matter No.034），PCAOB.

————[2016] PCAOB Release No. 2016-003, Proposed Auditing Standard – The Auditor's Report on an Audit of Financial Statements When the Auditor Expresses an Unqualified Opinion and Related Amendments to PCAOB Standards（PCAOB Rulemaking Docket Matter No. 034），PCAOB.

————[2017] PCAOB Release No. 2017-001, The Auditor's Report on an Audit of Financial Statements When the Auditor Expresses an Unqualified Opinion and Related Amendments to PCAOB Standards（PCAOB Rulemaking Docket Matter No. 034），PCAOB.

Raffegeau Jean, Pierre DUFIL, Jean CORRE et Claude LOPATER [1996] "Les Nouveaux Rapports de Certification-pour Mieux Comprendre la Mission du Commissaire aux Comptes", Bulletin Comptable et Financier, No.96-4, pp.15-22.

Strohm Philippe [1996] "Le Nouveau Rapport des Commissaires aux Comptes : Quels Changements ?", Option Finance, No.393, pp.26-29.

Tesco [2018] Tesco PLC Annual Report and Financial Statements 2018.〈https://www.tescoplc.com/media/474793/tesco_ar_2018.pdf〉（最終閲覧日2019年1月31日）

TRACQ-SENGEISSEN Isabelle et PIQUET Pauline [2017] "Le rapport d'audit nouveau est arrivé !", Revue Française de Comptabilité, No.511, p.7.

五十嵐則夫［2012］「財務報告制度の変革と監査報告のパラダイムシフト」『企業会計』第64巻第2号，269-277頁。

異島須賀子［2013］「標準監査報告書の拡充とその帰結」『会計・監査ジャーナル』No.699，111-118頁。

伊藤龍峰［2012］「監査報告書改革の動向：PCAOBコンセプト・リリースNo.2011-003を手掛かりとして」『西南学院大学商学論集』第59巻第1号，29-49頁。

井上普就［2012］「監査報告書の情報提供機能の再吟味」『東京経大学会誌（経営学）』第284号，73-85頁。

井上善弘［2012］「監査報告書の詳細化について」『香川大学経済論叢』第85巻第1・2号，145-160頁。

―――――［2014］「監査報告書の情報提供機能の拡張：「監査上の主要な事項」の特質」『会計・監査ジャーナル』No.705，59-65頁。

―――――［2018］「KAMは何をもたらすのか：情報特性を踏まえた導入時の課題『企業会計』第70巻第4号，18-26頁。

井上善弘編著［2014］『監査報告書の新展開』同文舘出版。

猪鼻孝夫［2018］「監査報告書の進化」『会計論叢』第13号，17-24頁。

伊豫田隆俊［2016］「わが国の公認会計士監査についての再検討：監査報告書のあり方をめぐる議論を中心に」『会計・監査ジャーナル』No.726，91-97頁。

―――――［2019］「監査報告書の透明化―短文式監査報告書と情報提供機能―」『会計・監査ジャーナル』No.763，17-19頁。

甲斐幸子［2011］「米国公開企業会計監視委員会『監査した財務諸表に対する報告に関連するPCAOB基準の改訂に関するコンセプト・リリース』」『会計・監査ジャーナル』No.674，21-26頁。

―――――［2013］「米国公開企業会計監視委員会公開草案『無限定適正意見の監査報告書』及び『監査した財務諸表及び監査報告書が含まれる特定の開示書類におけるその他の記載内容に関連する監査人の責任』」『会計・監査ジャーナル』No.700，23-34頁。

―――――［2015a］「監査報告に関する国際動向　③英国における監査報告書に係る検討について―②金融危機発生以降』『会計・監査ジャーナル』No.718，21-32頁。

―――――［2015b］「監査報告に関する国際動向　④英国財務報告評議会『長文化した監査報告書：適用初年度の経験のレビュー』」『会計監査ジャーナル』No.719，23-31頁。

―――――［2016a］「米国公開企業会計監視委員会再公開草案『無限定適正意見の監査報告書』①」『会計・監査ジャーナル』No.733，31-39頁。

―――――［2016b］「米国公開企業会計監視委員会再公開草案『無限定適正意見の監査報告書』②」『会計・監査ジャーナル』No.734，24-30頁。

―――――［2017］「米国公開企業会計監視委員会　監査報告に関する新しい監査基準：監査の透明性の向上に向けて」『会計・監査ジャーナル』No.746，32-43頁。

加藤達彦［2017］「実験的研究でわかったKAMが投資家・陪審員の判断に与える影響」『企業会計』第70巻第4号，62-68頁。

蟹江章［2015a］「監査人の情報提供と監査報告書の長文化」『現代監査』第25号，38-49頁。

―――――［2015b］「フランスにおける監査報告書の改革：『評価についての説明』の記載」『経済學研究』第65巻第1号，21-32頁。

―――――［2016］「フランスの共同会計監査役制度」『経済學研究』第66巻第1号，3-12頁。

―――――［2018］「フランスにおける監査報告書の展開」『経済學研究』第68巻第1号，5-23頁。

蟹江章・小松義明・宮本京子［2018］「監査上の主要な検討事項：欧州企業の記載事例分析（第2回）フランス，ドイツおよびオランダの監査基準」『企業会計』第70巻第8号，105-114頁。

金融庁［2016］『「会計監査の在り方に関する懇談会」提言―会計監査の信頼性確保のために―』金融庁。

参考文献　◆351

————[2018]金融審議会ディスクロージャーワーキング・グループ報告書『資本市場における好循環の実現に向けて』金融庁。

————[2019a]『記述情報の開示に関する原則』金融庁。

————[2019b]『記述情報の開示の好事例集』金融庁。

黒沼悦郎[2015]「監査報告書における監査上主要な事項の記載と監査人の法的責任」『現代監査』第25号，62-69頁。

小松義明[2012]『ドイツ監査制度改革論』大東文化大学経営研究所。

————[2014]「ドイツ監査報告制度に関する基礎的研究(3)　長文式監査報告書の記載事項」『経営論集』第27号，19-40頁。

————[2016]「監査報告書における主要な監査事項（KAM）の記載状況：ドイツ経済監査士協会による英国とオランダの事例分析」『経営論集』第32号，53-94頁。

————[2017]「監査上の主要な事項（KAM）導入に関するドイツの対応：EUおよび国際的な視点からの要求と2016年決算監査改革法（AReG）」『経営論集』第33号，49-69頁。

————[2018a]「監査上の主要な検討事項（KAM）の制度と実態：イギリスとドイツの実務状況の分析を中心にして」『経営論集』第36号，25-44頁。

————[2018b]「監査証明書「確認の付記」の新たな表現形式—ドイツIDW監査基準第400号による模範文例によせて—」『経営論集』（大東文化大学）第35号，15-35頁。

住田清芽[2015]「監査上の主要な事項（KAM）の導入趣旨」『現代監査』第25号，50-61頁。

————[2018]「KAM試行の結果からみるわが国監査人・被監査会社への影響」『企業会計』第70巻第4号，27-36頁。

関口智和[2013]「国際監査・保証基準審議会（IAASB）における最近の取組み：監査報告書の改訂に関する公開草案について」『会計・監査ジャーナル』No.699，40-51頁。

————[2014]「国際監査・保証基準審議会による監査報告書の改訂について」『アジア太平洋討究』第23号，157-174頁。

————[2015]「国際監査・保証基準審議会（IAASB）による監査報告書の改訂等」『会計・監査ジャーナル』No.716，29-34頁。

関口智和・黒川行治[2018]「監査報告書の透明化」『ディスクロージャー研究』第48号，21-54頁。

高橋敦子・井上健太郎・伊神智江[2018]「金融庁解説『監査上の主要な検討事項』の導入等に関する監査基準の改訂について」『企業会計』第70巻第11号，42-47頁。

高橋敦子・井上健太郎・林健一[2018]「新法令解説『監査上の主要な検討事項』の導入等に関する監査基準の改訂について」『旬刊経理情報』第1522号，49-52頁。

田中知幸[2018]「監査上の主要な検討事項：欧州企業の記載事例分析（第3回）税効果」『企業会計』第70巻第9号，118-124頁。

谷間薫・西岡修平[2018]「監査上の主要な検討事項：欧州企業の記載事例分析（第5回）収益認識」『企業会計』第70巻第11号，74-80頁。

鳥羽至英[2009]『財務諸表監査　理論と制度【基礎編】』國元書房，2009年。

鳥羽至英・秋月信二[2000]「監査理論の基調—監査人の認識（九）情報提供の理論—」『會計』第157巻第4号，65-83頁。

富田真史・猪原匡史[2018]「監査上の主要な検討事項：欧州企業の記載事例分析（第4回）のれん」『企業会計』第70巻第10号，107-115頁。

内藤文雄[2016]「監査報告書改革の論点と監査報告のあり方」『甲南経営研究』第56巻第4号，27-50頁。

————[2016]「財務諸表の監査における監査判断形成と監査報告モデル」『會計』第189巻

第 3 号，283-297頁。

中野雅史［2015］「監査報告書の財務諸表利用者の判断と意思決定への影響に関する実験」『明大商学論叢』第97巻第 2 号，263-276頁。

日本公認会計士協会［2011］IT委員会実務指針第 6 号「ITを利用した情報システムに関する重要な虚偽表示リスクの識別と評価及び評価したリスクに対応する監査人の手続について」日本公認会計士協会。

―――［2012］監査・保証実務委員会研究報告第25号「不適切な会計処理が発覚した場合の監査人の留意事項について」日本公認会計士協会。

―――［2013］監査・保証実務委員会研究報告第28号「訂正報告書に含まれる財務諸表等に対する監査上の留意事項について」日本公認会計士協会。

―――［2017a］「監査報告書の長文化（透明化）」日本公認会計士協会。https://jicpa.or.jp/news/information/docs/slide-20170705.pdf

―――［2017b］「監査報告書の透明化　KAM試行の取りまとめ」，企業会計審議会第39回監査部会（2017年11月17日）資料 1 。〈https://www.fsa.go.jp/singi/singi_kigyou/siryou/kansa/20171117/20171117/1.pdf〉

朴大栄［2015］「監査報告書の展開と展望―日本の監査報告書論の展開から見た監査報告書変革の方向性―」『現代監査』第25号，26-37頁。

―――［2018］「監査報告書変革の課題：KAM導入に向けて」『桃山学院大学総合研究所紀要』第44巻第 1 号，23-39頁。

林隆敏［2011］「標準監査報告書の行方」『会計・監査ジャーナル』No.667，67-72頁。

―――［2014］「EUにおける監査規制の動向」『商学論究』第62巻第 2 号，49-69頁。

―――［2016a］「イギリス上場会社の監査報告書における重要な虚偽表示のリスクの開示実態」『同志社商学』第67巻第 4 号，57-70頁。

―――［2016b］「財務諸表における重要性概念の適用―イギリス上場会社の監査報告書を手掛かりとして―」『商学論究』第63巻第 3 号，477-503頁。

―――［2018a］「国際監査基準に基づく拡張された監査報告書」『証券アナリストジャーナル』第56巻第 4 号，16-26頁。

―――［2018b］「監査上の主要な検討事項：欧州企業の記載事例分析（第 1 回）国際監査基準およびイギリスの監査基準」『企業会計』第70巻第 7 号，105-110頁。

―――［2019］「『監査上の主要な検討事項』と企業情報開示」『会計・監査ジャーナル』No.763，23-25頁。

疋田鏡子・髙見勝文［2018］「監査上の主要な検討事項：欧州企業の記載事例分析（第 6 回・終）組織再編・訴訟」，『企業会計』第70巻第12号，104-113頁。

深井忠［2018］「KAMは監査報告書の情報有用性に貢献するか」『企業会計』第70巻第 4 号，54-61頁。

町田祥弘，［2015a］「外部監査人と監査役等の連携の新たな可能性：外部監査人による監査報告書の改革の動向を踏まえて（前編）」『月刊監査役』第635号，73-83頁。

―――［2015b］「外部監査人と監査役等の連携の新たな可能性：外部監査人による監査報告書の改革の動向を踏まえて（後編）」『月刊監査役』第637号，13-23頁。

―――［2015c］「監査報告書に対する財務諸表利用者の意識調査の結果と分析」『会計プロフェッション』第11号，127-152頁。

―――［2016］「監査報告書に対する利用者の認識と期待」『會計』第189巻第 3 号，313-327頁。

―――［2017］「監査報告書の拡充」『月刊監査役』第662号，64-76頁。

─────[2019]「監査報告書の利用者は誰か」『会計・監査ジャーナル』No.762，16-18頁。

松本祥尚［2012］「第10章 監査報告」町田祥宏・松本祥尚編著『会計士監査制度の再構築』中央経済社，251-277頁所収。

─────[2014]「アカデミック・フォーサイト：一歩先行く学者の視点 監査報告のパラダイムシフト：監査人からのコミュニケーション向上の必要性」『会計・監査ジャーナル』No.709，127-134頁。

─────[2016]「インフォメーション・レポート化する監査報告書の受容可能性」『會計』第189巻第3号，298-312頁。

─────[2018a]「監査基準の改訂について：監査上の主要な検討事項」『監査研究』第44巻第8号，2-8頁。

─────[2018b]「監査報告書の考え方：オピニオン・レポートvsインフォメーション・レポート」『証券アナリストジャーナル』第56巻第4号，6-15頁。

─────[2019]「『監査上の主要な検討事項』の開示対象者」『会計・監査ジャーナル』No.762，19-21頁。

松本祥尚・町田祥弘・関口智和［2014-2015］「監査報告書の改革」『企業会計』第66巻第9号，62-65頁（第1回）；第66巻第10号，88-94頁（第2回）；第67巻第2号，116-121頁（第6回）；および第67巻第3号，62-67頁（最終回）。

三井千絵［2014］「KAM導入国の監査報告書の開示例分析」『企業会計』第70巻第4号，37-46頁。

宮本京子［2017］「EUにおける監査報告書の拡充に関する実態─オランダの事例分析を中心として」『月刊監査役』第662号，77-90頁。

森田佳宏［2014］「米国における監査報告書拡充の議論」『駒沢大学経済学論集』第45巻第3・4号，29-45頁。

安田忍［2017］「ISA第701号における『監査上の主要な事項』の考察：会計不正と監査の質の視点から」『南山経営研究』第33巻第1号，77-87頁。

弥永真生［2018a］「KAMが監査人・監査役等の法的責任に与える影響」『企業会計』第70巻第4号，47-53頁。

─────[2018b]「監査 KAMの有用性：透明化・情報提供・動機づけ・ガバナンス」『会計・監査ジャーナル』No.756，37-40頁。

─────[2018c]「KAMの記載が監査役等と会計監査人とのコミュニケーションに与える影響」『企業会計』第70巻第11号，48-55頁。

山添清昭［2018］「わが国での『監査報告書の長文化』の動向について」『証券アナリストジャーナル』第56巻第4号，27-34頁。

吉井一洋［2016］「財務諸表利用者から見た監査報告書の長文化・監査法人の透明性向上」『青山アカウンティング・レビュー』第6号，58-65頁。

─────[2018]「利用者サイドが寄せるKAM導入への期待」『企業会計』第70巻第4号，69-76頁。

結城秀彦［2018］「KAMへの『未公表情報』の記載に係る留意点：判断基準，追加開示の促進等」『企業会計』第70巻第11号，56-65頁。

吉見宏［2019］「監査報告書の透明化─KAMの記載以外の見直しとKAMの記載に関する今後の可能性」『会計・監査ジャーナル』No.763，20-22頁。

脇田良一［2016］「監査報告書の改革」『會計』第189巻第3号，271-282頁。

和久友子［2018］「会計監査の実効性確保・評価のためのKAM・AQIの活用可能性」『企業会計』第70巻第11号，66-73頁。

事項索引

英数

AEX-Index ·················· 83, 85, 86, 92, 113
CAC 40 ································· 59, 113
DAX 30 ································· 113
FTSE 100 ······················ 43, 44, 45, 113
IFAC・AICPA共同プロジェクト ····· 1, 4, 19

あ行

アメリカ財務省に対する監査専門家に関す
　る諮問委員会の最終報告書 ················· 98
インフォメーション・レポート ············· 12
オピニオン・レポート ···················· 12

か行

会計監査の在り方に関する懇談会 ···· 14, 300
会計監査の信頼性確保のために（会計監査
　の在り方に関する懇談会）········· 14, 300
確認の付記 ···························· 62, 65
監査意見の二者択一性 ···················· 6
監査上の重要点（PCA）
　——の記載 ···························· 57
　——の決定 ···························· 56
　——の定義 ···························· 55
監査上の主要な検討事項
　——の記載 ···························· 9
　——の決定 ···························· 8
　——の定義 ···························· 8
監査人によるコミュニケーション
　（IOSCO）····························· 6
監査人の責任 ···························· 22
監査報告書
　アメリカの—— ······················ 101
　イギリスの—— ······················· 34
　オランダの—— ······················· 82
　国際監査基準による—— ················ 18
　ドイツの——（確認の付記）······· 62, 65
　フランスの—— ······················· 50

——の意義 ································ 2
——の機能 ····························· 2, 12
——の構造 ······························ 21
——の情報価値 ··························· 13
——の性格 ······························ 12
——の長文化 ····························· 1
——の透明化 ····························· 1
——の分量 ····························· 120
監査報告の改善（IAASB）················· 19
監査報告の価値の向上：変更のための代替
　案の模索（IAASB）····················· 19
記述情報の開示に関する原則（金融庁）
　···································· 16
記述情報の開示の好事例集（金融庁）···· 16
期待ギャップ ················ 6, 12, 22, 49
共同監査 ···························· 47, 119
経営者の責任 ···························· 22
経営者の偏向 ············ 174, 197, 227, 290
経営の継続性 ···························· 53
継続企業の前提
　············· 8, 23, 28, 36, 40, 71, 84, 104
合格／不合格モデル ············· 6, 12, 98

さ行

資本市場における好循環の実現に向けて
　（金融審議会）························· 16
社会的影響度の高い事業体 ··········· 50, 63
重要性 ···················· 5, 22, 33, 41, 85, 86
重要な監査事項（KAM）
　——における監査人の見解等 ········· 127
　——の記載 ····················· 27, 38, 90
　——の記載個数 ······················ 123
　——の記載内容 ······················ 124
　——の決定 ······················· 26, 37
　——の決定理由 ······················ 132
　——の参照先 ························· 134
　——の重要性 ························· 25
　——の定義 ························ 25, 36

――の分類................................130
重要な監査事項（CAM）
　――の記載................................106
　――の決定................................105
　――の定義................................102
守秘義務................................10, 178, 302
専門家の業務の利用................165, 175, 180, 189,
　198, 215, 266, 286

=== た行 ===

短文式監査報告書................................3
長文式監査報告書................................3
とくに重要な監査上の事実関係（ドイツ）
　――の記載................................74
　――の決定................................73

――の定義................................73

=== な行 ===

内部統制の無効化................226, 229, 260
二重責任の原則................................13, 178

=== は行 ===

評価についての説明...48, 49, 53, 55, 57, 121
標準監査報告書................................3
　――に対する批判................................4
ボイラープレート化................14, 60, 186, 304

=== ま行 ===

未公表情報................10, 29, 107, 182, 302

基準索引

AS 3101................................100, 101
IAS 1................................211, 218
IAS 2................................148
IAS 8................................159
IAS 11................................146
IAS 12................................215
IAS 19................................197, 200
IAS 36................................170, 176, 179, 181
IAS 38................................176
IAS 39................................160, 163
IDW EPS 270................................71
IDW PS 400................................64, 65
IDW PS 401................................64, 72
IDW PS 405................................64
IDW PS 406................................64
IFRS 5................................287
IFRS 9................................158, 160, 164
IFRS 15................................174
IFRIC解説指針23................................211
ISA（UK）700................................33
ISA（UK）701................................35, 74
ISA（UK）705................................36

ISA（UK and Ireland）700................................32
ISA 500................................286
ISA 570................................23
ISA 700................................21, 49, 64, 84
ISA 701
　...24, 49, 63, 73, 84, 89, 124, 132, 134, 285
ISA 705................................28
ISA 720................................23
NEP 570................................53
NEP 700................................50
NEP 701................................55
NEP 705................................48
NV COS 700................................84, 86
NV COS 701................................84, 89
NV COS 702N................................83
監査基準委員会報告書240
　................................225, 228, 258, 266
監査基準委員会報告書540................................188
監査基準委員会報告書620................................189, 215
監査基準委員会報告書701................................230, 299
監査・保証実務委員会研究報告第25号
　................................258

索　引　◆357

監査・保証実務委員会研究報告第28号…………258

企業会計基準第15号…………235, 236
企業会計基準第27号…………208, 223
企業会計基準第29号…………240

企業会計基準適用指針第6号…………186
企業会計基準適用指針第26号…………209, 215
企業会計原則（注解18）…………241
研究開発費等に係る会計基準…………294
固定資産の減損に係る会計基準…………186

事例索引

BASF社の石油・ガス価格シナリオ：資産およびのれんの回収可能性に関する見積りの不確実性に対する仮定の影響…………185
BT Italia社における通例でない会計実務…………268
BT Italy社—統制環境の変化と2016/17年度に行われた見積りのレビュー…………270
IFRS 9の影響の見積り…………158
John Crane社の石綿製品およびTiteflex社の柔軟ガス配管製品に関する製品訴訟引当金…………243
Katanga社に関する修正再表示…………259
新しいグローバルERPシステムの導入…………276
アメリカ税制改革の影響…………223
貸倒れに対する減損引当金…………190
金融商品—ヘッジ会計…………163
繰延税金資産…………220
繰延税金資産の認識および測定…………214
経営者による内部統制の無効化リスクを含む収益認識…………226
工事契約に関する収益認識の妥当性…………234
子会社および関連会社への投資ならびに関連債権の評価…………154
収益認識…………237
重要な新規の企業結合に関する会計処理…………284
純年金債務…………205
情報技術…………280
情報技術およびシステムへの不適切なアクセスまたは変更のリスク…………283

製品関連の法的紛争に起因するリスクの説明…………250
製品保証引当金の測定…………202
訴訟および偶発債務…………255
その他の無形資産の減損…………184
棚卸資産および仕掛品の評価…………139
棚卸資産の原価計算と利益の認識…………142
棚卸資産の評価…………147, 149
電子データ処理の信頼性と継続性…………282
特別項目および再測定…………290
日産に対するRenault社による持分投資の連結方法および回収可能価額…………166
年金引当金…………196
のれんおよびその他の無形資産の減損…………178
のれんの減損…………183
売却目的保有の特殊化学品事業および非継続事業（IFRS 5）…………288
費用の資産計上と資産の耐用年数…………295
不確実な税務ポジションに対する引当金…………210
法定および任意の保証債務および製品保証に対する引当金の評価…………203
法的捜査に起因する負債に対する引当金の評価…………206
民間航空宇宙事業における無形資産（認証費用および加盟金，開発費および契約アフターマーケット権）の回収可能性…………172
有形固定資産の減損…………292

◆359

〈執筆者紹介〉（執筆順，肩書は2019年6月1日現在）

林　隆敏（はやし・たかとし）　　担当：序章，第1章，第7章，付録1，付録2

（編著者紹介参照）

堀古　秀徳（ほりこ・ひでのり）　　担当：第2章，付録2

大阪産業大学経営学部経営学科講師
2010年関西学院大学商学部卒業，2015年関西学院大学大学院商学研究科博士課程後期課程単位取得満期退学。同年関西学院大学商学部助教，2018年4月より現職。博士（商学）。主な業績に「財務諸表監査における懐疑主義の検討」『現代監査』第27号，2017年等がある。

蟹江　章（かにえ・あきら）　　担当：第3章

北海道大学大学院経済学研究院教授
1983年愛知大学法経学部卒業，1989年大阪大学大学院経済学研究科単位取得満期退学。同年弘前大学人文学部専任講師，1994年北海道大学経済学部助教授，2003年北海道大学大学院経済学研究科教授等を経て，2017年より現職。博士（経営学）。主な業績に『現代監査の理論』森山書店，2001年等がある。

小松　義明（こまつ・よしあき）　　担当：第4章

大東文化大学経営学部教授
1984年同志社大学商学部卒業，2002年明治大学大学院商学研究科博士後期課程単位取得満期退学。西武文理大学サービス経営学部専任講師・准教授・教授を経て，2009年より現職。博士（商学）。主な業績に『ドイツ監査制度改革論』大東文化大学経営研究所，2012年等がある。

宮本　京子（みやもと・きょうこ）　　担当：第5章

関西大学商学部教授
1994年神戸大学経営学部卒業，2004年神戸大学大学院経営学研究科博士課程後期課程修了。2005年上智大学経済学部専任講師，准教授，2010年関西大学商学部准教授，2016年4月より現職。博士（経営学）。主な業績に『監査契約リスクの評価』中央経済社，2005年等がある。

松尾　慎太郎（まつお・しんたろう）　　担当：第6章

東北公益文科大学公益学部講師
2011年関西学院大学商学部卒業，2016年関西学院大学大学院商学研究科単位取得満期退学。
同年東北公益文科大学公益学部助教，2018年4月より現職。博士（商学）。主な業績に「監
査人の心証形成と保証水準—裁判官による事実認定と証明度概念と比較して—」『東北公益
文科大学総合研究論集』第33号，2017年等がある。

谷間　薫（たにま・かおる）　　担当：第8章，第16章，付録2

公認会計士
関西学院大学商学部卒業，2001年公認会計士登録。監査法人勤務。現在，日本公認会計士協
会近畿会監査会計委員会委員。

安井　康二（やすい・こうじ）　　担当：第9章，付録2

公認会計士
京都大学経済学部卒業，1998年公認会計士登録。監査法人勤務。現在，日本公認会計士協会
近畿会監査会計委員会委員。

富田　真史（とみた・まさふみ）　　担当：第10章，付録2

公認会計士
関西学院大学大学院商学研究科修了，2002年公認会計士登録。監査法人勤務。現在，日本公
認会計士協会近畿会監査会計委員会副委員長。

猪原　匡史（いのはら・まさし）　　担当：第11章，付録2

公認会計士
関西学院大学大学院経営戦略研究科修了（会計専門職専攻），2012年公認会計士登録。監査
法人勤務。現在，日本公認会計士協会近畿会監査会計委員会委員。

田中　知幸（たなか・ともゆき）　　担当：第12章，第16章，付録2

公認会計士
大阪大学経済学部卒業，2001年公認会計士登録。監査法人勤務。現在，日本公認会計士協会近畿会監査会計委員会副委員長。

西岡　修平（にしおか・しゅうへい）　　担当：第13章，付録2

公認会計士
同志社大学商学部卒業，2010年公認会計士登録。監査法人勤務。現在，日本公認会計士協会近畿会監査会計委員会委員。

髙見　勝文（たかみ・まさふみ）　　担当：第14章，付録2

公認会計士
甲南大学経済学部卒業，2002年公認会計士登録。監査法人勤務。現在，日本公認会計士協会近畿会監査会計委員会副委員長。

疋田　鏡子（ひきた・きょうこ）　　担当：第15章，第16章，付録2

公認会計士
京都女子大学文学部卒業，1995年公認会計士登録。監査法人勤務。現在，日本公認会計士協会近畿会監査会計委員会委員長。

後藤　紳太郎（ごとう・しんたろう）　　担当：終章，付録2

公認会計士
名古屋大学経済学部卒業，1986年公認会計士登録。監査法人勤務。現在，日本公認会計士協会近畿会副会長。

●編著者紹介

林　隆敏（はやし　たかとし）

関西学院大学商学部教授
1989年関西学院大学商学部卒業，1994年関西学院大学大学院商学研究科単位取得満期退学。
同年甲子園大学経営情報学部専任講師，1999年関西学院大学商学部助教授，2005年4月より
現職。博士（商学）。現在，日本監査研究学会理事，日本会計研究学会理事，日本経営分析
学会監事，企業会計審議会監査部会臨時委員。

〈主な業績〉
『継続企業監査論』中央経済社，2005年，『国際監査基準の完全解説』（共編著）中央経済社，
2010年，『わが国監査報酬の実態と課題』（共著）日本公認会計士協会出版局，2012年，『ベー
シック監査論』（共著）同文舘出版，2015年等

〈編集協力〉
日本公認会計士協会近畿会監査会計委員会

監査報告の変革―欧州企業のKAM事例分析

2019年6月20日　第1版第1刷発行
2019年11月10日　第1版第3刷発行

編著者	林　　　隆　敏
編集協力	日本公認会計士協会 近畿会監査会計委員会
発行者	山　本　　　継
発行所	㈱中央経済社
発売元	㈱中央経済グループ パブリッシング

〒101-0051　東京都千代田区神田神保町1-31-2
電話　03（3293）3371（編集代表）
　　　03（3293）3381（営業代表）
http://www.chuokeizai.co.jp/
印刷／三英印刷㈱
製本／誠　製　本㈱

© 2019
Printed in Japan

＊頁の「欠落」や「順序違い」などがありましたらお取り替えいた
しますので発売元までご送付ください。（送料小社負担）
ISBN978-4-502-31101-7　C3034

JCOPY〈出版者著作権管理機構委託出版物〉本書を無断で複写複製（コピー）することは，
著作権法上の例外を除き，禁じられています。本書をコピーされる場合は事前に出版者著
作権管理機構（JCOPY）の許諾を受けてください。
　JCOPY〈http://www.jcopy.or.jp　eメール：info@jcopy.or.jp〉

■最新の監査諸基準・報告書・法令を収録■

監査法規集

中央経済社編

本法規集は，企業会計審議会より公表された監査基準をはじめとする諸基準，日本公認会計士協会より公表された各種監査基準委員会報告書・実務指針等，および関係法令等を体系的に整理して編集したものである。監査論の学習・研究用に，また公認会計士や企業等の監査実務に役立つ1冊。

《主要内容》

企業会計審議会編＝監査基準／不正リスク対応基準／中間監査基準／四半期レビュー基準／品質管理基準／保証業務の枠組みに関する意見書／内部統制基準・実施基準

会計士協会委員会報告編＝会則／倫理規則／監査事務所における品質管理　《**監査基準委員会報告書**》監査報告書の体系・用語／総括的な目的／監査業務の品質管理／監査調書／監査における不正／監査における法令の検討／監査役等とのコミュニケーション／監査計画／重要な虚偽表示リスク／監査計画・実施の重要性／評価リスクに対する監査手続／虚偽表示の評価／監査証拠／特定項目の監査証拠／確認／分析的手続／監査サンプリング／見積りの監査／後発事象／継続企業／経営者確認書／専門家の利用／意見の形成と監査報告／除外事項付意見　他《**監査・保証実務委員会報告**》継続企業の開示／後発事象／会計方針の変更／内部統制監査／四半期レビュー実務指針／監査報告書の文例

関係法令編＝会社法・同施行規則・同計算規則／金商法・同施行令／監査証明府令・同ガイドライン／内部統制府令・同ガイドライン／公認会計士法・同施行令・同施行規則

法改正解釈指針編＝大会社等監査における単独監査の禁止／非監査証明業務／規制対象範囲／ローテーション／就職制限又は公認会計士・監査法人の業務制限